# 동화구연의 이론과 실제

이 은 경 지음

청목출판사

# 머리말

누구나 한 번쯤은 어린 시절 할머니 무릎에 누워 할머니가 들려주시던 옛날이야기를 들으면서 즐거워했던 경험이 있을 것이다. 할머니가 혹은 엄마가, 언니와 누나가 입으로 들려주던 이야기들은 우리들의 가슴을 설레게 하고 즐겁게 하고 슬프게도 만들었다.

필자는 어린 시절에 들었던 옛날이야기를 떠올려보면서 동화 구연에 대한 이론을 즐거운 마음에서 정리해 보았다.

대학의 사회교육원에서 백화점 등의 문화센터에서 그리고 대학의 유아교육과에서 혹은 어린이문학을 전공하는 곳에서 '동화 구연'이라는 과목을 개설하고 있으며, 전문적인 동화 구연가를 양성하는 곳도 많이 있는 실정이다. 그럼에도 불구하고 체계적인 이론서가 없었던 것이 못내 아쉬움으로 자리 잡았었다. 이번 기회에 본인은 미흡하나마 동화구연에 대한 전반적인 이해를 돕기 위해 아동문학에 대한 기초적 이해에서부터 동화구연의 개념, 역사, 구연의 기법과 방법, 그리고 구연의 평가에 이르기까지 정리하였다.

본 책은 모두 10장으로 구성되어 있다. 제1장은 아동문학에 대한 기초적 이해를 다루었고, 2장에서는 아동문학에서 대표라 할 수 있는 동화에 대한 전반적 이해를 돕기 위해 동화에 대한 기초적 이해 편을 다루었다. 3장에서는 동화구연의 개념과 역사적 흐름에 대한 이해를 도우려고 노력했으며, 4장에서는 동화구연에서 기본 요건은 무엇인지에 대해 정리했다. 또한 5장에서는 구연하기 위해 반드시 거쳐야 할 개작에 관한 내용을 다루었고, 6장에서는 자연스런 구연이 되기 위해 필요한 기법과 기술에 대해 정리해 보았다. 7장에서는 구연에서 다루어져야 할 동작언어 즉 제스처에 대한 것을, 8장에서는 다양한 방법으로 활용되고 있는 구연의 응용에 대해서 독자들의 이해를 도우려고 했으며, 9장에서는 구연의 평가를 통해 구연대회에서의 구연자가 갖추어야 할 요소 등 구연자의 마음 및 자세 등에 대해 정리하였다. 마지막 장인 10장에서는 장르 구별 없이 주제별로 나누어서 동화 구연 시에 필요한 동화를 묶어 보았다.

부족한 부분이 많이 있지만, 본 책을 통해 독자들은 동화 구연의 이론적 틀을 마련할 수 있으며 실제로 동화 구연을 할 때에 실기면에서도 많은 도움을 받을 수 있으리라 생각한다. 아무쪼록 어린이를 사랑하는 마음으로, 어린이 문학을 사랑하고 아끼는 마음으로 조심스럽게 본 책을 세상에 내 놓는다.

이 은 경

# 차 례

제 1 장

# 아동문학의 기초적 이해

동화구연의 이론을 체계화하기 위해서는 먼저, 아동문학에 대한 기초적 이해가 반드시 필요하다. 왜냐하면 동화라는 장르는 아동문학의 한 부류이고, 구연의 대상은 유아, 아동이기 때문이다. 따라서 아동문학에 대한 개념과 아동문학의 특성 그리고 아동문학의 교육적 가치 등을 살펴봄으로써 동화구연의 기초적 초석을 마련하고자 한다.

## 1. 아동문학의 개념

아동문학에 대한 개념은 학자들마다 다양한 견해를 보이고 있다. 아동문학(Children's Literature)이란 작가가 아동들에게 읽힐 것을 목적으로 창작한 특수문학으로 동요, 동시, 동화, 아동소설, 아동극 등의 장르를 총칭한 명칭이다(이재철, 1978). 또한, 아동문학이란 작가가 아동이나 동심의 고향으로 돌아가고 싶어 하는 어른에게 읽힐 것을 목적으로 창조한 시, 동화, 소설, 희곡 등의 총칭이다(석용원, 1982). 그리고 아동들이 좋아하고 즐거워하는 것은 무엇이든지 아동문학에 속하며, 아동을 위해 쓰여진 책이며, 특히 고도의 문학적, 예술적 기준에 부합되도록 쓰여진 책들이 아동문학의 범주에 속한다고 하였다(Arbuthnot & Sutherland, 1972). 또한 아동문학은 아동을 대상으로 아동을 위하여 창작한 문학이라고 표현하고 있다(이상금 · 장영희, 1986).

결국, 아동문학이란 아동을 아끼고 사랑하는 성인이 순수한 동심을 기초로 아동을 위해 쓰여진 동화, 동시, 희곡, 아동소설 등을 말한다. 특히 일차적 대상이 아동이라는 점은 중요하다. 따라서 아동문학을 하는 성인은 아동의 발달특성과 심리적 특성 그리고 아동문학이 갖는 교육적 특성까지 간과해서는 안된다. 왜냐하면, 아동은 정지된 상태가 아니라 끊임없이 발달하는 계속된 상태이기 때문이다. 자신이 속한 환경(정신적 환경, 물리적 환경)과의 끊임없는 상호작용은 아동을 바람직한 방향으로 이끌어주고 긍정적인 정신세계로의 입문을 도와준다. 바로 이런 발달적 계속성 때문에 아동문학은 다른 성인문학에 비해 특수성을 띠게 된다.

그렇다면 유아문학(Young Children's Literature)은 무엇인가? 이런 질문에 우리는 간혹 당황하지 않을 수 없다. 왜냐하면 대부분 아동문학과 유아문학을 혼돈하며 혼용하는 경우가 많기 때문이다. 이 둘의 구분은 바로 대상의 발달단계에 있다고 본다. 발달단계가 개인차가 있고 명확한 한계를 짓는 것이 매우 불가능하지만, 일반적으로 아동기라 하면 초등학교(7세에서부터 13세까지)시기 동안을 일컫는다. 그러나 최근에는 그 기준이 출생 후부터 시작하여 초등학교 저학년 시기까지를 유아기라 일컫기도 하고, 태아기(태내에서부터)부터 유아기(6세)까지를 말하기도 한다. 이런 발달 단계 구분을 짓는 것도 학자들마다 다양한 견해를 보이고 있어 명확한 구분을 짓는 것이 어렵다고 본다. 하지만 일반적인 이런 단계를 고려해 볼 때, 유아문학이란 유아기의 특수성을 고려하여 유아를 아끼고 사랑하는 성인이 유아를 위해 쓴 동시, 동화, 희곡, 드라마 등을 말하는 것이라고 볼 수 있다. 따라서 유아문학이란 가깝게는 아동문학의 범주 안에 포함된다고 볼 수 있고 멀게는 문학이란 큰 범주 안에 속해 있다고 볼 수 있다. 즉 유아문학은 출생에서부터 초등학교 입학하기 전 유아의 연령과 발달적 특성에 맞게 쓰여진 문학을 말하며, 무엇보다 유아의 발달과 성장을 도울 수 있고 그들의 마음을 즐겁게 해 주고 즐길 수 있도록 도와주는 문학이라고 표현할 수 있다.

우리는 아동문학과 유아문학을 명확하게 구분할 필요는 없으며, 문학을 이해하고 즐기는 데는 아동들의 개인차가 존재하고 있기 때문에 아동의 자연스런 발달 흐름에 맞추어 문학적 경험을 할 수 있도록 도와주는 것이 먼저 중요하다고 생각한다. 또한 무엇보다 문학을 즐기고 사랑할 수 있도록 안내하고 조력해 주는 것이 필요하다고 본다. 이런 과정에서 아동은 그들의 상상력, 창의력, 언어발달, 사회성발달, 도덕성발달, 인지발달 등 다양한 발달이 골고루 균형을 이룰 수 있고, 그들의 삶을 보다 윤택하게 만들 수 있는 기반을 형성할 수 있을 것이다.

## 2. 아동문학의 특성

아동문학의 특성은 여러 가지가 있지만, 크게 7가지로 구분하여 설명할 수 있다.

### (1) 솔직하고 진실한 마음이 담겨 있어야 한다

아동문학은 거짓이 없는 순수한 마음을 표현한다. 아동의 맑고 순수한 마음을 묘사함으로써 감동을 자아내고, 그 속에서 자신의 가치를 한껏 느낄 수 있도록 해야 한다.

'진실은 무조건 통한다'라는 말이 있다. 이처럼 솔직하고 진실한 작품은 어린이의 마음을 더욱 밝고 그리고 더욱 맑게 가꾸는 원동력이 된다. 진실한 작품 하나는 어른의 백 번 잔소리보다도 더 가치로운 역할을 할 것이며, 어린이들의 마음을 풍요롭고 따뜻하게 해 줄 것이다. 따라서 아동문학은 바로 진실한 마음이 뿌리 깊게 자리 잡고 있어야 한다.

### (2) 재미있고 흥미로워야 한다

어린이는 호기심이 강하다. 그 호기심은 그들의 흥미를 자아내게 한다. 무엇인가 즐겁고 재미있다는 생각을 갖게 해야만 아동은 문학적 경험을 더 많이 할 것이다. 재미있음직하고 즐거움을 줄 것 같은 느낌, 책을 열면 신나고 이상한 세계가 펼쳐질 것이라는 기대, 이런 종류의 생각은 바로 흥미성을 말하는 것이다. 특히 아동문학에서 재미와 흥미가 중요시되는 이유는 아동은 지루하고 따분하고 싫증나는 일을 두 번 다시 거들떠보지 않기 때문이다. 아무리 가치 있고 훌륭한 작품이라 하더라도 아동의 흥미를 자아내지 못하면 이미 실패한 것이다. 왜냐하면 재미없는 작품일 경우 아동은 첫 장만 넘기고 바로 책표지를 덮어버리기 때문이다. 무엇보다 아동의 관심이 어디에 있고 흥미 있는 것은 어떤 것들인지 눈여겨보는 것이 중요하다.

### (3) 독자(아동)의 발달단계를 이해해야 한다

이는 바로 아동문학의 특수성을 바로 인식하는 면이다. 즉 아동의 발달 단계와 그들의 심리적 특성 등을 고려하여야 한다는 말이다. 아동은 성인들과 다른 세계에서 생각한다. 또한 자신의 입장에서만 생각하는 자기중심성 경향이 있다.

특히, 그 발달적 특성은 유아기에 매우 두드러진다. 이 시기의 유아들은 그들만의 독특한 세계에서 살고 있다. 예를 들면, 실체론적 사고를 하는데, 이는 자기가 생각한 것이 곧 현실에 존재한다고 생각하는 믿음이다. 그리고 모든 사물에는 사람처럼 생명이 있다고 생각하는 물활론적 사고를 하기도 한다. 즉 꽃이 말하고 나비가 노래하면서 춤을 춘다고 생각한다. 그리고 타인을 고려하지 않고 자신의 입장에서만 생각하는 자기중심적 사고를 한다. 이는 고집스럽고 이기적인 면과는 사뭇 다르다. 즉 이 시기 동안은 모든 것이 나를 중심으로 이루어져 있다고 생각하는 것이다. 그래서 다른 사람의 입장을 전혀 고려하지 않는다. 그러나 이런 현상은 점차 발달하고 성숙함에 따라 즉 사회화가 이루어짐에 따라 타인의 입장을 고려하기도 하고 친사회적 행동을 하기도 한다. 따라서 아동문학은 바로 이런 유아의 발달적 특성을 고려해야 한다. 발달적 특성을 고려한다는 것은 그들의 심리적 특성을 이해한다는 말과 상통한다. 이는 아동문학에서 꼭 필요하다. 하지만, 이런 발달적 단계는 또한 개인차가 있음을 알아야 한다.

### (4) 단순하고 보편적이어야 한다

단순하다는 것은 곧 소박하다는 말로 표현해도 좋을 것이다. 즉 복잡하거나 애매모호하거나 추상적인 것을 피하라는 것이다. 즉 주제가 선명하고, 등장인물의 성격이 단순 명쾌하고, 사건진행이 명확하고 확실한 해결 실마리까지 요구된다. 따라서 구성도 복잡구성보다는 단순구성으로 설계하는 것이 좋다. 이는 발달단계상 아동이 논리적이고 연역적이고 추리적이고 하는 고차원적 사고력이 다소 부족하기 때문이다. 따라서 그들에게 혼동을 주어서는 안된다. 결국, 아동의 사고력과 인지력에 맞는 작품이 아동들의 호기심을 끌 것이다.

#### (5) 아동의 일상생활에 관한 것, 친밀해야 한다

친밀함은 곧 아동의 생활성을 의미한다. 즉 아동문학은 아동의 일상생활과 밀접하게 연관되어 있다는 것이다. 자신의 생활과 연결된 소재나 주제 그리고 사건에 흥미를 느끼는 것은 당연하다. 이는 그 속에서 자신의 모습을 발견하고 앞으로의 생활 설계까지 가능하게 해주기 때문이다. 결국, 아동은 실제적인 그들의 생활을 통해 환상의 세계를 꿈꾼다.

#### (6) 교육적 가치가 있어야 한다

아동은 발달하는 유기체이므로 그들의 발달에 도움을 주어야 한다는 것은 말할 필요도 없다. 아동문학 또한 이런 교육적 측면을 고려하지 않으면 안 된다. 훌륭한 문학은 교육성과 도덕성을 두루 갖추고 있어야 한다(석용원, 1980). 단지 교육적 가치를 너무 두드러지게 강조하여 훈화적인 작품이 되어서는 안 된다. 그러면 문학으로서의 가치가 상실되기 때문이다. 아동문학도 일반문학과 마찬가지로 예술을 지향하는 문학임을 염두에 두어야 할 것이다.

#### (7) 예술적 가치가 있어야 한다

문학은 바로 예술적 승화를 의미한다. 즉 아무리 앞에서 설명한 특수성이 강조된다고 하더라도 문학으로서의 가치는 바로 예술성에 있다. 아동문학이라 하면 누구나 쓸 수 있는 것이라고 생각하는데 이는 잘못된 생각이다. 오히려 위에서 설명한 특수성을 모두 고려하고 거기에 예술적 승화작업까지 거치기 때문에 어떤 면에서는 일반문학보다 훨씬 더 어려움이 있다. 이재철(1978)은 아동문학 작가는 세련된 기법과 원숙한 필치의 소유자가 다시 어린 시절로 돌아가 좋은 작품을 써야 한다고 주장한다. 바로 이 예술성은 아동문학이 본질적 문학으로서 경지에 도달하는 길이다.

## 3. 아동문학이 아동에게 주는 교육적 효과

아동문학이 어린이에게 주는 교육적 가치는 무수히 많다. 그 중에서도 몇 가지를 간추려 본다.

① 어린이의 심성에 도움이 된다.

훌륭한 문학작품은 진실과 아름다움과 감동을 준다. 따라서 문학 작품 속의 주인공에 동일시되어 그 느낌을 공유한다. 그럼으로써 자신의 삶의 질을 높이며 새롭고 창조적인 삶이 되도록 노력하게 된다.

결국, 문학작품은 아동들에게 밝고 건전하고 긍정적인 삶에 대한 인식을 새롭게 해 주고 올바른 태도를 길러 주는데 도움을 준다.

② 상상력을 풍부하게 한다.

유아기와 아동기는 발달단계상 상상력이 풍부해 지는 시기이다. 더불어 창의력도 함께 신장되는 시기이다. 상상력은 아동을 현실세계에서 도저히 체험할 수 없는 신기한 세계로 이끌어 준다. 따라서 훌륭한 문학경험은 바로 상상력을 더욱더 확대시켜 주고, 새로운 생각으로 이끄는 창의력에도 도움이 되어 창조적 표현 의욕을 돋구어 주는 것이다.

③ 앞으로 나아가야 할 삶의 방향을 제시해 준다.

다양하고 풍부한 문학적 체험은 삶에 대한 올바른 생각을 유도하고, 자기가 나아가야 할 방향을 일러주기도 한다. 작품의 주인공들에 동화됨으로써 스스로를 통제하고 조절하여 바람직한 인성을 형성해 가도록 해 준다. 즉 자신을 올바르게 인식할 수 있는 기회를 갖게 되고, 스스로의 행동을 반성하게 되며 미래의 삶을 계획할 수 있게도 한다. 이런 문학경험은 가정생활에서 학교생활에서 일어나는 여러 가지의 일들을 처리할 수 있는 방향도 제시해 준다. 결국 문학경험은 자기에 대한 긍정적 자아관을 가질 수 있도록 도와주고 올바른 인격형성에 도움을 준다.

④ 문학에 대한 즐거움과 생활에 대한 풍요로움을 알게 한다.

아동은 즐겁고 신나는 일을 추구한다. 훌륭한 문학작품을 경험한 아동은 깊은 감동을 받게 되며 거기에서 즐거움을 느낀다. 이 즐거움은 유아의 성장발달에 매우 중요한 요소이다. 부정적인 사고보다는 긍정적인 사고를 추구하고, 사물과 사람에 대한 경이감이 증진하게 된다. 더불어, 자연현상과 인간에 대한 새로운 발견을 통해 삶이 더욱더 풍요롭게 되며, 살아가는 것이 행복하다고 느끼게 된다. 이는 문학에 대한 즐거움과 삶에 대한 즐거움으로 이어지게 되며 그들의 삶을 보다 윤택하게 만들 수 있다.

⑤ 언어발달을 돕고, 특히 문해(읽고 쓰는 능력)능력을 도와준다

문학적 경험은 아동의 언어발달, 즉 듣고 말하고 읽고 쓰는 능력을 도와준다. 특히 읽고 쓰는 능력인 문해(文解), 문식성 발달을 돕는다. 문학작품을 많이 접한 아동은 그렇지 않은 아동들보다 자연스럽게 글자에 관심을 갖게 되고 이는 읽고 쓰는 것에 쉽게 접근할 수 있으며 그 능력도 발달되게 된다.

⑥ 도덕적 가치 판단력을 돕는다

문학적 경험을 많이 한 아동은 선과 악을 구별하고 도덕적 판단력이 그렇지 못한 아동들보다 더 발달되게 된다. 문학작품 속의 주인공이나 등장인물들에 감정 이입되고 동일시되면서 스스로 도덕적 기준 및 판단력을 할 수 있다. 더불어 자기중심에서 벗어나 타인의 입장을 고려하고 배려하는 마음도 갖게 된다.

⑦ 아동의 전인적 성장발달을 돕는다.

언어발달, 정서발달, 인지발달, 사회성 발달 그리고 신체발달까지 골고루 영향을 미친다. 언어적 이해와 언어 표현에 대한 바른 이해와 기초적 기능을 습득하게 하고, 긍정적 자아 및 세계관을 형성시켜 주며, 창의적 표현력을 증진시켜 주기도 한다. 그리고 가족과 이웃을 사랑하는 태도를 길러주며, 일상생활에 대한 기본적 예의와 규범을 습득하게도 한다. 더불어 기본적 감각기능과 운동기능을 육성하기도 하고 조화로운 신체 발달을 할 수 있도록 도와주기도 한다.

## 4. 아동문학의 장르와 종류

문학의 장르를 구분하는 것은 그리 단순한 일은 아니다. 학자들마다 다양한 방법으로 장르를 구분하고 있기 때문이다. 가장 단순하게 분류하는 방법은 2분법으로, 운문(동요, 동시)과 산문(옛이야기, 동화, 아동소설, 아동극본 등)으로 구분한다. 또한 3분법으로도 구분하기도 하는데 서정시(詩), 서사시(소설), 극시(희곡)로 나뉜다(석용원, 1982).

서정시에는 동요와 동시로 크게 구분하며, 동요에는 전래동요와 창작동요로 나뉘어진다. 그리고 전래동요에는 다시 구전동화와 정착동요로 나눈다. 그리고 동시는 자유시형 동시와 산문시형 동시로 구분된다.

서사시에는 크게 동화와 아동소설로 나뉘어진다. 동화는 전래동화와 창작동화로 다시 나뉘며, 전래동화에는 구전동화와 정착동화가 있고, 창작동화에는 개작동화와 생활동화가 있다. 바로 이 개작동화와 생활동화는 엄밀히 구분하면 문장동화와 구연동화로 구분할 수 있다.

그리고 아동소설 분야에는 개작소설과 창작소설이 있으며 여기에는 소년소설, 소녀소설이 있다. 극시에는 아동극과 아동 시나리오가 있으며, 아동극에는 다시 동화극과 생활극으로 세분화할 수 있다.

이 외에도 유아그림책을 아동문학의 한 장르로 인정하는 경우도 있다(Rose, 1982, Arbuthnot & Sutherland, 1991).

여기서는 운문과 산문을 대표할 수 있는 동시와 동화에 대한 예문(원문)을 제시한다. 동시는 함축적인 언어를 사용하여 리듬과 반복의 운율을 느낄 수 있어 감각적인 즐거움을 느낄 수 있다. 이에 비해 동화는 줄거리를 통해 사건과 등장인물들의 특성을 감상할 수 있으며 문학적 감동을 통해 심리, 정서적 안정에 도움이 된다.

다음은 구연에서 가장 많이 사용하고 있는 동시와 동화를 감상함으로써 친밀감을 형성할 수 있도록 한다.

[예문--동시]

## 송아지

이 준 연

우리집 송아지
잠꾸러기 송아지

엄마소는 밭갈이에
쩔쩔매는데

송아지는 밭두둑에 누워
하루종일 낮잠만 쿨쿨.

## 비가 온다

비가온다 비가온다
보슬비도 소낙비도
가랑비도 이슬비도
하늘에서 내려온다

보슬보슬 보슬비는
바람타고 내려온다
연못가에 맹꽁이는
좋아라고 맹꽁맹꽁

주룩주룩 소낙비는
구름타고 내려온다
시냇가에 송아지는
엄마찾아 음매음매

어깨동무 수남이가
우리집에 놀러오면
있으라고 이슬비가
소곤소곤 내려온다

심술쟁이 삼돌이가
우리집에 찾아오면
어서빨리 나가라고
가랑비가 내려온다.

**[예문--창작동화]**

## 여우골 캥캥이

이 준 연

숲 속 나라 여우골에 캥캥이 여우가 살고 있었습니다.

"오늘은 뭘 하고 놀까?"

캥캥이는 여우고개 위에 앉아서 사방을 두리번거렸습니다.

"다람쥐, 토끼, 꽃사슴, 너구리.... 모두들 어디로 갔을까? 오늘은 멧새 한 마리도 보이지 않는구나!"

숲 속 나라 동물들은 모두 캥캥이를 미워했습니다.

"여우골 캥캥이는 나쁜 짓만 골라서 하는 애야. 말썽꾸러기, 욕심꾸러기, 심술꾸러기 캥캥이하고 놀면 우리도 캥캥이처럼 된데. 여우고개 근처엔 얼씬도 하지 말라고 우리 엄마가 말해주었어."

"우리 아빠도 캥캥이 하고는 놀지 말라고 했어."

숲 속 나라 동물들은 모두 여우고개에는 얼씬도 하지 않았습니다. 외톨이가 된 캥캥이는 외롭고 쓸쓸했습니다. 캥캥이는 같이 놀아줄 친구를 찾아보았지만 아무도 없었습니다.

'오늘은 노루 할머니네 무밭에서 놀자. 무도 실컷 먹고.'

캥캥이는 히죽이죽 웃으며 노루 할머니네 무밭으로 어슬렁어슬렁 걸어갔습니다.

"캥! 캐앵! 우- 와! 노루 할머니네 무는 모두 내 꺼다. 캥캥."

캥캥이는 무밭을 뛰어다니면서 좋아했습니다.

캥캥이는 무를 쑥쑥 뽑아서 맛있게 먹었습니다.

"무는 꽁지보다 머리 쪽이 더 맛있어. 캥캥- 무가 사근사근하고 시원하구나. 배를 먹는 것 같애."

캥캥이 여우는 무를 쑥쑥 뽑아서 맛있는 곳만 베어먹고 내버렸습니다. 배가 나무 통만해진 캥캥이는 무밭을 뛰어다니기도 하고 폴닥폴닥 재주도 넘었습니다.

"헤헤- 캐캥! 노루 할머니네 무밭은 내 운동장이다. 호호."

캥캥이는 노루 할머니네 무밭을 망쳐놓고 소나무 그늘 아래 풀밭에서 쿨쿨 낮잠을 잤습니다. 무밭이 망쳐진 걸 본 노루 할머니는 이만저만 속이 상한 것이 아니었습니다.

'캥캥이란 놈이 낮잠을 자는구나. 오늘은 단단히 혼을 내 주어야지.'

노루 할머니는 살금살금 다가가서 캥캥이를 칡넝쿨로 꽁꽁 묶어놓았습니다.

"이놈! 캥캥아! 무를 뽑아 먹으려면 곱게 뽑아 먹을 것이지 어쩌자고 무밭을 망쳐 놓았느냐! 이놈!"

노루 할머니는 싸리나무 회초리로 캥캥이를 때리면서 고함을 질렀습니다.

"캐캥 캥캥캥- 할머니! 한 번만 용서해 주세요. 캥 캐캥!"

캥캥이는 빌면서 울었습니다.

캥캥이의 울음소리는 메아리가 되어 숲 속 나라에 울려 퍼졌습니다. 캥캥이의 울음소리에 깜짝 놀란 숲 속 나라 동물들은 노루 할머니에 무밭으로 몰려갔습니다.

"노루 할머니! 도깨비처럼 날뛰면서 심술을 부리는 캥캥이를 어떻게 붙잡았어요? 노루 할머니는 알아줘야 해요. 이번 기회에 캥캥이란 놈 못된 버릇을 단단히 고쳐 주어야 해요."

"캥캥이를 끌고 호방골로 갑시다. 호방골 호랑이 대왕님께 말해서 캥캥이를 감옥에다 가두어야 합니다."

"옳소! 옳소! 캥캥이를 호방골로 끌고 갑시다!"

숲 속 나라 동물들이 약속이라도 한 듯이 캥캥이와 노루 할머니를 보면서 떠들었습니다.

"할머니, 할머니! 우리 캥캥이를 한 번만 용서해 주십시오!"

"캥캥이가 망나니가 된 것은 모두 우리가 교육을 잘못 시켜서 그렇게 되었어요. 우리 캥캥이를 풀어주고 저희 부부를 호방골로 끌고 가십시오."

캥캥이 어머니와 아버지는 풀밭에 꿇어앉아 울면서 애원했습니다.

"어- 흐응! 무슨 일로 소란한고? 시끄러워 귀가 아프구나, 어흥!"

호방골 산봉우리에서 호랑이 대왕이 소리를 질렀습니다.

"호랑이 대왕님! 말썽꾸러기 캥캥이 여우를 붙잡았으니 큰 벌을 내려 주십시오. 대왕님."

늑대가 큰 소리로 말했습니다.

"여우골 캥캥이네 부모는 내 말을 똑똑히 듣고 실행하라! 캥캥이를 용마산으로 쫓아버려라, 어흥! 사흘 안에 캥캥이를 용마산으로 보내지 않으면 내가 캥캥이를 잡아먹으리라!"

호랑이 대왕의 말에 캥캥이와 캥캥이 어머니, 아버지는 하늘이 무너져 내리는 것 같았습니다. 캥캥이네 가족은 울면서 집으로 돌아왔습니다.

"캥캥아! 이 일을 어찌하면 좋으냐! 어린 너를 용마산으로 보내고 우리들은 어떻게 살란 말이냐!"

"캥캥아! 아무리 생각해도 너랑 헤어져서는 한 달도 못 살 것 같다. 우리들도 너를 따라서 용마산으로 이사를 갈란다."

캥캥이 어머니와 아버지는 눈이 퉁퉁 붓도록 울었습니다.

"어머니, 아버지, 오늘 말썽을 피운 것도 다른 동물들을 괴롭혀 모두에게 미움을 받은 것도 제가 혼자서 한 일이어요. 그러니 그 벌도 모두 제가 혼자서 받겠어요. 어머니, 아버지는 집에 계셔요. 용마산엔 저 혼자 가겠어요. 삼년만 용마산에서 살다가 꼭 여우골로 돌아오겠어요."

다음날 밤 캥캥이는 아무도 모르게 집을 나섰습니다. 어머니와 아버지가 따라올지 모른다는 생각에 자꾸자꾸 뒤를 돌아보며 울면서 여우고개를 뛰어갔습니다.

"부엉 부우엉! 캥캥아, 잘 가거라."

여우고개 왕솔나무 가지 위에서 부엉이가 울고 있었습니다. (*)

# 제 2 장

# 동화의 기초적 이해

본 장에서는 동화 구연의 기초를 다지기 위해 동화란 무엇이며, 동화는 어떤 특성을 가지고 있으며, 동화의 종류에는 무엇이 있는가에 대해 살펴보고자 한다. 동화에 대한 올바른 이해는 구연자가 반드시 가져야 할 기본 요소이다.

## 1. 동화의 기원

동화의 뿌리는 어디에 있는가? 이 원초적 질문은 동화가 어떻게 성립했는가를 말하는 것이다. 동화의 발생기원은 일반적으로 신화(神話, myth)에서 찾는다. 신화는 설화(說話)라는 큰 범주 안에 포함되고 있으며 여기에는 전설(legends), 민간설화(folk-tale)등이 속한다. 일반적으로 진실성이 강조되고 있는 것은 신화와 영웅담이 주가 되는 전설이 대표적이고, 흥미성을 강조되고 있는 것은 우화와 요정이야기(fairy tales), 민담이라고 말할 수 있다.

신화란 신성한 이야기로 신적인 존재가 출현해 상징적 이야기가 전개된다. 이를 통해 우주의 기원과 인간의 세계관과 미래를 암시하였으며, 도덕적인 의미도 담겨 있다. 신화가 가지고 있는 신성함과 신비로움, 경이로움은 그리고 마술적 요소와 환상, 극적인 요소와 박진감 등은 바로 모든 종류의 문학적 뿌리가 되고 있다. 결국,

동화의 근원은 신화, 전설, 민담 등과 같은 설화문학, 전승문학(traditional literature)에 기원을 두고 있다.

## 2. 동화의 개념

아동문학에 대한 개념이 확고하게 정립되지 않은 것처럼, 아동문학의 범주 안에 포함되고 있는 동화에 대한 개념도 각 학자들마다 다양하다.

동화의 사전적 의미는 어린이를 상대로 들려주거나 읽히기 위해 만들어진 이야기라고 적혀 있다. 다양한 견해를 보이는 학자들이 주장한 동화의 개념을 정리하면 다음과 같다.

동화란 어린이에게 읽히기 위하여 쓰여진 이야기의 문학이다. 소설이 있을 수 있는 이야기를 있을 수 있는 방법으로 그려 사실상을 살리는데 비해, 동화는 현실적으로 있을 수 없는 초자연의 세계까지 작품의 현실로 끌어들여 그것을 있음직한 이야기로 꾸며내는 것이다(조대현 외, 1999). 또한, 이원수(1970)는 '순수한 동화는 사실적인 소설과는 다른, 공상적인 이야기를 말한다. 현대 동화에는 현실적인 이야기가 공상적인 이야기와 서로 결합된 것이 많지만 그래도 판타지(Fantasy)가 있는 것, 공상적인 것, 초자연적인 이야기가 있는 것을 동화라 규정한다.'라고 정의하였다.

그리고 석용원(1989)은 '어린이에게 들려주기 위해서 하는 이야기를 동화라 한다. 그러나 동화의 정의는 간단한 것이 아니다. 영어로는 페어리 테일(Fairy tale)이라고 하는데, 그 본래의 뜻은 요정담, 이른바 선녀, 요정들이 나오는 이야기이다. 독일에서는 메르헨(Marchen)이 여기에 해당하지만 이것은 본래 설화문학의 한 형태를 취한다. 동화의 본래적 의미는 옛날이야기나 민화 중에서 그 형식을 취하고, 그림과 안데르센을 고향으로 하는 상징적인 문학 형태로서, 인간 일반의 보편적 진실을 소박한 내용으로 한 시에 가까운 산문문학이다.'라고 규정하였다.

김동리(1962)는 '시적 환상과 초자연적인 모든 공상을 자유자재로 그릴 수 있는 것은 동화의 세계요, 현실 속에서 울고 웃고 싸우며 일하며 자라나고 있는 소년 소녀의 이야기는 소년 소설의 세계이다.'라고 설명하였다.

결국, 넓은 의미에서 본 동화는 신화, 전설, 민담, 우화, 그림동화, 아동소설 등 다양한 종류들을 포함한다. 이에 반해 좁은 의미에서 본 동화는 창작동화만을 일컫는다. 여기에는 시적 환상성이 매우 중요시된다. 하지만 사실적인 요소도 함께 고려한다. 따라서 동화는 아동을 사랑하는 어른이 어린이들에게 읽힐 것을 목적으로 쓰여진 문학이다. 여기에는 판타지(환상)와 리얼리즘의 요소가 조화롭게 그려져야 한다는 것이 내포되어 있다. 일반적으로 판타지 요소가 있는 동화를 '순수 동화(純粹 童話)'라 하고, 리얼리즘 요소가 있는 것을 '생활 동화(生活 童話)'라 한다.

## 3. 동화의 특성

동화의 특성은 앞에서 설명한 아동문학의 특성과 유사하다. 일차적 대상이 아동(출생 직후부터 초등학교 6학년까지) 즉 어린이이므로 그들의 발달적 특성과 심리적 특성을 반드시 고려하여야 한다. 대상에 대한 특수성을 고려하여 동화가 지니고 있는 특성을 살펴보도록 한다.

**첫째, 동화는 시간과 공간을 초월하는 초시대적이며, 판타지(환상) 요소를 많이 가지고 있다.**

과거와 미래를 자유자재로 왕래할 수도 있고, 물고기가 되어 바다 속을 신나게 헤엄치기도 하며 새가 되어 푸른 하늘을 마음껏 날아다닐 수도 있다. 깊은 산 속, 하늘나라, 다른 세계 여러 나라, 지옥, 우주 그 어떤 장소도 모두 초월할 수 있으며, 호랑이 담배 피던 옛날부터 먼 미래의 우주시대 까지 모두 간접 경험할 수 있다. 결국 동화는 현실에서 이루지 못한 어린이의 꿈과 이상을 펼칠 수 있는 장을 마련해 준다. 이런 상상, 공상의 세계는 바로 어린이의 세계인 것이다. 이런 특징은 바로 모든 사물에 생명이 있다고 생각하는 물활론적 사고, 애니미즘(Animism)에서 비롯된 것이다. 이런 사고는 환상으로 이끄는 원동력이 된다. 따라서 순수 동화는 바로, 환상 즉 판타지가 밑바탕이 되고 있다. 동화에서 보이는 환상의 세계는 환상의 세계로 끝나는 것이 아니다. 어린이들은 환상의 세계를 통해 자신의 심리적 갈등을 완화시킬 수 있으며, 현재의 심리적 억압과 갈등, 고통을 치유하기도 하며, 자신만의 독특한 세계를 형성하기도 한다.

둘째, 동화는 형식적으로는 단순, 소박하지만 그 내면은 인간의 보편적 원리와 심오한 내면의 세계가 들어 있다.

아동의 발달, 심리학적 측면에서 고려해 본다면 복잡하고 추상적인 구성이나 기법은 어울리지 않는다. 아무리 세련되고 고차원적인 문학이라 하더라도 독자인 아동이 그것을 제대로 이해하지 않으면 그림의 떡이 될 수밖에 없다. 따라서 형식적으로 동화는 간결하고 단순한 특성을 가지고 있다. 하지만 그 내용까지 단순하고 간결하다는 것을 의미하지는 않는다. 아무리 간결하고 소박한 구성의 동화라 하더라도 그 나름대로는 명확한 주제가 있고, 그 주제에 맞게 생각할 거리가 반드시 들어있다. 그것을 통해 어린이 나름대로 자신의 사상을 구축해 가기도 하고, 살아가는데 필요한 보편적 원리에 대해 눈을 뜨게 된다.

셋째, 동화는 보편적으로 인간의 따뜻한 사랑, 권선징악 등을 기본적으로 다루고 있으며, 이는 교육성을 강조하는 것이다.

어린이는 완전히 성숙된 상태가 아니고, 정지된 사고를 가지고 있는 것이 아니다. 결국 어린이는 끊임없이 발달하고 성숙해 가는 유기체인 것이다. 따라서 그들의 발달을 도와주고 그들의 사고를 보다 긍정적으로 이끌 수 있도록 해 주어야 한다. 절망과 비극보다는 희망과 희극을 더 그리고, 갈등과 미움보다는 협동과 사랑을 더 그린다. 또한, 거칠고 순화되지 않는 언어를 사용하기보다는 바르고 고운 언어를 사용한다. 이런 동화 작품을 통해 어린이들은 보다 밝고 건전한 삶을 영위할 수 있다.

넷째, 동화는 이중적 독자 구조를 이루고 있다.

동화라고 하면 일반적으로 어린이들만 읽는 것으로 생각하는 경우가 있다. 그래서 청소년기만 되어도 동화책은 코흘리개 아이들이나 읽는 것쯤으로 취급해 버린다. 너무나 보편적 생각이라 쉽게 고쳐지지 않지만 간혹 어른들이 동화를 읽다보면 쉽게 감동을 받게 되는 경우가 흔히 있다. 이는 바로 동화가 가지고 있는 이중적 구조이다. 즉 동화의 일차적 대상이 바로 어린이이긴 하지만, 순수하고 동심 어린 추억으로 되돌아가고픈 청소년이나 성인들에게도 동화는 예술적 승화작업을 한다는 것이다. 즉 동심이라고 하는 것은 언제나 우리의 무의식 안에 자리잡고 있는 본질적인 것이다. 이는 모든 인간의 심리이다. 따라서 어른이 되었어도 어린 시절에 들었던 옛날 이야기가 선명하게 떠오르고, 그 때의 따뜻하고 정감 어린 느낌 등이 기억나는 것이다. 가장 어린이다운 생각과 느낌은 바로 인간의 원초적 마음인 것이다. 따라서 동심을 간직하고 있는 어른들, 또한 어린 시절의 옛 향수를 느끼고픈 어른들도 동화의 향기를 맡고 감동을 받을 수 있다.

**다섯째, 동화는 어린이의 마음을 사로잡을 수 있는 흥미성과 재미성을 지니고 있다.**

아동의 발달적 특성을 고려해 보면, 아동의 정서는 매우 단순하고 지속되는 시기도 매우 짧다. 그리고 매우 변화무쌍하다. 이런 특성들 때문에 아동은 지루하고 따분하고 복잡한 건 질색이다. 지루하고 따분하다는 건 재미가 없다는 말이고 매력적인 어떤 것도 없어 흥미성을 잃는다는 말이다. 무엇인가 알고 싶어하는 호기심이 필요하고 동기가 있어야 책을 편다. 이런 호기심과 동기유발은 바로 매력적이고 흥미 있고 재미있는 요소를 갖추고 있어야 한다는 말이다. 등장인물의 성격이 매력적이어서 아동의 호기심을 끈다든가, 소재가 독특하고 참신하여 읽고 싶은 충동을 일으키게 한다든가 하는 흡인력을 갖추어야 한다.

**여섯째, 동화는 예술적 감동이 있고 구현하고자 하는 이상세계가 있다.**

동화는 문학이다. 곧 예술적 작품이다. 따라서 예술적 승화가 없다면 이는 작품으로서 가치가 없다는 것이다. 가치 있는 작품이 되려면 문학적으로 승화시키는 작업이 반드시 필요하다. 즉 기교나 수법, 전개해 나가는 구성 등 작품이 갖추어야 할 요소를 포함하고 있어야 한다. 예술성을 살리기 위해서는 무엇보다 개연성이 필요하다.

그리고 동화는 작가의 세계관과 인생관이 녹아 흐르고 있다. 작가는 이를 통해 자신이 추구하는 이상세계를 암시적으로 보여준다. 결국 동화가 지향하고 있는 이상세계는 가장 인간답고 바르게 사는 것을 기본적으로 추구하고 있다. 가장 인간답고 바르게 살아가기 위해서 나는 누구인가, 나는 어떻게 살아야 하는가, 우리는 어떻게 살아가야 하는가 등등을 끊임없이 질문하고 생각하도록 한다.

## 4. 동화의 종류

동화의 종류는 그 범위가 광범위하고 다양하다. 따라서 학자들마다 동화의 종류를 분류하는 기준이 다소 차이가 난다. 어떤 학자들은 발달과정, 기법, 창작의도, 독자의 대상 그리고 전달방법에 따라 구분하기도 하였다. 그리고 크게 내용면과 형태면으로 구분하여 동화의 종류를 제시하기도 하였다(석용원, 1993).

사실 동화의 종류를 구분 짓는 일은 그 경계선이 모호하므로 학자들이 나눈 기준도 서로 중복되는 부분들이 많이 있다. 따라서 여기에 소개된 것이 절대적이 아님을 밝혀 둔다. 단, 굳이 구분지으려고 한다면, 이런 방식으로 구분된다는 것을 소개할 뿐이다. 필자의 소견으론, 문학은 개인차에 따라 많이 달라진다고 생각한다. 즉 개인의 이해능력, 사고능력과 정신적, 환경적 배경, 그리고 다양한 직접, 간접적 경험 여하에 따라 달리 해석 가능하다는 것이다.

따라서 여기에 제시된 것들은 동화에 대한 기본적 이해를 위해 소개한 것임을 밝혀둔다. 즉 동화의 갈래를 5가지로 크게 구분지어 살펴보고자 하는데, 다음에서 제시한 기준은 발달과정, 창작기법, 창작의도, 독자대상의 수준, 전달방법의 기준에 따라 나눈 것이다(강정규 외, 1999).

① 발달과정을 기준으로 본 갈래

- ▶ 전래동화 → 개작동화
- ▶ 창작동화

② 창작기법을 기준으로 본 갈래

▸ 환상동화

▸ 생활동화

③ 창작의도를 기준으로 본 갈래

▸ 순수동화

▸ 목적동화(과학동화, 철학동화, 환경동화, 성교육동화 등)

④ 독자 대상의 수준을 기준을 본 갈래

▸ 유아 동화(유아 · 유년) → 그림동화

▸ 저학년 동화

▸ 중학년 동화

▸ 고학년 동화

⑤ 전달방법을 기준으로 본 갈래

▸ 구연동화

▸ 문장동화

그리고 위의 기준으로 본 갈래 외에 내용면과 형태면으로 나누어 분류하기도 한다.

⑦ 내용면으로 본 갈래

▸ 신화와 우화, 옛날이야기, 전설, 민화, 성경동화, 과학동화, 생활동화

⑧ 형태면으로 본 갈래

▸ 유아 동화, 저학년, 중학년, 고학년 동화와 전달 방법에 따라 구연동화, 문장동화

위에서 살펴본 것처럼 학자들의 견해에 따라 동화의 종류가 다소 중복되기도 하고 그 갈래 기준이 애매모호하기도 하다. 하지만 우리는 이런 점을 이해하면서 기존의 기준을 토대로 동화의 여러 종류에 대해 이해하고 감상할 수 있으면 되겠다.

### (1) 발달 과정을 기준으로 본 갈래

여기에는 오래 전부터 전해 내려오는 옛날이야기인 전래동화와 작가가 의도를 가지고 새롭게 만들어낸 이야기인 창작동화로 크게 구분할 수 있다. 전래동화는 예전부터 입에서 입으로 구전되어 온 것을 근래에 들어서 문자로 정리해 놓은 것을 말한다. 따라서 지방에 따라 구연하는 사람에 따라 조금씩 이야기가 달라질 수도 있고 그 느낌도 다르게 표현될 수도 있다. 또한 개작하는 과정에서도 얼마든지 이야기가 축소되기도 하고 확대되기도 하며 재미성이 기존의 것보다 더 첨부될 수도 있다.

다음은 전승문학에 뿌리를 두고 있는 전래동화와 작가가 자신의 가치관과 인생관을 통해 새롭게 만들어낸 창작동화의 예문을 통해 그 차이점과 느낌을 알 수 있도록 한다.

[예문--전래동화]

## 요술 부채

이 은 경

옛날, 옛날 한 옛날에 가난한 나무꾼이 살고 있었어요. 나무꾼은 이 세상에서 큰 부자가 되고 싶었어요.

"산신령님! 이놈에게도 복을 주어 부자가 되게 해 주십시오."

나무꾼은 산에 갈 때마다 한 번도 빠지지 않고 빌었어요.

어느 날, 나무꾼이 산신령에게 기도를 드리고 일어나려고 하는데, 이상한 부채가 발 앞에 떨어졌어요.

"여름도 지나갔는데 웬 부채일까?"

부채의 한 쪽은 빨갛고, 한 쪽은 하얀 빛깔이었어요.

"어디 한 번 부쳐 볼까?"

나무꾼은 부채질을 하였어요. 그런데 이게 웬일일까요? 코끝이 간질간질 하지 않겠어요. 나무꾼은 코를 만져 보았어요. 코가 코끼리 코처럼 길어졌어요.

"아이고, 큰일 났다. 어디 이번엔 반대로 부쳐 보자."

이번에는 하얀 빛깔 쪽으로 부채질을 해 보았어요. 길게 늘어났던 코가 작아졌어요.

"아하, 이것은 요술 부채다! 요술 부채!"

나무꾼은 신바람이 나서 집으로 갔어요.

"여보, 여보! 마누라, 이걸 봐요."

나무꾼은 아내가 보는 앞에서 제 코를 늘렸다 줄였다 했어요.

"여보! 그 부채는 도깨비 부채예요. 빨리 내버려요."

"어림도 없는 소리, 이 부채로 큰돈을 벌어 올 테니 두고 봐요."

그 날 밤, 나무꾼은 요술 부채를 들고 부잣집을 찾아다니면서 부잣집 사람들의 코를 길게 빼 놓았어요.

"아이고, 이것이 웬일이야? 내 코가 뱀처럼 되었네."

"내일 모레 시집 갈 귀댁이 코는 방망이 만해졌어요."

나무꾼은 다음날, 의원으로 꾸미고 부잣집을 찾아갔어요.

"코를 고쳐 드릴 테니, 백 냥씩 내시오. 백 냥."

"예, 예. 천 냥이라도 줄 테니 내 코만 고쳐 주시오."

나무꾼은 코를 고쳐 주고 큰 부자가 되었어요.

어느 날, 부자가 된 나무꾼은 요술 부채로 제 코를 부치면서 생각했어요.

'부채질을 하면 코가 얼마나 길어질까?'

나무꾼은 자꾸자꾸 부채질을 했어요. 나무꾼의 코는 하늘나라 임금님의 대궐까지 올라갔어요.

"허허, 괴이한 짐승이 올라오는 구나. 저 놈을 대들보에 묶어 놓아라!"

하늘나라 임금님은 신하들을 시켜서 나무꾼의 코를 대들보에 묶어 놓았어요.

"킁킁, 아이고 코야! 크응----."

나무꾼은 깜짝 놀라 하얀 쪽으로 부채질을 했어요. 코가 줄어들면서 나무꾼은 하늘로 올라갔어요.

"심술쟁이 나무꾼이 하늘로 올라오는 구나. 대들보에 감긴 코를 풀어 주어라!"

하늘나라 임금님의 명령을 받은 신하들이 나무꾼의 코를 풀어 주었어요.

"으악! 사람 살려!"

나무꾼은 곤두박질을 치면서 땅으로 떨어졌답니다.(*)

**[예문--창작동화]**

## 꼴찌가 쓴 꽃왕관

이 은 경

버드나무 옆에 조그만 연못이 있습니다.

그 버들연못 속에는 작은 개구리 학교가 있어요.

"개골개골 개고르---야호! 드디어 오늘이 왔구나. 왔어! 꽃왕관은 내꺼야, 내꺼!"

배가 불뚝 튀어나온 불뚝이가 다리운동을 하면서 큰소리로 말했습니다.

"불뚝아! 이번 시합에서 진짜 일등 할 자신 있는 거니? 흥, 나도 너만큼 연습했는걸. 잠도 자지 않고 밤새도록 연습 했다고. 어디 두고 보자."

머리에 빨간 리본을 맨 다롱이는 불뚝이를 흘겨보면서 콧방귀를 끙! 뀌었어요.

오늘이 무슨 날일까요?

바로 1학년 개구리들의 헤엄치기 시합날입니다. 개구리 학교에서는 해마다 헤엄치기 대회를 열었습니다. 헤엄치기 대회에서 1등한 개구리에게는 꽃으로 만든 멋진 꽃왕관도 씌여 주고, 다른 연못으로 여행도 보내주지요. 물론, 선물도 많이 주고요.

참, 신나겠지요?

1학년 개구리들은 풀밭에 모두 모였어요.

하나, 둘! 하나, 둘!

머리를 흔들흔들

팔을 쭉쭉

허리를 빙글빙글

다리를 툴툴

엉덩이도 실룩실룩!

모두들 신나는 음악에 맞추어 준비운동을 했어요.

"히히잉----히히잉-----개고르----개고르----."

왕눈이는 풀밭에 쭈그리고 앉아서 고개만 푹 숙이고 있었어요.

"에고----! 개구리가 어째서 헤엄을 못칠꼬? 정말 알다가도 모를 일이야."

"맞아, 맞아. 조상대대로 헤엄 못 치는 개구리는 아마 왕눈이 녀석뿐일 게야. 허허---개구리 망신은 왕눈이가 다 시키는 구먼."

"왕눈이 부모는 얼마나 속이 상할까? 쯔쯧----."

구경나온 동네 어른 개구리들은 풀이 죽어있는 왕눈이를 보며 혀를 끌끌 찼습니다.

"왕눈아! 힘내라. 자, 다리를 힘차게 뻗고 물을 세차게 차라. 그래, 그래! 참 잘했구나."

갑자기 아빠의 목소리가 들려오는 것 같았어요. 아빠는 언제나 왕눈이를 따뜻하게 감싸주었어요. 날마다 헤엄치는 법도 가르쳐 주었고요. 왕눈이는 아빠의 다정한 목소리와 따뜻한 미소가 생각났어요.

"자, 우리 친구들! 모두 준비되었지요? 곧 헤엄치기 시합을 시작하겠습니다."

배에 커다란 점이 있는 점박이 선생님이 빨간 깃발을 흔들면서 말씀하셨습니다.

"와우! 와-----!"

개구리들은 함성을 지르면서 팔딱팔딱 뛰었어요.

왕눈이는 힘없이 일어섰어요.

'아----다리가 후들거려. 정말 내가 잘 할 수 있을까? 가슴이 떨리고-----무서워. 친구들은 또 얼마나 웃어댈까? 흐흐----.'

왕눈이는 갑자기 머리가 아팠어요. 눈앞이 아른거리고 입안의 침도 바짝바짝 말랐습니다.

"불뚝이 파이팅! 다롱이 파이팅! 쿵짝쿵짝 쿵짝짝!"

구경나온 아빠와 엄마 개구리들은 춤을 추면서 열심히 응원을 했어요.

"왕눈아! 힘내라, 힘내라!"

멀리서 아빠의 목소리가 아스래하게 들려왔어요.

"삘리리-----삘리리------땅!."

선생님의 풀피리 소리가 나자, 모두들 물속으로 힘차게 뛰어들었어요. 왕눈이도 겨우 물속으로 들어갔어요.

"하나, 둘, 하나, 둘-----."

왕눈이는 힘겹게 물살을 가르면서 헤엄을 쳤습니다.

'어, 다리가 왜 이러지? 내 맘대로 움직여지지가 않아. 아-----.'

왕눈이는 다리에 쥐가 나서 꼼짝할 수 없었어요.

'다시 물위로 올라갈 수만 있다면 얼마나 좋을까?'

왕눈이는 소리 내어 엉엉 울고 싶었어요.

"왕눈아! 조금만 더---조금만 더. 그래그래, 아주 잘했어."

왕눈이의 손을 잡고 다정하게 말씀하셨던 아빠의 얼굴이 그림처럼 떠올랐어요.

'끝까지 해 보는 거야. 하나 둘, 하나 둘-----영차, 영차!"

왕눈이는 눈에 힘을 주고 마음속으로 몇 번이나 다짐을 했어요. 왕눈이는 쥐가 풀린 다리로 겨우겨우 물살을 가르며 헤엄을 쳤어요. 한 참이 지났습니다.

'어? 친구들은 모두 어디로 갔을까? 이상하다---왜, 나 혼자지?'

왕눈이는 물 위로 얼굴을 쏙 내밀고 주위를 이리저리 둘러보았어요.

"하하하-----왕눈이가 꼴찌다, 꼴찌! 꼴찌 중에서도 왕꼴찌다! 개골개골----."

친구들은 깔깔 웃으면서 놀려댔습니다. 왕눈이는 얼굴이 빨개져서 고개를 들 수 없었어요. 자꾸만 눈물이 나오려고 해요. 그때마다 왕눈이는 입술을 꼭 깨물었지요.

모두들 버드나무 아래로 다시 모였습니다.

1등은 불뚝이가 차지했습니다. 꽃왕관을 쓴 불뚝이는 멋진 왕자님 같았어요. 왕눈이는 불뚝이를 부러운 눈으로 바라보았어요.

"왕눈아! "

누군가 왕눈이의 어깨를 따스하게 감싸주었어요.

"아---아빠!"

왕눈이는 갑자기 눈물이 핑 돌았어요.

"왕눈아! 다리에 쥐가 난 건 괜찮니? 어디 보자."

아빠는 후후 웃으시면서 왕눈이의 다리를 주물러 주었어요.

"왕눈아! 아빠는 우리 아들 왕눈이가 자랑스럽단다. 자, 이건 아빠가 주는 선물이야."

아빠는 빨강, 노랑, 보랏빛 꽃으로 만든 꽃왕관을 왕눈이의 머리 위에 씌워 주었어요.

"아빠----전 꼴찌 했는걸요. 개골개골"

"후후--- 이 아빠에게는 오늘 넌 일등 한 거란다."

아빠는 왕눈이를 꼬옥 안아 주었어요. 서쪽으로 넘어가던 해님이 왕눈이와 아빠에게 따스한 금빛 햇살을 한아름 뿌려 주었어요. (*)

### (2) 창작 기법을 기준으로 본 갈래

여기에는 동화의 순수라고 대표할 수 있는 환상동화와 어린이의 생활을 중심으로 리얼리티를 강조한 생활동화로 크게 구분할 수 있다. 환상동화는 시간과 공간의 세계를 마음대로 넘나들 수 있어 아동의 상상력을 풍부하게 할 뿐 아니라 전혀 다른 세계로 다양한 간접경험을 할 수 있어 아동의 마음을 즐겁게 만든다. 또한 생활동화는 아동의 일상생활과 밀접한 소재를 택하고 주제를 내포하고 있기 때문에 독자인 아동에게 더욱 더 친밀하게 다가갈 수 있고 쉽게 주인공에게 동일시되어 사회성 및 도덕성의 가치판단에 도움이 될 수 있다.

[예문--환상동화]

## 도깨비가 된 허수아비

이 준 연

함박눈이 펑펑 쏟아져 내리는 넓은 들 가운데에 키다리 허수아비가 우뚝 서 있었습니다. 참새 한 마리 와 주지 않는 들에서 허수아비는 비와 눈을 맞으면서 겨울을 쓸쓸하게 보내고 있었습니다.

"오늘은 함박눈이 내리는구나!"

허수아비는 바람에 날리는 눈꽃송이들을 쳐다보면서 한숨을 쉬었습니다.

"이 녀석아! 벼 한 포기도 없는 논배미에서 뭘 하는 게냐?"

지나가던 바람이 허수아비의 어깨를 툭 치면서 말했습니다.

"--------."

"참새 한 마리도 얼씬거리지 않는데, 네깟 놈이 여기 서 있으면 뭘 해."

바람은 허수아비의 멱살을 움켜쥐고 흔들다가 가 버렸습니다.

"사람들은 정말로 야속하고 무정하구나. 나는 가을동안 열심히 참새 떼를 쫓아 주었는데, 털보 아저씨는 고맙다는 인사도 없이 나를 들판에 내버리고 가다니."

허수아비는 털보 아저씨를 원망했습니다. 허수아비는 제 꼴이 너무너무 처량하고 불쌍했습니다.

"짹짹-----. 야아, 허수아비야! 뭘 보고 서 있니? 네 신세도 딱하게 되었구나. 지난 가을에 우리들을 못살게 굴더니, 잘 되었다. 짹짹!"

지나가던 참새들이 허수아비를 비웃었습니다.

"망할 녀석들 같으니라고. 참새 녀석들까지 나를 업신여기는 구나."

허수아비는 분통이 터져 견딜 수 없었습니다.

펄펄 내리던 눈은 들을 하얗게 덮고 오돌오돌 떨고 서 있는 허수아비에게 하얀 눈가루 옷을 입혀 주었습니다. 하얀 옷을 입고 서 있는 허수아비는 키다리 눈사람

같았습니다.

흰나비 떼처럼 훨훨 날아다니던 눈송이들은 밤이 되면서부터 사라지고, 꽁꽁 언 밤하늘에는 별들이 하나하나 돋아났습니다.

"겨울 날씨는 변덕도 많구나. 낮에는 눈이 오더니 밤에는 별이 떴어. 잠도 오지 않으니 별들이나 세어보자."

허수아비는 별을 세면서 외로움을 달래고 있었습니다.

"별 하나 꽁꽁, 나 하나 꽁꽁, 별 둘 꽁꽁------."

별을 세는 허수아비의 목소리는 슬픈 노랫소리처럼 들렸습니다.

"터벅터벅----."

논둑길에서 발자국 소리가 들려 왔습니다. 허수아비는 눈을 똥그랗게  뜨고 사방을 두리번거렸습니다. 캄캄한 밤이지만 눈이 하얗게 쌓여 어슴푸레하게 주위를 비춰 주었습니다. 저쪽에서도 허수아비를 보았는지 걸음을 뚝 멈추었습니다.

"거기 누구요?"

터벅터벅 걸어오던 검은 그림자가 먼저 말을 걸었습니다.

"나는 허수아비요. 당신은 누구요?"

"나는 용마산 도깨비요. 낄낄, 끼루룩! 심심한데 잘 만났소."

도깨비는 끼룩끼룩 웃으면서 허수아비가 서 있는 논 가운데로 껑충껑충 뛰어왔습니다.

"어서 와요. 나도 심심해서 별을 쳐다보고 있었소."

허수아비는 도깨비를 반갑게 맞아 주었습니다.

외롭고 쓸쓸한 긴긴 겨울밤을 도깨비와 함께 지낼 수 있다면 얼마나 좋을까? 재미있는 일들이 일어날 것만 같아 허수아비는 가슴이 설레었습니다.

"자, 우리 서로 형이라고 부릅시다. 도형! 깊은 밤중에 어디를 가십니까?"

"그것 참 좋은 말이오. 허형!"

도깨비는 허수아비의 손을 잡으면서 싱글벙글 웃었습니다.

"허형! 오늘이 바로 섣달 대목 장날이 아니오. 읍내장터로 장 구경을 가는 길이오. 같이 갑시다."

"도형! 장은 낮에 서는 거요. 지금은 장꾼들도 모두 돌아가고, 장터에는 쓰레기들만 뒹굴고 있을 거요. 나와 함께 도란도란 이야기나 나눕시다."

"허허! 허형은 모르시는구려. 낮에는 사람들 장이 서고, 밤에는 우리 도깨비들 장이 서지요. 허형! 나랑 같이 가서 도깨비 장이나 구경합시다."

도깨비는 허수아비의 팔을 잡아끌었습니다.

"도, 도형! 이러시면 안됩니다. 자, 자, 잠깐만."

허수아비는 허둥지둥 댔습니다. 허수아비는 도깨비를 따라 도깨비 장 구경을 하고 싶었습니다.

그러나 허수아비는 꼼짝도 할 수 없었습니다. 땅 속에 깊이 박힌 다리가 빠진다고 해도 다리 하나로는 도깨비를 따라 읍내까지 갈 수 없었습니다.

"도형! 장 구경은 다음에 가기로 하고 오늘은 이만 자야겠소."

허수아비는 자기가 걸어 다닐 수 없다는 말을 도깨비에게 하기 싫었습니다.

"허형! 허형이 다리가 하나뿐이니 걸어 다닐 수 없다는 것쯤은 나도 다 알고 있소."

도깨비는 부드러운 목소리로 말하면서 허수아비의 다리를 붙들고 힘껏 잡아당겼습니다.

"아이쿠, 엉덩이야."

허수아비의 다리가 쑤욱 뽑히는 바람에 도깨비는 허수아비를 끌어안고 눈밭으로 나동그라졌습니다. 도깨비는 엉덩이에 묻은 눈을 털면서 일어났습니다.

"허형! 허형! 내 어깨를 꽉 붙잡아요. 자, 자, 이렇게-----."

도깨비는 논바닥에 쓰러진 허수아비를 일으키며 말했습니다.

"휴우! 고맙네, 도형!"

"고마울 것 없네. 나는 허형을 잘 알고 있다네."

"도형이 나를 어떻게 알아?"

"나는 용마산 산봉우리 위에 앉아서 바다처럼 넓은 들판을 바라보면서 살았다네. 허형이 지난 가을에 참새 떼를 열심히 쫓는 것도 보고, 털보 녀석이 허형을 실컷 부려먹고는 고맙다는 인사도 않고 허형을 논배미에 내버리고 간 것도 다 알고 있어. 그리고 허형이 밤마다 우는 울음소리도 들었네."

도깨비는 카랑카랑한 목소리로 계속해서 떠들었습니다.

"사람들이란 욕심 많고, 꾀 많고, 간사한 동물이거든. 자기한테 필요하면 어르고 달래면서 부려먹고, 필요 없을 땐 내버린단 말야. 오늘밤에는 털보 녀석에게 버림받은 허수아비도 필요하다는 것을 가르쳐 줄 걸세."

허수아비는 도깨비와 도란도란 이야기를 하는 동안 읍내로 가는 신작로까지 와 있었습니다.

"도형! 언제 여기까지 왔나?"

"낄낄, 헤헤----. 허형은 지금 도깨비가 되어 나와 함께 걸어가고 있어. 낄낄----."

허수아비도 모르고 있는 사이에 이상한 일이 일어났습니다. 허수아비는 도깨비가 되어 용마산 도깨비의 손을 정답게 잡고 신작로 길을 깡충깡충 걸어가고 있었습니다.

"사실, 나는 허형의 친구가 되려고 오늘 밤에 산을 내려온 걸세. 넓은 들판에 혼자 서 있는 허형의 모습이 보기에도 너무너무 딱해서 말야."

"도형, 도형! 고맙네, 고마워. 내일도 모레도 날마다 날마다 놀러 오게. 도형!"

"그랬으면 얼마나 좋겠나. 하지만 나는 내일 날이 밝기 전에 용마산을 떠나야 한다네. 용마산에 채석장이 생겨서 더 머물러 살 수 없다네. 돌 깨는 소리가 시끄러워서, 우리들은 천마산으로 이사를 간다네."

"도형! 정들자 이별이라더니, 우리들은 만나자 이별이구먼!"

허수아비는 도깨비가 찾아온 까닭을 알 것 같았습니다.

"허형, 허형! 내일 아침부터 털보 녀석한테 큰 대접을 받으면서 존경을 받게 될 테니----."

도깨비는 갑자기 말을 뚝 끊고 낄낄 웃었습니다.

"히히, 헤헤---. 이제 오시는구나. 잘 됐다. 히히----."

도깨비는 끼룩끼룩 웃으면서 걸음을 멈추었습니다.

"아리롱---아리롱---아라리오. 아리롱 고개로 넘어간다."

성황당 고개 쪽에서 술에 취한 장꾼의 노랫소리가 들려왔습니다. 어디서 많이 듣던 목소리였습니다.

"도형! 저 목소리는 우리 주인 털보 아저씨의 목소리 같구먼."

"그래, 그래. 나는 이제 장터로 갈 테니 허형은 털보를 집까지 자 데리고 가게."

"아니, 내가 어떻게?"

"히히, 헤헤. 걱정 말게. 털보 녀석이 허형을 잘 모시고 집에까지 갈 걸세. 하하하."

도깨비와 허수아비는 성황당 고개까지 왔습니다. 술에 취한 털보 아저씨는 성황당 돌무더기 위에 앉아서 아리랑 타령만 목이 터지도록 부르고 있었습니다.

"쯧쯧! 대목 장날이라고 많이도 마셨구먼. 쯧쯧."

술 냄새가 코를 찔렀습니다.

"허형! 털보 녀석이 돌무더기에 쓰러져서 잠이 들면 오늘 밤에 꽁꽁 얼어 죽을 테니, 허형이 집에까지 잘 데리고 가야 해."

"여보게, 도형! 내가 무슨 재주로 술 취한 사람을 업고 가나. 다리도 하나뿐인데."

"그런 걱정은 말게."

도깨비는 허수아비를 번쩍 들더니 털보 아저씨의 머리 위로 내던졌습니다. 허수아비는 돌무더기 위에 꽂혔습니다.

"허형! 나는 가네."

도깨비는 읍내로 가는 신작로를 따라 바람처럼 사라졌습니다.

"아리랑, 이놈아! 너는 누구냐?"

돌무더기 위에 비스듬히 누워서 노래를 부르던 털보 아저씨는 벌떡 일어나면서 소리쳤습니다.

"아저씨! 웬 술을 이렇게 많이 잡수셨어요. 빨리 가요."

"허허----. 요놈 보아라. 너는 누구냐? 오라, 오라! 우리 옆집에 사는 길동이구나. 그래, 그래 같이 가자. 가."

털보 아저씨는 허수아비를 붙들고 일어났습니다. 신기하게도 허수아비는 털보 아저씨의 지팡이가 되었습니다.

"길동아, 길동아! 고맙구나. 네가 나를 업고 가다니, 참말로 고맙구나."

술에 취한 털보 아저씨는 허수아비를 옆집에 사는 길동이로 잘못 알고 있었습니다.

"가만 있자. 여기가 어디냐? 오라, 오라. 우리 논배미로구나. 농사가 얼마나 잘 되었나 돌아보고 가자."

허수아비는 다시 제자리로 돌아왔습니다. 금단추처럼 반짝거리던 별들은 하나 둘

사라지고, 어둠이 밀려가고 있었습니다.

"길동아, 이 녀석아! 빨리 가자. 빨리 가, 이놈아!"

털보 아저씨는 아침 해가 고개를 내밀 때까지 논 가운데에 서 있는 허수아비를 붙들고 소리치고 있었습니다.

"아니, 이게 어찌된 일이야."

깜짝 놀라 술이 깬 털보 아저씨는 사방을 둘러보았습니다.

"하하. 내가 얼어 죽지 않은 것은 우리 허수아비 덕이구나. 하하하----. 허수아비야! 고맙구나! 가자, 가. 집으로 가자."

털보 아저씨는 논 가운데에 우뚝 서 있는 허수아비를 뽑아 들고 성큼성큼 마을 쪽으로 가고 있었습니다.

허수아비가 도깨비가 되어 성황당 고개까지 갔던 일은 용마산 도깨비와 허수아비만 아는 비밀이 되었습니다.

"허형!"

허수아비는 도깨비의 목소리가 자꾸 들려오는 것만 같아 몇 번이고 뒤를 돌아다보았습니다.

새하얀 들은 금빛 해님이 곱게 비춰 주고 있었습니다.(*)

[예문--생활동화]

## 스타표 청바지

이 은 경

"엄마! 엄마!"

구슬이는 대문에 들어서자마자 소리를 질렀습니다.

"에그머니나! 무슨 큰일이라도 났니?"

엄마는 해바라기에 막대기를 받쳐 주고 있었습니다.

"엄마! 청바지 한 벌만 사 주세요! 엄마, 이번 한 번만 사 주시면 다시는 청바지 사 달라고 조르지 않을게요. 네!"

구슬이는 엄마 곁에 다가가 간지러운 목소리로 말했습니다.

"청바지가 몇 벌이나 되는데 또, 무슨 청바지 타령이니? 그리고 장롱에 네가 입지 않는 옷이 가득한데 무슨 옷을 또 산다는 거야."

엄마는 이맛살을 찌푸리며 퉁명스럽게 말했습니다.

"그 옷들은 다 못입어요. 모두 유행이 지난거라구요. 특히 청바지는----. 요즈음 최신 유행하는 '스타표 청바지' 사주세요. 친구들은 다 입었다구요. 나만 창피하게 ----촌스런 청바지 입기 싫어요.!"

구슬이는 엄마의 허리춤을 잡고 어린 아이처럼 떼를 썼습니다.

"그깟 유명 상표가 뭐가 좋다고 그래? 정말, 요즈음 아이들은 알다가도 모르겠구나!"

엄마는 고개를 좌우로 내저었습니다. 그리고 구슬이의 칭얼대는 소리에는 아랑곳하지 않고 정원 손질만 했습니다.

"몰라요! 몰라요!"

구슬이는 울먹이며 방으로 들어왔습니다.

구슬이는 책가방을 방바닥에 내팽개치고 드러누웠습니다.

"엄마는 유행이 뭔지도 모르시나 봐!"

"스타표! 스타표! 스타표 청바지를 어떻게 산담?"

구슬이의 머릿속은 온통 '스타표 청바지' 로 가득 찼습니다.

*　　　　　　　　*

요즘 아이들은 옷차림에 신경을 많이 썼습니다. 특히, 일곱 명이 자석처럼 꼭 붙어 다니는 일명 '스타 클럽' 여자 아이들이 더욱 그랬습니다. 아이들은 텔레비젼에 나오는 가수와 탈렌트들의 옷차림을 흉내 냈습니다. 어느 가수가 어떤 신발을 신고 다니는지, 어떤 청바지와 어떤 티셔츠를 입고 다니는지 아이들은 제 손바닥 드려다 보듯 잘 알고 있었습니다.

일주일 전, 인기 가수가 입었던 '스타표 청바지'를 세리가 입고 학교에 왔습니다. 세리는 하루 종일 엉덩이를 실룩샐룩 거리며 교실 안을 돌아다녔습니다.

"내 모습 어떠니? 호호---이 청바지가 얼마인 줄 아니?"

세리는 싱글벙글 웃으며 오리처럼 툭 튀어나온 엉덩이를 더욱더 쑥 내밀었습니다.

'스타표 청바지' 는 십 만원이 넘는다고 했습니다. 아이들은 모두 부러운 눈으로 세리의 실룩거리는 엉덩이를 바라보았습니다.

그러나 스타표 청바지는 시장에서 파는 값싼 청바지와 다를 게 없었습니다. 단지, 오른쪽 엉덩이 뒷주머니에 별 모양의 상표가 황금으로 만든 훈장처럼 붙어 있을 뿐이었습니다.

"어머! 정말 멋지다! 그거 어디서 샀니?"

"역시 '스타표 청바지' 는 달라! 정말 멋지다. 호호. 나도 사야지!"

'스타 클럽' 아이들은 세리를 붙잡고 저마다 한 마디씩 던졌습니다.

"호호호---정말 예쁘지! 백화점에서 샀어. 명동에 있는 수입 가게에서도 판대. 이 청바지는 아무 곳에서나 팔지 않아."

마치 공작새가 화려한 날개를 퍼덕이듯, 세리는 한 바퀴 빙그르르 돌았습니다.

그 뒤로, '스타 클럽' 아이들은 하나, 둘 '스타표 청바지'를 입고 학교에 나타났습니다.

"나도 샀어!"

"나도!"

아이들은 청바지를 만지작거리며 자랑했습니다.

"얘들아! 너희들 엄마는 아무 말씀도 없이 그냥 사 주시니?"

구슬이는 고개를 갸웃거리며 친구들에게 물었습니다.

"그럼, 친구들이 다 입었다고 하면 그냥 사 주셔."

"얘들아! '스타표 청바지' 는 우리 '스타 클럽' 을 위해서 만들어진 것 같아. 호호호---."

친구들은 참새처럼 재잘거렸습니다.

"구슬아! 너희 엄마는 안 사 주시니? 정말 이상하구나. '스타표 청바지' 안 사 주시면 학교에 가지 않겠다고 떼를 한 번 써 봐! 그러면 사 주실 지도 모르잖아."

친구들은 시무룩해 있는 구슬이의 얼굴을 보며 약만 살살 올렸습니다.

친구들은 '스타표 청바지'를 입지 않은 구슬이만 빼놓고 자기들끼리만 수근거리기 시작했습니다.

'쳇! 자기들끼리만 몰려다니고---. 정말 너무해!'

구슬이는 외톨이가 된 것 같아 속이 상했습니다.

'외제라면 고개를 내두르시는 엄마, 아빠가 스타표 청바지를 사 주실까?'

구슬이는 마음이 무거웠습니다. 구슬이는 어떻게 해서든지 '스타표 청바지'를 꼭 입어야 겠다고 생각했습니다. '스타표 청바지' 때문에 친구들과 조금씩 멀어지는 건 생각조차 하기 싫었습니다.

* *

"구슬아, 아빠 왔다! 우리 공주님이 어디 있을까?"

아빠의 굵직한 목소리가 포르르 날아오르는 새털처럼 가볍게 들렸습니다. 구슬이는 벽 쪽으로 고개를 팩 돌렸습니다.

"여보, 그냥 놔두세요. 스타표인지, 별 표인지 하는 외국 유명 상표가 붙은 청바지를 사 달라고 투정이에요!"

옆에 있던 엄마가 눈을 흘기며 툭 끼어들었습니다.

"청바지가 몇 푼이나 한다고 그래요. 한 벌 사주지! 우리 딸 청바지 사 줄 돈은 있소."

아빠는 너털웃음을 지었습니다.

"구슬아, 아빠가 오늘 월급 받았으니까 청바지 한 벌 사주마. 어서 일어 나거라. 어서!"

아빠는 구슬이의 엉덩이를 토닥거렸습니다.

"정--정말이에요? 와---우리 아빠가 최고야!"

구슬이는 벌떡 일어나며 아빠의 볼에 입을 맞추었습니다.

"어머머, 안돼요, 안돼! 청바지 한 벌에 얼만 줄이나 아세요? 우리 세 식구 한 달 먹을 음식비라고요!"

엄마는 두 눈을 크게 뜨며 두 팔을 마구 내저었습니다.

"엄마는---괜히 그러셔. 다른 애들 엄마는 다 사주시는데---.아빠, 제발 사주세요---."

구슬이는 다 기어 들어가는 목소리로 울먹였습니다. 아빠는 구슬이의 얼굴과 엄마의 얼굴을 번갈아 보며 한동안 깊은 생각에 잠겼습니다.

"자, 어쨌든 우리 구슬이 옷 한 벌 사 줄 테니 아빠랑 같이 나가자. 그리고 여보, 당신 말도 알아들었으니 걱정하지 말구려."

아빠는 엄마에게 한 쪽 눈을 찡긋 감으며, 구슬이의 손을 잡아끌었습니다.

구슬이는 토끼처럼 깡충깡충 뛰며 아빠의 손을 잡고 대문을 나섰습니다.

"아빠, 아빠! 그 쪽이 아니에요. 백화점은 이쪽으로 가야 해요."

구슬이는 시장 쪽으로 가는 아빠의 팔을 잡았습니다.

"허허, 녀석! 청바지는 다 그게 그거지. 아빠가 입고 있는 청바지 봐라. 오 년 전에 시장에서 만원 주고 산 건데, 앞으로 십 년은 더 입을 수 있단다. 자고로 옷은 튼튼하고 편하면 최고지. "

아빠는 빛바랜 청바지를 가리키며 조용하게 웃었습니다. 구슬이는 입이 뽀루퉁해졌습니다. 풍선에서 바람이 스르르 빠지는 것 같았습니다.

"아빠! '스타표 청바지' 입지 않으면 친구들이 같이 놀아 주지 않아요."

"허허, 물질로 산 마음은 물거품과 같아서 금세 꺼져 버린단다."

아빠는 구슬이의 손을 꼭 잡으며 씁쓸한 미소를 지었습니다. 구슬이는 아빠의 말씀이 수수께끼처럼 알쏭달쏭했습니다. 아빠는 쉬지 않고 알 수 없는 이야기만 계속했습니다.

아빠의 장황한 연설을 듣고 있는 사이에 어느 덧 구슬이는 시장 한 구석에 자리잡은 청바지 가게 앞에 와 있었습니다.

"아빠! 스타표!---가 아니잖아요"

구슬이는 마술에 걸린 것처럼 아빠의 손을 잡고 시장까지 왔지만, 막상 가게 안으로 들어가려니 발이 떨어지지 않았습니다.

'몰라, 몰라! 이번에도 또 아빠의 꾐에 넘어가 버렸잖아!'

구슬이는 가게 안에서 활짝 웃고 있는 아빠의 얼굴을 바라보며 작은 손으로 제 머리를 콩콩 쥐어박았습니다.

"아저씨! 우리 딸이 입을 청바지 한 벌 주십시오. 참, '스타표 청바지' 있습니까?"

"그럼요, 있구 말구요!"

가게 주인아저씨는 큰 소리로 말했습니다.

구슬이는 두 귀가 솔깃해졌습니다.

"어? 시장에서는 팔지 않는다고 했는데---."

구슬이는 두 눈이 동그래졌습니다.

"허허, 시장에 없는 게 어디 있니? 꼬마야!"

주인아저씨는 껄껄 웃었습니다.

"요즈음 아이들이 하도 외제를 좋아하니까, 우리들도 가짜를 만들어 팔 수 밖에요. 사실, 외제도 다 우리나라 공장에서 만들어요. 그깟 외국 상표 하나 덜렁 붙여 놓고 10배 이상의 가격으로 팔 뿐이지요."

주인아저씨는 아빠에게 청바지 한 벌을 보여 주면서 쓴웃음을 지었습니다.

"허허허---."

아빠는 청바지에 붙어 있는 별 모양의 상표를 보며 허탈하게 웃었습니다. 구슬이는 청바지를 몇 번이나 보고 또 보았습니다. 세리와 다른 아이들이 입었던 진짜 '스타표 청바지' 와 똑같았습니다.

'가짜, 가짜표 청바지---친구들이 알아보면 어쩌지?'

구슬이는 자꾸만 걱정이 되었습니다.

"아저씨! 이거 진짜 '스타표 청바지' 와 똑같아요? 정말이에요? 진짜죠?"

구슬이는 주인아저씨에게 묻고 또 물었습니다.

"허허허---걱정하지 말아라. 실밥 하나 까지 똑같단다. 너처럼 믿지 못하는 사람들을 위해서 진짜 '스타표 청바지'를 사 놓았지. 자, 이것 봐라."

주인아저씨는 한 쪽 구석에서 진짜 '스타표 청바지'를 꺼내서 보여주었습니다.

"구슬아! 이젠 됐니?"

아빠는 자꾸만 헛웃음을 지으며 담배만 푹푹 빨았습니다. 아빠의 웃음소리는 담배 연기처럼 금세 사라져버렸습니다.

* *

다음 날, 구슬이는 시장에서 산 가짜 '스타표 청바지' 를 입고 학교에 갔습니다.

'친구들이 가짜를 알아보면 어쩌지? 가짜가 들통 나면 친구들이 내게 뭐라고 할까? 날 가짜라고 놀려대겠지. 아---몰라---몰라---. '

구슬이는 갑자기 얼굴이 붉어지고, 가슴이 콩콩 뛰었습니다. 급하게 밥을 먹다가

체했을 때처럼 가슴속이 답답하고 울렁거렸습니다. 구슬이는 제가 입은 가짜 '스타표 청바지'를 훑어보면서 조심스럽게 교실로 들어갔습니다.

'설마? 친구들이 알아보지 못 할 거야. 난 진짜 스타표 청바지를 입은 거야. 친구들이 알아보지 못 할 거야. 진짜와 똑 같았잖아. '

구슬이는 마음속으로 주문을 외웠습니다. 주문을 외우면 외울수록 가슴은 더 두근거렸습니다.

"어머! 구슬아, 너도 드디어 '스타표 청바지'를 샀구나."

세리가 구슬이의 오른쪽 엉덩이를 힐끔 쳐다보며 손뼉을 쳤습니다.

"으응."

구슬이는 갑자기 말문이 꽉 막혔습니다. 언젠가 엄마를 따라 쑥탕에 들어갔을 때처럼, 숨이 콱콱 막히고 온 몸이 뜨겁게 달아올랐습니다. 등줄기에서 식은땀이 주르르 흘러내리기 시작했습니다.

"호호---진짜 스타표구나! "

"구슬아! 넌 어디서 샀니?"

며칠 동안, 말도 걸지 않았던 친구들이 참새 떼처럼 하나, 둘 구슬이의 곁에 모여들었습니다.

"응---저---기--서---."

구슬이는 죄 지은 사람처럼 고개를 푹 숙인 채, 작은 소리로 얼버무렸습니다.

"얘들아! 구슬이도 우리랑 똑같은 청바지 입었으니까 이제부터 구슬이도 끼워주자. 이제 진짜 '스타 클럽' 이 된 것 같다. 그치?"

세리는  엉덩이를 요리조리 흔들면서 큰소리로 웃었습니다.

'휴유---.'

구슬이는 안도의 숨을 가늘게 내쉬었습니다. 하지만, 가슴 한 구석에 돌덩이가 들어 있는 것처럼 무거웠습니다.

'어쩜! 가짜표 하나로 아이들의 마음이 하루아침에 싹 달라질 수 있을까? 이렇게 쉽게 아이들의 마음을 살 수 있다니---정말 알다가도 모를 일이야.'

구슬이는 재잘거리는 아이들의 얼굴을 바라보며 마음속으로 중얼거렸습니다.

"구슬아! 구슬아! 뭘 그렇게 골똘히 생각하니? 우리랑 발야구 하자."

"그래! 빨리 운동장으로 나와라."

구슬이는 친구들이 불러도 아무 대답을 할 수 없었습니다. 그리고 의자에서 엉덩이를 뗄 수 없었습니다.

아빠의 헛웃음 소리와 청바지 가게 아저씨의 쓰디쓴 웃음소리만 귓속에서 소용돌이치고 있을 뿐이었습니다.

"허허허---허허허----허허허----."

구슬이는 두 눈을 꼭 감아버렸습니다.(*)

### (3) 창작의도를 기준으로 본 갈래

여기에는 예술적 승화를 지향하고 있는 순수동화와 어떤 특정한 주제를 전달하려고 쓴 목적동화를 엄밀히 구분할 수 있다. 간혹 순수동화를 환상동화라고 간주하는 사람들도 있으나, 필자의 소견으로는 순수동화는 환상성이 내포되어 있는 동화뿐 아니라 어린이의 마음이 잘 드러나 있고 그들의 생활을 잘 그린 생활동화도 포함된다고 생각한다. 따라서 순수동화의 예문은 생략하기로 하고 특정한 목적을 위해 쓰여진 목적동화에 대한 예를 소개하기로 하겠다.

**[예문--목적동화: 수학동화 ①]**

**- 수: "몇 개 많다" "몇 개 적다"라고 비교할 수 있는 내용**

## 뚱보 꿀순이의 소풍날

이 은 경

야호!

오늘은 즐거운 소풍날.

"랄라라, 랄라라!"

아기동물들은 꽃동산으로 놀러갔어요.

돼지 꿀순이, 다람쥐 다롬이, 토끼 토실이는 왕솔나무 아래에 앉았어요.

"빵 10개란다. 사이좋게 나눠 먹으렴."

사슴 선생님은 말씀하셨어요.

"히야! 맛있겠다."

다롬이는 빵 하나를 집었어요.

"잠깐! 내가 나눠 줄게."

꿀순이는 빵을 빼앗았어요.

"다롬이 넌 빵 1개, 토실이 넌 빵 2개, 난 빵 7개. 헤헤헤----."

꿀순이는 헤죽헤죽 웃었어요.

"난 겨우 1개야? 토실이는 나보다 1개 더 많고, 꿀순이 넌 나보다 6개나 더 많아!"

다롬이는 뽀루퉁해졌어요.

"췟, 나도 2개가 뭐야? 다롬이 보다는 1개 더 많지만, 꿀순이 너 보다는 5개나 더 적잖아."

토실이도 얼굴을 찡그렸어요.

"난 너희들보다 몸이 크니까, 많이 먹어야 해. 그러니까 다롬이 보다는 6개 많은 거고, 토실이 너 보다는 5개 더 많은 거야."

꿀순이는 피식피식 웃었어요.

"몰라몰라, 꿀순이 넌 욕심쟁이야!"

"맞아맞아, 포동포동 뚱보야!"

다롬이와 토실이는 소리쳤어요.

"뭐? 뚱, 뚱보라고?"

꿀순이는 화가 났어요.

"흥, 어디 뚱보 맛 좀 보아라!"

으랏, 으랏차차차!

꿀순이는 배로 힘껏 떠밀었어요.

"아이쿠, 아이쿠!"

다롬이와 토실이는 뒤로 벌렁 넘어졌어요.

"어머머! 왜 싸우는 거니?"

사슴 선생님이 달려오셨어요.

"꿀순이가 빵을----깍깍깍!"

나뭇가지 위에서 구경하던 수다쟁이 까치가 이야기 해 주었어요.

"그럼 내게 좋은 생각이 있지."

선생님은 무릎을 탁! 쳤어요.

꿀순이와 다롬이와 토실이의 두 눈이 반짝거렸어요.

"하나 둘 셋, 하나 둘 셋, 하나 둘 셋."

"이렇게 나누면 셋이 똑같지? 나머지 1개는 어떻게 할까?"

선생님은 골똘히 생각하셨어요.

"저---꿀순이 주세요. 우리들보다 배가 크니까, 배가 더 고플거예요."

다롬이가 말했어요. 꿀순이는 고개를 살며시 숙였어요.

"그럼, 우리들보다 꿀순이 빵이 1개 더 많구나."

토실이는 손가락 하나를 들면서 말했어요.

"그래. 난 4개고, 너희들 빵은 3개씩이니까 내 거보다 1개가 더 적구나."

꿀순이는 빵을 세어보았어요.

"다롬아, 토실아! 고마워."

꿀순이는 조그맣게 말했어요.

"참, 나한테 알사탕 있어."

꿀순이는 배낭에서 알사탕 5개를 꺼냈어요.

"다롬이 1개, 토실이 1개, 그리고 나 1개, 어? 2개가 남는구나. 그럼 다시 다롬이 1개, 토실이 1개."

꿀순이는 알사탕을 나누워 주었어요.

"난 너희들보다 빵 1개를 더 먹었으니까, 알사탕은 1개만 먹어도 돼."

꿀순이는 빙그레 웃었어요.

"고마워!"

다롬이와 토실이도 방긋 웃었어요.

"다롬아! 토실아! 많이 아팠니? 이리 와. 내가 호---해줄게."

꿀순이는 다정한 목소리로 말했어요.
반짝반짝!
해님이 꿀순이와 다롬이와 토실이의
머리 위에 금빛 햇살을 뿌려주었어요.(*)

**[예문--목적동화: 과학동화 ②]**
**- 통찰력키우기: 관찰력 -**

## 요술쟁이 친구를 아세요?

이 은 경

햇님이 방긋방긋
봄바람이 살랑살랑
꽃동산에 봄이 찾아왔어요.
"친구들아! 우리 소풍가자."
아기 토끼는 다람쥐, 사슴, 노루를 불렀어요.
"야호! 신난다!"
오늘은 즐거운 소풍날!
아기 동물들은 신나게 노래를 불렀어요.
"히야! 노란 민들레꽃이 피었네!"
다람쥐의 두 눈이 반짝 빛났어요.
"와! 빨간 진달래꽃도 피었어!"
"나무도 모두 초록옷으로 갈아입었구나."
사슴과 노루도 신기한 듯 말했어요.
"잘 봐. 이 보랏빛 제비꽃도 봄에 핀단다."
토끼는 의젓하게 말했어요.

봄동산은 빨강, 노랑, 초록, 보라.....
무지개 나라 같았어요.
"어? 얘들아! 이건 뭘까?"
다람쥐가 두 눈을 크게 뜨면서 탱자나무 잎을 가리켰어요.
아기 동물들은 모두 초록 잎을 바라보았어요.
"동글동글 노란 공은 뭘까?"
"말랑말랑 젤리일까?"
"새콤 달콤 사탕일까?"
아기동물들은 고개를 갸우뚱거렸어요.
"얘들아! 난 멋진 호랑나비란다!"
노란 공이 꿈틀거리면서 말했어요.
"에게게... 네가 호랑나비라고?"
"거짓말 마."
"거짓말쟁이랑 안 놀아."
아기 동물들은 콧방귀를 끙! 뀌었어요.
일주일이 지났어요.
탱자나무로 간 아기동물들은 깜짝 놀랐어요.
짜각 짜각 짝짜각!
으쌰 으쌰 으쌰쌰!
노란 공에서 벌레 한 마리가 슬금슬금 기어 나오지 않겠어요?
"안녕! 난 호랑나비 애벌레야!"
아기 동물들은 눈이 동그래졌어요.
"아이쿠, 징그러워!"
"다른 데 가서 놀자!"
아기 동물들은 두 눈을 가리고 뛰었어요.
"얘들아! 가지 마! 나랑 놀자!"
애벌레는 온 몸을 흔들면서 소리쳤어요.
며칠이 지났어요.

아기 동물들은 탱자나무로 다시 가 보았어요.
애벌레는 쿨쿨 자고 있었어요.
"잠꾸러기야!"
토끼는 애벌레를 흔들었어요.
"조용히 해! 난 지금 번데기가 되려고 해. 스무 밤만 자고 오렴."
애벌레는 두 눈을 살며시 감았어요.
드디어, 애벌레가 말한 그 날이 되었어요.
"어? 애벌레가 어디로 갔을까?"
"애벌레가 죽었나봐."
"우리가 그동안 너무했어. 같이 노는 건데."
아기 동물들은 번데기가 된 애벌레를 보고 울먹였어요.
바로 그 때였어요.
우드득 우드득 우드득 뚝딱!
갑자기 꼼짝 않던 번데기 등이 툭! 터지지 않겠어요?
"어어----넌, 넌 누구니?"
"호호, 나야 나. 애벌레야."
번데기에서 깨어난 호랑나비는 고운 날개를 활짝 폈어요.
"와! 정말 예쁘다!"
아기 동물들의 입이 풍선처럼 커졌어요.
"넌 요술쟁이구나! 노란 공에서 애벌레로,
애벌레에서 번데기로, 번데기에서 멋진 호랑나비로!"
"애들아! 우리 호랑나비를 위해서 잔치를 열자!"
모두들 손뼉을 쳤어요.
랄라라 랄라라!
삘리리 삘리리!
뿜빠빠 뿜빠빠!
꽃동산에서 호랑나비와 아기동물들은
신나게 춤을 추었어요.

꽃향기를 가득 실은 봄바람도 춤을 추었지요.
샬랄라 샬랄라 샬라라라------!(*)

### (4) 독자의 대상 수준을 기준으로 본 갈래

이는 연령별, 발달적 기준으로 본 갈래이다. 여기에는 유아동화와 1, 2학년을 대상으로 한 저학년 동화와 3, 4학년을 대상으로 한 중학년 동화 그리고 5, 6학년을 대상으로 한 고학년 동화로 나눌 수 있다.

그러나 엄밀히 말해, 연령과 독자 대상으로 쓰여진 작품과는 반드시 비례하는 것은 아니다. 즉 1학년 독자도 내용의 이해력에 따라 고학년용 동화를 읽을 수 있고 문학적 경험이 부족한 5학년 아동이라면 저학년 수준의 작품을 읽을 수 있다는 것이다. 아무리 나이든 아동이라 할지라도 독서력이 없다면 아무리 쉬운 내용이라 하더라도 이해하지 못할 것이며 작품에서 느끼는 감동이나 즐거움을 만끽하지 못할 것이다. 여기에 소개된 예문은 일반적으로 나눈 기준이므로 절대적인 것은 아니다.

[예문--유아동화]

## 꼬꼬닭과 꽃여왕 선발대회

이 은 하

난이네 집 앞마당에는 함께 사는 식구들이 많았어요.
개나리, 진달래, 채송화, 민들레.....
빨강 노랑 하얀 꽃들이 사이좋게 살았어요.
닭들이 사는 닭 집도 있었어요.
"꽃들아, 빨리 자라라. 깨끗이 세수하고 더 예뻐져라!"
난이는 아침마다 꽃밭에 물을 주었어요.
"닭들아, 빨리 자라라. 모이 많이 먹고 뚱보 되어라!"

난이 엄마는 닭들에게 모이를 주었어요.

동그란 해님이 고운 빛을 뿌려 주었어요.

울긋불긋 예쁜 꽃과 푸른 잎사귀, 햇살에 반짝이는 마당은 따뜻했어요.

"봄이 왔다! 올해에도 꽃 여왕을 뽑자!"

"그럼 그럼! 이 대회를 얼마나 기다렸는데? 싹을 키우고 꽃봉오리를 만들어 꽃이 필 때까지.... 얼마나 애를 썼는데....?"

꽃들은 기다렸다는 듯이 말했어요.

"꼬꼬댁.... 꽃 여왕 대회? 나도 나갈래! 꼬꼬꼬..."

심술쟁이 닭 꼬꼬가 꽃들의 이야기를 엿들었어요.

"안 돼! 넌 꽃이 아닌 걸? 그리고 넌, 우리가 고생해서 피운 꽃잎을 따먹는 나쁜 아이야! 힘세다고 닭 친구들을 괴롭히는 못된 꼬꼬!"

채송화 꽃이 소리쳤어요.

"꼬꼬는 뚱뚱하고 얼굴도 못생겼어! 넌 꽃 여왕 선발대회에 나갈 수 없어! 흥!"

개나리꽃도 콧방귀를 뀌며 소리쳤어요.

'칫! 두고 보자! 오늘은 내가 참는다.'

심술쟁이 꼬꼬는 화를 참으며 닭 집으로 돌아갔어요.

며칠 후, 화창한 봄날이에요.

꽃밭에서는 '꽃 여왕 선발대회'가 열렸어요.

"짹짹! 얘들아, 사회는 내가 봐 줄게!"

참새가 포르르 날아와서 말했어요.

"그래 그래! 어서 와라!"

꽃들은 참새를 반겨주었어요.

"짹짹... 그러면 난이네 꽃밭에서 가장 아름다운 꽃 여왕을 뽑겠습니다. 자, 먼저 진달래꽃!"

분홍 진달래꽃이 춤을 추며 손을 흔들었어요.

"와! 와! 정말 예쁘다!"

구경하던 푸른 잔디가 박수를 치며 소리쳤어요.

그 때였어요!

"예쁘기는 뭐가 예뻐! 제일 예쁜 건 바로 이 꼬꼬 님이시다!!"

숨어있던 꼬꼬가 날개를 쫙- 펴고 꽃밭으로 뛰어들었어요.

"멋진 내 날개를 보아라! 정말 아름답지 않니?!"

꼬꼬가 두 날개를 펼치고 빙글빙글 돌았어요.

"으악! 내 가는 허리가 부러졌어! 아앙! 난 몰라!"

"히잉! 내 노란 꽃잎이 짓뭉개졌어! 아앙 난 몰라!"

채송화와 민들레가 눈물을 뚝뚝 흘리며 소리쳤어요.

"히히히! 재밌다! 그러게 어디서 까불어?!"

심술쟁이 꼬꼬는 꽃잎을 뜯어먹으며 더 신나게 뛰어다녔어요.

"아앙! 이 일을 어쩌면 좋아! 꼬꼬가 예쁜 꽃밭을 망가뜨렸어! 엄마아-"

집에 돌아 온 난이가 발을 동동 구르며 엄마를 불렀어요.

"예끼! 이 녀석! 통통하게 살 찌워 놨더니, 어디서 힘자랑이야?! 썩 나가지 못해!"

부엌에 있던 난이 엄마가 빗자루를 들고 뛰어나왔어요.

"우리 난이가 얼마나 아끼는 꽃밭인데..... 못된 녀석! 혼 좀 나 봐라!"

난이 엄마는 심술꾸러기 꼬꼬를 빗자루로 때렸어요.

"꼬꼬댁- 꼬꼬- 아야야- 다시는 안 그럴 게요! 용서해 주세요! 꼬꼬..."

꼬꼬는 사립문 밖으로 달아났어요.

다음 날이었어요.

난이 엄마는 닭들을 닭 집에다 가두었어요.

"말썽꾸러기 꼬꼬 때문에 우리까지 감옥 생활을 하게 되었어! 꼬꼬꼬..."

닭 집 속에 갇힌 닭들은 꼬꼬에게 눈을 흘기며 말했어요.

꼬꼬는 아무 말도 하지 못하고 꽃밭만 바라보았어요.

"짜잔짜자잔~ 아름다운 꽃 여왕을 뽑겠습니다! 짹짹짹...."

난이네 꽃밭에서는 어제 못 했던 꽃 잔치가 열렸어요.

꼬꼬는 감옥 같은 닭 집 속에 갇혀서 꽃 잔치를 구경하고 있었어요.(*)

[예문--저학년 동화]

## 파란 우산

이 은 경

개미집처럼 옹기종기 모여 사는 마을.

그 뒷골목에는 그림 속에 나오는 자그마한 우산집 하나가 있습니다. 그 집에는 '비오는 날의 수채화---우산 수선'이라는 간판이 걸려 있어요. 아빠는 오늘도 미소를 머금은 채, 꾸벅꾸벅 졸고 있습니다. 아빠의 조는 모습은 늘 어린아이처럼 해맑습니다. 아빠는 돈 버는 일에는 관심이 없습니다. 더구나 요즘은 우산을 고쳐 달라고 오는 사람도 거의 없었습니다.

"여보! 한가하게 낮잠이나 주무실 때예요? 빈 가게 지키는 것도 하루 이틀이지. 정말 너무하군요. 어휴, 내가 식당일이라도 하지 않으면 우리 세 식구는 쫄쫄 굶고 있을 거예요. 슬비도 이제 2학년이구-- 돈 들어갈 때는 많은데-----. 돈도 못버는 일을 왜 그렇게 고집할까, 정말 모르겠어요."

오늘도 엄마는 이맛살을 찌푸리면서 잔소리를 했습니다.

"허허-----이상하다? 올듯 올듯 하면서도 비가 안 오네. 비가 와야 당신 잔소리가 줄어 들 텐데 말야."

아빠는 언제나 그렇듯 멋쩍은 웃음을 지으며 구름 한 점 없는 파란 하늘을 올려다보았어요.

"당신도 참, 요즘 우산 고쳐 쓰는 사람이 몇이나 되요? "

엄마는 톡 쏘아대고 삐그덕 유리문을 열고 밖으로 나갔습니다. 아빠는 그런 엄마의 뒷모습을 물끄러미 바라보았어요. 그리고 쌉싸름한 웃음 한 조각을 허공에 날렸습니다.

"시원하게 비라도 내리면 얼마나 좋을까?"

아빠는 푸른 유리 같은 하늘을 바라보면서 중얼거렸어요.

바로 그 때, 따르릉 전화벨 소리가 들렸습니다.

"여보세요? 거기가 이슬비네 집인가요?"

"네. 제 딸아이입니다."

아빠는 점잖은 목소리로 말했어요.

"빨리 사거리에 있는 인형가게로 와 주셔야 겠어요. 당신 딸이 우리 집 인형을 훔치려고 했단 말예요."

바늘처럼 뾰족하고 날카로운 목소리였습니다. 아빠의 얼굴빛이 진흙빛으로 변했습니다. 아빠는 가게 문도 닫지 않고 부리나케 인형가게로 뛰어갔어요.

"슬비야----못난 애비 때문에-----!"

아빠의 목소리는 가을바람에 힘없이 떨어지는 낙엽소리 같았습니다.

사거리 번화가에 있는 인형가게 까지는 시간이 좀 걸렸습니다.

인형가게로 뛰어가는 아빠의 머리속은 뒤로 돌아가는 한 편의 영화 같았습니다. 아빠가 슬비만 했을 때, 어린 시절 그 때로 자꾸만 자꾸만 뒷걸음질 치고 있었으니까요.

* *

그 해는 비가 유난히도 많이 내렸습니다. 어릴 때 아빠는 지금처럼 비를 좋아하지 않았어요. 변변한 우산 하나 없이 언제나 찢어진 우산만 쓰고 다녔으니까요.

어린 아빠의 소원은 바다처럼 파란 우산을 갖는 것이었어요.

"파란 우산을 쓰고 한 번만이라도 빗속을 걸어 보았으면 얼마나 좋을까?"

아빠의 발길은 요술에 걸린 것처럼 무지개 빛깔의 우산들이 가득 있는 우산가게로 옮겨졌습니다.

* *

"어머머, 쬐그만게 간도 크지! 이렇게 비싼 인형을 훔치려고 하다니-----."

커다란 유리문이 열리면서 인형가게 주인아주머니의 목소리가 들려왔습니다.

"앗차!"

아빠는 그제서야 정신이 번쩍 들었어요. 그 바람에 번쩍번쩍 빛나는 유리문에 하마트면 이마를 부딪칠 뻔 했습니다.

"저어-----제가 이슬비 아버지입니다만, 정말 죄송합니다."

아빠는 고개를 떨구며 떨리는 목소리로 말했습니다. 아빠의 얼굴이 봉숭아꽃처럼 붉어졌어요. 이마와 콧등에는 풀잎에 맺힌 이슬방울처럼 송알송알 땀방울이 맺혔고요.

“당신이 저 아이 아버지 맞습니까? 애를 어떻게 가르쳤길래-----이런 일이!”

아주머니는 눈살을 찌푸리면서 호통 쳤습니다. 아빠는 선생님께 혼나는 어린아이처럼 어깨를 움추렸어요. 아빠의 어깨는 추위에 떨고 있는 아기 새의 날개처럼 가늘게 떨리고 있었어요. 아빠의 두 눈이 한 쪽 구석에 머물렀습니다. 슬비는 두 팔을 들고 바닥에 쪼그리고 앉아서 훌쩍거렸어요.

“슬비야! 어서 일어나서 주인아주머니께 죄송하다고 말씀드려라.”

아빠는 덜덜 떨고 있는 슬비의 작은 어깨를 꼬옥 감싸주었습니다. 아빠의 손길이 닿는 순간, 슬비의 울음보가 왈칵 쏟아졌어요. 아빠는 아무 말도 하지 않고, 지갑 속에 꼭꼭 숨겨두었던 지폐를 꺼냈습니다. 그리고 훔치려 했던 인형을 슬비의 품에 안겨 주었습니다. 슬비는 울음을 뚝 그치고 멍하니 아빠만 바라보았어요. 주인아주머니도 어리둥절했습니다.

“죄송합니다. 다시는 이런 일 없을 겁니다.”

아빠는 주인아주머니께 죄송하다는 말을 몇 번이나 되풀이하고 인형가게를 빠져나왔습니다.

아빠는 슬비의 손을 꼭 잡았습니다. 둘은 아무 말도 하지 않고 우산 집까지 왔어요.

운동화 코만 보고 걷던 슬비는 아빠를 쳐다보며 고개만 갸우뚱거렸어요. 다른 아빠들처럼 혼내지도 때리지도 않으니까요.

“저-----아빠! 다시는------.”

슬비는 다 기어들어가는 목소리로 겨우 입을 열었어요.

“녀석, 팔 많이 아팠지? 참, 아빠가 네게 보여 줄게 있단다.”

아빠는 무슨 생각을 했는지 책상 밑에 숨겨 두었던 먼지 묻은 작은 상자 하나를 꺼냈습니다. 아빠는 소중한 보물을 다루듯 작은 상자를 어루만졌습니다. 작은 상자 안에는 빛바랜 파란 우산 하나가 누워 있었어요.

아빠는 슬비의 손을 잡고 동화 같은 옛날이야기를 들려주었어요. 어린 시절, 파란 우산을 훔치려 했던 가슴 속 이야기를 조심스럽게 꺼내기 시작했지요.

"슬비야! 아빠도 너 만한 때 꼭꼭 숨겨 두고 싶은 창피한 일이 있었단다. 사실 아빠도 너처럼 갖고 싶었던 물건이 있었어. 바로 이 파란 우산이었지. 호랑이처럼 무서웠던 할아버지는 그 때 아무 말씀 없이 우산 값을 내 주셨단다. 그 때, 뒤돌아서는 아버지의 뒷모습이 어찌나 슬퍼 보였던지-----그 때부터 난 다시는 그런 짓을 하지 않았지. 그리고 이 파란 우산을 보물처럼 가지고 다녔단다. 파란 우산을 보면 그 때의 아버지의 얼굴이 생각나곤 했어. 글쎄---언제부턴가 파란 우산이 아빠의 마음속에 들어왔단다. 그 때부터 모든 것이 아름답게 보이고 부자가 된 것 같았단다. 아빠가 돈은 많이 못 벌지만 마음만큼은 하늘만큼 땅만큼 부자거든. 언젠가 너도 아빠의 마음을 이해하게 될 거야. 슬비야! 언젠가는 네게 이 파란 우산을 꼭 선물로 주려고 했단다. 그 날이 바로 오늘이구나."

아빠는 슬비의 손에 낡고 빛바랜 파란 우산을 쥐어 줘었어요.

아빠의 눈망울에 촉촉한 이슬비가 내리고 있었습니다. 새 인형과 낡은 파란 우산을 번갈아 바라보는 슬비의 눈망울에도 소리 없이 이슬비가 내리고 있었어요.

아빠는 슬비의 등을 가만히 쓸어주면서 소리 없이 웃었습니다.

정말, 창 밖에는 아빠가 기다리고 기다리던 비가 주룩주룩 내리고 있었습니다.(*)

[예문--중학년 동화]

## 황소 바람

이 준 연

"석이란 놈이 또 문구멍을 뚫었구나! 애잉, 쯧쯧....."

할머니는 혀를 끌끌 차면서 석이가 숭숭 뚫어 놓은 창호지 문을 바라보면서 말했습니다.

마당에서 팽이를 치던 석이가 꽁꽁 언 빨간 손가락을 호호 불면서 방으로 들어왔습니다.

"아이 추워, 호호....."

"석아! 네가 문구멍을 뚫어 놓아서 방도 춥다. 문구멍을 뚫어 놓으면 황소바람이랑 감기귀신이 들어온단다. 석아! 다시는 문구멍 뚫지 말아라!"

"거짓말! 황소바람 감기귀신이 어딨어?"

"감기귀신이 황소바람을 타고 네가 뚫어 놓은 문구멍으로 들어온단다. 황소바람이 뿔로 너를 찌르고 감기귀신이 감기를 주면 어떻게 할래?"

할머니는 이상한 말을 했습니다. 석이는 할머니 말이 거짓말 같기도 하고 참말 같기도 했습니다.

밤이 되었습니다.

"휘잉! 휘잉!"

방문 밖에서 바람 소리가 들려 왔습니다. 석이는 할머니가 깨끗하게 발라 놓은 방문을 바라보면서 고개를 갸우뚱거리고 있었습니다.

"정말 감기귀신이 황소바람을 타고 문구멍으로 들어올까?"

석이는 황소바람과 감기귀신을 보고 싶었습니다.

"문구멍을 뚫어 놓으면 황소바람이랑 감기귀신이랑 방으로 들어올까?"

석이는 방문 앞으로 엉금엉금 기어가서 손가락으로 문구멍을 뚫었습니다.

"하나, 둘, 황소바람이랑 감기귀신이랑 문구멍이 없는 줄 알고 그냥 지나가면 어떻게 해. 한 개만 더, 한 개만 더...... 문구멍을 뚫자."

석이는 문구멍을 다섯 개 뚫어 놓고 감기귀신이 황소바람을 타고 와 주기를 기다리고 있었습니다.

"아, 졸려!"

석이는 하품을 하면서 제가 뚫어놓은 문구멍을 바라보고 있었습니다.

"휘잉- 휘잉- "

석이는 산토끼처럼 귀를 세우면서 방문 밖에서 들려오는 바람 소리에 귀를 쫑그리고 있었습니다.

"휘잉- 뚜벅, 뚜벅, 쿠웅- 쿵....."

바람소리와 함께 이상한 발자국 소리가 들려왔습니다. 이상한 소리는 점점 가깝게 들렸습니다. 석이는 갑자기 무서웠습니다. 석이는 이불을 머리끝까지 끌어당겼습니다.

"휘잉- 휘잉-."

황소바람이 방으로 들어오는지, 이상한 바람소리가 들리면서 이불을 홀랑 벗겨졌습니다.

"으악! 어이구 추워라!"

석이는 소리를 지르면서 벌떡 일어나서 눈을 커다랗게 뜨고 사방을 두리번거렸습니다.

"움무우! 움무! 나를 따뜻한 방으로 들어오게 해 주어서 고맙다."

황소처럼 생긴 황소바람은 히쭉히쭉 웃으면서 말했습니다.

"끼룩..... 너 주려고 감기보따리 갖고 왔다. 감기 한 봉 먹어라! 입을 쫙 벌려라!"

감기귀신은 감기 한 봉을 들고 석이 앞으로 다가 섰습니다.

"임마! 빨리 나갓! 우리 철이 형한테 배운 태권도 맛을 볼래?"

석이는 태권도 동작을 하면서 뒷걸음질 쳤습니다.

"꼬맹이가 용감하군. 움무우- 저리 비켜!"

감기귀신 옆에 서 있던 황소바람이 뿔로 떠받으려고 석이에게 덤벼들었습니다.

"으악! 할머니! 하, 할머니....!"

석이는 비명을 지르면서 할머니를 불렀습니다.

"드르렁드르렁 쿨쿨....."

할머니는 꿈짝도 않고 코를 드르렁드르렁 골면서 주무시고 있었습니다.

"임마! 우리 할머니한테 가까이 가지 말아! 에잇!"

석이는 황소바람의 뿔을 두 손으로 움켜쥐고 황소바람을 떠밀었습니다.

"움무우-"

코끼리 만한 황소바람은 풍선으로 만든 황소처럼 가벼웠습니다. 황소바람은 방바닥 위로 넘어졌습니다. 석이는 힘이 솟아났습니다.

"임마! 빨리 나갓! 뻥!"

석이는 황소바람을 발로 찼습니다.

"피유-"

황소바람은 바람이 쑤욱 빠지면서 구겨진 휴지조각처럼 작아졌습니다.

"낄낄 끼룩끼룩.... 황소바람은 이겼지만 나한테는 어림도 없다."

감기귀신은 낄낄 웃으면서 오징어 다리 같은 손가락으로 석이의 코를 잡아 당겼습니다.

"킁킁, 에취! 에취!"

"감기 한 봉 먹어라! 낄낄낄....."

감기귀신은 석이의 입 속에 감기 한 봉을 톡톡 털어 넣고 사라졌습니다.

"에취, 에취..... 콜록, 콜록...... 에취....."

석이는 기침이 멈추지 않아 견딜 수가 없었습니다.

"에취 에취..... 콜록콜록......."

"석아! 너 감기 걸렸구나. 할미 말 안 듣고 문구멍을 뚫더니.... 거 봐라. 감기귀신이 찾아와서 너한테 감기를 먹여 준 게야."

할머니는 전등불을 켜면서 말했습니다.

"할머니! 황소바람이랑 감기귀신이랑 어디로 갔어?"

석이는 두 눈을 똥그랗게 뜨고 방안을 두리번거리면서 물었습니다.

"석이 너한테 감기 주고 다른 데로 갔을 게다. 이불 차 버리지 말고 얌전하게 자거라."

할머니는 이불을 석이의 머리끝까지 덮어 주면서 말했습니다.

"휘잉- 휘잉-"

"터벅터벅..... 쿵쿵....."

방문 밖에서 들려오는 바람소리는 황소바람과 감기귀신의 발자국 소리 같았습니다.

다음날 아침 석이는 기침을 하면서 뚫어놓은 문구멍을 막고 있었습니다.

"하나, 에취..... 둘, 에취.... 셋, 에취....." (*)

[예문--고학년 동화]

## 산냇골 짝귀

이 준 연

산냇골 아이들은 상규를 '짝귀'라고 불렀습니다.

"짝귀야! 니 귀는 왜? 오른쪽 귀는 작고, 왼쪽 귀는 크냐? 오냐, 쥐가 와서 뜯어 먹었냐? 고양이가 와서 베어 먹었냐?"

"몰라!"

"짝귀야! 고기국에 쌀밥 말아 줄게 꼽사 춤 한 번 추어봐라."

"-----------."

"짝귀야! 인절미떡에다 꿀 발라 줄게 버들피리 백 개만 만들어 도라."

산냇골 아이들은 짝귀를 가운데에 놓고 삐잉 둘러앉아서 한마디씩 했습니다.

"몰라, 몰라----. 나는 모른당께."

짝귀는 아이들의 질문에 짜증이 나는지 벌떡 일어나서 솔매산 푸른 솔밭 쪽으로 도망쳤습니다.

"짝귀야! 짝귀야! 솔매산 소나무 밭에는 호랭이가 산단다. 짝귀야! 가지 마라--- 짝귀야! 가지 마라!"

산냇골 아이들은 짝귀의 등을 바라보면서 큰소리로 외쳤습니다.

"짝귀야! 솔매산에 너 혼자 가면 도깨비랑 귀신이랑 나온다. 가지 말고 이리 오너라!"

아이들은 짝귀를 놓쳐 버린 것이 아쉬운지, 짝귀를 불렀지만 짝귀는 뒤도 한 번 돌아보지 않고 소나무 숲 속으로 들어갔습니다.

짝귀는 산냇골 아이들의 놀림감이 되어 시달리는 것 보다, 솔매산 소나무 숲 속에 숨어 있는 것이 좋았습니다. 무릎 사이에 얼굴을 묻고 앉아 있던 짝귀는 산냇둑을 내려다보았습니다. 아이들 옆에 있으면 귀찮고 짜증이 났지만 오늘처럼 외톨이가 되어 혼자 있으면 외롭고 쓸쓸하고 심심해서 견딜 수 없었습니다. 짝귀는 아이들과 어울려서 놀고 싶었습니다. 짝귀를 놀리던 아이들은 산냇둑 아래에 있는 하얀 모래밭으로 내려가서 황소싸움을 하면서 놀았습니다. 등에 아이를 태우고 모래밭을 기어다니면서 머리를 마주 대고 밀어내는 황소싸움은 재미있고 신바람이 났습니다.

"내가 없으면 수동이는 구경만 할꺼여. 뚱뚱보 수동이를 태울 황소는 난디, 다른 아이들은 수동이가 무거워서---."

짝귀는 모래밭 구석에 앉아서 두꺼비집만 짓고 있을 수동이의 모습이 떠올랐습니다. 아이들이 짝귀를 놀려도 말리지 않고 모른 척 하는 수동이가 미웠지만, 짝귀는 수동이가 아이들과 함께 황소싸움을 못하는 것이 측은했습니다.

"수동이는 아이들이 없을 때는 나를 생각해 주어. 수동이는 나를 좋아해. 아이들이 있을 때는 따돌림을 받을 까 봐, 나를 멀리 하는 거여-----?"

짝귀는 하얀 모래밭에서 황소싸움을 하는 산냇골 아이들을 내려다보다가 솔매산을 뛰어 내려갔습니다.

"수동아! 내가 니 황소 해줄게, 빨리 내 등에 타라! 빨리----."

짝귀는 수동이 앞에 엎드리면서 말했습니다.

"오늘은 내가 이겼다!"

철호의 등에 탄 남석이는 두 손을 높이 들면서 고함을 질렀습니다.

"나도 황소를 탔다. 덤벼라!"

백말을 탄 장군처럼 수동이는 소리를 버럭 질렀습니다.

"좋아! 덤벼라!"

황소가 된 철호와 짝귀는 허리를 맞대고 힘을 끙끙 쓰면서 밀어내고, 황소를 탄 남석이와 수동이는 두 팔을 휘두르면서 수동이는 남석이를 남석이는 수동이를 모래밭으로 떨어뜨리려고 안간힘을 썼습니다.

"남석이 이겨라! 우우----."

"수동이 이겨라! 와와----."

아이들은 손에 땀을 쥐면서 목이 터지도록 응원을 했습니다. 아이들의 목소리는 솔매산 솔밭으로 날아가서 솔매산 메아리가 되었습니다.

"우우----와와---수동이가 이겼다! 짝귀가 이겼다!"

철호는 헛개비 같은 남석이를 태우고도 힘을 쓰지 못했습니다. 황소처럼 힘이 센 짝귀는 무거운 뚱보 수동이를 태우고 철호를 밀어부쳤습니다.

"짝귀는 이상한 아이여. 소싸움도 잘하고 씨름도 잘하는데 어째서 맞고 다닐까?"

"짝귀는 팔푼이라 그래. 모자라는 아이-----."

아이들은 짝귀를 힐끔힐끔 곁눈질하면서 수군거렸습니다.

* *

봄비는 초록 물방울을 보슬보슬 뿌리면서 지나갔습니다. 산냇골 산냇가 돌무더기 징검다리 양쪽에 서 있는 늙은 버드나무 가지에도 초록빛 물방울이 올라왔습니다. 아이들은 눈만 뜨면 산냇둑으로 나와서 버들피리를 불면서 놀았습니다.

"짝귀야! 너그 어머니 아직도 안왔냐? 올 봄에도 거짓말 할지도 몰라. 해마다 봄에 온다고 약속하면서도 왜? 안 오냐?"

"돈을 못 벌어서 산냇골에 못 오재. 짝귀야! 너그 어머니가 돈 얼마나 벌면 온다고 했냐? 백만원이냐? 천만원이냐?"

짓궂은 아이들은 심심하면 짝귀를 붙들고 이것저것 캐물어서 짝귀의 마음을 언짢게 했습니다. 짝귀는 밤마다 어머니를 꿈속에서 만났습니다.

"어머이! 어머이! 인자 가지 말고 산냇골에서 할매랑 같이 살아."

"-----------."

꿈속의 어머니는 시원한 말 한마디 없이 마당을 한 바퀴 돌아보고 어디론가 사라져 버렸습니다. 아버지가 위암으로 세상을 떠난 뒤 어머니는,

"상규야! 할매 말 잘 듣고, 동네 아그들하고 쌈 말고 있거라. 내가 돈 많이 벌어 갖고 올랑께. 기다려라!"

"돈 못 벌면 우리집에 안 와?"

"돈 못 벌어도 사월 초이랫날에는 꼭 올란다."

"그 날이 언제여?"

"내년 봄, 니 생일날 아니냐? 내가 산냇골에 꼭 와서 니 생일 세아 주마."

짝귀 어머니는 집을 나갈 때, 짝귀를 끌어안고 울면서 말했습니다.

"어머이! 울지 말고 내 생일 때 꼭 와! 그냥 맨손으로 와도 좋아."

짝귀는 울음 섞인 목소리로 말하면서 어머니의 목을 끌어안았습니다.

"애미야! 갈라면 퍼떡 가거라! 어린 새끼 속 그만 태우고 어서 가거라. 어서 가!"

할머니는 등 돌아앉아서 눈물을 닦았습니다.

파도처럼 밀려 온 봄은 산과 들을 푸르게 덮었습니다. 개나리, 진달래꽃이 피었다 지고 산냇가 수양버들 가지에도 푸른 잎사귀가 돋아났습니다.

"삐일----삘릴리----삘릴리----."

"우리 어머니는 봄이 온 줄도 모르고 있는가 봐. 내 생일도 세 번이나 지나 갔는디----. 왜? 안 올까?"

짝귀는 아이들에게 놀림을 받으면서도 산냇둑에 갔습니다.

"삘릴리----삘릴리----어머이! 어머이---!"

버들피리 소리는 어머니를 부르는 짝귀의 목소리가 되어 멀리멀리 사라졌습니다.

"짝귀야! 너그 어머이는 거짓말쟁이다! 보리가 폈다. 보리이삭이 노랗게 익으면 여름이다 여름!"

"너그 어머이는 부잣집으로 시집가서 잘 살고 있으니까, 너랑 솔골 할매랑 잊어버린 거야. 인제 거짓말쟁이 너그 어머이는 그만 기다려라."

"너그들이 점쟁이냐? 우리 어머이가 시집을 갔는지 안갔는지? 어떻게 아냐? 너그들 하고 안논다!"

짝귀는 산냇골 아이들을 노려보면서 퉁명스럽게 쏘아댔습니다. 짝귀는 징검다리 앞에 있는 수양버들나무로 올라갔습니다.

"삘릴리----삘릴리---."

주머니 속에서 버들피리를 꺼내어 입에 물고 열심히 버들피리를 불었습니다.

"어머이! 봄이 왔어요. 삘리리----."

"임마! 빨리 내려 와! 회오리바람이 불면 너 떨어져 죽는다. 빨리 내려와!"

"짝귀야! 너그 어머이 이야기는 다시는 안할랑께 퍼떡 내려 와!"

"휘잉---휘잉----."

살랑살랑 불던 봄바람이 갑자기 회오리바람이 되어 버드나무 가지를 흔들면서 휘익휙 지나갔습니다. 입에 버들피리를 넣고 불던 짝기가 곤두박질을 했습니다.

"우두둑, 풍덩!"

"짝귀야! 짝귀야-----!"

냇둑에 앉아 있던 산냇골 아이들은 징검다리 앞으로 뛰어갔습니다. 냇물 속으로 떨어진 짝귀는 엉금엉금 기어 나왔습니다. 짝귀 이마에서 피가 흐르고 주먹만한 혹이 불룩 나 있었습니다.

"짝귀야! 많이 다쳤냐? 참말로 큰일 날 뻔했다. 물속으로 떨어지지 않고 징검다리 바윗돌로 떨어졌으면 꼼짝없이 죽었어."

"임마! 빨리 쑥 부치자. 피가 난다. 피가---."

철호는 쑥을 뜯어서 납작한 돌에 놓고 돌멩이로 찧어서 짝귀의 이마에 부쳐 주었습니다.

"짝귀야! 내 등에 업혀라! 너그 집에 데려다 줄게."

수동이는 짝귀 앞으로 등을 돌리면서 말했습니다.

"괜찮아. 아그들아! 난 괜찮으니께 나랑 같이 버들피리 불자."

짝귀는 왼쪽 다리를 절룩거리면서 냇둑 위로 올라가서 토끼풀이 방석처럼 깔려있는 토끼풀 위에 두 다리를 쭉 뻗고 앉아 버들피리를 불었습니다. 남석, 철호, 수동이----산냇골 아이들은 짝귀와 똑같은 모습으로 서울이 있는 동쪽 하늘을 쳐다보면서 버들피리를 불었습니다.

"삘릴리---삘릴리-----."

"상규 어머이! 산냇골에 봄이 왔어요. 빨리 와요! 빨리----!"

버들피리 소리는 메아리가 되어 멀리멀리 날아갔습니다.

"삘릴리----삘릴리----."

회오리바람이 지나간 파란 하늘가에서 아지랑이가 산냇골 아이들이 신나게 불어대는 버들피리 소리에 맞추어 너울너울 춤을 추고 있었습니다.

"삘릴리----삘릴리-------삘릴리------."(*)

### (5) 전달방법을 기준을 본 갈래

여기에는 입으로 재미있게 들려주는 구연동화와 글로써 전달되는 문장동화로 구분할 수 있다. 구연동화는 구연하기 위한 목적으로 쓰여진 것도 많지만, 일반적으로 기존에 쓰여진 문장동화를 입으로 구연하기 알맞게 각색한 것들이 대부분이다. 따라서 다음에 제시한 구연동화의 예문을 통해 우리는 쉽게 알 수 있다.

**[예문--구연동화: 구연하기 쉽게 각색한 세계명작동화]**

## 미운 아기오리

안데르센

"호호, 어쩌면 이렇게 귀여울까?"

엄마오리는 알에서 갓 깨어난 아기오리들을 보면서 빙그레 웃었어요.

"이제 마지막 알에서만 아기가 나오면 되는구나! 어서어서 나오너라!"

드디어 마지막 알에서 아기오리가 나왔어요.

"어머나? 왜 이렇게 못생겼지? 다른 아기오리들과는 달리 너무 못생겼구나."

엄마오리는 못생긴 아기오리를 보면서 한숨을 푹푹 내쉬었어요.

엄마오리와 아기오리들은 연못으로 갔어요.

"막내야! 형이나 누나들처럼 너도 헤엄 한 번 쳐 보렴. 꽥꽥꽥!"

엄마오리는 연못가에 서 있는 미운 아기오리의 엉덩이를 밀었어요.

"풍덩!"

"헤엄은 아주 잘 치는구나! 휴우, 내 자식인데도 어쩜 저리도 나하고 닮지 않았는지----."

엄마오리는 마음이 아팠어요.

"막내는 이상해! 우리랑 생김새도 다르고 빛깔도 달라. 우리보다 몸도 훨씬 크잖아!"

"맞아! 막내랑 같이 놀기 싫어! 너무 못생겨서 창피해. 우리 집에서 없어졌으면 좋겠어."

형제 오리들은 미운 아기오리를 싫어했어요.

미운 아기오리는 외톨이가 되었어요.

"왜 모두들 나만 미워할까? 모두들 날 싫어하니까 집을 떠나겠어!"

미운 아기오리는 아무 말 없이 집을 나왔어요. 소나기처럼 자꾸만 눈물이 흘렀어요.

미운 아기오리는 늪에 왔어요. 늪에는 물오리들이 즐겁게 놀고 있었어요.

"물오리들아! 나랑 같이 놀자."

"에구! 너 같은 못난이랑 노느니 차라리 잠이나 자겠다. 저리 가!"

물오리들은 미운 아기오리를 비웃었어요.

"탕! 탕! 탕!"

바로 그 때, 사냥꾼의 총소리가 들렸어요.

깜짝 놀란 아기오리는 풀숲으로 숨었어요.

"멍멍멍!"

사나운 사냥개 한 마리가 달려왔어요.

'어떡하지. 사냥개한테 잡히면 죽고 말거야.'

미운 아기오리는 몸이 바들바들 떨렸어요.

"멍멍! 아이쿠! 너처럼 못생긴 건 처음 봤다. 그냥 가라, 가!"

사냥개는 미운 아기오리를 보고 깔깔 웃었어요. 그리고 다른 곳으로 달려갔어요.

밤이 되었어요.

"아이, 배고파."

미운 아기오리는 작은 오두막집을 발견했어요.

"누구 없어요? 밥 좀 주세요!"

미운 아기오리는 큰 소리로 말했어요.

"몹시 배가 고픈 모양이구나. 어서 들어와라."

할머니는 미운 아기오리를 따뜻하게 맞아 주며 함께 살자고 했어요.

“흥! 할머니가 저런 못생긴 애를 좋아하다니! 정말 너무해.”

“그러게 말이야. 정말 보기 싫어!”

오두막집에서 함께 살고 있던 고양이와 닭은 미운 아기오리를 미워했어요.

“야! 너 쥐 잡을 수 있냐?”

고양이는 뽐내면서 말했어요.

“아니, 무서워서 못 잡아.”

“그럼, 나처럼 달걀 낳을 수 있니?”

“아니-----.”

미운 아기오리는 시무룩했어요.

“그럼, 넌 아무 쓸모가 없어. 우리 집에서 빨리 나가! 빨리!”

고양이와 닭은 두 눈을 부릅뜨면서 미운 아기오리를 노려보았어요.

미운 아기오리는 오두막집을 나와 또다시 먼 여행을 했어요.

어느 덧 추운 겨울이 지나고 봄이 왔어요.

“와아! 저 하얀 새 좀 봐! 정말 아름다고 멋진 걸! 나하고 친구가 되어 줄까? 나도 저 새처럼 멋졌으면-----.”

미운 아기오리는 호수에서 한가롭게 헤엄치고 있는 백조들을 보았어요.

“하얀 새야! 나랑 같이 놀자.”

“어머? 넌 어디서 온 백조니? 정말 멋지게 생겼는걸!”

호수에서 놀고 있던 한 백조가 날개를 퍼덕이면서 말했어요.

“뭐라고, 나 말이니? 내가 백조라고? 아니야. 난, 난 미운 오리야.”

미운 아기오리는 어리둥절했어요.

“하하하, 물에 비친 네 모습을 보렴!”

“이럴 수가? 내 모습이 하얀 새와 똑같네! 난, 난 오리가 아니었구나! 정말 난 백조야, 백조!”

미운 아기오리는 물에 비친 제 모습을 보고 소리쳤어요.(*)

### (6) 내용 면에서 본 갈래

여기에는 신화와 우화, 옛날이야기, 전설, 민화, 성경동화, 과학동화, 생활동화로 구분하였다. 일반적으로 신화, 전설, 민화, 옛날이야기 등을 묶어 전래동화로 일컫는다. 다음은 신화, 전설, 우화 등의 예문을 통해 작품을 감상하기로 한다.

[예문--신화]

## 단군 신화

이 준 연

"환웅은 듣거라, 땅으로 내려가서 새 나라를 세우도록 하라."

어느 날, 하느님은 아들 환웅에게 명령을 내렸어요.

환웅은 3천명의 신하들과 함께 백두산 근처에 내려와서 나라를 세웠어요.

사람들은 환웅이 세운 나라에서 평화롭게 살았어요.

"아, 나도 사람이 되면 얼마나 좋을까?"

'나도 사람이 되고 싶어. 사람이 되어서 농사도 짓고 고기도 잡고 싶어. 어떻게 하면 사람이 될 수 있을까?"

곰과 호랑이는 사람이 되고 싶었어요.

그래서 환웅을 찾아갔어요.

"환웅님, 저희들은 사람이 되고 싶습니다. 저희들을 사람으로 되게 해 주세요."

"환웅님, 저는 사람이 되어서 아기도 낳고 바느질도 하고 싶습니다. 제발 사람으로 만들어 주세요."

호랑이와 곰은 간절하게 애원했어요.

"사람이 되려면 끈기가 있고 굳은 결심이 있어야 하느니라. 사람이 되는 길은 쉬운 일이 아니다. 고통이 따를 터인데, 그래도 참을 수 있겠는가?"

"네네, 사람만 될 수 있다면 뭐든 다 하겠습니다."

환웅은 곰과 호랑이에게 매운 마늘 20조각과 쑥 한 줌을 주었어요.

"자, 이 쑥과 마늘만 먹으면서 석 달 열흘 동안 동굴 속에서 하느님께 기도를 드리면 사람이 되느니라. 백일이 될 때까지 굴 밖으로 나와서는 절대 아니된다."

"네, 알겠습니다."

호랑이와 곰은 그 날부터 어두운 동굴 속에서 백일기도를 시작했어요.

"아이고, 배고프고 답답해서 견딜 수 없구나. 어흥, 어흐흥! 나는 더 이상 못 참겠어."

호랑이는 3일이 되자, 동굴 밖으로 뛰어나가려고 했어요.

"안돼, 호랑이야! 참아야 해. 참아야 사람이 될 수 있다고 했잖아."

곰은 호랑이를 말렸어요.

"싫어, 쑥과 마늘만 먹으면서 어떻게 백 일을 견디냐? 난 도저히 못하겠어. 난 그냥 맛있는 고기 먹으면서 호랑이로 살겠어."

호랑이는 결국 동굴을 나가고 말았어요.

하지만 곰은 끝까지 참고 견디어냈어요.

"하느님, 제발 사람이 되게 해 주세요. 제발..."

드디어 백 일이 되었어요. 정말 신기한 일이 벌어지고 말았어요.

곰의 두시다리 둘은 발과 다리가 되고, 앞다리 둘은 손과 팔이 되는 것이었어요.

곰의 몸뚱이는 차츰 사람으로 변해갔고요.

"이럴 수가? 드디어 내가 사람이 되었어. 내 소원이 이루어졌구나. 하느님, 정말 감사합니다."

사람으로 변한 곰은 기뻐서 어쩔 줄 몰랐어요.

"오, 너의 굳은 결심과 의지로 결국 사람이 되었구나. 정말 아름다운 아가씨가 되었도다."

아름다운 아가씨로 변한 곰을 본 환웅은 부드럽게 웃었어요.

그 후, 환웅은 곰 아가씨를 아내로 맞이했어요. 왕비가 된 웅녀는 아들을 낳았어요.

사람들은 그 아들을 '단군왕검'이라고 불렀어요.

그 후, 단군왕검은 '조선'을 세웠답니다.(*)

[예문--전설 : 경주 호원사(虎願寺)에 얽힌 이야기]

## 호랑이 처녀의 슬픔

이 준 연

"나무아미타불 관세음보살...."

신라의 선남선녀들은 흥륜사 앞뜰에 있는 5층탑 주위를 돌면서 밤이 깊어가는 줄도 모르고 탑돌이를 하고 있었습니다.

밤이 얼마나 깊었는지, 탑돌이를 하던 사람들은 모두 돌아가고 탑 앞에는 김현과 낯선 처녀만이 남아 있었습니다.

'하늘나라 선녀처럼 아름다운 저 낭자는 누굴까?'

김현의 가슴이 마구 뛰었습니다.

"낭자! 나는 서라벌에 사는 김현이오. 당신은 누구시오?"

"..........."

처녀는 김현의 말을 들은 체도 않고 바람처럼 흥륜사 밖으로 사라졌습니다.

'그 낭자는 누굴까?'

김현은 집에 와서도 그 처녀를 생각하면서 잠을 이루지 못했습니다.

'오늘 밤에도 그 낭자가 흥륜사에 와서 탑돌이를 할까?'

김현은 밤이 오기를 애타게 기다렸습니다.

"아, 낭자! 낭자는?"

"소녀는 성문밖에 사는 꽃님이라고 하옵니다."

김현의 물음에 꽃님이도 고운 목소리로 말했습니다.

"꽃님 아가씨! 우리의 만남은 부처님의 뜻이오니 우리 결혼합시다."

김현은 꽃님의 손을 잡으면서 말했습니다.

"아니 되옵니다. 소녀는 도련님과 결혼할 수 없어요. 저는 도련님을 만난 것만으로도 행복합니다."

꽃님은 울먹이면서 어둠속으로 달려갔습니다.

다음 날, 김현은 꽃님의 뒤를 밟기로 했습니다.

"오늘은 기필코 꽃님의 부모를 만나 혼인 승낙을 받을 테다."

김현은 꽃님이 살고 있는 오막살이 초가집으로 갔습니다. 김현은 용기를 내어 문을 두드렸습니다.

"누구세요?"

"꽃님 아가씨! 나, 김현이오."

"어머나, 도련님께서 저희 집을 찾아오시다니! 저희 집에는 도련님이 묵을 방이 없사옵니다."

"괜찮소. 잠시 쉬었다 가면 됩니다."

"그럼 누추하지만 어서 들어오세요."

꽃님은 김현에게 차를 대접했습니다.

"산속에서 아가씨 혼자 삽니까?"

"아니오. 동생들과 함께 살아요. 차 한 잔 만 드시고 어서 내려가세요. 곧 저희 동생들이 올 때가 되었답니다."

꽃님이는 서둘러 말을 꺼냈습니다.

'꽃님 아가씨와 더 오래 있으려면 차를 천천히 마셔야겠구나.'

김현은 마음속으로 생각했습니다.

"어흥 어흥! 사람 냄새가 솔솔 나는 구나. 어흥!"

"오랜 만에 사람 맛을 보겠구나. 어흥!"

그 때, 호랑이 삼형제가 군침을 흘리면서 방안으로 들어왔습니다.

"도련님! 어서 뒷문으로 달아나세요. 어서요! 제 동생들이 왔어요!"

꽃님은 방문 앞을 가로막으면서 소리쳤습니다.

김현은 어디둥절해서 두 눈만 멀뚱히 뜨고 있었습니다.

"어흥! 어흥! 누님! 저리 비키세요. 사람고기 먹은 지가 얼마나 오래되었는데요."

호랑이 삼형제가 방문을 부수면서 방안으로 들어왔습니다.

"안돼! 저리 가라!"

꽃님은 호랑이 삼형제를 밀쳤습니다. 그러나 호랑이 삼형제는 김현에게 덤벼들었습니다.

"우르릉, 꽝! 이놈, 호랑이 삼형제야! 어찌하여 죄 없는 사람을 잡아먹으려 하느냐! 불칼로 네 놈들을 혼내 주겠노라."

어디선가 천둥과 번개가 번쩍이더니 우렁찬 부처님의 목소리가 들렸습니다.

"어흐흥! 오늘 재수가 없구나."

호랑이 삼형제는 어슬렁어슬렁 밖으로 나가버렸습니다.

"꽃님 아가씨! 어찌된 일입니까?"

"도련님, 용서해주세요. 저는 호랑이 처녀랍니다. 저는 사람이 되어 도련님과 결혼하고 싶었어요. 그래서 사람으로 잠시 둔갑했던 거랍니다. 흐흐흑!"

호랑이 처녀 꽃님이는 눈물을 흘렸어요.

"나는 아가씨의 말을 믿지 못하겠소. 나와 결혼하지 않으려고 일부러 내게 거짓말을 하는 것은 아니오?"

"도련님! 제 말을 믿어 주십시오. 전 호랑이랍니다. 그리고 내일 성 앞에 호랑이가 나타나서 백성들을 헤치면 도련님이 나와서 호랑이를 잡으셔야 합니다. 꼭 그렇게 하셔야 합니다. 어흥!"

꽃님은 호랑이 소리를 내면서 어둠속으로 사라졌습니다.

다음 날, 김현은 성 앞을 지나게 되었습니다.

"아니 웬 호랑이가 사람들을 헤치고 있구나."

성 앞에서 커다란 호랑이 한 마리가 사람들을 마구 할퀴고 있었습니다.

"호랑이를 잡는 사람에게는 큰 상을 내리겠노라."

임금님은 거리마다 방을 붙이게 했습니다. 김현은 긴 창을 들고 호랑이를 뒤쫒아 갔습니다.

달아나던 호랑이가 훌쩍 재주를 넘자 바로 꽃님이로 변했습니다.

"도련님! 제 말을 아직도 믿지 못하옵니까?

"아니! 당신은?"

김현은 넋나간 표정을 지었습니다.

"도련님, 저에게 상처를 입은 백성들은 내일 아침 흥륜사 종소리를 들으면 모두 나을 것입니다. 도련님, 저는 도련님을 정말 사랑했답니다. 어흥!"

호랑이 처녀 꽃님은 김현이 가지고 있던 창을 빼앗아 제 가슴을 찔렀습니다.

"꽃님 아가씨! 아가씨!"

김현은 죽은 호랑이 처녀를 부둥켜안고 눈물을 흘렸습니다.

김현은 호랑이를 잡은 공으로 임금님에게 큰 상을 받았습니다. 그 상금으로 김현은 호랑이 처녀의 넋을 기리기 위해 '호원사'라는 절을 지었다고 합니다.

※ 호원사: 경상북도 경주시 황성동에 있었다고 한다. 신라시대에 김현이 호랑이의 은혜에 보답하기 위해 서천가에 절을 지었다고 하는 전설이 있다.

**[예문--세계 민화]**

## 아기곰 집에 누가 왔을까?

이 은 경

통나무 집에 아빠곰, 엄마곰, 아기곰이 살고 있었어요.

어느 날, 엄마곰은 맛있는 빵을 만들었어요.

"빵을 먹기 전에 잠깐 나가서 놀다 오자."

아빠곰, 엄마곰, 아기곰은 나들이를 갔어요.

"통나무 집에는 누가 살고 있을까?"

숲 속에서 길을 잃은 아이가 곰의 집을 기웃거렸어요.

배가 고픈 아이는 식탁 위에 있는 빵을 모두 먹어 버렸어요.

아이는 사방을 두리번거리다가 아빠곰 의자에 앉았어요.

"의자가 너무 높구나."

아이는 엄마곰 의자에 앉았어요.

"아, 엉덩이야. 의자가 너무 딱딱해."

아이는 아기곰 의자에 앉았어요.

"으지직, 꽈당!"

그만 의자 다리가 약해서 부러지고 말았어요.

"아---졸려. 어디에서 잘까?"

아이는 아빠곰 침대에 누웠어요.

"아--너무 푹신 거려 잠이 안온다."

아이는 다시 엄마곰 침대에 누웠어요.

"이불이 너무 부드러워서 이상해."

이번에 소녀는 아기곰 침대에 누웠어요.

"호호---이 침대가 딱 맞구나."

아이는 아기곰 침대에 누워서 쿨쿨 잠을 잤어요.

나들이 갔던 아빠곰과 엄마곰과 아기곰이 들어왔어요.

"아빠! 엄마! 누가 왔어요! 빵도 모두 먹어버리고 내 의자도 이렇게 망가뜨렸어요."

아기곰이 울상을 지었어요.

"이상하다. 우리 집에 초대한 사람이 없는데? 누굴까?"

아빠곰과 엄마곰과 아기곰은 조심스럽게 침실로 갔어요.

"으악! 곰! 곰이다!"

아기곰의 소리에 놀란 아이는 벌떡 일어나서 도망쳤어요.

"엄마, 아빠! 빨리 저 아이를 잡아서 혼내 주세요."

"곰돌아, 배고픈 아이가 우리 집에서 쉬어 갔는데, 괜찮다. 엄마가 다시 맛있는 빵을 만들어 줄게."

엄마곰은 아기곰의 등을 쓸어 주면서 빙그레 웃었어요.(*)

### (7) 형태 면에서 본 갈래

여기에는 연령 발달 단계에 따라 유아 동화와 저학년, 중학년, 고학년 동화와 전달 방법에 따라 구연동화와 문장동화로 구분하였다. 다음에 제시한 예문을 통해 알 수 있다.

[예문--유아 그림동화]

## 아기동물들의 크리스마스 잔치

이 은 경

(1)
숲 속 마을 아기 동물들은 크리스마스 잔치를 하기로 했어요.
토끼, 다람쥐, 노루, 꽃사슴, 곰----.
아기 동물들은 맛있는 음식을 한 가지씩 들고 떡갈나무 아래로 모였어요.
"와, 정말 맛있겠다. 빨리 먹고 싶어."
아기 동물들은 친구들이 가져 온 음식을 보면서 군침을 삼켰어요.

(그림--크리스마스파티를 하기 위해 떡갈나무 아래로 음식을 들고 오는 동물들의 모습)

(2)
"자, 모두 모였지?"
꽃사슴 아롱이가 두리번거렸어요.
"어? 늑대 심통이가 안보이는 걸. 왠일일까?"
토순이는 고개를 갸웃거렸어요.

"얘들아! 심통이 오기 전에 우리끼리 빨리 먹자."

"맞아. 심통이가 또 무슨 심술을 부릴지 몰라."

곰돌이와 노루는 눈살을 찌푸리면서 말했어요.

"------------."

다른 동물들은 아무 말도 하지 않고, 서로의 얼굴들만 바라보았어요.

(그림--아기 동물들이 음식을 차려놓고, 늑대 심통이를 기다리는 장면)

(3)

"그럼, 회의를 해서 결정하자."

다람쥐 다롬이가 의젓하게 말했어요.

"좋아 좋아!"

모두들 박수를 쳤어요.

"난 우리끼리 했으면 좋겠어. 난 어제 심통이에게 속아서 빙판에서 미끄러졌어."

곰돌이는 두 눈에 힘을 주면서 말했어요.

"이것 봐. 난 심통이가 미끄럼틀에서 밀어서 이마에 혹이 났다고!"

노루도 이마에 난 혹을 만지면서 투덜거렸어요.

(그림--아기동물들이 늑대 심통이가 심술을 부려 골탕먹은 일을 회상하는 장면)

(4)

"그래도 심통이가 불쌍해. 심통이도 우리 친구잖아."

"그래. 우리가 잘해 주면 심통이도 우리를 괴롭히지 않을 거야."

"맞아, 꽃사슴 말이 맞아. 빨리 심통이를 찾아보자."

아기 동물들은 늑대 심통이를 찾기 시작했어요.

(그림--아기동물들이 늑대를 찾아 나서는 모습)

(5)

"힝힝힝-----."

늑대 심통이는 소나무 밑에 쭈그리고 앉아서 울고 있었어요.

"심통아! 왜 울고 있니? 지금 떡갈나무 아래에서 잔치를 하는데---?"

지나가던 까치가 소나무 가지 위에 앉으면서 말했어요.

"모두들 날 미워하고 싫어해. 내가 가면 친구들이 달아나 버릴 거야. 그동안 친구들을 때리고 심술도 많이 부렸거든. 산타 할아버지도 마음 착한 친구한테만 선물을 주신다는데----.히힝히잉!"

늑대 심통이는 울먹이면서 말했어요.

(그림--소나무 아래에 앉아서 울고 있는 늑대의 모습과 까지와 대화하는 모습)

(6)

"심통아! 다음부턴 친구들에게 심술부리지 마. 그럼, 산타할아버지도 널 사랑 하실 거야."

정말?"

"그럼. 친구들도 널 용서해 줄 거란다. 빨리 떡갈나무 아래로 가 봐. 까악까악---."

까치는 늑대의 머리 위를 한 바퀴 돌다가 날아가 버렸어요.

(그림--까치가 늑대에게 타일르는 모습, 그리고 산타할아버지가 늑대의 머리를 쓰다듬는 모습)

(7)

"심통아---! 어디 있니?"

그 때, 멀리서 친구들의 목소리가 들렸어요.

"어? 누가 날 찾을까?"

울고 있던 늑대는 깜짝 놀랐어요.

"와, 찾았다! 심통아, 여기서 뭐 하는 거야? 빨리 성탄 잔치 하자."

"그래, 빨리 일어나. 맛있는 음식도 아주 많아."

아기 동물들은 쭈그리고 앉아있는 늑대를 일으켜 세웠어요.

(그림--아기동물들이 늑대를 발견하고 같이 가자고 일으켜 세우는 모습)

(8)

"친구들아---고마워----."

늑대 심통이는 작은 소리로 말했어요.

아기 동물들은 어깨동무를 하고 떡갈나무 아래로 달려갔어요.

"랄라라---랄라라----."

"징글벨 징글벨---하얀 눈이 내리네! 랄랄라!"

솜덩이 같은 함박눈이 아기동물들의 머리위에 사뿐히 사뿐히 내려앉고 있었어요.(*)

(그림--친구들과 함께 즐겁게 크리스마스 잔치를 하는 모습)

살펴본 바와 같이 다소 중복된 부분이 있으며, 보는 사람에 따라 약간의 차이가 있음을 알 수 있다. 이런 기준과 분류방법은 일정하게 규정되어 있는 것이 아니므로 다양한 견해들을 수용하여, 내 나름대로 기준을 만들 수도 있다.

## 5. 동화의 역할

동화가 우리 어린이에게 주는 역할은 무궁무진하다. 그 중에서도 대표적인 몇 가지를 살펴본다.

첫째, 심성을 자극하여 보다 아름답고 희망찬 삶을 꿈꾸게 한다.
동화를 통해 정서적 순화를 할 수 있으며, 보다 높은 생활을 동경하고 꿈을 실현하려고 노력하게 한다. 미지의 세계, 신비의 세계를 희구하는 것은 실제 앞으로 삶을 개척하고 도전하려는 정신 즉 용기를 갖도록 하는 원동력이 된다.

둘째, 나쁜 마음과 나쁜 습성을 착한 마음 그리고 착한 습성으로 바꾸도록 인도한다.
백 번의 잔소리보다는 가치 있고 훌륭한 동화 한 편을 읽는 편이 훨씬 낫다. 동화 속의 주인공과 등장인물들을 통해 스스로를 생각해 보도록 하고 앞으로의 행동까지 변화시키도록 한다.

셋째, 다양한 경험을 확대시켜 준다.
우리가 직접 경험하지 못한 현상들과 경험들을 다양하게 경험시켜 준다. 다양한 경험을 통해 사물을 바라보는 눈을 더욱더 확대시켜 주고, 편견과 선입견을 배제하게끔 도와준다. 즉, 현상에 대한 객관적 시각을 길러주고 사고의 폭도 넓혀 준다. 이를 통해 어린이는 사물에 대한 친밀감, 인간에 대한 친밀감이 높아질 것이다.

넷째, 언어생활에 도움을 준다.
듣기, 말하기, 읽기, 쓰기 활동을 자연스럽게 유도하여 통합적 언어발달을 신장시킬 수 있다. 결국 이는 사고력과 창의력, 상상력의 확장을 가져온다.
다섯째, 바른 인격형성에 도움을 준다.

자기중심적 사고에서 벗어나 타인을 의식하고 타인을 배려하고 이해할 줄 아는 마음을 갖게 한다. 나를 중심으로 우리를 알게 하고 더 나아가서 사회와 국가를 알게 한다. 그리고 세계를 알게 하며, 공동체 의식과 협동정신을 알도록 한다. 이는 건전하고 바른 가치관 형성에 도움이 된다.

제 3 장

# 동화 구연의 개념과 역사적 배경

## 1. 동화 구연의 개념

구연(口演)이란 무엇일까? 한 마디로 말로써 사연을 진술한다는 뜻이다. 영어로는 오랄 나레이션(oral narration)으로 표현한다. 그렇다면 동화 구연은 동화를 말로써 진술한다는 뜻이 된다. 즉, 문자언어(글)로 써 있는 동화를 음성언어(말)로 들려주는 것을 말한다.

최운식, 김기창(1988)은 '동화 구연이란 동화의 내용을 말로써 전달하는 것' 이라고 정의하였다. 또한 엄기원(1997)은 '동화 구연이란 입에서 나오는 말로 연출한다는 한자말로서 입으로 재미있게 들려주는 동화'라고 정의하였다. 김원기(1998)는 '일정한 도구를 사용하지 않고 동화구연자와 동화를 듣는 청자와의 대화에 의해서 이야기가 전개되며, 동화를 발표하는 구연자의 음성, 몸짓, 표정 등에 의해서 동화의 내용이 더욱 흥미 있게 전달되는 것'이라고 정의하였다. 장영주(1998)는 '입으로 들려주는 이야기로 청자에 다가가는 소리와 표현의 연기로 구연 자체가 변화된 모습을 보여 주어야 한다.'라고 표현하였다. 결국 눈으로 보는 언어를 귀로 듣는 언어로 바꾸어 동화를 감상하는 것이 동화 구연이라고 말할 수 있을 것이다.

그렇다면, 동화구연(童話口演)과 구연동화(口演童話)는 어떤 차이가 있을까? 현재에도 이 말들은 서로 구분이 모호하다. 하지만 자세히 따지고 보면 분명 차이가 있다. 즉 동화구연은 앞 단락에서도 설명했듯이 문장으로 써 있는 동화를 말로써 들려주는 것이다. 말로써 들려주기 위해서는 단순히 문장으로 써 있는 동화를 그대로 들려줄 수는 없다. 여기에는 반드시 대상에게 들려 줄 동화를 먼저 선택하고 선택된 동화를 음성언어 즉 말로써 잘 들려주기에 편하도록 고쳐야 한다. 따라서 동화를 구연하기 위해서는 반드시 개작이라는 작업이 필수적으로 수반된다. 하지만 이와는 달리, 구연동화는 애초부터 구연하기에 편리하도록 쓰여진 동화를 말한다. 따라서 개작이라는 작업이 필요하지 않다. 처음부터 구연하는 목적으로 쓰여 졌기 때문이다.

결국 동화구연(童話口演)이든 구연동화(口演童話)이든 귀로 듣는 동화임은 틀림없다. 따라서 눈으로 읽는 문장동화(文章童話)와는 반대이다. 물론 문장동화 중에도 유아동화는 개작하지 않아도 구연하기에 알맞은 경우가 많이 있다. 그러나 일반적으로 구연하기 위해서는 문장체에서 구연체로 바꾸어야 하고, 긴 문장을 호흡하기에 적당하도록 짧은 문장으로 간결하게 바꾸어야 한다. 그리고 어려운 어휘나 한자어를 듣는 사람의 발달수준이나 독서나이의 수준에 맞추어 이해하기 쉬운 어휘, 친밀한 어휘로 바꾸어 주어야 한다. 이런 점들을 고려해 보면 구연과 문장동화와는 전달방법 면에서 확실한 차이가 있음을 알 수 있다.

미국에서는 스토리 텔링(story telling)이라고 하여 문학작품을 음성언어로 바꾸어 들려주는 작업이 활발하다. 이를 통해 이야기하는 사람과 이야기를 듣는 사람들 모두가 문학작품을 감상하고 즐거움을 함께 나눈다. 결국, 입으로 들려주고 귀로 듣는 이야기를 통해 문학의 향기를 느낄 뿐 아니라 서로 정서적 공감대를 형성하여 삶을 윤택하고 풍요롭게 만든다. 따라서 어른이 되어서도 어렸을 때 할머니 할아버지께 들었던 옛날이야기들이 가슴속에 남아 때때로 훈훈한 미소를 짓게 하는 것은 바로 이런 점 때문이다.

일본에서도 하나시가타(話方:이야기법)라고 해서 어린이들에게 동화를 들려주기 위한 모임이 있고 구연 방법에 대한 논의와 토론을 하는 모임이 현재까지도 활발하게 진행되고 있다. 우리나라도 동화를 구연하기 위한 모임과 동화구연에 대한 활성화 작업이 1923년부터 이루어졌다고 말할 수 있다. 즉 소파 방정환 선생님(1899-1931)이 색동회를 창립했던 시기로 볼 수 있다. 그 당시에는 시대적 배경 때문에 동화구연의 목적이 순수하지는 않았지만, 어쨌든 색동회는 동화구연대회를 개최할 정도로 동화를 구연하는 것에 힘썼다. 특히 방정환 선생은 타고난 동화 구연가로 명성을 떨쳤으며 그 때부터 동화와 어린이라는 개념을 새롭게 인식하도록 했다.

결국, 어린이들은 동화를 들음으로써 예술적 감흥과 감동을 받고 상상의 날개를 마음껏 펼친다. 또한 구연하는 사람의 몸짓과 표정 그리고 다양한 목소리 변화 등을 통해 동화 속으로 빠르게 주의집중 할 수 있으며 정서적 공감대 형성, 등장인물과의 동일시 현상도 매우 강하게 작용한다. 이런 효과를 거두기 위해서는 무엇보다 들려주는 사람(구연자)과 이야기 거리(동화) 그리고 듣는 사람(청자)이 반드시 있어야 한다. 이 세 가지 요소들이 결합할 때만 구연이 형성될 수 있으며 동화구연의 개념이 정립될 수 있다.

## 2. 동화 구연의 역사적 배경

동화 구연이 언제부터 시작되었는지, 그리고 누가 제일 먼저 시작했는지 등을 묻는다면 아마 동화 구연을 연구하는 학자들도 정확한 답변을 하지 못할 것이다. 왜냐하면 역사가 시작되면서부터 우리는 누군가에게 끊임없이 이야기를 들려주고 또 누군가에게 끊임없이 이야기를 듣고 자라왔기 때문이다. 그 과정에는 들려주는 사람의 제스처가 사람마다 달랐을 것이고, 듣는 사람의 정신적, 물리적 환경에 따라 이야기를 해석하는 데도 각기 달랐을 것이다. 따라서 같은 제목의 같은 내용의 이야기라 하더라도 구연자의 배경과 심리적 특성에 따라 이야기의 내용도 자연스럽게 조금씩 변화되었으리라 생각된다. 물론 듣는 사람도 마찬가지로 각자의 다양한 물리적 심리적 환경에 따라 다르게 받아들였을 것이 분명하다. 하지만 이런 다양한 차이와 해석에도 불구하고 들려주고 듣는 이야기의 내용의 큰 줄거리는 변함없이 지금껏 유지하고 있는 것을 보면 역시 구연의 힘은 대단한 것 같다. 입에서 입으로 전해지는 구연의 역사적 뿌리를 굳이 말하자면 지구상에 인간이 존재하면서 부터가 아닐까 생각한다.

사실 동화 구연의 흐름을 시기적으로 정확히 매듭을 짓는다는 것은 매우 무리한 일이며 설사 시기적으로 매듭짓는다 해도 이는 그 경계선이 모호하다. 하지만 우리는 동화 구연의 역사적 흐름을 살펴볼 필요가 있다. 막연하게 인식되었던 구연의 역사적 배경을 살펴봄으로써 우리 스스로 동화 구연의 중요성을 이해할 수 있으며, 그것이 왜 어린이들과 성인들에게 중요한지 알 수 있을 것이다. 더불어 동화 구연이 어린이들에게 어떤 교육적 효과와 가치가 있는지도 알 수 있을 것이다.

석용원(1998)은 구연의 역사에 대해 옛이야기시대, 교회시대, 유치원 동화구연 시대, 소파 동화구연 시대, 학예회 동화구연시대로 구분하기도 했다. 동화구연을 연구한 학자들마다 어휘상 약간의 차이는 있으나 거의 유사한 구연의 흐름을 제시해 놓고 있다.

### (1) 노변동화(fire side story) 시대

"옛날 옛날 한 옛날에---호랑이 담배 피우던 시절이었단다."

이런 식으로 시작하는 옛날이야기를 한 번도 들어보지 않은 사람이 있을까? 일반적으로 우리들은 어린 시절에 할머니, 할아버지 혹은 어머니, 아버지로부터 옛날이야기를 듣고 자라났다. 한 겨울에 따뜻한 아랫목에서 옛날이야기를 듣는 재미는 지금도 우리들 마음속에 따뜻하게 자리 잡고 있다. 시대가 바뀜에 따라 사랑방 화롯가에서 혹은 마을 회관에서 혹은 느티나무 아래에서 이야기를 들려주고 들었던 경험이 있다. 우리들 주변에는 언제나 말솜씨 좋은 사람이 한 두 명은 꼭 있었고, 그 사람들은 아이들을 모아놓고 이야기 들려주기를 즐겼다. 이와 같은 방식은 시대적 배경에 따라 공간적 배경에 따라 다소 차이는 있지만, 오늘날에까지 끊임없이 이어지고 있다.

따라서 음성 자체만으로 어디에서건 이야기를 들려주고 들었던 동화를 노변동화(爐邊童話)라 한다(석용원, 1998).

[예문--노변동화]

옛날 아주 먼 옛날, 호랑이가 뻐끔뻐끔 담배 먹던 시절의 이야기란다.

어느 날, 심심했던 호랑이 녀석이 지나가던 나그네를 골탕 먹이려고 단단히 마음을 먹었지. 그래서 호랑이 녀석이 나그네 뒤로 살금살금 걸어가서 나그네를 꼭 끌어안고 번쩍 들어 올렸단다. 깜짝 놀란 나그네는 살려달라고 애원했지. 허, 그런데 요놈 호랑이 녀석이 나그네가 소리치며 발버둥치자, 그 모습이 어찌나 재미있고 우스운지 나그네를 공처럼 통통! 하늘로 붕 던졌다 내렸다가 하는 게야. 너무 놀란 나그네는 그럴 때마다 방귀만 뿡! 뿡! 나왔단다. 방귀 냄새가 얼마나 지독했던지, 그만 호랑이가 두 손 두 발 모두 들고 달아나 버렸단다.(*)

### (2) 주일학교 동화 시대

1890년 우리나라에 기독교가 유입되면서부터 주일학교가 생기기 시작했다. 선교사들은 주일학교에서 아이들에게 성경 뿐 아니라 동화를 들려주었다. 들려주는 과정에 구연하는 선교사들마다 약간의 제스쳐와 음성적 변조가 있었을 것이고, 줄거리를 크게 다치지 않는 범위 안에서 개작이 이루어졌을 것이라고 본다.

대한 기독교 교육 총회(1974)는 1922년 이래 하기 아동 성격학교가 시작되었으며 주일학교에서 어린이들의 흥미를 돋우기 위해서 동화와 노래가 강조되었다고 밝히고 있었다. 그리고 일 년에 한두 차례씩 있는 동화 구연 대회도 어린이들에게는 특별한 관심의 대상이 되었고 이런 행사는 어린이들에게 가장 깊은 영향을 남겼다고 밝히고 있다.

주일학교에서 들었던 성경동화나 그 밖의 번역 각색된 외국동화를 통해 그 당시 우리 어린이들은 문학적 감동을 받고 더불어 그들의 인격형성에 도움이 되었으리라 추측된다. 결국 이 시기에는 우리나라에 기독교가 들어오기 시작하면서부터 주일학교에서 동화를 구연하기 시작했고, 지금까지 그것은 계속 진행되어지고 있다.

[예문--성경동화]

## 눈을 뜬 맹인

재주가 많은 맹인이 살고 있었어요. 앞을 볼 수 없었지만 맹인은 언제나 밝게 웃고 마을 사람들과 잘 지냈어요. 하지만 맹인에게는 커다란 슬픔이 있었어요.

"왜 나는 하늘과 꽃과 나무를 볼 수 없을까? 왜 내 눈은 보이지 않는 걸까? 마을 결혼식에 가서 신부와 신랑의 모습을 보고 싶은데...."

맹인은 자신의 신세가 원망스러워서 눈물을 흘렸어요.

어느 날, 마을 사람들은 맹인을 데리고 예수님에게 갔어요.

왜냐하면 예수님께서 앞못보는 맹인들을 고쳐 주었다는 소문이 있었거든요.

"예수님, 착한 맹인의 눈을 환하게 밝혀 주시기를 기도드립니다."

마을 사람들은 맹인을 위해 예수님께 간절히 기도를 오렸어요.

어느 덧, 하늘에서 부드러운 음성이 들려왔어요.

"내 손을 잡아라. 그리고 일어서라."

예수님이 나타나 맹인의 손을 잡았어요. 그리고 보이지 않는 두 눈을 부드러운 손으로 어루만지셨어요.

시간이 한참 흘렀어요.

"이제 두 눈을 떠 보아라."

예수님의 말에 맹인은 두 눈을 살며시 떴어요.

"이렇게 아름다운 세상이 있다니! 예수님, 정말 감사하옵니다."

맹인은 푸른 하늘과 예쁜 꽃들을 보면서 감탄했어요.(*)

### (3) 유치원 동화 구연 시대

기독교 사상의 유입은 주일학교 뿐 아니라 유치원 교육으로 이어지게 되었다. 우리나라 최초의 유치원은 1914년 브라운 리가 세운 이화학당 부속유치원인 이화 유치원이었다. 이화유치원을 계기로 우리나라 사람이 세운 최초의 유치원인 경성유치원(1913), 그리고 중앙대학교 부설 중앙유치원(1916), 배화, 일신, 영생 등의 유치원들이 전국 각지에 생겨나기 시작했다.

이들 유치원의 교육내용은 동화와 유희, 수, 창가 등이 주를 이루었다. 아직 글자를 모르는 유아들이기 때문에 유치원 선생님들은 필수적으로 동화를 들려주는 동화 구연가의 역할까지 함께 했을 것으로 본다. 즉 문장으로 된 동화를 말로써 바꾸어 들려주기 위해 나름대로 개작을 했을 것으로 추측한다. 이 개작하는 과정에서는 유아들의 발달과정을 반드시 고려했을 것으로 본다. 서구에서 혹은 일본에서 들어 온 외국동화를 있는 그대로 들려주었다가는 아마 절반도 이해하지 못하고 흘려보냈을 것이 틀림없기 때문이다. 따라서 유아들의 발달 수준에 맞추어 동화를 구연했을 것으로 추정한다.

형식적인 교육 틀 안에서 동화구연이 이루어진 것은 아마 유치원 교육이 시작되면서부터라고 생각된다. 아쉽게도 이 시기에는 소수의 특권층의 자녀들만 혜택을 누렸다.

[예문--유치원 동화]

## 유치원 가는 날

이 은 경

오늘은 새롬이가 유치원에 처음 가는 날이에요. 다른 날 보다 일찍 일어난 새롬이는 이도 혼자 닦고, 세수도 혼자했어요.

"엄마! 빨리 가요. 유치원에 빨리 가요!"

새롬이는 엄마의 치맛자락을 잡아당기며 재촉했어요.

"왠일일까? 우리 새롬이가 어른이 된 것 같네. 매일 아기처럼 칭얼칭얼 보채던 아이가---호호호---."

새롬이는 엄마 손을 꼭 잡고 노래를 부르며 유치원으로 갔어요.

"와! 장난감들 좀 봐! 그림책 속에 나오는 요술나라에 온 것 같아."

새롬이는 두 눈이 동그래졌어요. 교실마다 신기한 장난감과 동화책들이 가득가득 차 있었어요. 마치 보물창고에 온 것 같았어요.

"자, 토끼반 친구들은 이쪽으로 들어오세요."

분홍 원피스를 입은 예쁜 선생님이 새롬이와 다른 친구들을 토끼가 그려진 방으로 데리고 갔어요.

"새롬아! 엄만 밖에 있을 테니까, 선생님 말씀 잘 듣고 친구들하고 사이좋게 지내렴."

엄마는 새롬이의 등을 토닥거려주고 교실 문을 나가셨어요.

"어---어---엄마!"

새롬이는 갑자기 눈앞이 깜깜해졌어요. 엄마가 새롬이만 놔두고 어디론가 멀리 가버릴 것만 같았어요. 새롬이의 앵두 같은 입술이 자꾸만 일그러졌어요.

"엄마----가지 마---엄마!"

새롬이는 갑자기 눈물이 왈칵 쏟아졌어요.

"엄마! 엄마랑 같이 놀래. 아앙----!"

새롬이는 하마처럼 입을 벌리고 큰 소리로 울었어요.

"새롬아! 이리 오세요. 엄마는 새롬이가 혼자서 얼마나 잘 하나 보려고 교실 밖에서 기다리고 있어요. 새롬이가 울면 엄마도 속상해서 우실거야. 새롬이도 이젠 아기가 아니지? 이제부터 씩씩하게 혼자 할 수 있어야지. 자, 친구들이랑 재미있는 노래 부르자."

선생님은 새롬이를 따뜻하게 안아주시고 눈물도 닦아 주셨어요. 그래도 자꾸만 눈물이 나왔어요.

한 번 쯤은 엄마가 나타날 만도 한데 엄마는 그림자조차 보이지 않았어요. 새롬이는 창문밖으로 고개를 쏙 내밀었어요. 유치원 마당에는 웅성웅성 엄마들이 많았어요. 하지만 새롬이는 엄마를 찾을 수 없었어요.

"새롬아! 걱정 말고 자, 이리로 앉으렴."

선생님은 새롬이의 머리를 쓰다듬어 주시면서 자리도 마련해 주셨어요.

"하하---울보야! 울보!"

"호호, 엄마 찌찌 더 먹고 와야겠다. 그치? 난 아기처럼 울지 않는데---."

이 쪽 저 쪽에서 친구들이 속삭였어요. 친구들은 훌쩍거리는 새롬이를 동물원 원숭이 구경하듯 쳐다보았어요.

'어? 나만 울고 있네!'

새롬이는 주위를 두리번거렸어요. 그럴 때마다 아이들은 새롬이를 힐끔 쳐다보며 낄낄 웃었어요. 새롬이는 얼굴이 화끈 달아올랐어요.

새롬이는 얼른 두 손으로 눈물을 닦고 또 닦았어요. 비뚤어진 옷도 바르게 했고요.

선생님은 재미있는 노래와 춤도 가르쳐 주고, 재미있는 동화도 들려주셨어요.

"새롬아! 아주 잘했어요. 이젠 새롬이도 혼자서 잘 하는구나."

선생님은 부드러운 목소리로 속삭였어요. 새롬이는 하늘로 붕붕 날아오를 것만 같았어요. 갑자기 어른이 된 것처럼 의젓해졌어요.

'엄마한테 어떻게 얘기하지? 아기처럼 울어버렸다고 말해버릴까? 아니야, 아니야! 엄만 내 울음소리 못 들었을 거야. 이담에 커서 말해야지. 유치원 첫날 운 건 정말 나의 실수였다고!'

새롬이는 머리를 콩 쥐어박을 엄마 얼굴을 생각하니 자꾸만 웃음이 나왔어요.

은행나무 가지 위에서 쉬고 있던 꽃샘바람이 새롬이를 보며 씽긋 웃었어요.(*)

**도움말**

우리 어린이들은 유치원에 가기 싫어서 울었던 적은 없나요?

어린이들은 낯선 장소와 낯선 사람은 되도록 피하려고 합니다. 처음에 갖는 두려움 때문이지요. 하지만 우리 어린이들은 곧 새로운 환경에 적응해갑니다. 단지 빨리 적응하기도 하고 늦게 적응하기도 한답니다.

새로운 환경에 적응하기 위해서는 무엇보다 유아들이 호기심을 자극시킬 수 있는 것들이 있어야 하겠지요. 신기한 장난감들, 처음 본 친구들, 따뜻한 선생님 ----모두 다 어린이들의 마음을 설레이게 한답니다.

처음 엄마와 떨어져서 유치원에 가는 어린이들에게 유치원은 항상 즐거운 곳이고, 호기심과 욕구를 충족시켜 주는 재미있는 곳이라는 인식이 중요합니다. 그럼, 아침마다 눈 뜨기가 무섭게 유치원으로 달려가겠지요.(*)

**[예문--개작한 세계명작동화]**

## 엄지 공주

이 은 하

마법사가 마음씨 착한 아주머니에게 꽃씨 하나를 주었어요.

꽃씨는 자라서 예쁜 꽃봉오리를 맺었어요.

"참, 예쁘기도 해라!"

아주머니는 꽃봉오리에 입을 맞췄어요.

"야! 잘 잤다!"

꽃 속에서 엄지 손가락만한 여자 아이가 기지개를 켰어요.

"어머! 내 엄지손가락 만하구나. 정말 귀엽기도 해라. 이제부터 넌 엄지 공주다! 엄지 공주!"

아주머니는 뛸 듯이 기뻤어요.

"랄라라---랄라라---즐거워라----라라라라----."

엄지 공주는 봄바람처럼 부드럽고 고운 목소리로 노래를 불렀어요.

어느 날 밤이었어요.

"이렇게 귀여운 아이는 처음 보는구나! 우리 아들 색시로 삼아야지."

어미 두꺼비는 자고 있는 엄지 공주를 연못에 있는 연꽃 위에 놓았어요.

"여기가 어딜까? 난 몰라!"

잠에서 깬 엄지 공주는 울음을 터뜨렸어요.

"쯧쯧, 가엾기도 해라. 우리가 도망갈 수 있도록 도와주자."
연못에 있는 물고기들이 연꽃 줄기를 끊어 주었어요.
엄지 공주는 연꽃잎을 타고 두둥실두둥실 흘러갔어요.
"어? 이상한 아인데, 누굴까?"
풍뎅이가 엄지 공주를 데리고 나무 위로 올라갔어요.
"살려 줘! 살려 줘! 난 엄지란다."
"엄지? 넌 벌레가 아니구나!"
풍뎅이는 엄지 공주를 살려 주었어요.
겨울이 오고 하얀 눈이 펑펑 내렸어요.
"아이 추워! 배고파!"
엄지 공주는 눈 속을 헤맸어요.
"저기 들쥐네 집이 있구나!"
엄지 공주는 들쥐네 집 문을 두드렸어요.
"어서 들어와라. 가엾기도 하지."
들쥐 아주머니는 엄지 공주를 자기 집에서 살게 해 주었어요.
어느 날, 옆집에 사는 두더지가 놀러 왔어요.
"와아! 정말 예쁘다!"
두더지는 엄지 공주를 보고 두 눈이 동그래졌어요. 두더지는 날마다 놀러 왔어요.
"난 땅굴 파는데 선수예요. 헤헤----."
두더지는 엄지 공주를 데리고 자기가 파 놓은 땅굴로 갔어요.
"어머! 불쌍한 제비구나!"
거기에는 제비 한 마리가 꽁꽁 언 채로 누워 있었어요.
엄지 공주는 제비를 정성껏 돌봐 주었어요.
따뜻한 봄이 되었어요. 제비는 아주 건강해졌어요.
"엄지 공주님! 정말 고마워요."
제비는 파란 하늘로 훨훨 날아갔어요.
"엄지 공주님! 제발 저와 결혼해 주세요. 우리 함께 살아요. 네!"
두더지는 날마다 애원했어요.

"엄지야! 두더지가 불쌍하지도 않니? 두더지랑 살면 먹을 것도 많이 먹고 좋은 옷도 입을 수 있어."

들쥐 아주머니는 두더지 자랑을 늘어놓았어요.

"두더지와 땅 속에서 살면 얼마나 갑갑할까?"

그렇지만 엄지 공주는 두더지와 결혼하기로 했어요. 자기를 살려 준 들쥐 아주머니의 말씀을 듣지 않을 수 없었거든요.

"지지배배---지지배배----엄지 공주님! 밖으로 나와 보세요! 저예요!"

어디선가 제비 소리가 들려왔어요.

"안녕하세요! 지난번에 엄지 공주님이 살려 준 제비예요. 공주님! 왜 그리 슬퍼 보이세요?"

"내일이면 하기 싫은 결혼을 해야 한단다."

"엄지 공주님! 저랑 남쪽 나라로 가요. 아름다운 꽃도, 꿀도 아주 많아요."

"제비야! 그런 곳이 있다면 빨리 데려가 줘!"

엄지 공주를 태운 제비는 남쪽 꽃 나라로 날아갔어요.

"와, 정말 눈부시게 아름답구나!"

엄지 공주는 꿈을 꾸고 있는 듯했어요.

"우리 꽃 나라에 오신 것을 환영합니다."

꽃 나라 왕자는 엄지 공주에게 하얀 날개를 달아 주었어요.

꽃 나라 왕자는 엄지 공주의 손을 잡고 나비처럼 훨훨 날아다녔어요.(*)

### (4) 소파 방정환의 색동회 활동 시대

소파 방정환(小波 方定換) 선생은 '색동회'를 1923년에 창립하여 우리나라 동화 구연의 발전에 큰 획을 그었다. 그는 아동문화 운동가이면서 동화작가 그리고 최고의 동화구연가로 전국에 이름을 떨쳤다. 또한 '어린이'라는 명칭을 만들었고 '어린이날'을 제정하기도 하였으며, 나라가 잘 살기 위해서는 미래를 이끌어 갈 어린이에게 동화와 동요를 많이 들려주어야 한다고 강조하기도 하였다. 따라서 그는 전국을 돌아다니면서 동화 구연회를 열고 그 자리에서 직접 동화를 구연하였다. 또한 동화 구연 대회를 개최하여 동화에 대한 관심을 높였으며, 더불어 구연의 방법을 모색하기도 하였다.

어린이 운동 단체인 색동회는 다양한 강연회와 강습회를 개최하게 되었고 어린이들을 위해 번안한 세계명작동화 등을 재미있게 구연하기도 하였다. 특히 소파 방정환이 번안한 〈사랑의 선물〉이라는 동화집이 1922년에 출간되기도 하였다. 색동회는 나라의 기둥인 어린이 교육에 힘썼을 뿐 아니라 나라가 잘살고 부강해지기 위해서는 어린이를 위한 교육에 힘써야 한다고 강조하였다. 이런 어린이 문화 운동은 민족의식의 고취 뿐 아니라 기존에 갖고 있었던 어린이에 대한 어른의 편견과 선입견에서 벗어나 어린이를 한 인격체로서 존중하고 대우해야 한다는 의식이 깔려 있는 것이다.

소파 방정환의 일화를 보면, '소파 방정환 선생님의 이야기가 얼마나 재미있었던지 모여 앉은 아이들은 자리를 뜨지 않으려고 나오려는 소변을 참다못해 옷에다 오줌을 누면서도 이야기를 들었다.'라고 한다(엄기원, 1992). 윤석중 선생은 '소파 선생 이야기'에서 그 뚱뚱한 몸집으로 말라깽이 흉내도 잘 내셨고, 그 무거운 음성으로 어린 아기 흉내도 잘 내셨으니, 그만하면 선생이 얼마나 화술이 놀라우셨는가를 알 수 있다 그리고 우리나라에 아직까지도 따를 사람이 없는 동화 구연가라고 진술하였다.

색동회의 활동은 방정환 선생의 업적을 이어 오늘날에도 동화 구연의 발전과 어린이 교육에 힘쓰고 있다. 정기적으로 '어린이에게 들려주는 동화 구연 대회'를 개최하기도 하고, 교사, 노인들의 동화 구연 대회를 개최하기도 하며, 동화 구연가 양성 프로그램도 운영하고 있다.

### (5) 현대의 다양한 동화 구연 시대

색동회의 활동으로 동화 구연의 기틀을 마련한 이후, 현재까지 다양한 동화 구연 활동이 펼쳐지고 있다. 각 단체 및 모임에서 매년마다 동화 구연 대회를 개최하기도 하고, 각 대학의 사회교육원이나 문화 센타 등에서는 동화 구연가 양성 과정 프로그램을 개설하여 전문적인 동화 구연가를 양성하기도 하며 구연 방법 및 기법 개발에도 최선을 다하고 있다. 또한 다양한 매체를 활용하고 접목하여 구연의 영역을 확장시키고 있으며, 음악 동화 구연, 미술 동화 구연, 텔레비전 동화 구연 등 각종 시청각교재를 활용한 동화 구연의 방법이 모색되고 있다. 또한 동화 구연을 통해 유아의 심리치료에 응용하기도 하고, 그들의 정서적 안정을 위한 도구로서도 활용되기도 한다. 뿐만 아니라 구연의 교육적 효과에 대한 연구도 활발히 진행되고 있다.

## 3. 동화 구연의 목표와 교육적 가치

동화는 아동문학의 한 장르이다. 아동문학은 예술의 한 분야이다. 결국 동화는 예술이다. 그렇다면 동화 구연은 예술임에 틀림없다. 단지 동화를 전달하는 방법이 구연이라는 수단을 사용한 것 뿐이다. 따라서 동화 구연가는 예술을 전해주는 역할을 해야 한다. 예술을 전해주기 위해서는 무엇보다 듣는 사람에게 감동을 안겨 주어야 한다. 이 감동은 어린이들에게 올바른 사고를 형성하게 해 주고, 바른 인격을 형성하게 해 준다. 더불어 성장과 발달에 필요한 영양소를 주는 비타민과 같은 역할을 한다. 결국, 동화 구연의 목표는 어린이들의 건전하고 올바른 인격형성이라고 말해도 좋을 것이다.

동화 구연의 교육적 가치를 다음과 같이 정리해 볼 수 있다.

① 상상력과 창의력을 기른다.
② 사고력과 판단력을 기른다.
③ 청자와 구연자 혹은 청자끼리의 인간관계를 원만히 해 준다.
④ 언어 발달 뿐 아니라 정서, 사회성 발달을 기른다.
⑤ 문학을 감상하는 능력을 기른다.
⑥ 정서적 공감대를 형성한다.
⑦ 긍정적 자아감을 갖게 한다.
⑧ 도덕적 가치 판단력을 갖게 한다.
⑨ 더불어 살아가는 태도와 의식을 자연스럽게 익힌다.

동화 구연의 교육적 효과를 간추려 보면 다음과 같다.

① 어린이들에게 미의식 즉, 예술적 감동을 불러일으킨다.

동화를 들으면서 어린이들은 하나의 그림을 떠올리게 되고, 정서적으로 발달할 수 있도록 순화시켜 준다. 예술적 감동은 어린이들을 착하고 진실하도록 한다.

② 도덕적으로 올바른 심성을 기르도록 돕는다.

도덕적 교육 가치는 어느 한 부분에서 강조하고 드러나도록 하는 것이 아니고, 이야기 전체의 내용에 자연스럽게 녹아 흘러 어린이들의 가슴에 느낄 수 있어야 한다.

③ 상상력과 창의력을 기르도록 돕는다.

어린이들은 꿈을 꾸면서 살아간다. 그 꿈은 상상력의 세계이며 상상력은 곧 창의력, 창조력의 세계인 것이다. 구연을 얼마나 잘 하느냐에 따라 어린이들의 상상력과 창의력은 무한히 발전된다. 귀로 들으면서 그리고 구연자의 얼굴표정과 음성의 변화를 느끼면서 어린이들의 머리는 상상력과 창의력이 키워나간다. 결국, 귀로 듣는 이야기를 하나의 상(이미지)으로 엮어나가는 작업을 하게 된다.

④ 언어교육 뿐 아니라 통합교육에 도움을 준다.

언어교육이라고 하면 듣기, 말하기, 읽기, 쓰기 이렇게 네 가지 영역으로 분류한다. 요즘은 이 네 영역을 통합하여 언어교육을 하고 있는데 이를 보통 통합적 혹은 총체적 언어교육이라고 일컫는다. 결국, 듣기 말하기 읽기 쓰기 영역을 따로따로 구분하여 가르치기보다는 이 네 가지 제 영역을 모두 통합하여 가르쳤을 때 훨씬 더 교육적 효과가 크다는 것이다. 바로 동화 구연은 언어의 제 영역을 통합하여 교육하기에 흥미롭다. 예를 들면, 동화를 구연한다는 것은 어린이들이 듣는 것을 말하는 것이므로 듣기가 될 것이고, 구연이 다 끝나고 나면 구연자는 어떤 내용이었나 혹은 동화를 듣고 어떤 느낌이 들었는가를 물어보면 바로 어린이들의 말하기 교육이 될 것이다. 또한, 자신의 느낀 점을 말한 것을 글로 써 보면 쓰기 교육이 될 것이고, 더불어 쓴 글을 친구들과 혹은 구연자에게 들려달라고 했을 때는 읽기 교육이 될 것이다.

이와 같은 방법은 가장 단순한 방법이긴 하지만 어쨌든 이렇게 진행시킴으로써, 듣기 말하기 읽기 쓰기 등 언어의 제 영역들을 모두 통합하여 교육시킨 것이다. 따라서 동화 구연을 통해 통합적 언어교육과 함께 사고력과 상상력의 확장에 보다 큰 발전이 있다. 더 나아가 다른 영역들 예를 들면, 사회 정서발달영역이나 인지발달영역, 혹은 신체발달영역, 과학, 수 발달영역으로까지 통합하여 교육할 수 있다.

# 제 4 장

# 동화 구연의 기본 요건

## 1. 구연의 3대 요소

동화를 구연하기 위해서 반드시 필요한 3가지 요소가 있다.

첫째, 구연자(동화를 들려주는 사람)가 있어야 한다.
둘째, 내용(들려 줄 동화)이 있어야 한다.
셋째, 청자(동화를 듣는 사람)가 있어야 한다.

이 외에도 구연의 시기와 구연의 장소 등 여러 가지가 있다.

### (1) 구연자

구연자는 매우 다양하고 광범위하다. 즉 누구나 동화 구연자가 될 수 있다. 언니가 동생에게 동화를 들려준다면 구연자는 언니가 되고 청자는 동생이 되는 것이다. 그리고 할아버지 할머니가 손녀와 손자들에게 전래동화를 들려준다면 구연자는 할아버지 할머니가 되는 것이고 청자는 손녀와 손자들이 되는 것이다. 결국 동화를 들려주는 사람이 누구냐에 따라 구연자는 달라질 수 있다.

모든 사람이 모두 구연자가 될 수는 있지만, 구연자가 갖추어야 할 기본적 요소는 반드시 갖추고 있어야 함은 두말할 필요가 없다. 특히, 어린이를 사랑하는 마음을 기본적으로 가지고 있어야 한다. 어린이를 사랑하는 마음은 곧 순수, 동심(童心)이 있다는 말과 상통한다. 구연자의 어린이다운 순수한 마음은 구연을 할 때 구연자의 몸짓과 얼굴 표정에 그대로 나타난다. 즉 맑고 밝은 얼굴표정은 구연자가 기본적으로 갖추고 있어야 한다.

### (2) 내용

구연의 내용도 물론 다양하고 광범위하다. 즉 어떤 종류의 동화라도 구연의 내용이 된다는 것이다. 즉 신화, 전설, 민담, 환상동화, 생활동화, 과학동화, 수학동화, 위인전기, 속담, 우화 등 어떠한 종류라도 모두 구연의 내용이 될 수 있다. 하지만 문장동화로 되어 있는 것을 개작하지 않고 그대로 구연을 하면 곤란하다. 문장동화는 음성으로 바꾸었을 때 호흡 면에서나 청자에게 어려운 어휘 등 이해하지 못하거나 공감을 자아낼 수 있는 부분을 차단시키기 때문에 구연자의 특성에 맞게 개작의 단계를 반드시 거쳐야 한다. 즉 듣는 사람의 수준을 고려하여 구연의 내용도 다소 수정이 있어야 한다. 내용이 재미없고 지루하여 청자의 호기심과 관심을 끌지 못한다면 그것은 구연으로서 가치가 없다고 말해도 과언이 아닐 것이다. 아무리 재미없고 지루하고 딱딱한 내용이라 하더라도 호기심을 유발할 수 있는 대목을 첨가한다거나 아니면 재미없는 부분과 듣는 사람의 수준에 맞지 않는 부분을 삭제한다거나 해서 수정이 이루어진다면 좀더 흥미 있는 구연의 내용으로 바꾸어질 수 있는 것이다. 따라서 구연의 내용을 선택할 때에는 반드시 개작의 과정이 첨가되어야 한다.

### (3) 청자

구연의 내용을 귀로 듣는 사람은 모두 청자가 된다. 즉 청자도 들려줄 사람인 구연자와 이야기 내용과 마찬가지로 매우 다양하고 광범위하다. 어느 누구라도 모두 청자가 될 수 있다. 할아버지, 할머니, 동네 아저씨, 아주머니, 어린이들, 유아들 등 누구나 이야기를 듣는 사람이 있다면 그는 바로 청자가 되는 것이다.

누구나 청자가 될 수는 있지만, 듣는 사람으로서의 기본적 태도를 갖추고 있지 않으면 안된다. 청자는 들려주는 사람과 내용에 주의를 집중할 수 있는 능력이 있어야 하고, 바르게 듣는 태도를 익히지 않으면 진정한 청자라가 말할 수 없으며 구연의 의미도 없게 된다.

## 2. 구연의 조건

효과적인 동화 구연이 되기 위해서는 세 가지 조건이 있어야 한다.

첫째, 구연자 자신 뿐 아니라 청자 그리고 작품에 대한 사랑이 있어야 한다.

사랑은 따뜻함과 온기를 느끼게 하는 마력이 있다. 사랑이 없는 동화 구연은 이미 동화 구연으로서 가치가 없다고 표현해도 좋을 듯하다. 사랑하는 마음으로 동화를 구연하게 된다면 그만큼 작품에 대한 애정도 클 것이고 애정이 깃든 구연은 내용을 듣는 청자도 구연자에 대해 애착뿐 아니라 이야기에 대한 정서적 공감대도 친밀하게 형성될 것이다.

둘째, 밝고 경쾌한 이미지를 추구한다.

어린이들은 어둠보다는 밝음을 선호한다. 그리고 악보다는 선을 더 좋아한다. 질척거리고 복잡한 것보다는 경쾌하고 단순하고 소박한 것을 더 추구한다. 따라서 동화를 구연할 때는 반드시 희망과 밝은 빛을 생각해야 하고 미래에 대한 꿈을 암시적으로 내포하면 더 좋을 것 같다.

셋째, 구연자의 개성이 반드시 동화의 내용에 녹아 흘러야 한다.

구연자가 누구냐에 따라 작품의 해석과 느낌이 달라지는 수가 있다. 이것은 구연자의 개성에 따라 듣는 사람의 감흥이 조금씩은 달라진다는 것이다. 어떤 경우는 구연자의 개성은 개성대로 따로 있고, 동화는 동화대로 다른 맛을 풍기는 경우가 더러 있다. 이런 경우에는 구연자가 작품을 충분히 이해하지 못했다고 판단할 수 있다. 즉 구연자의 개성이 동화의 내용에 동일시되어 완전히 녹아 흐릴 때 비로소 구연자도 청자도 감동을 받는다.

감동이 없는 동화 구연 장면을 상상해 보라. 건조하고 삭막한 분위기에서 어떤 감흥을 받을 것인가? 따라서 구연자는 작품을 충분히 자기 것으로 소화시켜서 이해해야 하고 그 이해하고 받아들인 것을 구연자의 개성에 맞게 새롭게 연출해야 한다. 이 과정이 없다면 형식적인 동화 구연이 될 수밖에 없을 것이다. 그렇다면 청자에게 감동과 즐거움은커녕 지루함과 따분함만 안겨 주게 될 것이다.

## 3. 구연하기 전의 준비사항

구연자는 구연하기에 앞서 몇 가지 준비를 해야 한다.

첫째, 구연자의 마음가짐을 점검한다.
둘째, 구연 내용이 알맞게 선택되었는지 점검한다.
셋째, 청자의 특성을 고려했는지 점검하고 구연의 환경을 고려했는지 점검한다.

### (1) 구연자의 마음가짐

구연을 하는 데 있어 가장 중요한 것은 구연을 하는 사람의 마음가짐이다. 구연자가 중심을 잃고 몸가짐을 바르게 하지 않으면 아무리 좋은 내용이라 해도 구연의 빛은 더욱 밝아지지 않는다.

① 목적의식이 있어야 한다.

왜 동화를 들려주는가? 이와 같은 질문에 답을 할 수 있어야 한다. 남들이 하니까 하는 식의 책임감 없는 답변은 금물이다. 우리는 무슨 일을 하게 될 때 크든 작든 나름대로 목적의식을 가지고 일을 수행해 간다. 목적의식은 바로 중심이라고 말할 수 있다. 즉 뼈대가 튼튼하고 중심이 바로잡혀야 목적을 이룰 수 있다. 아무런 목적의식 없이 수행한 일의 결과와 비교를 해 본다면 아마 하늘과 땅 만큼의 차이가 날 것이다. 이처럼 작은 일에도 목적의식을 가지고 일을 수행한다면 결과 면에서 훨씬 큰 효과를 보게 될 것이다. 구연을 할 때에도 예외는 아니다.

따라서 구연자는 동화를 구연하는데 있어 명확하고 분명한 목적의식을 가질 필요가 있다. 목적의식이 있으면 구연자의 마음이 흔들리지 않는다. 흔들리지 않는다는 이야기는 중심을 잡는다는 말이고, 이는 구연자가 정서적으로 안정감이 있다는 말과 의미를 같이해도 될 것이다. 구연자의 안정감은 곧 청자의 안정으로 이어진다. 결국, 구연자는 이야기를 이끌어 가는 동안 목표점을 잃지 말아야 한다.

② 자신감을 가져야 한다.

남 앞에 서서 이야기를 한다는 것은 누구나 어려운 일이다. 특히 구연하는 일은 부담스럽다. 동화의 내용을 혹시나 잊어버리지나 않았나 혹은 등장인물들의 목소리 변조가 제대로 안되면 어쩌나 하는 걱정이 앞서기 때문에 아무리 자신이 있고 대담한 사람이라 할지라도 막상 구연을 시작하려고 하면 긴장을 하게 된다. 순간 불씨처럼 작았던 긴장과 초조는 곧 산불이 되어버리는 수가 있다. 이렇게 되면 구연자는 내용을 잊어버리게 되고 앞이 캄캄하게 된다. 결국 구연을 끝까지 하지 못하고 무대를 내려오는 수가 종종 있다.

이처럼 자신감을 갖고 있지 않으면 구연을 제대로 하지 못한다. 따라서 자신감을 키우기 위해서 용기를 갖는 일은 중요하다. 용기는 바로 자신감을 키워주고, 할 수 있다는 자신감은 감정의 평온 상태를 만들어준다. 따라서 구연자는 불안하고 초조한 상태에서 벗어나 안정감 있는 상태에서 동화를 들려주어야 한다. 구연자의 불안한 정서 상태에서 구연의 내용이 효과적으로 생동감 있게 살아나기는 너무 힘들다.

③ 구연에 방해가 되는 자신의 버릇과 잘못된 행동을 고쳐야 한다.

인간은 누구나 자신도 알지 못하는 버릇을 한두 개쯤은 가지고 있다. 나쁜 버릇은 긴장된 상태에서 더욱더 고개를 내민다. 예를 들면, 말할 때마다 "에----끙----어---" 하는 등을 말 처음과 말의 끝에 습관적으로 붙이는 사람이 있다. 혹은 말할 때마다 이마를 만지작거린다거나 손가락을 움직인다거나 다리를 덜덜 떨기도 한다. 이런 버릇과 습관을 가지고 있는 사람이 구연을 한다고 생각해 보면 어떤가.

아마 듣는 동안 청자는 정서적 안정은커녕, 내내 정서적 불안에 시달리게 될 것이다. 과연 정서적 불안 상태에서 동화의 내용이 제대로 전달되고 청자들은 제대로 감상을 할 수 있겠는가.

동화 구연은 구연자와 청자의 상호작용이다. 여기서는 언어적 상호작용 뿐 아니라 정서적 상호작용을 한다. 동화라는 내용을 통해 서로 간에 정서적 공감대를 형성하고 문학적 향기를 나누는 매우 예술적인 상호작용 행위이다. 따라서 이 과정에 장애가 되는 구연자의 잘못된 습관은 하루빨리 고치도록 해야 한다. 잘못된 버릇은 구연자의 자연스러운 표정과 몸짓에 방해가 된다.

④ 구연내용에 맞게 단정한 옷차림이 되어야 한다.

구연자의 자세는 마음가짐 뿐 아니라 몸가짐에서도 중요하다. 구연자의 현란하고 유행에 민감한 요란스런 의상과 지나친 화장은 동화 구연에 방해요소로 작용한다. 구연자의 의상에 신경을 쓰다 보면 구연의 내용이 소홀해질 수 있다. 동화 구연의 핵심은 구연자의 맑고 밝은 표정과 목소리를 통해 들은 동화의 내용을 의미 있게 받아들이고 거기에서 문학적 감동을 느낄 수 있도록 해야 한다는 것을 알아야 한다.

### (2) 구연의 내용

연하기 위해 내용을 선정하는 일은 매우 중요하다. 내용을 선택하는데 있어 고려해야 할 사항들을 몇 가지 제시한다.

① 청자의 연령과 발달수준을 고려하여 내용을 선택한다.

이야기를 듣는 대상이 누구냐에 따라 동화의 내용이 달라짐은 당연하다. 예를 들면, 유아일 경우에 고학년이 이해할 수 있는 수준의 생활동화를 들려준다고 가정해 보자. 과연 유치원에 다니는 유아들이 그 내용을 바르게 이해하고 받아들여 문학적 감동을 받을 수 있을까? 이와는 반대로, 3-4학년인 어린이들에게 유아동화를 들려준다고 생각해 보자. 유아동화를 들은 어린이들이 과연 어떤 반응을 보일까? 상상만 해도 그들의 반응을 짐작할 수 있을 것이다. 따라서 무엇보다 구연의 내용을 선정할 때에는 청자의 배경을 잘 살펴보아야 한다. 여기서 말하는 배경은 나이와 성별 뿐 아니라 가정환경과 그들의 독서량, 그리고 정서적, 인지적 발달 수준 등을 고려해야 한다는 말이다.

② 재미있고 변화가 있는 내용을 선정한다.

물론 남녀노소를 불문하고 모든 사람들이 청자가 될 수 있지만, 주로 이야기를 듣는 대상은 어린이들이다. 어린이도 연령에 따라 영아부터 초등학교 6학년에 이른다. 이들은 발달 특성상 지루하고 재미없는 것은 참지 못한다. 다시 말해 항상 재미있고 신나는 것을 찾아다닌다고 말해도 과언은 아닐 것이다. 따라서 동화의 내용을 선택할 때에는 청자들의 호기심을 끌 수 있는 것과 그것에 관심을 갖고 재미있게 들을 수 있는 내용을 선정한다. 그리고 사건의 흐름에 많은 변화는 그리 좋지 않지만 기승전결 구성에 클라이막스가 있어서 변화와 반전을 맛볼 수 있는 작품이라면 더욱더 좋을 것이다. 듣는 동안 청자는 분명히 이야기 속으로 신나는 여행을 할 것이다.

③ 예술적이고 어린이를 바르게 이끌어 줄 수 있는 긍정적인 작품을 선정한다.

어떤 사람은 간혹 예술성이 강한 작품은 사건진행도 너무 밋밋하고 추상적이어서 졸음이 온다고 말한다. 그러나 그건 잘못된 생각이다. 예술적이라고 하는 말은 곧 감각미(感覺美)가 있다는 것이다. 즉 어린이들은 오 감각을 통해서 사물을 인식하고 그곳에서 기쁨과 즐거움을 느낀다. 예를 들면, 고소한 빵 냄새가 난다고 하는 절이 있다고 하면 이는 후각 적인 감각을 통해 즐거움을 맛보는 것이다. 그리고 일곱 빛깔 무지개를 타고 무지개 나라로 여행 간다고 하는 표현이 있다면 이는 시각적인 즐거움을 느끼는 것이다. 이렇듯 어린이들은 시각, 후각, 미각, 청각, 촉각 등의 감각을 통해 기쁨을 얻는다. 이런 과정을 통해 어린이들의 상상력과 창의력 그리고 미의식은 더욱 더 발전될 것이다.

그리고 나이가 어릴수록 결말 부문에 악인은 벌을 받고 선인은 상을 받는 즉 권선징악의 결말을 좋아한다. 그래야 안도의 숨을 내쉬며 카타르시스를 경험한다. 나이가 들수록 이런 경향은 다소 줄어들지만 대체적으로 내용의 결말은 비극적이고 불행한 것보다는 희극적이고 행복한 결말을 보이는 작품이 좋다.

④ 어린이의 생활과 밀접하고 친밀한 내용을 선정한다.

어린이들은 자신의 일상생활과 접한 내용에 관심을 먼저 갖는다. 결국 구연의 내용은 어린이들의 생활이라고 말할 수 있다. 즉 어린이들의 세계와 밀접한 내용은 그들의 상상력을 자극시킬 수 있으며 책을 가까이 하도록 이끈다. 어린이 자신이 경험해 봄직한 그런 사건들과 상황들이 제시되어있다면 어린이들은 친근감을 갖게 될 것이다. 무엇이든 친근하다는 느낌은 그만큼 서로의 생각을 공유할 수 있다는 것을 말해주는 것이므로 구연의 내용에 쉽게 빠져들게 할 수 있다.

Coody(1983)에 의하면, 구연자는 구연에 알맞은 내용인지 알아보기 위해 다음과 같은 사항을 체크해야 한다고 제시한다.

① 구연자에게도 이야기의 내용이 재미있고 즐거운가?
② 이야기가 구연자의 성격과 스타일에 맞는가?
③ 이야기가 청자의 수준(아동의 흥미, 요구, 연령 등)에 맞는가?
④ 내용을 개작하여도 줄거리에 변화가 없는가?
⑤ 이야기 전개과정에 대화와 동작이 충분히 들어 있는가?
⑥ 문장이 너무 길지 않는가,
⑦ 구연자가 준비하기에 용이한가?
⑧ 내용을 쉽게 요약 정리할 수 있는가?

결국, 구연에 알맞은 이야기는 줄거리가 분명해야 하고 이야기 자체가 복잡하지 않고 간단하고 직접적인 것이 좋다. 그리고 구연자에게도 청자에게도 모두 흥미를 주고 즐거움을 주는 내용이어야 한다. 특히, 구연자는 청자의 발달 수준, 흥미, 특성 등을 고려해서 내용을 선택해야 한다.

### (3) 청자의 특성과 환경

듣는 사람에 대한 사전 조사도 매우 중요하다. 여기에는 청자의 여러 가지 특성과 배경들도 고려해야 하지만 어떤 시기에 들려주는가, 그리고 장소는 어디에서 들려주나 등도 고려해서 준비해야 한다.

첫째, 청자의 특성을 파악한다.

이야기의 대상이 어떤 사람들인지 어떤 부류의 사람들인지 파악한다. 즉 연령과 성별을 비롯하여 그들의 사회적, 경제적, 문화적 배경도 고려해야 한다. 결국 청자의 수준과 태도를 고려해야 한다는 말이다.

둘째, 환경을 고려해야 한다.

그리고 어버이날이나 스승의 날에 들려주는 것인지, 학예회 때 들려주는 것인지 혹은 조회시간에 들려주는 것인지 아니면 점심시간 후에 들려주는 것인지에 대해서도 고려해야 한다. 어떤 시기에 어떤 장소에서 들려주는가에 따라 구연의 효과가 달리 나타날 수 있기 때문이다. 결국, 적절한 시기와 장소에 따라 알맞은 내용이 다를 수 있다는 것을 생각해야 한다.

## 4. 동화 구연 중의 주의사항

구연 시에 주의해야 할 사항들을 몇 가지 제시한다.

① 도입 시에 호기심을 유발하도록 한다.

처음 들어갈 때 청자들의 동기를 유발하여 호기심을 자극할 수 있는 말을 사용하도록 한다. 어떤 것을 알도록 하고, 듣고 싶어하도록 하게 하려면 청자들의 동기를 자극하는 일이 선행되어야 한다. 따라서 구연자는 청자들이 무엇을 좋아하는지, 어떤 것들에 흥미를 가지고 있는지에 대해 사전에 미리 파악해 두는 것이 좋다.

예를 들면, 들려주려고 하는 동화에 관련되어 날씨 이야기를 먼저 꺼내도 좋고, 동화 내용에 관련된 질문을 던져도 좋을 것이다. 또한 동화 내용에 관련된 노래를 먼저 부르거나 의성어를 사용하여 그들의 관심을 끄는 방법도 있을 것이다.

호기심 유발은 듣는 청자들의 관심을 집중하는 효과도 있지만, 들려주려고 하는 동화의 내용을 미리 암시하고 추론해 볼 수 있는 효과도 있다.

② 지나친 수식어와 호흡이 긴 문장은 되도록 하지 않도록 한다.

어린이들은 화려한 것은 그리 좋아하지 않는다. 복잡하고 애매모호한 것들도 좋아하지 않는다. 그들은 간결하고 호흡이 짧은 문장에 더 주의 깊게 집중한다. 그들 스스로 호흡이 짧기 때문이다. 그리고 지나친 수식어가 있는 것보다는 소박하고 단순한 문장을 좋아한다.

지나친 수식어 사용과 호흡이 긴 문장의 사용은 동화의 내용을 혼란스럽게 하기도 하고, 중심생각을 잡아내지 못하게도 한다.

③ 직접화법의 사용으로 구연의 생동감을 살려야 한다.

문장동화이므로 내용이 간접화법으로 거의 되어 있다. 예를 들면, "나비야! 이리와, 나랑 같이 놀자." 하고 토끼가 말했다.라는 문장이 있다고 한다면, 대화 끝에 "---하고 토끼가 말했다" 부분은 간접 화법으로 쓰여진 것이다. 이것을 직접 화법으로 고쳐서 이야기를 한다면 대화부분을 토끼 음성으로 내고 "----하고 토끼가 말했다"라는 부분은 삭제해 버리면 되는 것이다. 그리고 바로 다음 이야기로 넘어가면 된다.

직접 화법으로 이야기를 이끌어 갈 때 간접 화법으로 하는 것보다 훨씬 더 생동감 있게 이야기가 흘러간다.

④ 주인공 및 등장인물의 특성에 어울리는 얼굴표정이 있어야 한다.

구연자의 얼굴표정은 매우 중요하다. 왜냐하면 구연은 구연자의 입과 얼굴표정에 따라 얼마든지 다른 감정과 감동을 불러일으키기 때문에 인물의 성격에 맞는 알맞은 표정을 지어야 한다. 예를 들어, 등장인물들끼리 서로 싸우는 장면을 구연한다면 진짜 싸우는 것처럼 씩씩거리며 화난 표정을 짓는 것이 훨씬 작품의 내용과 상황을 이해하는데 도움이 된다는 것이다. 만약 슬픈 장면에서 구연자가 생글생글 웃으면서 구연한다고 상상해 보라. 구연이란 단순히 이야기를 전달해주는 것에 그치는 것이 아닌 문학적이고 예술적인 감동을 청자가 느껴 스스로 문학에 대한 감흥과 즐거움을 느끼도록 하는데 그 진정한 의미가 있다고 말해도 과언이 아니라는 것을 기억하면 좋겠다.

이 밖에도 구연을 할 때 구연자의 감정 조절과 과장된 몸짓에도 주의를 기울여야 한다. 또한 구연자의 시선처리에도 신경을 써야 하며, 목소리의 장단 및 고저 그리고 소리의 강약 부분에 있어서도 세심한 주의를 기울이는 것이 좋다.

제 5 장

# 구연을 위한 동화 개작

## 1. 개작의 필요성

개작(改作)이란 무엇인가? 개작이란 말 그대로 쓰여진 것을 고치는 것이다. 즉 구연하기에 알맞도록 작품을 고치고 다듬는 일을 말한다. 다시 말해, 문장언어로 쓰여진 것을 음성언어로 바꾸기 위해 고치고, 다듬고, 새롭게 재창조하는 것이다.

개작하는 일은 생각보다 쉽지 않다. 원작의 중심사상을 그대로 살린 채, 주변을 정리하는 일은 아동문학에 대한 기본적 이해와 청자인 아동의 발달적, 심리적 경향을 바탕으로 하지 않으면 안 되기 때문이다.

그렇다면 왜 개작을 해야 하는가? 물론, 쓰여진 원작 그대로 구연하는 경우도 많이 있다. 하지만 거의 대부분은 개작을 거친 다음에 구연한다. 이는 구연이라는 것이 음성으로 해야 하는 제약성이 있기 때문이다. 따라서 말로 표현하기 좋게 고치고 다듬는 일은 기본이다. 그리고 청자의 발달수준과 심리적 특성 그리고 작품의 이해수준에 따른 개작이 필요하다. 또한 고전을 현대에 맞게 재구성하고 재음미하기 위해서는 시대적 정신에 맞게 개작하지 않으면 안 된다.

따라서 개작하기 위해서는 다음을 고려해야 한다.

첫째, 구연자의 수준
둘째, 내용의 수준(내용을 보는 분석적 안목)
셋째, 청자의 수준

### (1) 구연자의 수준

구연자의 수준이란, 구연하는 사람이 작품을 얼마나 잘 분석하고 그 의미를 얼마나 잘 이해했는가 하는 수준을 말한다. 그리고 소화시킨 작품의 사상과 의미를 다양한 청자들의 수준에 따라 융통성 있게 얼마나 잘 전달할 수 있는가 하는 것을 말하기도 한다. 결국, 구연해야 할 작품 전체를 보는 문학적 안목과 청자에 대한 기본적 이해 수준이라고 말할 수 있겠다.

구연자가 작품을 어떻게 이해하고 받아들였느냐에 따라, 그리고 사물이나 사람 그 밖의 사상들에 대한 구연자의 편견이나 고정관념에 따라, 원작의 주제와 분위기, 느낌이 완전히 달라지는 수가 있기 때문에 구연자 스스로가 자신의 수준을 파악한 후 구연하는 것이 필요하다.

결국, 구연자의 이해 수준에 따라 자연스런 개작이 이루어지기 마련이다.

### (2) 내용의 수준

구연을 하기 위한 내용은 너무나 광범위하고 다양하다. 그렇다고 모든 종류의 내용들을 아무런 여과 없이 구연할 수는 없는 일이다. 구연의 내용이 아무리 훌륭하고 감동을 주는 작품이라 할지라도 시대성은 무시할 수 없는 것이다.

예를 들면, 전래동화나 전설의 내용을 보면 효행에 관한 이야기에서 어머니를 봉양하기 위해 며느리가 허벅지 살을 베어 국을 끓여 주는 내용이 있다고 하자. 이 내용을 그대로 요즘 어린이들에게 들려주었다면 어떤 반응이 나올까? 주제가 도덕적이고 교훈적이라고 하여 있는 그대로의 내용을 구연해 줄 수는 없는 일이다.

작품 속에는 시대적 정신과 작가 정신이 있다. 바로 시대에 따라 그 사회와 문화에서 통용될 수 있는 일이 있다. 하지만 시대가 변화함에 따라 우리들의 가치관이 변화하는 것은 당연하다. 따라서 이런 부분들 때문에 구연하기 위해서는 개작이 반드시 필요하다.

성인의 경우라면 굳이 개작하지 않아도 충분히 이해하고 소화하지만, 청자인 어린이들은 구연자가 들려주는 그대로 받아들이기 때문에 구연자의 내용분석 없이 그리고 개작 없이 들려주는 것은 무리가 따른다.

결국 구비문학의 내용을 살펴보면 현시대에 맞지 않는 부분들이 많이 있다. 그리고 청자가 이해하지 못하는 어휘들도 많다. 따라서 요즘 어린이들에게 들려주기 위해서는 내용을 자세히 분석하고 검토하여 현 시대적 정신에 맞게 재구성하고 손질해야 한다. 이 과정에서 주의할 것은 설화의 주제를 손상시키지 않아야 하고, 작품이 지니고 있는 분위기도 손상시키지 않아야 한다.

외국 동화의 경우도 마찬가지이다. 문화적 배경이 서로 다르기 때문에 원작을 그대로 이해하고 소화하기에는 다소 무리가 따른다. 따라서 우리의 사회적, 문화적 배경에 맞게 내용을 다소 고치고 다듬는 일이 선행되어야 한다. 유아기 때부터 외국동화를 많이 접한 어린이들이 성장했을 때 다소 가치관의 혼미를 겪는 일도 이 때문이 아닐까 생각한다. 따라서 유아기 때에는 우리의 민족정신과 얼이 담긴 신화라든가 우리나라 사람들의 생활방식과 정서적 공감을 느낄 수 있는 작품을 되도록 많이 접해주는 것이 바람직하다고 본다. 먼저 우리 것을 받아들이고 난 후, 점차 외국의 문화와 그들의 사고방식을 접하는 기회를 주는 것이 바람직하다. 그 과정에서 어린이들은 점차 사회 문화적 배경에 따라 가치관도 다르다는 것을 이해하고 절대적 가치 기준에서 벗어나 상대적 가치 기준으로의 전환이 이루어진다.

### (3) 청자의 수준

청자의 수준이란, 듣는 대상의 단계성과 이해수준을 의미한다. 청자는 일반적으로 영아부터 초등학교 6학년까지가 주 대상이다. 이들의 발달단계를 무시하고 있는 그대로의 내용을 구연했다가는 동화 구연이 자칫 유치한 것이 될 수 있고, 어린 유아일 경우에는 너무 훈화적인 설교가 될 수도 있다.

듣는 대상이 누구냐에 따라 개작이 달라질 수밖에 없다. 안데르센의 '인어공주'를 들려준다고 할 때, 그 대상이 유아일 수도 있고 2학년 어린이일 수도 있을 것이다.

만약 유아에게 인어공주를 들려준다면 똑같은 원작이라 하더라도 유아가 이해할 수 있는 어휘를 보다 더 많이 첨가하여 개작해야 하고, 유아가 이해하기 어려운 낱말이나 상황 등을 삭제할 수도 있을 것이다. 즉 유아 발달단계에 맞게 개작해야 한다.

그리고 2학년 어린이에게 똑같은 내용을 들려준다고 할 때는 청자가 유아일 때 들려주었던 작품을 그대로 구연할 수는 없다. 그랬다간 동화 구연은 유치한 것이라는 편견에 사로잡히게 된다. 같은 내용이라 하더라도 초등학교 저학년 어린이들의 발달단계와 그들의 관심 분야 등을 잘 이해하고 파악하여 그에 어울리는 문장을 첨가한다거나 혹은 유아수준이라고 생각되는 분야 등은 과감하게 삭제할 수도 있다. 따라서 대상이 누구냐에 따라 개작은 달라진다. 결국, 청자의 수준을 고려한다는 것은 구연을 했을 때 청자들이 구연 내용을 얼마나 잘 이해하고 소화했는지의 여부를 나타낸다.

## 2. 개작의 원리

개작의 기본적 원리를 크게 3가지로 나눈다.

첫째, 필요 없는 부분은 삭제한다.
둘째, 필요한 부분은 첨가한다.
셋째, 원작의 중심생각은 반드시 보존한다.

### (1) 삭제

시대적 정신에 맞지 않는 부분이나 불필요한 부분이 있다면 결단성 있고 과감하게 삭제해야 한다. 그리고 도덕성이 결여된 부분이라든가 언어적, 정서적, 사회적 그 밖의 어린이의 성장 발달에 도움이 되지 않는 부분이 있다면 삭제한다. 이 때 반드시 청자의 이해 수준을 고려하여 삭제해야 한다. 그리고 청자의 수준에 맞게 개작하도록 한다.

다음 [예문 ①]과 [예문 ②]를 비교하여 살펴보기로 한다. [예문 ①]의 내용에서 삭제 할 부분은 과감히 삭제하고 [예문 ②]처럼 개작한다.

[예문 ①]

"이 망할 자식아! 어서 썩 꺼져버려! 너 같이 멍청한 놈을 왜 낳았는지, 정말 돌아버리겠구나……흐흐…….부모 속 썩일려면 나가서 죽어버려, 어서!"
아버지는 고래고래 고함을 지르면서 영철이의 목덜미를 움켜잡았습니다.
"아버지! 다시는, 다시는 학교 안빠질께요. 한 번만 용서해 주세요."
영철이는 바들바들 떨면서 말했습니다.

[예문 ②]

"학교 안가고 어딜 갔다 오는 거냐? 도대체, 어디서, 뭘 했어? 어서 말 좀 해 보아라."
아버지는 영철이에게 큰소리로 말했어요.
"아버지! 다시는, 다시는 학교 안빠질께요. 한 번만 용서해 주세요."
영철이는 바들바들 떨면서 말했어요.

### (2) 첨가

이는 구연자의 창의력과 상상력이 돋보이는 부분이다. 원작의 중심의도를 벗어나지 않는 범위 내에서, 첨가하고 싶은 내용이 있으면 구연자는 과감하게 첨가해야 한다.

아무리 재미없고 지루한 내용이라 할지라도 구연자의 창의적 개작능력은 원작에 새로운 옷을 입혀 새로운 힘을 발휘하게 하는 원동력이 될 수 있다.

예를 들면, 우화일 경우에는 구연하기에 매우 짧은 내용이다. 여기에 구연자가 개작능력을 발휘한다면, 얼마든지 새로운 우화로 다시 태어날 수 있는 것이다.

요즘 어린이들의 관심 분야나 흥미 있는 분야를 한 토막 첨가하면 청자들의 호기심이 유발되어 구연의 효과를 더욱더 증가시킬 수 있다. 그리고 대화 부분에서도 청자들이 이해할 수 있는 말투나 새로운 어휘를 첨가하게 되면, 더욱더 친밀하고 자연스럽게 이야기에 집중될 수 있으며, 오늘 이 시대에 맞는 이야기로 받아들여서 거부감이 없어지게 될 것이다.

첨가는 바로 원작이라는 튼튼한 골격에 지붕을 얹고 창문을 내고 커튼을 달아 안락하고 편안한 집이 될 수 있도록 하는 것이다.

다음은 [예문 ①]의 내용을 [예문 ②]로 개작한 것이다.

[예문 ①]

아름답고 평화로운 강물나라입니다. 어느 날, 시커먼 기름이 강물나라로 흘러 들어왔습니다. 물고기들은 등도 구부러지고, 눈도 보이지 않았습니다. 어떤 물고기는 지느러미도 없어졌습니다. 강물나라 성형외과에는 하루에도 수십 마리씩 물고기들이 몰려들었습니다.

"옛날처럼 맑고 푸른 강물 나라를 만들 순 없을까?"

꽃게 의사 선생님은 한숨을 푹푹 내쉬면서 생각했습니다.---(중략)

[예문 ②]

아름답고 평화로운 강물나라예요. 붕어, 피라미, 미꾸라지, 송사리는 즐겁게 놀고 있었어요.

"캑캑----이게 무슨 냄새야? 머리가 어지럽고 눈도 보이질 않아."

"아앙----아이쿠, 배가 아파! 힝힝----."

물고기들은 엉엉 울었어요. 글쎄, 시커먼 기름이 맑은 강물나라로 흘러들어 왔지 뭐예요?

아픈 물고기들은 병원을 찾았어요. 그 중에서도 꽃게 의사선생님이 원장인 성형외과에 제일 많이 몰렸어요.

"선생님! 우리 아기가 등이 구부러졌어요. 등 좀 바로 펴 주세요."

"선생님! 전 입이 비뚤어졌어요. 예쁜 입으로 고쳐 주세요."

물고기들은 하루에도 수십 마리 씩 몰려들었어요.

"아, 정말 큰일이구나. 이러다간 강물나라 물고기들이 모두 이상한 물고기가 되겠어. 옛날처럼 맑고 푸른 강물나라를 만들 순 없을까?"

꽃게 의사 선생님은 한숨을 푹푹 내쉬면서 생각에 잠겼어요.----(중략)

### (3) 보존

이 부분은 원작의 기본 뼈대이다. 즉 원작의 기본 사상이며 중심생각이고 작가의 인생관과 세계관이다. 이는 처음부터 끝까지 작품 전체에 녹아 흘러 여러 사람들에게 공감을 불러일으키고 감동을 불러일으키게 한다. 이 부분은 이 세계에서 오직 하나 뿐이고, 이 작품만이 가지는 독특한 세계관인 것이다. 따라서 개작할 때는 반드시 이 부분은 보존해야 한다. 이 부분을 건드리게 되면 원작으로서의 가치는 이미 없다고 해도 과언이 아니다. 다시 말해, 개작의 수준을 넘어 창작이 되어버리게 된다.

고전이든 현대 창작물이든 간에 개작 시에는 반드시 작가의 인생관과 세계관이 깃들어 있는 중심사상은 다치지 않게 보존해야 한다. 그래야 청자는 원작의 맛을 제대로 느낄 수 있는 것이다.

다음 [예문]의 경우를 보면 밑줄 그은 부분은 구연자가 삭제하지 않고 그대로 들려주는 것이 좋다. 주인공 및 등장인물들의 대화를 통해 원작자가 감상하는 독자들에게 전달하고자 하는 메시지를 내포하고 있기 때문에 함부로 원작자의 가치관이나 인생관 그리고 주제를 암시하고자 하는 부분은 그대로 유지하지 하는 것이 좋겠다.

[예문]

## 라일락 거리의 목수아저씨

이 은 경

서울에서 조금 떨어진 곳에 그림 같은 작은 마을이 있었어요. 이 마을에는 라일락 가로수가 늘어서 있는 '라일락 거리'가 있어요.

"과자 봉지를 누가 여기에 버렸을까? 잡히기만 하면 혼내 줘야지."

목수 아저씨는 집게로 과자 봉지를 쓰레기봉투에 넣으면서 중얼거렸어요.---(중략)

목수아저씨는 이 동네의 심부름꾼이며, 무엇이든 고치고 만들어주는 만물박사였습니다. 그렇다고 일한 만큼 많은 돈을 버는 것은 아닙니다.

"돈은 무슨 돈입니까? 점심 한 끼면 충분합니다."

항상 이런 식이었으니까요.

아저씨는 뭐든지 말만 하면 척척 고치고, 뚝딱뚝딱 만들었어요. 아저씨의 솜씨는 제일이었지요. 그래서 동네 사람들은 아저씨를 '척척 변씨!'라고 불렀습니다. 하지만 동네 아이들은 '똥씨! 똥씨!'하고 불렀어요.

"넥끼놈! 난 변씨야!"

아저씨가 두 눈을 부릅뜨고 으름장을 놓을 때면,

"하하하----변은 똥이랑 같으니까, 변씨나 똥씨나 그게 그거지 뭐! 부르긴 똥씨가 더 좋아. 안 그래? 똥씨!"

"맞다 맞아! 똥씨! 우리랑 같이 놀자."

아이들은 무서워하기는커녕, 아저씨의 바지 자락를 붙들고 졸라댔어요.

"그래, 그래. 오늘은 뭐 하고 놀까?"

아저씨는 어린아이처럼 싱글벙글 웃었습니다. 어른보다 아이를 더 좋아하는 아저씨는 아이들과 자주 놀았어요.----(중략)

"목발 고치는 데는 없는 것 같구나."

할머니는 여자아이 옆에 앉으면서 짧은 한숨을 내쉬었습니다.

**"할머니! 이사 오셨군요. 이 마을의 목수는 바로 접니다. 헤헤---조금만 기다리세요. 금방 고쳐 드릴게요."**

**아저씨는 바퀴달린 자동차보다 더 빨리 집으로 뛰었습니다.** 연장 도구를 들고 온 아저씨는 텔레비전에서 본 슈퍼맨 같았어요.

뚝딱뚝딱----쓱싹쓱싹----탁탁!

반으로 부러진 목발은 다시 튼튼한 새 목발로 다시 태어났습니다.

"젊은이! 고맙소. 이를 어쩌나, 갖은 돈이----."

**"할머니! 돈은 필요 없어요. 제가 필요하시면 언제든지 불러만 주십시오."**

**아저씨는 여자아이의 얼굴을 슬쩍 곁눈질 하면서 너털웃음을 지었습니다.**

---(중략)

바로 그 때, 교문 앞에서 영이의 할머니가 나타났습니다. 할머니는 언제나 학교가 끝나는 시간이면 영이를 기다렸어요. 절룩거리면서 힘겹게 걸어오는 영이의 모습이 보였어요.

**"자, 내 등에 업혀라. 내가 집까지 데려다 줄게."**

**아저씨는 영이 앞에 쭈그리고 앉아 등을 내밀었습니다.** 영이는 아무 말도 하지 않고 고개만 흔들었습니다. 가끔 아이들이 힐끔힐끔 쳐다보았습니다.

"괜찮아. 오늘은 아저씨가 데려다 줄게."

아저씨는 영이의 목발을 붙잡고 놓아주지 않았어요. 영이의 몸이 바람결에 움직이는 갈대처럼 휘청거렸습니다. 아저씨는 재빠르게 영이를 등에 업었어요.

"아이, 내려줘요."

영이의 목소리는 개미소리처럼 작았어요. 아저씨는 말처럼 뛰었습니다. 향긋한 라일락 향기가 햇살과 바람에 뒤범벅이 되어 풍겨옵니다. 하늘에 떠 있는 조각구름이 라일락 꽃잎처럼 보였어요. 막 놀이터를 지날 때였습니다.

**"똥씨! 똥씨! 우리하곤 안 놀고 재하고만 놀아? 정말 나빴어! 쳇, 똥씨는 여자만 좋아하고. 정말 나빠!"**

**동네 사내아이들이 손가락질을 하면서 킥킥 웃어댔습니다.---(중략)**

**'내가 영이를 위해 해 줄 수 있는 일이 뭘까?'**

**아저씨는 곰곰이 생각하고 또 생각했습니다.**

"옳지! 바로 그거야!"

아저씨는 손뼉을 쳤습니다. 그리고 집으로 부리나케 뛰어갔습니다. 집으로 간 아저씨는 밤새도록 일을 했습니다. 그 다음 날도, 그 다음 날도 아저씨는 일만 했습니다.

쓱싹쓱싹----뚝딱뚝딱----탁탁-----.

**"똥씨! 똥씨! 우리랑 같이 놀자."**

**아이들이 찾아와도 아저씨는 열심히 일만 했습니다.**

"허허, 이제야 변씨가 정신을 차렸나? 허구헌날 속없이 아이들이랑 놀더니, 웬 커다란 등나무로 의자를 만들기도 하고. 허허, 살다보니 별 일도 다 있구만."

동네 어른들은 하루 종일 일만 하는 아저씨를 보고 저마다 한마디씩 했습니다. 아저씨는 아무 말도 하지 않고 벙긋 미소만 지었습니다.---(중략)

5월의 마지막 날입니다.

영이는 한 통의 편지를 받았습니다. 내용은 라일락 거리로 산책을 나오라는 것이었어요. 영이와 할머니는 저녁을 먹은 후, 늦게 라일락 거리로 나갔습니다. 라일락 꽃송이들은 보라색 등처럼 환하게 밤거리를 비쳐주고 있었어요.

"할머니! 저 것 보세요. 전에 없던 예쁜 나무의자가 있어요."

영이는 길 양쪽에 나란히 놓여 진 긴 나무의자를 가리켰습니다.

"그렇구나. 누가 이런 의자를 만들어 놓았을까? 가끔 앉아서 쉬고 싶어도 의자가 없어서 쉴 수 없었는데, 이런 고마울 데가!"

할머니와 영이는 나무의자에 나란히 앉아서 밤하늘을 올려다보았어요. 밤하늘에는 별들이 보석처럼 반짝거렸습니다. 밤하늘은 마치 딴 세상처럼 보였습니다. 영이는 하얀 날개를 달고 밤하늘을 훨훨 날고 싶다는 생각을 했습니다.

"영이야! 저것 좀 보렴. 저게 뭐냐? 누가 갖다 놓았을까?"

할머니는 앞 의자 위에 하얀 종이로 싼 커다란 물건을 바라보았습니다. 영이도 두 눈을 동그랗게 떴어요.

바로 그때였습니다. 커다란 물건 옆에 있던 가로등이 확 켜졌습니다. 영이와 할머니는 깜짝 놀랐습니다. 신기한 요술나라에 온 것 같았어요.

하얀 종이 위에는 커다란 글씨가 또렷하게 써 있었습니다.

**[영이야! 널 위해 준비했단다. 자, 빨리 풀어보렴.]**

**영이와 할머니는 도깨비에게 홀린 것 같았어요. 영이와 할머니는 살며시 다가가 조심스럽게 하얀 종이를 벗겼어요.**

**나무로 만든 휠체어와 목발!**

영이와 할머니는 한동안 아무 말도 못하고 나무로 만든 휠체어와 목발만 멍하니 바라보았습니다. 영이의 마음이 강물처럼 출렁거렸습니다.

"아저씨----!"

영이의 목소리가 가늘게 떨렸어요. 할머니는 나무 휠체어와 목발을 귀한 보물처럼 어루만졌습니다.

"영이야! 어서 타 보렴. 정말 귀한 선물이구나."

할머니는 영이를 나무 휠체어에 태웠어요. 휠체어에 탄 영이의 얼굴이 라일락 꽃송이 같았어요. 연보라 빛 희망을 담은 라일락 꽃송이였습니다.

**아저씨는 그 모습을 멀리서 오랫동안 지켜보았어요. 그리고 어디론가 꽃바람 따라 멀리멀리 발길을 옮겼어요. (*)**

위의 작품은 원문이 다소 길어 모두 소개하지는 않았지만, 전체적으로 작가의 인생관과 분위기가 잘 녹아나는 작품이다. 작품 속의 주인공인 '변씨'의 성격이 마음에 들지 않는다고 하여, 좀더 어른스럽게 개작을 했다고 생각해 보자. 작가의 의도와는 전혀 다른 작품이 되고 만다. 즉 작품의 분위기와 주제가 완전히 빗나가 버리고 만다.

결국, 주제라는 것은 작가의 인생관이자 세계관, 즉 사상이다. 이것은 한 문장에 집약되어 나타나기보다는 작품 전체에 녹아 흘러 우리에게 감동을 안겨준다. 따라서 작가의 사상을 전달하는 메신저 역할을 하는 주인공의 성격 특성을 최대한 보존하여 개작해야 한다.

## 3. 개작 방법

개작을 하는 방법은 크게 2가지로 구분한다.

첫째, 내용을 개작한다.
둘째, 형식을 개작한다.

### (1) 내용의 개작

① 비교육적인 내용은 교육적인 내용으로 개작한다.

살인, 약탈, 음란성이 있는 내용, 폭행---등 어린이의 정서에 맞지 않는 내용을 개작해야 한다. 도덕성을 강조하는 내용이라 해도 어린이들의 정서를 해치는 부분이 있다면 반드시 개작해야 한다. 왜냐하면 도덕성은 작품의 끝에 "---하지 말아야 한다." "---을 본받아야 한다." 등의 설명이 필요하지 않다. 작품 전체에 자연스럽게 녹아 흘러야 청자가 감동을 받고 잘못된 점을 스스로 깨닫게 된다.

백 번의 잔소리보다는 작품에서 느끼는 한 번의 감동이 교육적 효과가 있다는 건 설명 할 필요가 없다.

다음 제시한 [예문 ①]과 [예문 ②]를 비교하여 살펴보기로 한다.

[예문 ①]

"야, 이리 내! 짜식, 넌 너희 엄마한테 또 사달라고 하면 되잖아."
동수는 한울이의 게임기를 빼앗으려 했어요.
"안돼, 엄마한테 혼난단 말야. 이건 만은 절대 안돼!"
한울이는 게임기를 가슴에 꼭 끌어안았어요.
"어쭈! 어디서 눈알을 부라리는 거얏! 에잇! 얏!"

동수는 발로 한울이의 정강이를 걷어찼어요.
"으악----아앙-----!"---(중략)

[예문 ②]

"한울아! 히야, 정말 멋진 게임기구나. 나도 좀 하자."
동수는 한울이의 게임기를 부러운 눈으로 바라보았어요.
"안돼! 나도 겨우겨우 엄마한테 사달라고 한 거야."
한울이는 게임기를 가슴에 끌어안았어요.
"쳇, 같이 하자. 내 게임기도 빌려줄게."
"그래그래. 같이 하자. 우리 누가 이기나 시합할까?"
"좋아. 좋아." ---(중략)

② 부정적인 내용을 긍정적인 내용으로 개작한다.

불행, 비극적인 내용을 담고 있는 것은 행복하고 희망적인 내용으로 다시 고치고 다듬는다. 어린이들은 어둠보다는 밝음을 더 좋아한다. 현재 고달프고 힘든 생활이라 할지라도 노력하면 희망이 있고 즐거움이 있다는 내용으로 개작한다.

어린이는 미래를 이끌어 가는 존재이다. 따라서 역경을 딛고 일어서는 밝고 강인한 정신을 키우는 내용이면 더 좋겠다.

[예문 ①]

"엄마! 제발 저를 데려 가세요. 친구들도 날  싫어하고, 선생님도 날 미워해요. 엄마라도 있으면 이렇게 슬프진 않을 거예요. 엄마! 나도 엄마 따라 하늘나라에 가고 싶어요. 정말 학교 가기도 싫고, 모든 게 다 싫어요. 죽고 싶어요. 죽어 버릴거예요."

진희는 이불을 뒤집어쓰고 소리 없이 흐느꼈어요.---(중략)

[예문 ②]

"엄마! 너무 속상해요. 친구들도 날 싫어하고, 선생님도 날 미워해요. 엄마라도 곁에 있으면 이렇게 슬프진 않을 거예요. 엄마! 어떡하면 좋아요. 왜 모두들 나를 피할까요? 엄마! 친구들과 예전처럼 친하게 지내고 싶어요. 엄마, 좋은 방법이 없을까요? 내가 어떻게 하면 친구들이 나를 좋아할까요?"

진희는 이불을 뒤집어쓰고 소리 없이 흐느꼈어요.---(중략)

③ 시대성을 고려하여 개작한다.

시대에 뒤떨어진 작품은 현대, 오늘에 사는 어린이들에 맞추어서 개작해야 한다. 즉 사회 문화적 배경에 따라 그들의 가치관이 다르기 때문에 작품이 지니고 있는 시대성은 듣는 청자들에 따라 각각 다르게 해석될 수 있다. 따라서 전설이나 신화 등 구비문학은 되도록 시대성을 고려하여 개작한다.

[예문 ①]

가난한 선비가 늙은 어머니를 모시고 아내와 살고 있었어요. 어느 여름, 어머니는 갑자기 이름 모를 병에 걸리고 말았어요.

"의원님! 저의 어머님 병을 어떻게 고칠 수 있는지요?"

"당신 어머님 병은 개를 천 마리 잡아서 간을 구워 잡수시게 하면 나을 것이오. 그러나 개 천 마리를 어디서 구하겠소. 음---."---(중략)

선비는 몇 날 며칠을 병자처럼 끙끙 앓으면서 골똘히 생각에 잠겼어요.

"옳커니, 좋은 수가 있다. 호랑이가 되어서 남의 집 개를 훔쳐 와야 겠구나."

글공부를 많이 한 선비는 둔갑술 책을 읽어서 호랑이가 되기로 결심했어요.

'내가 호랑이가 되어 남의 집 개를 훔친다는 사실은 다른 사람이 알면 큰일난다. 어떤 일이 있더라도 들키면 안 된다.'---(중략)

[예문 ②]

가난한 선비가 늙은 어머니를 모시고 아내와 살고 있었어요. 어느 여름, 어머니는 갑자기 이름 모를 병에 걸리고 말았어요.

"의원님! 저의 어머님 병을 어떻게 고칠 수 있는지요?"

"당신 어머님 병은 개를 천 마리 잡아서 간을 구워 잡수시게 하면 나을 것이오. 그러나 개 천 마리를 어디서 구하겠소. 음---."---(중략)

선비는 몇 날 며칠을 병자처럼 끙끙 앓으면서 골똘히 생각에 잠겼어요.

**"옳커니, 좋은 수가 있다. 호랑이가 되어서 남의 집 개를 훔쳐 와야 겠구나."**

**글공부를 많이 한 선비는 둔갑술 책을 읽어서 호랑이가 되기로 결심했어요.**

**'아니야, 그럴 수는 없어. 멀쩡한 사람이 그것도 선비라는 사람이 어떻게 옳지 못한 일을 한단 말이야. 개 도둑은 어머니를 위해 할 수 있는 일이 아니야. 분명히 다른 방법이 있을 거야. 잘 생각해 보자.'**---(중략)

④ 어린이들의 생활과 친밀하도록 개작한다.

어린이들은 일상생활 속에서 배운다. 즉 자신이 생활에서 겪은 경험과 생각이 학습의 기본 토대가 된다. 그리고 그것이 살아가는데 힘이 되고 인격형성에도 많은 영향을 미친다. 따라서 내용이 어린이들의 생활과 너무나 동떨어진 것이라면 과연 청자들의 반응은 어떠할 것인가? 아마도 구연자와 내용과 청자 이 각각이 따로 분리된 채 서로 다른 일을 하는 사람처럼 보일 것이다. 결국, 상호 정서적 교감이 이루어질 수 없을 것이다.

어린이들은 자신의 생활과 밀접한 내용에 친숙함을 나타낸다. 마치 동화 속의 사건이 내가 겪는 일 같기도 하고, 주인공이 마치 나 자신 같기도 하고 우리 엄마, 내 친구 같기도 할 것이다. 이렇게 동일시되는 과정에서 청자는 작품에 폭 빠져들게 된다.

[예문 ①]

오늘은 김장하는 날입니다. 옆집에 사는 영이 아주머니와 영이가 우리 집에 왔어요.

"엄마, 김장이 뭐예요? 나도 할래요."

철이는 무와 배추, 파, 마늘, 고춧가루를 보면서 고개를 갸우뚱거렸어요.

**"남자는 이런 것 몰라도 된단다. 방해하지 말고 어서 영이랑 같이 놀아라."**

**철이는 입이 뽀루퉁해졌어요.**---(중략)

[예문 ②]

오늘은 김장하는 날입니다. 옆집에 사는 영이 아주머니와 영이가 우리 집에 왔어요.

"엄마, 김장이 뭐예요? 나도 할래요."

철이는 무와 배추, 파, 마늘, 고춧가루를 보면서 고래를 갸우뚱거렸어요.

**"호호, 김치를 담그는 거란다. 그럼, 엄마 옆에서 영이랑 같이 사이좋게 해 보렴."**

**"와, 정말 재미있겠다."**

**철이와 영이는 앞치마를 두르고, 두 팔을 걷었어요.**

**"자, 하얀 배추에 빨간 고춧가루를 넣고, 새우젓과 마늘도 넣고, 파도 넣고---헤헤."**

**"호호, 이번엔 주물럭주물럭----쓱싹쓱싹---맛있게 버무리자. 호호."**

**철이와 영이는 마치 요리사가 된 것 같았어요.**---(중략)

⑤ 우연적 요소는 인과적 관계로 개작한다.

우연적 요소는 마치 공상적이고 터무니없는 우스개 소리 같은 인상을 준다. 우연적 요소는 특히 입에서 입으로 전래 내려오는 구비문학에서 눈에 많이 띈다. 가끔 황당무계한 이야기들이 많은데 이 내용을 보다 인과적 관계로 개작한다면 아마 좋은 작품이 될 것이다.

감동이 있는 내용은 필연성이 반드시 확보되어야 한다.

[예문 ①]

옛날, 아주 깊은 산 속에 깊은 우물이 있었어요. 그 우물 속에는 백년 묵은 구렁이가 살고 있었어요. 어느 날, 연실이는 물을 길으러 우물가로 갔어요. 그 때 마침, 어디선가 이상한 소리가 들리기 시작했어요.

"스르륵---끼리리---쓰르륵----끼리리----연실아가씨! 나랑 결혼해 주시오."

연실이는 두 눈이 동그래졌어요.----(중략)

**글쎄, 연실이가 눈을 떠보니, 금은보화가 가득한 방안에 있었어요.** 그 옆에는 백년 묵은 구렁이가 의젓하게 앉아있었고요.----(중략)

[예문 ②]

옛날, 아주 깊은 산 속에 깊은 우물이 있었어요. 그 우물 속에는 백년 묵은 구렁이가 살고 있었어요. 어느 날, 연실이는 물을 길으러 우물가로 갔어요. 그 때 마침, 어디선가 이상한 소리가 들리기 시작했어요.

"스르륵---끼리리---쓰르륵----끼리리----연실아가씨! 나랑 결혼해 주시오."

연실이는 두 눈이 동그래졌어요.

**"펑!" 갑자기 하얀 연기가 피어오르더니, 멋진 도령이 서 있는게 아니겠어요?**

**"어머, 당신은 누구세요?"**

**"나는 우물 속에 사는 구렁이 도령이요. 매일 여기에 오는 아가씨를 보고 한눈에 반해 버렸소. 나랑 같이 우물 속에서 삽시다."**

"구---구렁이라고요!"

연실이는 구렁이라는 말에 그만 정신을 잃고 말았어요.

"하하하----정신이 들기 전에 빨리 우물 속으로 데리고 가야겠구나."

구렁이는 제 몸으로 연실이의 몸을 칭칭 감고 우물 속으로 풍덩 들어갔어요.---(중략)

연실이가 눈을 떠보니, 금은보화가 가득한 방안에 있었어요. 그 옆에는 백년 묵은 구렁이가 의젓하게 앉아있었고요.---(중략)

⑥ 외국작품은 우리나라 어린이들의 정서에 맞게 개작한다.

무분별한 외국작품의 유입과 잘못된 번역물은 종종 어린이들의 정서발달에 해가 되는 경우가 있다. 작품에 나타나는 문화적 환경의 차이에 따른 서구사회의 가치관은 때로는 우리나라 어린이들에게 혼란을 일으켜 그들의 정체성 발달에도 적잖은 해를 미친다.

어려운 외국 이름과 지명들 그리고 번역에서 오는 자연스럽지 못한 문장들은 처음 이야기를 듣는 청자에게는 지루하고 재미없는 것이다. 이는 언어교육에도 영향을 끼친다. 즉 말하기, 듣기, 읽기, 쓰기의 통합적 언어발달의 저해요인이 될 수 있다.

특히, 청자가 어린 유아일 때는 외국작품의 구연보다는 먼저 우리나라 전래동화나 신화 등을 그들의 수준에 맞게 개작하여 들려주는 것이 훨씬 교육적 효과를 기대할 수 있다.

[예문 ①]

가와시마는 내 팔을 잡아당겼어요.

"내 방 보여 줄게."

가와시마는 다다미 열 장짜리 양식 방으로 나를 안내했어요.---(중략)

페르시아 주단 위에는 로봇, 철로, 블록 등이 어지럽게 널려 있었어요.

"가와시마, 오쿠라야마 역에 갔다 올 테니, 집 잘 보고 있어라."

가와시마 엄마의 목소리가 들렸어요.

가와시마는 갑자기 엄마의 목소리가 사라지자, 소리를 지르기 시작했어요.

"아악! 엄만 나빠! 강물에 빠져버려라, 바보야!"

한참을 소리 지르던 가와시와는 정신이 돌아왔어요. 내가 가와시와의 일기책을 넘기려는 순간.---(중략)

[예문 ②]

수영이는 내 팔을 잡아당겼어요.

"내 방 보여 줄게."

수영이는 내 손을 잡고 자기 방으로 갔어요.---(중략)

"히야, 굉장하구나!"

보드라운 담요가 깔린 방안에는 로봇, 철로, 블록 등이 어지럽게 널려 있었어요.

"수영아, 서울역에 갔다 올 테니, 집 잘 보고 있어라."

수영이 엄마의 목소리가 들렸어요.

수영이는 갑자기 엄마의 목소리가 사라지자, 소리를 지르기 시작했어요.

"아악! 또 나만 혼자 남겨 두고----엄만 나빠!"

내가 수영이의 일기책을 넘기려는 순간, 소리 지르던 수영이는 소리를 뚝 멈추었어요.---(중략)

나이가 어릴수록, 외국동화는 우리나라 사람들의 정서에 맞게 개작하여야 한다. 개작한 것을 들려 준 후, 원작을 다시 한 번 들려주고, 그 둘을 서로 비교하여 말해 볼 수 있도록 한다.

⑦ 지루하고 재미없는 긴 내용은 짧고 간결하게 개작한다.

원작의 내용이 너무 길어서 주의집중을 흩트리게 할 경우에는 지루하게 반복되는 사건이나 어린이들의 수준에 맞지 않는 부분을 삭제하거나 짧게 고친다.

어린이들의 주의집중 시간은 그리 길지 못하다. 동화 구연의 시간이 5분에서 10분 사이로 규정되어 있는 것만 보더라도 미루어 짐작할 수 있을 것이다.

전체적인 내용 중에서 청자들에게 가장 재미있음직한 이야기들만을 뽑아서 개작한다거나 호기심이 자극될 만한 몇 개의 이야기들을 뽑아서 재구성하여 어린이들의 흥미를 살릴 수 있도록 개작한다.

예를 들면, 이치에 맞지 않는 부분이 있다면 제거하고, 이야기 구성에서 필요 없이 덧붙인 내용이 있다면 과감하게 삭제시킨다. 그리고 지나치게 과장되어 있거나 산만한 내용이라면 그것도 짧고 간결하게 고칠 수 있다. 결국, 내용을 압축(壓縮)하고 제거(除去)하여 개작한다.

또한 지루하다고 생각되는 부분은 전체적인 흐름을 흩뜨리지 않는 범위 내에서 약간의 수정을 해도 무방하다. 청자의 연령이 어리면 어릴수록 지루하고 재미없는 내용보다는 재미있고 흥미로운 이야기에 더욱더 주의집중하기 때문이다.

[예문 ①]

**"왜 이리 잠이 오지 않을까? 아이, 난 몰라. 어떻게 하면 잠이 올까? 음---수를 세워 볼까? 하나, 둘, 셋, 넷, 다섯, 여섯, 일곱, 여덟, 아홉, 열---스물 다섯, 아---아니야, 아니야! 아무리 수를 세어도 잠이 오지 않아. 힝힝----뭘 할까? 아하, 옛날 이야기나 들을까!"**

**토끼는 중얼거렸어요.** 토끼는 알밤을 가지고 호랑이 할머니 집으로 달려갔어요.

"할머니! 토끼에요."

"어흐흥! 어서 들어오너라."

호랑이 할머니는 담배를 피우고 계셨어요.

**"할머니----저---말이죠----.헤헤."**

"옛날 이야기 듣고 싶어서 왔구나!"

호랑이 할머니는 정답게 웃으셨어요.---(중략)

[예문 ②]

"신나고 재미있는 일은 없을까? 잠도 오지 않는데, 호랑이할머니한테 가자."
토끼는 알밤을 가지고 호랑이 할머니 집으로 달려갔어요.
"할머니! 토끼예요."
"어흐흥! 난 네가 왜 왔는지 알지? 어서 들어오너라."
호랑이 할머니는 반갑게 맞아주셨어요.
"이야기 듣고 싶어서 왔구나! 오늘밤은 무지개나라 선녀들에 대해 이야기해 주마."
호랑이 할머니는 정답게 웃으셨어요.---(중략)

⑧ 너무 짧고 간결한 내용은 길게 개작한다.

우화나 신화 그 밖의 전설 등은 처음부터 어린이들을 대상으로 되어 있지 않다. 따라서 주제가 어린이들에게 교육적이라 하더라도 그 내용을 개작하지 않으면 안된다. 특히 우화 같은 것은 매우 짧고 간결하다. 보통 1분에서 3분 정도면 구연하기에 충분하다. 그리고 어른들의 용어로 되어 있는 경우가 흔하다. 따라서 짧은 내용을 길게 개작하려면 먼저 원작의 기본 뼈대를 살린 채, 하나하나 새로운 옷을 입혀야 한다. 즉 창의성을 발휘하여 필요하다고 생각되는 부분을 첨가한다. 이때 청자들의 이해수준을 고려해야 함은 기본이다.

대화나 묘사가 부족한 부분을 더 늘린다거나 필연적인 부분이 빠져 있다면 그것을 첨가시킨다. 결국, 확충(擴充)시키는 방법으로 개작한다.

다음은 예문을 통해 지나지게 단순하고 짧은 문장이나 내용을 청자가 이해하기 쉽게 상황이나 부연설명을 곁들일 수 있다는 것을 알 수 있다.

이런 작업이 필요한 것은 듣는 동안 청자로 하여금 이야기의 배경이나 상황 등에 대해 좀더 구체적으로 상상할 수 있는 기본 틀을 마련하기 위함이다.

[예문 ①]

얼음이 꽁꽁 얼었어요.

빙판에서 하는 팽이치기는 정말 재미있어요.---(중략)

"멀리멀리 날아라!"

철이는 언덕 위에서 연을 날렸어요. 긴 꼬리가 춤을 추어요.---(중략)

[예문 ②]

"쌔앵쌔앵---휘익휘익----." 추운 겨울이예요.

"준아! 우리 팽이치기 하자. 얼음이 꽁꽁 얼었어. 빨리 나와!"

"정말? 잠깐만 기다려."

준이는 이불을 걷어차고 밖으로 나갔어요.

하얀 눈이 펑펑 쏟아지고 있네요.

빙그르르, 빙글빙글!

뱅그르르, 뱅글뱅글!

빙판에서 하는 팽이치기는 정말 재미있어요.---(중략)

"멀리멀리 날아라!"

"하늘 높이 날아라!"

준이와 철이는 언덕 위에서 연을 날렸어요.

"준아! 누구 연이 더 멀리 그리고 높이 나나 시합하자."

"좋아 좋아! 오늘은 내 연이 이길 거야. 헤헤---."

흔들흔들, 흔들흔들

긴 꼬리가 신나게 춤을 추어요.---(중략)

### (2) 형식의 개작

형식 개작이라고 하는 것은 이야기를 구성하고 있는 틀을 고치고 다듬는 것을 말한다. 여기에서는 읽는 동화(문장동화)에서 듣는 동화(음성 동화)로 개작할 때 필요한 형식 등을 고치고 다듬는 것을 말한다.

① 문어체를 구어체로 바꾼다.

즉 "----했습니다." "----하였다." 등의 종결 어미를 "---했어요." "---했지요." "---했답니다." "----했거든요." "---했는데요." "---했지 뭐예요." 등으로 바꾸도록 한다. 하지만, 너무 반복적으로 되풀이된다면 금방 싫증나기 때문에 이야기의 전개 상황에 맞도록 종결어미를 잘 선택하여 개작한다.

[예문 ①]

다람쥐 동산에 알록달록 단풍이 물들기 **시작했습니다.**

"다롬아! 빨리 나와! 저 언덕 밑에 아이들이 또 왔어. 맛있는 음식이 아주 많아. 빨리!"

꼬리를 잘 흔드는 살랑이가 다롬이를 소리 높여 **불렀습니다.** ---(중략)

다롬이는 어제 살랑이가 조금 떼어준 초콜릿의 맛을 **잊지 못했습니다.**

다람쥐 동산에 놀러 온 아이들이 흘리고 간 초콜릿은 다람쥐 동산에 있는 다람쥐들에겐 가장 맛있는 **것이었습니다.** ---(중략)

[예문 ②]

다람쥐 동산에 알록달록 단풍이 물들기 **시작했어요.**

"다롬아! 빨리 나와! 저 언덕 밑에 아이들이 또 왔어. 맛있는 음식이 아주 많아. 빨리!"

꼬리를 잘 흔드는 살랑이가 다롬이를 소리 높여 **불렀어요.** ---(중략)

다롬이는 어제 살랑이가 조금 떼어준 초콜릿의 맛을 잊지 못했거든요.

다람쥐 동산에 놀러 온 아이들이 흘리고 간 초콜릿은 다람쥐 동산에 있는 다람쥐들에겐 가장 맛있는 것이었지요. ---(중략)

② 설명부분을 대화부분으로 바꾼다.

구연에서는 설명부분은 되도록 줄여야 한다. 설명부분을 있는 그대로 구연하게 되면 지루하게 되어 청자의 흥미와 관심을 끌지 못하게 된다. 따라서 설명체를 대화체로 고쳐 다양한 목소리의 흉내와 변화를 살리도록 해야 청자의 흥미를 이끌 수 있다.

다음 [예문 ①]과 [예문 ②]를 비교하면서 살펴보기로 한다.

[예문 ①]

다람쥐네 집에 도둑이 들었어요. 다람쥐는 발을 동동 굴렀어요.
깜짝 놀란 토끼는 옆집에 사는 다람쥐에게 달려갔어요.
다람쥐는 빈 항아리를 가리키며 엉엉 울었어요.
토끼는 다람쥐가 불쌍했어요. 눈 속에서 먹이를 찾는 일은 힘이 들어요.
토끼는 맛있는 음식을 다람쥐에게 나누어주었어요.
다람쥐는 토끼에게 고맙다는 인사를 했어요.---(중략)

[예문 ②]

"도둑 잡아라! 도둑!"
다람쥐는 발을 동동 구르며 소리쳤어요.
"어머, 이게 무슨 소리야!"
토끼는 옆집에 사는 다람쥐에게 달려갔어요.
"앙--겨울동안 먹을 먹이를 몽땅 잃어버렸어!"
"다람쥐야! 걱정하지 마!"

토끼는 맛있는 음식을 다람쥐에게 나누어주었어요.

"고마워! 토끼야!"

"괜찮아. 헤헤---." ---(중략)

③ 간접용어를 직접용어로 바꾼다.

이는 "----라고 엄마가 말했어요."와 같은 간접용어를 빼고 이를 직접용어로 고친다. 이때 목소리의 변화를 살려 바로 딸의 대화로 들어간다면 이는 직접용어로 개작한 것이다.

[예문 ①]

"내가 왕이야!"

호랑이가 큰소리로 말했어요.

"아니야! 내가 왕이야!"

사자도 지지 않고 말했어요.

"좋아! 그럼 눈싸움을 해서 이기면 왕이 되기로 하자."

호랑이가 말했어요.

"그래. 눈싸움하면 자신 있다!"

사자도 말했어요.

호랑이는 눈을 꼭꼭! 뭉치기 시작했어요. 동글동글 사과처럼 만들었어요.

사자도 눈을 꼭꼭! 뭉쳤어요. 둥글둥글 배처럼 만들었어요.

"에잇! 받아라!"

호랑이가 먼저 눈뭉치를 던졌어요.

"내 눈뭉치가 더 단단할 걸!"

사자도 힘껏 눈뭉치를 던졌어요.---(중략)

[예문 ②]

"내가 왕이야!"
"아니야! 내가 왕이야!"
"좋아! 그럼 눈싸움을 해서 이기면 왕이 되기로 하자. 어흥!"
"그래. 눈싸움하면 자신 있다!"
호랑이는 눈을 꼭꼭! 뭉치기 시작했어요. 동글동글 사과처럼 만들었어요.
사자도 눈을 꼭꼭! 뭉쳤어요. 둥글둥글 배처럼 만들었어요.
"에잇! 받아라! 어흥!"
"내 눈뭉치가 더 단단할 걸!" ---(중략)

④ 불필요한 접속사는 되도록 줄이도록 한다

그리고, 그래서, 그런데, 그러나, 또, 왜냐하면---등의 접속사는 되도록 삭제한다. 접속사의 많은 사용은 이야기의 흐름을 방해하는 걸림돌이 될 수 있어 구연의 효과를 떨어뜨린다.

[예문 ①]

뒷동산 소나무 밑에 네모난 상자 하나가 있었어요.
"이게 뭘까?"
미미는 상자를 들고 살펴보았어요. 그리고 상자 뚜껑을 살짝 열어보았어요.
그랬더니 상자 안에는 조그만 튜브 통이 여러 개 들어 있었어요.
미미는 튜브통에 코를 가져다 대었어요. 왜냐하면 이상한 냄새가 났거든요.
"고소하고 달콤한 냄새는 아닌걸!"
미미는 또다시 작은 뚜껑을 열어보았어요. 그리고 손가락으로 눌러보았어요.
찌익---!
튜브통속에서 빨간 물이 흘러 나왔어요. 그래서 빨간 물을 하얀 팔에 발랐어요.

"히야! 정말 예쁘구나! 이건 무슨 색일까?" **또다시** 미미는 주황색 물감을 짰어요.
미미는 **또다시** 노란색 물감을 쭉! 짰어요. **그리고 이번에는** 다리에 발랐어요.
"히야, 노란 다리가 되었구나!" ---(중략)

[예문 ②]

뒷동산 소나무 밑에 네모난 상자 하나가 있었어요.
"이게 뭘까?"
**"와, 신기하게 생겼는걸."**
상자 안에는 조그만 튜브 통이 여러 개 들어 있었어요.
미미는 튜브 통에 코를 가져다 대었어요.
**"끙끙---고소하고 달콤한 냄새는 아닌걸!"**
**미미는 작은 뚜껑을 열어보았어요.**
**찌익---!**
**튜브통속에서 빨간 물이 흘러 나왔어요.**
**"히야! 정말 예쁘구나! 이건 무슨 색일까?"**
**미미는 주황색 물감을 짰어요.**
**"히야, 정말 멋진걸."**
**미미는 노란색 물감을 쭉! 짜서 다리에 발랐어요.**
**"히야, 노란 다리가 되었구나!"** ---(중략)

⑤ 이해하기 쉬운 단어와 문장으로 바꾼다.

어려운 한자말이나 외국어 등의 낱말은 알기 쉬운 말로 바꾼다. 특히 나이가 어릴수록 간단하고 쉬운 단어와 문장으로 개작하는 것이 좋다. 청자가 알아듣지 못하고 멍해 있다면, 혹은 구연 중간 중간에 "----가 뭐예요?" "-----이 무슨 말이에요?" 하고 질문한다면 얼마나 난처하겠는가? 아마 다음에 해야 할 이야기가 생각나지 않아 곤란을 겪을 수도 있는 일이다. 따라서 청자의 발달수준과 이해 수준에 맞추어 알기 쉬운 친숙한 단어와 문장으로 바꾸어야 한다.

[예문 ①]

갑자기 스크린에서 총소리가 들려왔어요.
"이 영화는 이곳에서만 상영되는 거란다. 아주 유명한 엑션 영화거든."
아버지는 석이의 머리를 쓰다듬으며, 속삭였어요.
영화를 다 본 후, 아버지와 석이는 거리를 돌아다녔어요.
거리에는 숏팬츠 차림의 여자들이 눈에 띄였어요.---(중략)

[예문 ②]

갑자기 화면에서 총소리가 들려왔어요.
"이 영화는 이곳에서만 한단다. 아주 유명한 영화거든."
아버지는 석이의 머리를 쓰다듬으며, 속삭였어요.
영화를 다 본 후, 아버지와 석이는 거리를 돌아다녔어요.
거리에는 짧은 반바지 차림의 여자들이 눈에 띄였어요.

⑥ 호흡이 긴 문장은 호흡이 짧은 문장으로 바꾼다.

즉 만연체로 길게 쓰여진 문장은 짧은 간결체로 바꾸도록 한다. 눈으로 읽는 문장이 아니라 귀로 듣고, 입으로 말하는 문장이어야 하므로 호흡을 고려하여 문장을 짧게 끊는다.

[예문 ①]

즐겁고 신나는 여름방학이어서 훈이는 시원한 냇가로 고기잡이를 갔어요.
야호! 훈이는 웃옷을 벗고 바지도 벗고 속옷도 벗고 운동화도 벗었어요.
훈이는 신바람이 나서 풍덩하고 냇물 속으로 뛰어 들어가 송사리와 피라미와 미꾸라지를 잡았어요.

냇물 속에는 송사리, 미꾸라지들이 헤엄치고 있었어요.

훈이는 한 손에 운동화 한 짝을 들고 송사리 떼들을 이리저리 왔다갔다 쫓아갔어요.

"열 마리만 잡았으면 좋겠다!"

훈이는 싱글벙글 웃었어요.

얏!

훈이는 송사리 한 마리를 운동화로 내리치고 운동화 속을 드려다 보았어요.

운동화 속을 드려다 보았지만, 아무것도 없어서 훈이는 시무룩해졌어요.---(중략)

[예문 ②]

즐거운 여름방학이에요.

훈이는 시원한 냇가로 고기잡이를 갔어요.

야호!

훈이는 웃옷을 벗었어요.

바지도 벗었고요.

풍덩!

훈이는 냇물 속으로 뛰어 들어갔어요.

냇물 속에는 송사리, 미꾸라지들이 헤엄치고 있었어요.

훈이는 송사리 떼들을 쫓아갔어요.

한 손에 운동화 한 짝을 들고요.

"열 마리만 잡았으면 좋겠다!"

훈이는 싱글벙글 웃었어요.

"얏!"

훈이는 송사리 한 마리를 운동화로 내리쳤어요.

"헤헤---잡혔겠지!"

훈이는 운동화 속을 드려다 보았어요.

"에게---아무것도 없잖아."

<u>훈이는 시무룩해졌어요.</u>---(중략)

⑦ 변화 있는 문장으로 바꾼다.

어린이들의 정서는 폭발적이고 순간적이며, 유동성이 있으며 다양하고 변화무쌍하다. 만약 문장에 변화가 없고 지루하다면 어린이들은 곧 듣기를 거부하게 될 것이다. 다시 말해 평면적이고 밋밋한 언어를 사용하기보다는 활동적이고 율동적인 언어를 사용하라는 것이다.

활동적이고 율동적인 언어는 어린이들의 정서를 기쁘게 만들고 즐겁게 만든다. 따라서 청자는 이야기를 듣는 동안 행복감에 사로잡히게 된다.

그렇다면, 활동적인 언어로 바꾸기 위해 어떻게 해야 할까? 이는 다양한 수사법을 이용하여 문장을 바꾸면 된다. 예를 들면, 반복법, 점층법, 과장법, 의인법, 직유법, 의성법, 의태법 등을 다양하게 활용한다.

**■반복법의 활용:**

동일한 단어나 구를 되풀이하여 말의 율동감을 주고 싶을 때나 뜻을 강조할 때 주로 쓰인다. 또한 어휘의 반복이나 사건의 반복을 통해 이야기의 리듬을 줄 때 주로 사용한다.

[예문 ①]

<u>네모 네모에는 무엇이 있을까?</u>
<u>반듯한 상자가 있어요.</u>
<u>그리고 색종이도 있고요.</u>
<u>아하, 그림책도 있네요.</u>

[예문 ②]

네모 네모, 무엇이 있을까?
반듯반듯 상자가 반듯반듯.
반듯반듯 색종이가 반듯반듯.
반듯반듯 그림책이 반듯반듯.

**■점층법의 활용:**

작은 것에서부터 점점 큰 것에 이르도록 이야기를 이끌어 가는 방법이다. 이 수사법은 감정의 고조를 맛볼 수 있으며, 거꾸로 감정의 강도를 약하게 하는 느낌도 맛볼 수 있다.

[예문 ①]

"처음에는 검은 점이었어요. 그 점이 작은 벌레처럼 꿈틀거리면서 나한테 기어오는 거예요. 잠시 한 눈 판 사이에, 뒤돌아보니까 글쎄---어마어마하게 ---그러니까, 내 뒤에 떡 버티고 서 있지 뭐예요?"----(중략)

[예문 ②]

"처음에는 팥알만큼 작은 검은 점이었어요. 그 점이 송충이만큼 커져서 꿈틀대며 내게 기어오는 거예요. 점점 더, 점점 더----.송충이 만하던 벌레가 개구리만큼 커졌어요. 점점 더, 점점 더----.개구리 만하던 벌레의 몸이 점점 더, 점점 더-----커지지 않겠어요. 잠시 한 눈 판 사이에, 뒤돌아보니까 글쎄---어마어마하게 ---그러니까, 구렁이 만해져서 내 뒤에 떡 버티고 서 있지 뭐예요?"----(중략)

**■과장법의 활용:**

실제 사물이나 사람보다 더 크게 부풀려서 하는 표현으로 구연자가 강조하고 싶은 부분을 강조할 수 있다. 그리고 과장법은 청자의 호기심을 자극하고 흥미를 불러일으키게 하는 가장 좋은 기법이다. 예문들을 비교해 가면서 살펴보면 이해할 수 있다.

[예문 ①]

---(중략)

"배가 고픈가 봐. 참 딱하기도 하지."

고은이는 쭈그리고 앉아서 강아지를 바라보았어요. **강아지는 말랐어요.** 고은이는 강아지를 안고 방으로 들어왔어요.

"엄마! 길 잃은 강아지를 데려왔어요."

"어머머! 이게 뭐야? 빨리 내 보내! 어섯!"

**엄마는 큰 소리로 말했어요.**----(중략)

[예문 ②]

---(중략)

"배가 고픈가 봐. 참 딱하기도 하지."

고은이는 쭈그리고 앉아서 강아지를 바라보았어요.

**강아지는 나뭇가지처럼 뼈만 앙상하게 남았어요.**

고은이는 강아지를 안고 방으로 들어왔어요.

"엄마! 길 잃은 강아지를 데려왔어요."

"어머머! 이게 뭐야? 빨리 내 보내! 어섯!"

**엄마의 목소리는 집이 떠나갈 정도로 컸어요.**----(중략)

**■ 의인법의 활용:**

사물이나 동식물 등을 마치 사람인 것처럼 표현하는 수법으로 이는 유아의 상상력을 자극하는 방법이다. 특히 의인법은 청자의 대상이 유아일 때 효과적이다. 다른 시기보다는 이 시기에 모든 사물에는 생명이 있다고 하는 애니미즘사상을 갖고 있고, 물활론적 사고를 하기 때문에 작품에 동일시되는 현상이 더욱 강해진다.

[예문 ①]

"너희들이 부서져야 도깨비 인형을 살 수 있어."

우람이는 로봇의 다리를 부러뜨렸어요. 자동차의 바퀴도 하나 툭 뺐어요. 비행기의 날개도 억지로 떼어냈어요. 강아지 인형도, 곰 인형도 모두 팔 다리를 떼어냈어요.

"헤헤---이젠 엄마가 새 장난감을 사 주시겠지. 이제 너희들은 침대 밑에서 잠이나 실컷 자라."

우람이는 부러뜨린 장난감들을 침대 밑으로 뻥 차버렸답니다.----(중략)

[예문 ②]

"아이, 아파! 내 다리가 부러졌어. 내 다리 고쳐 줘---앙---."

로봇이 엉엉 울면서 소리쳤어요.

"난 눈이 안 보여. 히잉---."

"난 팔이 없어졌어. 어떡하면 좋아?"

"난 온 몸에 멍이 들었어. 우람이는 정말 나쁜 아이야."

침대 밑에서 장난감들이 소리내어 울기 시작했어요.---(중략)

**■ 직유법의 활용:**

"--처럼, ---같이, ---인양, ---듯이" 등과 같은 표현으로 무엇을 직접 표현하여 드러내기보다는 '마치---같다' 라는 식으로 표현하고자 하는 것을 사물에 빗대어 표현할 때 주로 쓰인다. 이는 청자로 하여금 그림을 보듯이 하나의 상을 그려나갈 수 있도록 하기 때문에 많이 개작할 때 많이 사용한다.

[예문 ①]

거울에 얼굴을 비추자, 거울은 **맑은 소리**로 말하는 것이었어요.
"너는 **빨간 볼**과 웃을 때마다 생기는 볼우물이 정말 예쁘구나!"
거울은 **방긋 웃으면서** 말했어요. 나도 거울을 따라 **방긋 웃었어요.**--(중략)

[예문 ②]

거울에 얼굴을 비추자, 거울은 **연초록 이파리에 떼구르르 굴러가는 아침 이슬처럼** 영롱하고 맑은 소리로 말하는 것이었어요.
"너는 **사과처럼 빨간** 볼과 웃을 때마다 생기는 볼우물이 정말 예쁘구나!"
거울은 **해바라기처럼** 방긋 웃으면서 말했어요. 나도 거울을 따라 **수줍게 피어있는 은방울꽃처럼 방긋 웃었어요.**---(중략)

■ **의성법과 의태법의 활용:**

의성법은 자연의 소리나 그 밖의 소리들을 표현하는 것이고 의태법은 사물의 모양이나 동물, 사람의 몸짓 표현을 나타내는 표현이다. 이 표현방법은 율동적인 문장으로 바꾸는데 특히 많이 사용된다. 반복적 활용과 리듬감으로 이야기를 생동감 있게 만들어주는 효과가 있다.

[예문 ① : 의성법]

**귀뚜라미가 귀뚤귀뚤----.**
**쓰르라미가 쓰르쓰르----.**
**시냇물이 졸졸졸----.**

**귀뚤귀뚤, 쓰르쓰르, 졸졸졸----,**
**가을밤을 노래해요.**

[예문 ② : 의태법]

**해님이 방긋방긋**
**나팔꽃이 생긋생긋**
**우리아가도 방긋방긋**
오늘은 기분 좋은 아침이에요.

※그 밖의 인용법, 비교법, 은유법, 상징법---등의 많은 수사법의 활용이 있지만, 위에 제시한 것들이 개작할 때 주로 많이 쓰이는 표현법들이다.

⑧ 여운이 남도록 마지막 부분을 처리해야 한다.

훌륭한 작품은 굳이 주제를 드러내 놓고 강조하지 않는다. 한 줄에 주제를 요약해서 마무리를 맺기보다는 끝 부분에서는 시적 여운을 남겨두어야 한다. 그 이유는 듣는 생각할 수 있는 기회를 주기 위함이고 문학적인 감동의 여운을 주어 이야기가 끝나도 향기를 계속 간직하라는 여유를 두고 싶기 때문이다. 또, 사람에 따라 느낌과 감동의 강도가 다르기 때문에 일부러 한 줄의 핵심요약으로 각기 다른 사람들의 감동적 여운을 단순, 통합, 일축해 버릴 수는 없기 때문이다.

끝 부분 여운의 처리가 진한 감동을 주게 된다는 것을 항상 잊지 말아야 한다.

[예문 ①]

---(중략)

청소부 할아버지는 하얀 옷을 입고 성큼성큼 걸어와서 은행나무 앞에 쭈그리고 앉았어요.

"할아버지, 할아버지!"

석이는 왼쪽 다리가 아직도 불편하다는 것을 까맣게 잊어버리고 눈사람이 된 청소부 할아버지를 향해 뛰어갔어요.

"석아!"

"할아버지!"

눈사람이 된 청소부 할아버지는 석이를 꼭 껴안아 주었답니다.

[예문 ②]

---(중략)

청소부 할아버지는 하얀 옷을 입고 성큼성큼 걸어와서 은행나무 앞에 쭈그리고 앉았어요.

"할아버지, 할아버지!"

석이는 왼쪽 다리가 아직도 불편하다는 것을 까맣게 잊어버리고 눈사람이 된 청소부 할아버지를 향해 뛰어갔어요.

"으악!"

석이는 하얀 눈 위에 쓰러졌어요.

"석아!"

"할아버지!"

눈사람이 된 청소부 할아버지는 석이를 꼭 껴안아 주었어요.

밤하늘은 할아버지와 석이를 눈사람으로 만들어 놓을 듯, 자꾸자꾸 함박눈을 뿌려 주었어요.

## 4. 개작할 때의 유의점

첫째, 자신감을 갖고 개작해야 한다.

창작이 아니고 개작이기 때문에 사실, 창작보다는 부담감이 훨씬 덜하다. 원작이라고 하는 튼튼한 뼈대가 있기 때문에 누구나 개작할 수 있다는 자신감과 용기만 있다면 얼마든지 훌륭한 개작이 될 수 있다.

둘째, 자연스러운 문장으로 개작해야 한다.

억지로 꾸며서 쓴 글은 진실성이 없다. 진실성이 없다는 것은 그만큼 청자에게 공감을 줄 수 없다는 말과 같다. 따라서 가장 소박하고 단순하게 개작한다. 그러다 보면 자연스런 문장이 나온다.

셋째, 감각을 최대한 활용하여 개작해야 한다.

시대에 뒤떨어지지 않는 감각을 가지고 그 감각을 최대한 활용하려면 다방면으로 관심을 갖고 있어야 한다. 아동문학에 대한 전반적인 기초도 알아야 하고, 아동 발달과 심리학적 측면에 대한 이해도 함께 있어야 한다. 그리고 요즘 아이들의 세계와 그들의 사고방식, 가치관--유행 등에 대한 이해의 폭을 넓혀야 한다.

넷째, 어린이들의 바람직한 인성교육이라는 목표를 가지고 개작해야 한다.

구연이라고 하는 기법을 활용하지만, 내용은 문학작품인 것이다. 즉 우리 어린이들에게 피와 살이 될 수 있는 영양소로서 가치가 있다는 것이다. 동화를 듣고 마음이 아름다워지고, 남을 사랑할 줄 알게 되고, 자신의 슬픔과 불행을 이겨나갈 수 있는 용기를 갖게 된다면 이는 바람직한 방향으로 나아가고 있는 것이다.

구연할 때 특히 대상이 어린이일 경우에는 교육적인 면을 간과하지 않을 수 없기 때문에 우리는 긍정적인 자아감을 갖게 해주는 작품, 바른 언어교육이 될 수 있는 내용을 선정하고 선택하는 것이 바람직하다.

다섯째, 누구나 이해하기 쉽고 간결한 문장으로 개작해야 한다.

이야기를 잘 듣고 이해하고 감동을 받으려면 구연자는 어려운 어휘나 추상적인 문장을 피하는 것이 좋다. 구연자는 되도록 누구나 이해하고 쉽고 알아듣기 쉬운 문장으로 개작하는 것이 바람직하다. 그리고 복잡하고 긴 문장으로 구연하기 보다는 되도록 간결하고 단순한 문장으로 개작해서 들려주는 것이 좋다.

## 5. 개작의 실례

다음은 원작의 분위기와 주제를 보존하면서 구연하기 좋게 개작을 한 작품을 소개한다. 다음의 예문에 나와 있는 작품을 감상해 보기 바란다.

[예문 ①---'창작동화' 개작]

### 춤추는 허수아비

(원작: 이준연 / 개작: 이은하)

강마을에 원숭이들이 살고 있었어요.

"에취 에취, 캑캑.... 강물이 썩고 더러워져서 이제는 더 못 살겠다. 캑캑... 우리도 도깨비처럼 산 속으로 들어가서 살자."

원숭이들은 산 너머에 있는 아름답고 평화로운 도깨비 마을에서 살고 싶었어요.

"산 속에는 도깨비 마을이 있어. 도깨비들은 도깨비 방망이와 감투와 부채로 무장을 단단히 하고 있는 걸?"

"방망이와 감투와 부채를 빼앗을 수 없을까?"

원숭이들은 골똘히 생각했어요.

그러던 어느 날, 강마을 모래밭에서 원숭이들은 회의를 열었어요.

"에~ 여러분! 도깨비들이 갖고 있는 신기한 도깨비 방망이와 도깨비 감투, 도깨비 부채를 어떻게 하면 우리 손에 넣을 수 있는지, 좋은 생각이 있으면 말해 보십시오. 혼자 생각하는 것보다, 여러분의 지혜를 한데 모으면 좋은 꾀가 떠오를 것입니다. 어흐음!"

원숭이 마을 촌장, 잣니 원숭이는 고개를 갸우뚱거리면서 말했어요.

"촌장 할아버지! 저한테 좋은 생각이 있어요."

원숭이 삐삐가 손을 번쩍 들고 말했어요.

"오라! 삐삐야! 어서 말해 보아라!"

"촌장 할아버지! 도깨비들은 노래와 춤을 좋아해요. 노래방 기계를 도깨비 마을로 갖고 가서 구경을 시켜준 다음에 독한 술을 도깨비들에게....?!"

원숭이 삐삐는 그럴 듯한 생각을 말했어요.

"좋구나! 좋아, 삐삐야! 네 머리통은 원숭이 마을의 보물통이로구나. 으하하...."

"삐삐가 최고다! 노래방 기계와 술을 가지고, 도깨비 마을로 가자!"

촌장 원숭이와 원숭이 마을 원숭이들은 손뼉을 치면서 좋아했어요.

다음 날, 원숭이들을 산 너머 도깨비 마을로 갔어요.

"콩닥콩닥! 쿵따라쿵따라 쿵쿵쿵!"

원숭이들은 도깨비 마을 동구 밖에 있는 느티나무 아래에서 신바람 나는 음악을 들려주었어요. 느티나무 가지에 '신바람 노래방'이라고 쓴 커다란 간판도 걸었어요.

"끼룩끼룩..... 우와! 우...와!"

도깨비들이 춤을 덩실덩실 추면서 동구 밖으로 몰려왔어요.

"춤과 노래를 사랑하시는 도깨비 여러분! 그 동안 안녕하셨습니까! 우리 원숭이들은 도깨비 여러분과 친구가 되고 싶어서 '신바람 노래방'을 갖고 왔습니다. 우리 모두 함께 노래부르며 춤을 춥시다!"

"우와 우와 끼룩까룩..... 신난다 신나! 끼룩까룩...."

도깨비들은 목이 터지도록 노래를 부르고 춤을 추었어요.

"꺽쇠야! 똥쇠야! 저것이 무슨 소리냐? 귀신 푸닥거리 소리도 아니고, 농부들의 풍장소리도 아니구나!"

도깨비 마을 촌장, 딸기코 할아버지는 괴상망측한 소리에 깜짝 놀랐어요.

"할아버지! 빨리 동구 밖으로 가서 춤을 추고 노래를 부르세요. 원숭이들이 신바람 노래방을 갖고 와서, 술이랑 초콜릿이랑 풍선껌을 공짜로 주어요!"

꺽다리와 키다리 도깨비들은 촌장 할아버지 도깨비를 모시고, 동구 밖으로 갔어요.

술에 취해, 코끝이 빨개진 도깨비들이 팔 다리 허리가 빠지도록 정신 없이 춤을 추고 있었어요.

"원숭이 놈들앗! 썩 나가지 못할꼬! 썩 나가거라! 우리 도깨비 마을에서 퍼뜩 나가거라!"

촌장 도깨비 할아버지는 고래고래 소리를 질렀어요.

"촌장 할아버지! 판을 깨지 마세요! 궁꺵꺵, 궁꺵꺵, 사물놀이는 이제 지겹고 신물이 나요. 징, 장고, 꽹과리는 할아버지 혼자 실컷 두드리세요!"

도깨비들이 할아버지를 멀리 쫓아버렸어요.

"이 놈들아! 요사스런 원숭이 놈들이 너희들의 혼을 빼가려고 온 게야. 이 놈들아! 정신 바싹 차려라!"

할아버지 도깨비는 목이 터지도록 소리쳤어요.

그러나 도깨비들은 촌장 할아버지의 말을 한 쪽 귀로도 듣지 않았어요.

도깨비는 다음 날도, 그 다음 날도, 신바람 노래방에서 춤과 노래를 부르며 보냈어요.

"춤과 노래를 사랑하는 도깨비 여러분! 오늘은 도깨비 친구들에게 미니 카세트와 작은 신바람 노래방을 하나씩 공짜로 드리겠습니다."

원숭이들이 미니 카세트를 가지고 와서 말했어요.

도깨비들은 뜻밖의 말에 어리둥절했어요.

"원숭이 친구들아! 신바람 노래방을 공짜로 주는 거냐?"

도깨비들은 믿을 수 없다는 듯이 두 눈을 동그랗게 뜨면서 물었어요.

"돈은 동전 한 푼도 받지 않겠소. 대신 도깨비 방망이와 감투와 부채를 가지고 오면 바꾸어 주겠소. 그리고 덤으로 양주와 초콜릿과 풍선껌을 한 상자씩 주겠소."

"우와! 우와! 원숭이 친구들이 최고다! 끼룩끼룩...."

춤과 노래에 미쳐 버린 도깨비들은 감투와 방망이와 부채를 원숭이에게 주고, 미니 카세트를 가져갔어요.

"쿵따라 쿵따라 따따따 따따따....."

"해피해피..... 몽키몽키....."

도깨비들은 지붕이 날아가도록 카세트를 크게 켜 놓고 춤을 추면서 노래를 불렀어요.

"아이구, 끼룩끼룩, 이 일을 어쩔거나! 조상님이 물려주신 귀한 보물들을 내어주고, 우리 도깨비들은 하루아침에 춤추는 허수아비가 되었구나! 끼룩 끼욱, 끼이욱-"

도깨비 마을 촌장 할아버지는 목을 놓아 울었어요.

"해해해, 요술 방망이와 감투와 부채를 손에 넣었으니 이젠 아무 것도 무서울 게 없다. 도깨비들을 몰아내고 우리들이 도깨비 마을에서 살자!"

원숭이들은 도깨비 감투를 머리에 쓰고, 양손에 방망이와 부채를 들고 도깨비 마을로 쳐들어갔어요.

"똑딱 뚝딱 탁탁탁...."

도깨비 망망이를 든 원숭이들은 도깨비들의 머리통을 닥치는 대로 두들겼어요.

"까욱, 까아욱...."

도깨비 방망이와 감투와 부채를 빼앗긴 도깨비들은 힘없는 허수아비가 되어, 도깨비 마을을 원숭이에게 내어주고 말았어요.

"까욱, 까아욱.... 춤추고 노래하는데 정신이 팔려 모든 것을 잃었구나. 조상 대대로 내려온 보물과 귀한 땅을 모두 잃었어.... 까욱 까아욱..."

도깨비 마을 촌장 할아버지는 느티나무 아래에 주저앉아 꺽꺽 울었어요. (*)

[예문 ②--'세계명작동화' 개작]

## 헨젤과 그레텔

(원작: 그림형제 / 개작: 이은하)

숲 속 조그만 집에 아버지와 헨젤과 그레텔이 살고 있었어요.

어느 날, 아버지는 새어머니를 맞이했어요.

"여보! 이젠 먹을 것이 하나도 없어요. 이러다 굶어죽겠어요. 그러니 우리 헨젤과 그레텔을 숲 속에다 버립시다."

마음씨 나쁜 새어머니는 밤마다 아버지를 졸랐어요.

"어떻게 내 자식들을----."

그러나 아버지는 마침내 힘없이 고개를 끄덕이고 말았어요.

헨젤과 그레텔은 새어머니와 아버지가 주고받는 말을 엿듣고 있었어요.

"오빠! 어떡하면 좋아?"

"그레텔! 걱정하지 마!"

헨젤은 밖으로 나갔어요. 그리고 하얀 돌을 몇 개 주워서 주머니 속에 넣었어요.

다음 날 헨젤과 그레텔은 새어머니를 따라서 숲 속으로 갔어요. 헨젤은 길가에 하얀 돌을 떨어뜨리며 따라갔어요.

"얘들아! 나무 좀 해 올 테니 여기서 놀고 있어라."

새어머니는 연기처럼 사라져 버렸어요. 헨젤과 그레텔은 곧 잠이 들었어요.

어둠이 몰려왔어요.

"오빠! 오빠! 어서 일어나. 큰일 났어!"

잠에서 깬 그레텔은 헨젤을 깨웠어요.

"그레텔, 걱정 마. 집까지 찾아갈 수 있어."

헨젤과 그레텔은 달빛에 빛나는 은빛 돌을 따라 집에 왔어요.

"이럴 수가? 괘씸한 것들!"

새어머니는 화가 났어요.

다음 날 아침, 새어머니는 또 헨젤과 그레텔을 데리고 깊은 산 속으로 갔어요.

'어떡하면 좋지? 어젯밤에 방문이 잠겨 있어서 돌을 구하지 못했는데.'

헨젤은 골똘히 생각했어요.

'옳지, 아침에 조금 남겨 둔 빵조각을 떨어뜨리자.'

헨젤은 빵조각을 조금씩 떨어뜨렸어요.

밤이 깊어지자 헨젤과 그레텔은 빵조각을 찾아 길을 찾기 시작했어요.

"오빠! 빵조각이 없어!"

"내 생각이 모자랐구나. 그레텔. 낮에 새들이 쪼아 먹어 버렸나 봐! 이제 우리들은 숲 속에 갇힌 거야."

헨젤과 그레텔은 무서움에 온몸이 떨렸어요.

오누이는 손을 꼭 자고 숲을 헤맸어요.

"삐로롱---삐로롱----삐롱----."

"와! 하얀 새다! 그레텔, 우리 저 새를 따라가 보자."

헨젤과 그레텔은 하얀 새를 따라갔어요.

"오빠! 집이야! 지붕은 과자고 벽은 빵이고 유리창은 사탕이야."

"히야! 과자집이구나! 그레텔, 배고픈데 잘 됐어. 빨리 먹자."

헨젤과 그레텔은 벽을 뜯어 먹기 시작했어요.

"히히히, 누가 내 집을 뜯어 먹는 거냐?"

과자집에서 꼬부랑 할머니가 지팡이를 짚고 나왔어요.

"할머니! 죄송해요. 배가 너무 고파서----."

헨젤과 그레텔은 고개를 숙였어요.

"괜찮다. 어서 안으로 들어와서 더 많이 먹어라. 아이구, 귀여운 것들! 히히히----."

그러나 할머니는 사람을 잡아먹는 무서운 마녀였어요.

다음 날 마녀는 헨젤을 창고에 가두었어요.

"그레텔! 네 오빠에게 먹을 것을 더 많이 갖다 주어라. 살이 포동포동 쪄야 먹는 맛이 나지!"

그레텔은 벌벌 떨면서 마녀가 시키는 대로 했어요.

"어휴, 도저히 못참겠다. 우선 헨젤부터 잡아먹어야겠구나. 침이 꼴깍꼴깍 넘어가는 구나. 히히히, 그레텔아! 어서 커다란 솥에 물을 펄펄 끓이거라!"

'옳지, 좋은 생각이 났어!'

그레텔은 불을 지피면서 무릎을 탁 쳤어요.

"할머니! 물이 다 끓었어요. 뚜껑이 너무 무거워 못 열겠어요. 할머니가 열어 주세요."

"하하, 그래그래. 그것쯤이야!"

'바로 이 때다!'

"얏!"

그레텔은 마녀가 뚜껑을 여는 순간, 솥 안으로 마녀의 등을 힘껏 밀었어요.

"아이쿠! 뜨거워! 아이쿠!"

그레텔은 얼른 뚜껑을 닫았어요.

"오빠! 마녀가 죽었어. 빨리 나와! 빨리!"

그레텔은 창고에 갇힌 헨젤을 꺼내 주었어요.

"그레텔! 여기 보물이 아주 많아. 이거 가지고 빨리 집으로 가자."

헨젤은 보물 자루를 등에 짊어지고 그레텔과 함께 집으로 돌아왔어요.

"헨젤! 그레텔! 아빠가 잘못했다. 용서해 다오."

아버지는 눈물을 흘리면서 헨젤과 그레텔을 꼭 안아 주었어요.(*)

제 6 장

# 동화구연의 기법과 기술

## 1. 호흡법

호흡이란 숨을 들이쉼과 내쉼을 뜻한다. 즉 호흡법이란, 숨을 들이쉬고 내쉬는 방법을 말하는 것으로 구연에서는 어떤 부분에서 숨을 내쉬고 어떤 부분에서 숨을 들이쉬는가 하는 것을 말한다. 결국, 문장에 따라 호흡을 조절하는 것이다. 따라서 호흡을 어떻게 조절하느냐에 따라 동화구연의 느낌과 깊이가 달라진다. 구연자의 호흡이 제대로 되지 않으면 청자는 듣는 일에 집중하지 못할 것이며, 이야기의 흐름에 장애가 생겨 내용 전달이 되지 않기 때문에 호흡을 조절하고 연습하는 일은 매우 중요한 일이다.

### (1) 호흡의 종류

호흡의 종류는 크게 복식호흡과 흉식호흡으로 구분한다.

첫째, 복식호흡(複式呼吸)은 뱃속 깊이 숨을 들이쉬었다가 내쉬었다가 하는 호흡이다. 이를 보통 배숨쉬기라고 한다.

둘째, 흉식호흡(胸式呼吸)은 늑골(肋骨)의 운동에 의하여 행하여지는 호흡으로 즉, 가슴으로 숨을 쉬는 방법을 말한다. 보통 가슴숨쉬기라고 한다.

구연을 하기 위해서는 복식호흡과 흉식호흡을 잘 익혀야 한다. 일반적으로 복식호흡은 긴장이 없고 편안한 상태에서 깊이 있는 감정을 표현할 때 많이 쓰인다. 따라서 배로 숨을 들이마시고 내뿜는 연습을 꾸준히 하면 구연자 자신도 긴장이 해소되고 정서가 안정되는 기분을 맛볼 수 있다. 안정된 목소리와 깊이 있고 힘 있는 소리를 위해서는 복식호흡을 해야 한다. 이런 과정은 구연자와 청자 간의 편안함을 구축하게 되고 이런 정서적 안정이 있는 상황에서 구연을 했을 때 구연의 효과는 더욱 빛을 발할 것이다.

그리고 흉식호흡은 가슴으로 숨을 쉬기 때문에 깊이 있는 안정감은 복식호흡에 비해 떨어진다. 따라서 평상시의 대화에서 긴장되고 불안하고 초조한 상태에 많이 쓰인다.

평상시, 복식호흡을 꾸준히 연습하게 되면 문장에 따라 복식과 흉식을 합한 혼합호흡으로 자연스럽고 적절하게 사용할 수 있게 된다.

이런 연습은 내용의 전달에 있어 매우 유용하게 사용되며 듣는 사람에게 즐거움을 안겨주고 구연의 참맛을 즐길 수 있도록 해준다.

### (2) 호흡 연습

1단계: 바른 자세를 취한 후, 날숨과 들숨 연습을 해 본다.

첫째, 숨을 길게 들이마신다. 가슴을 활짝 펴고 아랫배에 힘을 준 후, 있는 힘껏 숨을 들이마신다. 마치 향기로운 냄새를 모두 끌어 모으듯 최대한 숨을 들이킨다.

둘째, 들이마신 숨을 그대로 멈춘다. 즉 숨이 차오르고 금방이라도 내뱉고 싶어도 잠시 숨을 멈추고 기다린다.

셋째, 숨을 천천히 내뱉는다. 가만히 참고 있었던 숨을 아주 느린 속도로, 고르게 그리고 천천히 내뿜는다. 끌어 모았던 숨이 한 줄기라도 남지 않을 정도로, 완전히 몸 밖으로 내보내는 기분으로 내뿜는다.

위의 방법을 하루에 20번 이상 반복한다.

2단계: 호흡과 발음을 소리 내어 연습해 본다.

위와 같이 연습을 한 다음에는 호흡과 함께 발음을 소리 내어 연습하면 효과적이다. 즉, 세 번째 단계인 숨을 내뱉을 때 발음을 소리 내어 본다. 이와 같이 발성연습을 하면 소리의 울림이 크고 깊이 있는 소리를 낼 수 있으며, 음량과 음폭이 매우 넓고 깊어진다. 따라서 힘차고 안정된 목소리를 연출할 수 있다.

예를 들면 다음과 같다.

첫째, 숨을 들이킨다(들숨)
둘째, 가만히 멈춘다(숨의 정지)
셋째, 숨을 내뱉는다(날숨)

[연습]

----아아아/ 아아아/ 아아아/ 아아아/ 아아아----.
----이이이/ 이이이/ 이이이/ 이이이/ 이이이----.
-----하하하/ 하하하/ 하하하/ 하하하/ 하하하----.
-----후후후/ 후후후/ 후후후/ 후후후/ 후후후----.

이때, 들숨을 최대한 아랫배로부터 끌어올리면서 천천히 소리 내어 본다.

-아, 이, 우, 에, 오/ 하, 히, 후, 헤, 호/ 등으로 바꾸어 연습해 본다.
-ㅏ, ㅐ, ㅑ, ㅒ, ㅓ, ㅔ, ㅕ, ㅖ, ㅗ, ㅚ, ㅛㅣ, ㅜ, ㅟ, ㅠ, ㅠㅣ, ㅡ, ㅡㅣ, ㅣ.

다음에는 위에서 했던 것과 마찬가지로 날숨일 때, 배에 힘이 빠질 때까지 소리

내어 본다.

[연습]

-쭉쭉쭉 / 쭉쭉쭉 / 쭉쭉쭉------.
-빵빵빵 / 빵빵빵 / 빵빵빵-------.
-창창창 / 창창창 / 창창창-------.
-찍찍찍 / 찍찍찍 / 찍찍찍-------.
-팍팍팍 / 팍팍팍 / 팍팍팍-------.
-휭휭휭 / 휭휭휭 / 휭휭휭-------.
-씩씩씩 / 씩씩씩 / 씩씩씩-------.
-퐁퐁퐁 / 퐁퐁퐁 / 퐁퐁퐁-------.
-쑥쑥쑥 / 쑥쑥쑥 / 쑥쑥쑥-------.
-땅땅땅 / 땅땅땅 / 땅땅땅-------.
-콕콕콕 / 콕콕콕 / 콕콕콕-------.
-꽝꽝꽝 / 꽝꽝꽝 / 꽝꽝꽝-------.

(받침이 없어질 때까지 연습해 본다.→ 예, '꽝꽝꽝'을 하다보면 '꽈꽈꽈'가 될 때까지 한다.)

## 2. 발음법

발음(發音)이란, 소리를 내는 것을 말한다. 전문적 표현을 빌리자면, 언어의 음운을 음성화하는 일 또는 그 음성이라고 말할 수 있다. 결국, 발음법은 소리를 내는 방법이다.

특히, 구연은 음성으로 전달되는 것이기 때문에 올바른 발음은 필수적이다. 따라서 구연자는 자신의 발음이 어떠한지 먼저 정확히 진단하고 정확하고 바르게 발음

할 수 있도록 연습을 해야만 한다. 발음이 부정확한 상태에서 구연을 하게 되면 내용전달이 미약해지고 그러다보면 청자들은 주의가 산만해져 구연의 효과는 물론 구연의 의미가 없어지게 된다.

### (1) 표준 발음의 필요성

구연자는 우선 표준어를 구사해야 하고, 설사 사투리에 익숙하다 하더라도 표준 발음을 꾸준히 연습하지 않으면 안된다.

표준 발음을 해야 하는 이유를 두 가지로 요약해 보면 다음과 같다.

① 원활한 의사소통을 하기 위해서이다.

만약 발음이 부정확하면 자신이 전하고자 하는 뜻이 상대방에게 정확히 전달되지 않는다. 그렇게 되면 상호작용이 이루어지지 않아 원활한 의사소통이 어렵게 된다. 이 경우가 심해지면 불안증, 대인기피증 심지어 우울증에 빠지기까지 한다.

② 표준 발음은 그 사람의 인품을 나타내기 때문이다.

정확하고 올바른 발음의 구사는 말하는 사람의 인품을 나타내기도 하고 현대인의 필수이다. 따라서 정확한 발음을 구사하기 위해서는 우리말의 고저와 장단을 이해하고 모음 및 닿소리에 유의해야 한다.

### (2) 표준 발음 연습

→

↓

가 갸 거 겨 고 교 구 규 그 기 개 게 괴 귀
나 냐 너 녀 노 뇨 누 뉴 느 니 내 네 뇌 뉘
다 댜 더 뎌 도 됴 두 듀 드 디 대 데 되 뒤
라 랴 러 려 로 료 루 류 르 리 래 레 뢰 뤼
마 먀 머 며 모 묘 무 뮤 므 미 매 메 뫼 뮈
바 뱌 버 벼 보 뵤 부 뷰 브 비 배 베 뵈 뷔
사 샤 서 셔 소 쇼 수 슈 스 시 새 세 쇠 쉬
아 야 어 여 오 요 우 유 으 이 애 에 외 위
자 쟈 저 져 조 죠 주 쥬 즈 지 재 제 죄 쥐
차 챠 처 쳐 초 쵸 추 츄 츠 치 채 체 최 취
카 캬 커 켜 코 쿄 쿠 큐 크 키 캐 케 쾨 퀴
타 탸 터 텨 토 툐 투 튜 트 티 태 테 퇴 튀
파 퍄 퍼 펴 포 표 푸 퓨 프 피 패 페 푀 퓌
하 햐 허 혀 호 효 후 휴 흐 히 해 헤 회 휘

위에 제시한 표를 참고로 큰 소리로 발음해 본다.

첫째, 한 글자 한 글자 또박또박 그리고 느리게 소리 내보기
둘째, 한 글자 한 글자 또박또박 그리고 빠르게 소리 내보기
셋째, 한 문장처럼 연결해서 소리내보기 → 느리게 혹은 빠르게 소리 내보기
(예, 가갸거겨고교구규그기개게괴귀 혹은 가나다라마바사아자차카타파하)
넷째, 높은 음으로 소리 내보기
다섯째, 낮은 음으로 소리 내보기

가로와 세로 어느 쪽을 먼저 해도 관계는 없으나 다음에 제시한 사항 등을 고려하여 자신의 발음을 점검하도록 한다.

① 발음이 정확한가?
② 호흡이 제대로 되었는가?

위의 두 가지를 체크하기 위해서는 자신이 발음한 것을 녹음해 둔다. 그리고 다른 사람에게 들려준 후, 알아들을 수 있는지 물어본다. 만약 호흡이 제대로 되지 않으면 발음 또한 정확하지 않기 때문에 알아들을 수 없을 것이다. 혀가 짧아 짧은 소리를 낸다든가 혹은 유아적 발음을 하고 있는 사람이 있다면 낱글자 하나하나 정확히 발음하는 연습을 해야 한다. 입을 통해 음성언어를 많이 사용하여 일을 하는 사람들(예, 아나운서 등)이 정확한 내용전달을 위해 끊임없이 자신의 발음을 교정하고 연습하는 이유는 바로 이것 때문이다.

그리고 연습한 내용을 반드시 녹음을 해 두고, 스스로 평가해 본다. 그리고 잘못된 부분이 있다면 다시 발음하고 녹음해서 들어본다. 그 후, 얼마나 나아졌는지 체크한다. 이 과정을 반복하면 어느 정도 발음은 교정된다.

### (3) 발음 교정 연습

첫째, 안면 근육을 푼다.

-두 손으로 양 볼을 원을 그리듯 마사지하며 톡톡 두드린다.
-손가락으로 이미와 눈언저리 그리고 머리 부분을 꾹꾹 눌러준다.
-눈을 위, 아래, 옆으로 움직인다.
-콧구멍을 최대한 벌렸다 오무렸다 한다.
-손가락으로 입 언저리를 작은 동그라미를 그리듯 눌러준다.
-입을 크게 벌렸다 오무렸다 한다.(위, 아래, 좌, 우)
-혀를 길게 내밀고 오른쪽, 왼쪽으로 원을 그려본다.
-아, 이, 오, 우, 에 등의 소리를 내보며 들숨과 날숨으로 호흡을 조절한다.

둘째, 입술 운동에 따른 발음을 연습한다.

-야야야/ 야야야/ 야야야/

-호호호/ 호호호/ 호호호/

-야호야호/ 야호야호/ 야호야호/

-한울이가 야호야호 야야호호 야호야호 야야호호 소리쳐요.

-피피피/ 피피피/ 피피피/

-퍄퍄퍄/ 퍄퍄퍄/ 퍄퍄퍄/

-피퍄피퍄/ 피퍄피퍄/ 피퍄피퍄/

-빛나가 피퍄피퍄 피피퍄퍄 피퍄피퍄 피피퍄퍄 풀피리 불어요.

-하하하/ 하하하/ 하하하/

-후후후/ 후후후/ 후후후/

-하후하후/ 하후하후/ 하후하후/

-아빠가 하후하후 하하후후 하후하후 하하후후 웃지요.

셋째, 혀 운동에 따른 발음연습 한다.

-룰루랄라/ 룰루랄라/ 룰루랄라/

-산토끼가 룰루랄라 룰루랄라 노래해요.

-삐로롱/ 삐로롱/ 삐롱삐롱/

-방울새가 삐로롱 삐로롱 삐롱삐롱 노래해요.

-드르렁드르렁/ 드르렁드르렁/ 드르렁드르렁/

-돼지가 드르렁드르렁 드르렁드르렁 잠을 자요.

-포로로롱/ 포로로롱/ 포로로롱/

-아기새가 포로로롱 포로로롱 날아와요.

-사르르/ 사르르/ 사르르르/ 사르르르르/

-가을바람이 사르르르 사르르르르 내 귓가에 속삭여요.

이와 같은 방법을 반복 훈련하면 발음교정에 도움이 된다. 먼저 자신감을 가지고 꾸준히 연습하면 누구나 정확한 발음을 할 수 있다.

이외에도, 초등학교 국어 교과서와 동화와 동시를 큰소리로 소리 내어 읽는 습관을 가지도록 한다. 큰소리로 읽는 습관은 자신의 장단점을 파악하게도 하고 자신감을 증진시키기도 한다. 가장 중요한 것은 꾸준히 반복하고 연습하는 것만이 가장 빠른 길이고 정확한 길이다.

## 3. 화술법

화술(話術)이란 말의 기술을 뜻한다. 즉 이야기를 전달하는 기술, 다시 말해 구연하는 능력이라고 말할 수 있다. 결국, 작품의 내용을 어떻게 이야기하느냐의 문제이다. 여기에는 음성적 요소와 비음성적인 몸짓이라는 표현이 함께 요구된다.

구연자의 화술에 따라 작품의 사상과 의도, 경험, 정서 등이 청자에게 전달된다. 이 과정에서 구연자의 의도대로(보이지 않는 내면의 의도) 청자들이 작품을 이해하고 반응이 나온다면 이는 구연의 효과를 본 것이다. 그러나 구연자의 의도대로 청자의 반응이 나오지 않는다면 이는 구연자의 화술이 문제인 것이다.

아무리 훌륭한 동화를 선택하고 개작을 잘 했다 하더라도 구연하는 기술이 부족하면 말하려는 내용이 청자에게 잘 전달되지 않을 것이다. 청자는 작품의 내용을 이해하지 못하므로 자연히 작품의 향기를 느끼지 못한다. 이렇게 되면 구연자도 청자도 모두 지루해진다.

그러나 다소 재미없고 지루한 작품이라 하더라도 구연자의 화술에 따라 재미있는 동화, 호기심 있는 동화로 탈바꿈될 수 있다. 결국, 화술에 따라 청자의 반응과 구연의 효과가 달라진다. 그래서 동화 구연 대회에서도 화술이 차지하는 비중이 크다.

### (1) 구연에 있어 화술의 중요성

구연에서 화술의 중요성을 살펴보면 다음과 같다.

① 청자의 행동과 태도 및 인격 형성에 영향을 미친다.

언어교육 차원 뿐 아니라, 전반적 교육적인 차원에서 청자들의 인성 변화에까지 영향을 미친다. 일반적으로 말은 그 사람의 인격을 나타낸다고 한다. 구연자의 화술은 특히 아직 성숙되지 않은 청자들의 인격형성에 큰 영향을 미친다. 결국, 구연자의 화술에 따라 올바른 언어교육이 자연스럽게 이루어질 뿐 아니라, 작품을 올바르게 감상하는 태도도 길러진다. 듣는 과정에서 구연자와의 공감대 형성은 정서발달에 도움이 된다.

② 청자의 사고력 형성에 영향을 미친다.

언어와 사고는 상호보완적 관계이다. 학자마다 언어가 사고보다 먼저이다 아니면 사고가 언어보다 먼저라고 의견이 분분하지만, 어쨌든 언어와 사고를 따로 떼어서 생각하기란 불가능하다. 결국, 구연이라는 것이 음성언어를 통해 이루어지는 것이므로 구연자의 화술에 따라 청자들의 사고활동을 자극하고 활성화할 수 있다는 것이다. 사고를 자극하고 확장하는 일은 인지발달, 상상력, 창의력을 발달시킨다. 따라서 작품에 대해 자신의 생각을 자유롭게 표현하기도 하고, 기존의 작품에 자신의 생각을 덧붙여 자신의 사고를 더 확장하기도 한다.

③ 복잡한 현대사회에 적응력을 길러준다.

시대가 날로 복잡해지고 발달함에 따라 문자언어 못지않게 음성언어가 발달한다. 각종 매스미디어와 매스컴에 따라 말하기와 듣기가 필요하다. 구연자와 청자의 관계는 말하기와 듣기의 관계이다. 어렸을 때부터 동화구연을 많이 접한 유아들이 다른 사람의 말을 잘 듣는다. 그리고 자신의 생각을 표현하는데도 바른 언어를 사용하고 있다. 결국 원활한 의사소통 능력이 형성된다. 즉 효과적인 의사소통을 위해 적절한 표현을 선택하고 말할 내용을 재조직하고 알맞은 단어의 선택과 표준어 사용, 그리고 듣는 사람과 상황에 따라 속도, 어조, 성량 등을 적절하게 조절하고 제스처도 그에 따라 조절하게 된다. 이는 더 나아가 현대를 살아가는 밑바탕이 되며, 복잡한 사회에 적응하기 위한 초석이 된다.

### (2) 화술에 영향을 미치는 요소

화술에 영향을 미치는 요소는 크게 청각적 요소와 시각적 요소로 나눈다. 훌륭한 화술을 가진 구연자는 청각적 요소와 시각적 요소를 적절하게 이용할 줄 안다.

#### 가. 청각적 요소

청각적 요소란 구연자가 전달하고자 하는 내용을 표현할 때 하는 모든 음성 요소를 말한다.

첫째, 분절적(segmental) 요소 → 자음과 모음 등의 분절음(segment)

둘째, 운율적(prosodic) 요소 혹은 초분절적(supersegmental) 요소

→ 강세(stress), 억양(intonation), 크기(loudness), 음질, 음색, 음조 등.

셋째, 비분절적(nonsegmental) 요소

→속도(rate), 휴지(pause), 연접(juncture), 간투사(interjection) 엑센트(accent) 등.

1) 분절적 요소

(1) 모음의 발음 연습

호흡을 가다듬고 입을 크게 벌린 후, 모음을 소리 내 본다.

*아/ 야/ 어/ 여/ 오/ 요/ 우/ 유/ 으/ 이/ 애/ 에/ 외/ 위/

-천천히 또박또박 발음해 본다.

-빠르게 또박또박 발음해 본다.

-정확하게 발음하였는지 체크한다.

-아/ 애/ 어/ 오/ 외/ 우/ 위/ 으/ 이/ 는 단모음으로 발음해 본다. (단, 외/ 위/는 이중 모음으로 발음 하는 것을 허용한다.) 즉 '외'는 입을 동그랗게 오므리고 그 상태에서 [e]를 발음한다. 또한 '위'도 입을 꽈리처럼 위로 [u]모양이 되고 한 후, [i]를 발음하면 된다. 혹은 이중모음 [ui]로 발음해도 상관없다.

-'ㅢ'의 발음 점검하기: 'ㅢ'는 3가지로 발음이 허용된다.
첫째, [ㅢ]로 발음된다. ---(예) 의견[의견], 의무[의무], 의사[의사]
둘째, [ㅣ]로 발음된다.---(예) 무늬[무니], 희망[히망], 유희[유히]
셋째, [ㅔ]로 발음된다.---(예) 나의[나에], 우리의[우리에], 그들의[그들에]

(2) 자음의 발음 연습

*ㄱ(기억), ㄴ(니은), ㄷ(디귿), ㄹ(리을), ㅁ(미음), ㅂ(비읍), ㅅ(시옷), ㅇ(이응), ㅈ(지읒),
ㅊ(치읓), ㅋ(키읔), ㅌ (티읕),ㅍ(피읖), ㅎ(히읗)

-닿소리를 먼저 큰소리로 발음해 본다.

* 'ㄲ, ㅋ', 'ㅅ, ㅆ, ㅈ, ㅊ, ㅌ'. 'ㅍ'은 자음 또는 어말 앞에서 대표음 [ㄱ ㄷ ㅂ]으로 발음된다.

[예문]

앞과 [압과], 밖[박], 잎도[입도], 꽃과[꼳과], 웃다[욷따]

밖[박]에 살랑살랑 봄바람이 불어요.
앞[압]에는 졸졸졸 시냇물이 흐르고요.
꽃과[꼳과] 풀들이 하하 호호 웃어요.

-큰소리로 또박또박 소리 내 본다.

### 2) 운율적 요소

운율적인 요소에는 소리의 크기, 강세, 억양, 음질, 음조, 음색, 음률 등을 말한다. 즉 자음과 모음의 분절음을 발음할 때에 그 분절음 이외에 자립적으로 있는 요소이다. 다시 말해, 똑같은 문장을 서로 다른 구연자들이 구연할 때 느낌이 서로 다른데 이는 바로 구연자들의 운율적 요소가 각기 다르기 때문이다. 목소리의 크기를 어떻게 하느냐에 따라, 강세를 어디에 두느냐에 따라, 억양을 어떻게 하느냐에 따라 그리고 음색이 어떠 하느냐에 따라 구연의 느낌이 달라진다.

#### (1) 소리의 크기(loudness)

소리의 크기는 보통 소리의 강도(强度)라고 한다. 구연자에 있어 소리의 크기를 조절하는 것은 청자들의 주의를 집중시키는 방법으로도 사용되며, 구연의 효과를 살리기 위해서도 사용된다. 즉, 청자들의 주의가 산만하다면 목소리의 크기를 종전보다 크게 해서 주의를 환기시킨다. 혹은 구연자가 강조해야 할 부분에서도 소리의 크기를 크게 하여 주의집중을 시킬 수 있다. 이와는 반대로, 내용의 대화부분에서 작고 귀여운 동물들이 이야기를 하는 장면에서는 소리의 크기를 작게 하여 등장인물의 특성을 살릴 수도 있다. 혹은 구연자와 청자와의 거리가 가까울 경우에는 소리의 크기를 보다 작게 조절할 수 있다.

그리고 작품 내용의 분위기와 상황에 따라 소리의 크기를 조절한다. 예를 들면, 공사를 하는 장면이나 자동차가 충돌하는 장면 등에서는 다소 큰 소리로 구연하는 것이 좋다. 그리고 바람소리라든가 혹은 고요하고 조용한 상황에서 이루어지는 이야기라면 소리를 작게 조절해야 한다.

소리의 크기를 잘 조절하기 위해서는 구연자의 음량이 풍부해야 한다.

음량(Volume)이란, 소리의 용량을 말한다. 즉 성량이 얼마나 풍부 하느냐의 문제이다. 성량이 풍부한 사람은 청자들의 수에 따라 크기 조절이 가능하고, 장소의 크기에 따라서도 조절이 가능하다. 만약 음량이 풍부하지 않는 사람이 많은 수의 청자들에게 동화구연을 한다면 청자들에게 잘 들리지 않아 주의집중이 어렵게 된다. 따라서 음량이 풍부하지 못한 사람이 구연을 할 경우에는 주의가 산만해지기 쉽다. 그리고 구연자 자신도 지치게 되어 점차 자신감을 상실하게 된다.

결국, 구연자는 시시각각 상황이 변화됨에 따라, 등장인물의 특성에 맞게 소리의 크기를 변화시켜야 한다. 소리의 크기 조절은 청자들의 호기심을 자극하고, 전체적 흐름을 율동적으로 만든다.

[예문]

**"공주님! 공주님! 같이 가요! 같이 가! 내 친구가 되어주기로 했잖아요! 공주님!"**

개구리는 달아나는 공주님을 뒤 쫓아 갔어요.

→ **개구리의 목소리는 크게 한다.**

**"쉿! 조용히 해요. 땅속에 있는 꽃씨가 잠에서 깰지 몰라요."**

바람이 속삭였어요.

→ **바람의 목소리는 작게 한다.**

(2) 강세(stress)

강조해야 할 부분을 강세 혹은 어세(Emphasis)라 한다. 말에서 특히 강조해야 할 부분이 있을 때 그곳에 강세를 넣어 말한다. 강세를 어느 곳에 두느냐에 따라 의미가 다양해지는데, 구연자는 자신이 강조하고자 하는 부분에 강세를 두면 그 의미를 강조할 수 있다.

[예문]

**꿀꿀이**는 빵을 열 개나 먹었어요.(누가 빵을 먹었는가를 강조)

꿀꿀이는 **빵**을 열 개나 먹었어요.

(꿀꿀이는 과일도 사탕도 아닌 빵을 먹었음을 강조)

꿀꿀이는 빵을 **열 개**나 먹었어요.

(꿀꿀이가 빵을 한 두 개도 아닌 열 개나 먹었음을 강조)

(3) 억양(Intonation)

억양이란 말에서 되풀이되는 소리의 높낮이를 말한다. 보통 억양을 어디에 두느냐에 따라 , 어떻게 변하느냐에 따라 말의 의미가 달라진다.

[예문]

-토끼야! 너 지금 뭐해(하강조) → 종결부분에서 억양을 하강조로 했다면, 이는 이미 토끼가 뭘 하는지 알고 있는 상태에서 질문하는 의미가 된다.

-토끼야! 너 지금 뭐해(상승조) → 종결부분에서 억양을 상승조로 했다면, 이는 정말 토끼가 지금 뭘 하는지 몰라서 질문하는 의미가 된다.

-그래(하강조) → 이는 평서문으로 상대방의 말에 동조하는 의미가 된다.

-그래(상승조) → 이는 의문문 혹은 감탄문이 될 수 있는 것으로, 정말 몰라서 그래? 하는 경우도 있고, 감탄과 놀람의 의미로서도 해석될 수 있다.

(4) 음색(Timber)

음색(Timber)이란 소리의 색깔이다. 소리의 색깔은 감정에 따라 달라진다. 즉 음색이 어떠하느냐에 따라 그 사람의 감정 상태를 알 수 있다. 예를 들면, 엄마가 "철아! 엄마 좀 도와주렴." 했을 때, 철이의 반응이 "알았어요."라고 대답했다고 하자. 이때, 철이의 음색이 어떤 색깔이냐에 따라 철이의 느낌을 알 수 있다는 말이다. 즉 "알았어요." 똑같이 대답했다 하더라도 상황에 따라 그리고 철이의 현재 기분 상태에 따라 음색이 달라진다. 철이의 기분 상태가 좋다면 음색이 밝고 경쾌할 것이다. 혹은 철이의 기분상태가 좋지 않아 마지못해 대답을 했다면, 아마 그 음색은 어둡고 침침한 음색일 것이다.

[예문]

-"어머, 이게 뭐야?" → 깜짝 놀라는 느낌/ 짜증스럽게 비꼬는 느낌/

-"참 예쁘구나" → 사랑스럽고 기분 좋은 느낌/ 약 올리면서 비꼬는 느낌/

-"이리와! 어서." → 화난 느낌/ 다정한 느낌/ 슬프고 침울한 느낌/즐겁고 행복한 느낌/

감정의 상태에 따라 음색이 얼마든지 변화될 수 있다는 것을 알 수 있다.

(5) 음률(Rythm)

음률(Rythm)이란, 말의 리듬을 말한다. 리듬은 곧 음악의 생명이다. 즉 소리에 리듬이 있다는 것은 바로 생동감의 표현이고, 셈과 여림(强弱)의 두 가지 음의 규칙적 반복을 의미한다. 또한 음률은 높낮이에서도 나타나며, 음의 장단(長短)에 의해서도 나타난다. 여기에 따라 우리들이 느끼는 감정은 각기 다르다.

예를 들면 다음과 같다.
-장음단음/ 장음단음/ 장음단음/의 반복은 평화롭고 고요한 느낌을 준다. 반면,
-단음장음/ 단음장음/ 단음장음/의 반복은 명랑하고 쾌활한 느낌을 준다.

*장음과 단음을 통한 리듬의 예*

-하늘에서 하얀 눈(:)이 펑펑펑!
 내 눈(·)에 하얀 눈(:)이 쏙쏙!
-배나무에 배(·)가 주렁주렁!
 내 배(:)도 배(·)처럼 동글동글!
-내 다리(·), 튼튼한 내 다리(·)!
 다리(:)도 건너요. 하나 둘, 하나 둘!
-푸른 소(·)나무 아래로 가요.
 엄마 소(:)가 음메음메 노래하며 가요.

*의성어와 의태어를 통한 리듬의 예*

[엄마돼지가 꿀꿀꿀
아기돼지가 꿀꿀꿀
엄마오리가 꽥꽥꽥
아기오리가 꽥꽥꽥
엄마고양이가 야옹야옹

아기고양이가 야옹야옹
꿀꿀꿀, 꽥꽥꽥, 야옹야옹
랄라라 랄라라 즐겁게 노래해요.]

[거북이가 엉금엉금
토끼가 깡충깡충
돼지가 어기적어기적
호랑이가 어슬렁어슬렁
다람쥐가 폴짝폴짝
옹달샘으로 하나 둘, 하나 둘,
세수하러 오지요.]

위와 같이 소리를 흉내 내는 의성어와 모양과 동작을 흉내 내는 의태어의 사용은 말의 리듬을 만든다. 이런 리듬은 말의 생동감을 불어넣어 주고, 흥미를 불러일으킨다.

3) 비분절적 요소

여기에는 말의 속도, 발음의 길이, 쉬는 간격 등을 말한다. 말의 속도는 어떤 빠르기로 해야 하는지, 하나하나 발음하는데 걸리는 시간이 얼마 만큼인지, 그리고 문장과 문장사이에 쉬는 간격은 어느 정도로 해야 하는지 등에 따라 의미가 달라진다. 따라서 구연자는 이런 요소 등을 고려해야 한다.

(1) 음속(rate)

음속이란 템포(Tempo)란 말로도 흔히 사용된다. 즉 말의 속도를 의미한다. 항상 일정한 속도를 유지하는 사람은 아마 드물 것이다. 일정한 속도로 말하는 사람은 아마 감정변화가 극히 적은 사람이라고 말해도 과언이 아닐 것이다. 우리들의 삶은 언제나 변화무쌍하고 감정 또한 상황에 따라 다양하게 변화한다. 따라서 그 때마다 우리들의 말의 속도는 빠르기도 하고, 때로는 느리기도 하다.

특히, 구연자는 말의 속도를 잘 조절해야 한다. 항상 일정한 속도를 유지하는 것은 자칫 청자로 하여금 지루함을 안겨준다. 그러므로 작품의 분위기와 흐름에 따라 천천히 느리게 해야 할 부분에서는 말의 속도를 다소 줄이고, 위기와 절정 부분에서는 긴장감을 주기 위해 다소 빠르게 표현해야 한다. 그리고 대화부분에서도 느리게 해야 할 부분이 있고, 빠르게 해야 할 부분이 있다. 결국 속도는 작품의 상황과 등장인물의 심리적 변화 등에 기인된다.

[예문]

-철이가 "엄마, 엄마! 큰일 났어요. 옆집에 불, 불이 났어요."
→ 말의 속도는 빨라져야 한다.
-할아버지는 "아이쿠, 허리야! 철아! 할아버지 좀 일으켜 주렴."
→ 느리게 해야 한다.
-"와, 신난다! 드디어 여름방학이구나!"
→ 말의 속도를 빠르게 한다.
-"이게 뭐람. 엄마한테 또 혼나겠구나. 어떻게 하지?"
→ 말의 속도를 느리게 한다.

(2) 휴지(Pause)

말과 말 사이의 간격을 의미한다. 즉 낱말과 낱말 사이, 어절과 어절 사이, 구와 구 사이 그리고 문장과 문장 사이에서 잠시 쉬는 것을 말한다. 결국, 어디에서 간격을 두어 호흡을 하느냐 하는 문제이다.

구연자는 크게는 장면이 변화되는 부분에서 잠시 쉼을 가져 주의를 환기시키기도 한다. 그리고 강조해야 할 부분에서 잠시 쉼을 가져 청자로 하여금 생각할 수 있는 시간을 마련해 주기도 한다. 그리고 끝 부분에서 잠시 쉼을 가져 작품의 여운을 남기는 효과를 주기도 한다. 만약 쉬어야 할 부분에서 쉬지 않으면 말의 의미가 모호해져 의미가 제대로 전달되지 않는다.

[예문]

-엄마고양이가 울면서/ 떠나는 아기고양이에게 손을 흔들었어요.
→ 이것은 엄마고양이가 울면서 아기고양이에게 작별하는 모습이다.
-엄마고양이가/ 울면서 떠나는 아기고양이에게 손을 흔들었어요.
→ 여기서는 엄마고양이가 울며 떠나는 아기고양이에게 작별하는 모습이다.

결국, 휴지(쉼)에 따라 의미해석이 얼마든지 달라질 수 있다.

[띄어 읽기의 예 ①]

-주어와 술어 사이에는 띄어 읽는다.
(예) 나는 / 학생이에요.
-문장부호가 있을 때, 띄어 읽는다.
(예) "꿀순아! / 뭐 하니?"
"글쎄, / 무슨 일이 생긴 걸까?"
-부사 다음에는 띄어 읽는다.
(예) 비로소 / 귀뚜라미는 가수가 되었어요.
과연 / 무슨 일들이 일어났을까요?
어느 날 / 개미가 놀러왔어요.
-년, 월, 일, 시, 숫자에 띄어 읽는다.
(예) 1950년/ 6월/ 25일/ 전쟁이 일어났어요.
지금은 12시/ 30분/입니다.

[문장에서의 띄어 읽기의 예 ②]

늙은 감나무에∨줄을 매달고∨그네 타기도∨하지요.
겨울바람에∨치마가∨나폴 거려요.
개구쟁이 철이가∨오고 있어요.
영이는 ∨그네에서∨내렸어요.
철이를 ∨잡으려고∨뒤 쫒아 갔어요.

일반적으로 문장동화의 띄어쓰기 부분에서 잠시 쉼을 갖는다.

(3) 간투사(interjection)

일반적으로 간투사는 구연하는 내용과 별개의 것으로, 구연자가 '에---' '음----' '그래서' '마----' 등 전달하려는 내용과 전혀 관계없는 음운이나 단어 등을 말한다.

이는 습관이 되면 곤란하다. 그러나 구연 중에 내용을 잊어버렸다거나 혹은 호흡을 가다듬거나 조절하거나 할 때에 사용하면 된다.

[예문]

말하자면, ---가요, 뭐냐하면, ----음, ----저, ---에, -----거시기 등.
-책상에 앉으니 머리가 지근 아팠어요. 음, 말하자면, 공부가 하기 싫은 거지요.
-음----내가 한 마디 하겠어요. 에--우리가 이렇게 가만히 있을 수는 없어요.

지나친 간투사의 사용은 주의를 산만하게 하며, 이야기의 흐름을 방해한다. 또한, 청자들이 쉽게 흉내 내어 바른 언어 습관 형성에 역효과를 준다.

### 나. 시각적 요소

시각적 요소란 구연자가 음성으로 하는 것 이외의 모든 것을 말한다. 즉 몸짓, 표정, 자세, 복장, 용모, 시선, 그리고 무대, 마이크의 위치, 구연자와 청자와의 거리 간격 등을 말한다. 즉 소리가 아닌 눈으로 볼 수 있는 것들을 말한다.

이 부분은 다음 장에서 따로 다루기로 한다.

구연에 있어 시각적 요소(특히, 구연자의 몸동작)가 필요한 이유는 다음과 같다.

① 청자의 관심을 집중시키기 위해서이다.

구연자가 부동자세로 처음부터 끝까지 이야기를 이끌어 간다고 생각해 보면 어떤가? 생각만 해도 지루하고 재미없어 진다. 특히 청자인 어린이들은 곧 주의가 산만해질 것이다. 따라서 구연자는 구연하는 내용에 맞게 적절한 몸동작이 필요하다. 이는 주의를 집중시키는 효과가 있다.

② 구연하려는 내용을 더 잘 전달하기 위해서이다.

전달하고자 하는 내용에 맞는 몸동작은 청자가 의미를 이해하는데 좋은 영향을 미친다. 청자들은 시각적인 동작과 청각적인 음성을 통해 작품과 더 친밀해질 수 있고, 올바른 의미파악을 할 수 있다.

③ 구연자와 청자와의 친밀감 형성을 위해서이다.

구연자의 따뜻하고 다정한 얼굴표정, 청자에게 친숙한 몸동작 등은 청자와 구연자를 친밀하게 만들어 준다. 수직적 관계에서 벗어나 수평적 관계에서 구연이 이루어질 수 있다. 친구처럼 편안한 관계에서 동화구연이 이루어질 수 있도록 해야 한다.

### (3) 화술에 있어 구연자가 고려해야 할 사항

화술에 있어 구연자가 반드시 고려해야 할 사항은 다음과 같다.

① 자신의 목소리를 살려야 한다.

목소리는 그 사람의 개성이다. 나와 똑같은 목소리를 가진 사람은 이 세상에 단 한 사람도 없다. 어떤 사람은 맑고 투명한 목소리를 가지고 있는 반면, 또 어떤 사람은 굵고 낮은 목소리를 가진 사람도 있다.

일반적으로 구연을 하는 사람은 반드시 맑고 밝고 투명한 목소리를 가진 자만이 하는 것으로 생각하기 쉽다. 그러나 그건 잘못된 생각이다. 다양한 목소리만큼 다양한 구연자가 있어야 하는 것은 당연하다. 따라서 투박하고 낮은 목소리를 가진 사람도 자신의 목소리에 맞는 작품을 선택하여 구연하면 좋은 효과를 볼 수 있다.

자신만의 기본적인 목소리가 있다 하더라도 얼마나 연습하고 노력하느냐에 따라 다양한 목소리를 연출할 수 있다. 결국 화술은 목소리의 변화를 시도하는 것이라 해도 무방하다.

평소 자신의 목소리가 굵고 낮다면 할아버지나 아저씨 그 밖의 몸집이 큰 동물들이 등장하는 작품을 선택하는 것이 바람직하다. 반면, 맑고 투명한 목소리라면 요정이나 공주, 꽃들 그 밖의 몸집이 작고 귀여운 동물들이 나오는 작품을 선택하는 것이 바람직하다.

자신의 목소리와 가장 가깝고 친밀한 등장인물이 있는 작품이라야 자연스럽게 연출할 수 있기 때문이다. 자연스러운 구연은 곧 자신감을 뜻하기도 하다. 결국, 자신의 목소리를 살리라는 말은 곧 개성을 살리라는 말이다.

② 명확하고 분명한 음성이어야 한다.

입으로 이야기하고 귀로 듣는 동화이기 때문에 구연자는 반드시 정확하고 바른 음성을 가지고 있어야 한다. 명확한 음성은 바른 언어습관에서 오는 것이다. 따라서 발음에서 명확하지 않는 부분을 반복 연습하여 고쳐나가면 될 것이다. 특히, 사투리를 사용하는 사람들은 표준발음 연습을 철저히 해야 한다. 사투리는 발음과 억양에서 문제가 되기 때문이다. 예를 들어, 경상도 사람은 'ㅅ' 과 'ㅆ' 의 발음이 명확하지 않아 '쌀'을 '살'로 발음하는 경우가 많다. 또한, 'ㅓ' 와 'ㅡ'의 구별이 확실하지 않아 '슬프다'를 '설프다'로 발음하는 경우가 허다하다. 또한 전라도 사람은 '의'와 '에'의 조사 구별이 확실하지 않아 뜻이 잘 전달되지 않는 경우도 있다. 이와 같이 발성에서 오는 사투리는 구연자가 극복해야 할 문제이다. 왜냐하면, 불명확한 발음은 분명한 말의 뜻을 전달할 수 없기 때문이다.

명확하고 분명한 음성은 자신 있고 힘 있는 목소리를 연출시킨다. 또한 밝고 건강한 목소리를 만든다.

③ 다양한 목소리를 연출해야 한다.

다양한 목소리의 연출은 성우라는 직업을 가진 사람이 아니면 매우 어렵고 난감한 일이라고 생각한다. 그러나 일반 사람들도 조금만 노력하면 다양한 목소리를 구사할 수 있다. 즉 평상시 우리들의 음성을 자세히 관찰하다 보면, 여러 상황에 따라 그리고 감정의 변화에 따라 음성이 변화하는 것을 느낄 수 있다.

예를 들면, 기쁘고 신나는 일이 있을 때 우리들의 음성은 리듬이 있고 활기차며 높고 경쾌한 소리를 낸다. 혹은 슬프고 기분 나쁜 일이 있으면 우리들의 음성은 축 가라앉아 낮고 음울한 소리를 낸다. 어떤 때는 말의 속도가 빠르고 높으며, 어떤 때는 느리고 낮은 소리를 낸다. 이렇듯 상황의 변화에 따라, 감정의 변화에 따라 우리들의 목소리는 얼마든지 바뀔 수 있다. 이런 점을 생각해 볼 때, 구연자는 작품의 상황과 등장인물의 감정변화에 따라 목소리 연출이 가능해진다.

④ 작품 속 등장인물과 동일시되어야 한다.

구연자는 구연하려는 작품의 분위기에 흠뻑 빠져들어야 하고, 작품 속의 등장인물과 한마음이 되어야 한다. 즉, 등장인물이 가지고 있는 감정과 느낌을 구연자도 함께 공유해야 한다는 것이다. 예를 들면, 눈물을 뚝뚝 흘리는 슬픈 장면에서는 구연자도 눈에 눈물이 글썽글썽 맺힐 정도로 슬픔 속에 푹 빠져들어야 한다. 그렇게 되면 자연스럽게 구연자의 목소리도 슬픈 목소리가 될 것이다. 만약 작품 속 주인공의 심리와 동일시가 안 되면, 음성으로는 '슬펐어요' '속상해요' 이렇게 말하면서 얼굴은 미소를 머금는 우스운 표정이 되기 쉽다.

결국, 구연의 최고 목표는 청자들의 가슴에 감동을 안겨주는 일이다. 그러므로 구연자는 작품 속에 완전히 빠져들어서 마치 작품 속의 등장인물처럼 느껴지도록 해야 한다. 그래야 목소리 연출도 자연스럽게 되고, 감동의 여운도 줄 수 있다.

⑤ 청자의 수준과 능력을 고려해야 한다.

아무리 화술이 뛰어난 구연자라 하더라도 듣는 사람의 연령과 작품을 이해하는 수준을 파악하지 않고 구연을 하면 역효과가 난다. 5세 유아에게 초등학교 고학년 수준에서 이해할 수 있는 표현을 사용한다면 청자의 능력을 넘어선 요구를 하는 것이 된다.

⑥ 주어진 시간을 고려해야 한다.

일반적으로 구연을 할 때의 시간은 3분에서 길게는 7분 정도이다. 보통, 동화 구연 대회에서는 5분을 기준으로 한다. 따라서 구연자는 자신의 화술을 마음껏 발휘할 수 있는 시간이 5분밖에 되지 않는다. 그렇기 때문에 주어진 시간 5분 안에 구연자의 의도와 청자의 반응까지를 고려한 목적을 설정해야 한다. 아무리 작품의 내용이 좋고 화술이 뛰어난다고 한들 5분이라는 시간을 넘기게 되면 감점을 당한다. 그리고 5분이라는 시간을 설정해 놓았다는 것은 청자들의 주의집중 시간이 5분을 채 넘지 않는다는 말이다. 이 시간은 유아와 저학년 아동일 때 주로 적용된다. 고학년 일 때에는 10분 내지 15분 정도로 시간이 다소 길어진다.

### (4) 실연

우리의 감정은 복합적이고 매우 다양하다. 느낌을 나타내는 말에는 크게 감정이 담긴 것과 의지가 담긴 느낌으로 구분한다.

① 감정 느낌에 따른 연습

-**기쁨**: 하하, 호호, 후후, 헤헤, 히히, 깔깔, 낄낄, 킥킥, 와우, 와---등.

(예) "하하하---정말 재미있구나." 아기 곰은 떼굴떼굴 구르면서 웃었어요.

-**슬픔**: 흐흐흐, 아이고, 꺼억꺼억, 에고, 에구--등.

(예) "아이고, 세상에 이럴 수가! 어떻게 이런 일이 있을 수 있을고?"
"꺼억꺼억----꺽꺽----." 원숭이는 가슴을 치며 눈물을 뚝뚝 흘렸어요.

-**분노**: 나 참, 에잇, 엑기, 넥끼, 원 참, 아이쿠----등.

(예) "넥끼, 이 녀석! 어서 이리 오지 못해!" 엄마는 두 눈을 부릅떴어요.
"에잇!" 푸름이는 발로 돌멩이를 걷어찼어요.

-**놀람**: 어머, 에그머니나, 앗, 어, 이크, 세상에, 아---등.

(예) "어머, 이게 뭐야?" "앗, 벌써 시간이 이렇게 되었네."

-**걱정, 한숨**: 어이구, 어휴, 쯔쯧, 이크, 허허, 휴우, 아아, 허---등.
(예) "아--이런 일도 다 있구나." "쯔쯧---어쩌다가--?"

-**놀림, 콧웃음**: 피, 흥, 쳇, 어쭈, 어어----등.
(예) "흥, 자기가 잘났으면 얼마나 잘났담?" "어쭈, 네가 왕자라구?"

-**가엾고 불쌍함**: 이런, 이럴 수가, 저런, 쯔쯧, 에그, 어머---등.
(예) "에그----먹을 것이 하나도 없구나." " 에그, 이런 곳에서 살다니!"

-**공포, 두려움**: 어이구, 어어, 흐흐흐, 흐응,---등.
(예) "흐흐흐----귀, 귀신이닷!" " 어어----점점 어두워 지는 걸."

이 밖에도 우스움, 깔봄, 불평스러움, 빈정거림, 지치고 힘듦, 애교스러움, 우울하고 침울함, 신나고 즐거움 등 무수히 많은 감정과 느낌이 있다. 느낌에 따른 연습은 얼굴 표정과 목소리와 동일시되어야 한다. 상황에 맞게 그리고 주인공의 심리상태를 잘 파악하면서 연습한다.

② 의지 느낌에 따른 연습

-**주의**: 쉿, 제발, 쉬쉬---등.
(예) "제발, 밤늦게 돌아다니지 말아라."
"쉬쉬---아기가 깬다. 조심해야지."

-**단념**: 에이, 에라, 그래, 휴우, 제기랄---등.
(예) "에이, 모두 다 필요 없어."

-**대답**: 예, 네, 응, 알겠습니다. 아니, 글쎄, 잘 모르겠는데요----등
(예) "잘 알았어요." "아니요. 저는 모릅니다."

-재촉: 빨리빨리, 그래, 응----등.

(예) "그래그래, 곧 할게." "빨리빨리 옮기자." "응!"

이 밖에도 추어줌, 꾀임, 어름, 힘씀, 부름---등 다양한 의지 느낌에 따른 말들이 있다. 이것들은 작품 속에서 느끼는 대로 구연하면 된다.

③ 소리말(의성어)과 모양말(의태어) 연습

화술에 있어 중요한 부분은 리듬을 살리는 일이다. 만약 말에 리듬이 없다면 청자들은 곧 지루함을 느낄 것이다. 리듬을 살리는 일은 구연하려는 내용에 생동감을 주며, 듣는 동안 즐거움을 준다. 특히, 나이가 어린 청자일수록 이야기 전체의 리듬, 문장의 리듬, 언어의 리듬을 최대한 살려야 한다.

언어의 리듬을 살리는 가장 좋은 방법은 의성어와 의태어를 통한 것이다. 의성어와 의태어는 반복적 리듬으로 청자들에게 친숙함과 현실감을 준다.

의성어와 의태어에 따른 연습을 할 때는 구연자 자신이 꾀꼬리가 되어 노래를 한다는 기분으로 해야 한다. 또한, 토끼가 되어 산 속을 깡충깡충 뛰어 다닌다는 생각으로 해야 한다. 그렇지 않으면 현실감이 떨어진다. 구연은 생생한 생동감과 활기찬 생명력이 느껴져야 한다.

**〈소리 말 연습〉**

※ 동물 소리를 흉내 내는 연습을 해 본다. 이 때, 동물의 몸집, 동물의 소리, 동물의 생김새 등을 고려하여 즉 특징을 살려 소리를 연습해 본다.

[예문]

## 동물들의 노래잔치

병아리가 삐약삐약 뿅뿅뿅!
강아지가 멍멍멍 멍멍멍!

오리가 꽥꽥꽥 꽥꽥꽥!
염소가 메에메에 메에메에!
송아지가 음머음머 음머음머!
돼지가 꿀꿀꿀 꿀꿀꿀!
고양이가 야옹야옹 야옹야옹!
호랑이가 어흥어흥 어흥어흥!
얼룩말이 히잉히잉 히잉히잉!

꾀꼬리가 꾀꼴꾀꼴 꾀꼴꾀꼴!
방울새가 쪼롱쪼롱 쪼롱쪼롱!
부엉이가 부엉부엉 부엉부엉!
종달새가 삐롱삐롱 삐롱삐롱!
제비가 　지지배배 지지배배!
까치가 　까악까악 까악까악!

쿵짝쿵짝 쿵쿵짝!
뿜빠뿜빠 뿜빠빠!
싸바싸바 싸바바!
신나고 즐거운 노래잔치!

주의해야 할 점은 구연자는 머릿속에 평화로운 숲 속 마을을 상상한다. 그리고 잔치 풍경을 그린다. 동물들이 넓은 풀숲에 모여 신나고 즐겁게 노래하는 모습을 상상한다. 내가 마치 동물이 되어 즐겁게 노래한다는 기분으로 연습을 한다.

**〈모양 말 연습〉**

모양과 동작을 나타내는 의태어도 반복적 리듬으로 친숙함을 주고 즐거움을 준다. 연습을 하면서 모양과 동작을 머릿속에 그려본다.

[예문]

생쥐가 토독토독!
토끼가 깡충깡충!
다람쥐가 폴짝폴짝!
멧돼지가 성큼성큼!
뱀이 스르르스르르!
망아지가 따각따각!
호랑이가 어스렁어스렁!

나비가 팔랑팔랑!
기러기가 훨훨!
독수리가 휙휙!
소리개가 빙빙!

도넛츠가 동글동글!
지붕이 뾰족뾰족!
구름이 둥실둥실!
바람이 살랑살랑!

다음은 의성어와 의태어를 사용할 때 주의할 점이다. 주의할 사항을 점검한 후 구연을 하면 훨씬 생동감 있는 구연이 될 수 있을 것이다.

첫째, 의성어는 문장의 앞부분에서 사용해야 한다. 그래야 실감 있는 표현이 된다.

(예) **"야옹야옹!** 아이, 배고파."---"아이, 배고파. 야옹야옹!"

**힝힝힝,** 다람쥐가 울었어요.---다람쥐가 힝힝힝 울었어요.

둘째, 지나치게 많이 사용하지 말아야 한다. 아무리 의성어와 의태어를 많이 좋아한다고 해도 지나친 사용은 금물이다. 이는 오히려 지루함을 유발시킬 수 있기 때문이다. 그리고 이야기의 흐름을 잊어버리는 경우가 있기 때문이다.

셋째, 품위 있게 표현해야 한다. 간혹, '꼬꼬댁 꼬꼬꼬----.'라는 닭의 울음소리를 낸다거나 웃음소리를 낸다거나 할 때, 생동감과 현실감을 주려는 욕심 때문에 자칫 경박하게 되는 수가 있다. 구연자는 작품의 분위기와 등장인물의 성격 특성을 잊어서는 안 된다.

④ 내용에 따른 목소리 표현 연습

-작품의 전체 분위기와 등장인물의 특성을 잘 파악하여 목소리를 표현해 본다.

[연습 1--창작동화]

## 꼴찌가 쓴 꽃왕관

버들 연못 속에 조그만 개구리 유치원이 있어요.---(편안하고 다정한 목소리로)

"꽃왕관은 내가 써야지. 헤헤---."(의지가 담긴 투로, 욕심 많은 목소리로)

힘이 센 불뚝이가 말했어요.---(편안한 목소리)

"흥, 무슨 소리? 꽃왕관은 내꺼야."---(비꼬는 투로)

다리가 긴 아롱이는 불뚝이를 쏘아보았어요.---(편안한 목소리)

오늘이 무슨 날이냐구요?---(청자의 호기심을 자극하는 말투로)

바로 헤엄치기 시합날이에요.---(미소 지으며, 부드러운 목소리)

헤엄치기에서 일등한 개구리에게는 꽃왕관도 씌워주고, 세계여행도 보내주어요.(편안함)

참 신나겠지요?---(기쁨에 찬 말투로, 맑은 목소리)

머리를 흔들흔들! 팔을 쭉쭉! 허리를 빙글빙글! 다리를 툴툴! 엉덩이를 실룩샐룩!(활기참)

아기 개구리들은 열심히 준비운동을 했어요.---(즐겁고 신나는 목소리)

"히이잉---힝힝--개고르---개고르----."---(슬픈 목소리로, 가늘고 낮은 목소리)

왕눈이는 풀밭에 쭈그리고 앉아서 훌쩍거렸어요.---(편안하면서 낮은 목소리)

"에고, 개구리가 어째서 헤엄을 못칠고?"---(걱정스러움과 비아냥거림이 섞인 목소리)

"조상대대로 헤엄 못 치는 개구리는 아마 왕눈이 녀석 뿐일게야. 쯔쯧---."--(비웃음)

구경나온 어른 개구리들은 고개를 떨구고 있는 왕눈이에게 한 마디씩 했어요.(편안함)

"우리 친구들! 모두 준비되었지요?"---(밝고 경쾌한 목소리)

점박이 선생님이 빨간 깃발을 흔들면서 말씀하셨어요.---(편안한 목소리)

'힝힝---난 못할 것 같아.'---(불안과 두려움의 느낌, 작고 힘없는 목소리)

왕눈이는 힘없이 일어섰어요.---(천천히, 낮은 목소리)

"불뚝이 파이팅! 아롱이 파이팅!"---(즐겁고 명랑한 목소리)

"으쌰으쌰 으싸쌰! 쿵짝쿵짝 쿵짝짝!"---(즐겁고 명랑한 목소리)

엄마와 아빠 개구리들은 춤을 추면서 응원을 했어요.---(편안한 목소리)

"왕눈아! 힘내라! 힘내!"---(의지가 담긴 느낌, 힘차고 강한 목소리)

멀리서 아빠의 목소리가 아스래하게 들려왔어요.---(편안한 목소리)

삘리리 삘리리---땅!---(긴박감 넘치는 목소리)

드디어, 시합이 시작되었어요. 아기 개구리들은 물속으로 힘차게 뛰어들었어요.---(긴장감)

왕눈이도 겨우 물속으로 들어갔어요.---(편안한 목소리)

'어----다리에 힘이 없어. 아---난 몰라---힝힝."---(두려움과 슬픈 목소리)

"왕눈아! 넌 할 수 있어."---(강하고 힘차며 부드럽고 다정한 목소리)

왕눈이의 손을 잡고 다정하게 말씀하시던 아빠의 얼굴이 떠올랐어요.---(편안한 목소리)

왕눈이는 다리에 힘을 주었어요.----(편안한 목소리)

하나, 둘---하나, 둘!---(힘찬 목소리)

왕눈이는 천천히 물살을 가르며 헤엄을 쳤어요.---(편안한 목소리)

한참이 지났어요.---(편안한 목소리)

"어? 친구들이 모두 어디로 갔을까?"---(놀람과 동시에 불안한 목소리)

왕눈이는 물 위로 얼굴을 쏙 내밀고 주위를 둘러보았어요.---(편안한 목소리)

"하하하---왕눈이가 꼴찌다! 꼴찌!"---(비웃는 목소리)

"우리 유치원에서 최고 꼴찌다! 개골개골!"---(비야냥 거리며 깔보는 목소리)

친구들은 깔깔 웃으면서 놀려댔어요.---(편안한 목소리)

"왕눈아! 조금 남았다. 힘 내라!"---(힘차고 강하면서 다소 불안이 섞인 목소리)

아빠는 두 팔을 흔들면서 소리쳤어요.---(편안한 목소리)

"흐흐흐---개고르---개고르----."---(슬프지만 억지로 울음을 참는 목소리)

왕눈이는 쏟아지려는 눈물을 꾹 참고 힘겹게 헤엄을 쳤어요.---(편안한 목소리)

모두들 버드나무 아래로 모였어요.---(편안한 목소리)

일등은 불뚝이가 차지했어요. 꽃왕관을 쓴 불뚝이는 왕자님 같았어요.---(부러워함)

"왕눈아!"---(다정하고 부드러운 목소리)

누군가 왕눈이의 어깨를 따스하게 감싸주었어요. ---(편안한 목소리)

"아---아빠---."---( 놀라움과 약간의 떨림이 있는 목소리)

아빠는 빨강, 노랑, 파랑---예쁜 꽃으로 만든 꽃왕관을 왕눈이의 머리 위에 씌워주었어요.

"아빠! 전 꼴찌 했는걸요."---(부끄러움과 쑥스러움, 힘없는 목소리)

"후후---이 아빠에게는 오늘 넌 일등 한거란다."---(다정한 목소리)

아빠는 왕눈이를 꼬옥 안아주었어요. ---(편안한 목소리)

서쪽으로 넘어가던 해님이 왕눈이와 아빠에게 따스한 햇살을 한아름 뿌려주었어요.(*) ---(감동의 여운이 있게, 부드럽고 편안한 목소리)

[연습 2--전래동화]

## 도깨비 감투

등장인물: 할아버지, 할머니, 도깨비, 쌀가게 주인
배경: 할아버지의 방안

해설자: 옛날에 갓을 만들어서 파는 갓쟁이 할아버지와 할머니가 살고 있었어요.
할아버지: (얼굴을 찌푸리며) 아이고, 이제 갓 만드는것도 싫구나. 싫어.
할머니: 영감! 그래도 만들어야지요. 우린 가난하잖아요.
도깨비: 낄낄낄---영감, 영감! 내가 부자로 만들어 줄까? 끼르륵낄길---.
할아버지, 할머니 :(놀라며) 아이쿠! 도, 도깨비다!
도깨비: 영감! 영감이 내 앞에서 춤 한 번 추면 내가 도깨비 감투를 줄께. 난 심심해서 미칠 것 같거든. 낄낄---.
할아버지: 그래, 그래. 부자만 될 수 있다면 춤도 추고 노래도 부르겠소. 얼씨구, 절씨구, 지화자 좋구나!
해설자: 할아버지는 도깨비 앞에서 엉덩이를 씰룩거리며 춤을 신나게 추었어요.
도깨비: 낄낄끼르륵---아이쿠, 내 배꼽이 빠지겠구나! 자, 옛다.
할아버지: 감투다. 도, 도깨비 감투다. 난 이제 부자다. 부자!
해설자: 할아버지는 도깨비 감투를 받고 신이나서 또 춤을 덩실덩실 추었어요.
할머니: 여보! 영감! 그냥 버립시다.
할아버지: 넥끼, 할망구 그게 무슨 소리여! 빨리 시장으로 가서 돈이랑 고기랑 생선이랑 맛있는 음식 잔뜩 가져와야겠구나.
해설자: 할아버지는 도깨비 감투를 쓰고 커다란 자루를 메고 시장으로 갔어요.
할아버지: 허허허---내 모습이 안보이는구나. 날 알아보는 사람이 아무도 없으니 ---허허허, 참 재미있구나! 이제 부터 슬슬 도둑질을 해 볼까?
해설자: 할아버지는 생선가게와 고기가게와 과일가게에 들어갔어요. 그리고 커다

란 자루속에 가득 담았어요. 그리고 집으로 돌아왔어요.

할머니: 에고, 에고, 영감 이게 무슨 짓이에요. 이제 도둑질 그만 하시구랴.

할아버지: (담배를 피우며) 할멈, 이젠 우린 부자가 되었소. 하하하---. 딱 한번 만 쌀가게에 가서 돈이랑 쌀이랑 갖고 오겠소.

해설자: 할아버지의 담배 불똥이 그만 옆에 있던 도깨비 감투에 뚝 떨어지고 말았어요.

할아버지: 큰 일 날 뻔 했구나. 할멈! 빨리 꼬매 주구랴.

할머니: 네네.

해설자: 할머니는 빨간 헝겊으로 구멍 난 도깨비감투를 꼬매주었어요.
할아버지는 할머니가 꿰매준 도깨비감투를 쓰고 쌀가게로 갔어요.

할아버지: 히야! 돈이 정말 많구나! 빨리 담아야지.

쌀가게 주인: 아이쿠! 이게 무슨 일이야! 빨간 헝겊이 내 돈을 훔쳐가네.
귀신이닷! 귀신! 날아다니는 빨간 헝겊 귀신이 내 돈을 훔쳐가요!

해설자: 할아버지는 빨간 헝겊이 눈에 보이는 것도 모른 채 돈만 자루에 담았어요.
왜, 빨간 헝겊만 사람들의 눈에 보이는지 어린이 여러분은 알죠?

쌀가게 주인: (몽둥이를 들고) 빨간 헝겊아! 어디 몽둥이 맛 좀 보아라.
남의 돈을 훔쳐 간 빨간 헝겊아! 내 몽둥이 맛을 보아라! 얏!

할아버지: 아이쿠, 내 머리야! 아이쿠! 내 머리 깨져요. 아이쿠---엉엉---.

해설자: 할아버지는 쌀가게 주인이 휘두른 몽둥이에 그만 머리를 맞았어요.
할아버지는 자루를 쌀가게에 놓고 엉엉 울면서 집으로 뛰어갔어요.

할머니: 에고, 에고---영감, 내가 뭐랬소. 남의 돈을 훔치면 벌을 받는다우.
영감님! 도깨비 감투 태워버립시다. 그리고 내일부터 옛날처럼 갓이나 만들어서 팔아요.

할아버지: 아이구, 머리야. 머리야---.부자 되려다가 죽을 뻔 했구나!

해설자: 할머니는 도깨비 감투를 화롯불 속에 넣어 버렸어요. 도깨비감투는 하얀 연기를 내면서 타 버렸어요.
나쁜 마음을 가지면 어떻게 될까요? 우리 어린이 여러분도 한 번 생각해 봐요.

제 7 장

# 동화구연에서의 동작언어

## 1. 동작언어의 중요성

언어에는 음성언어와 동작언어가 있다. 이 둘은 독립적이 아니라 상호보완적 관계이다. 즉 음성과 동작은 함께 이루어지는 것이다. 음성언어는 정적이고 평면적인 반면, 동작언어는 신체를 움직여야 하므로 동적이며 입체적이다.

구연에 있어 동작언어는 음성언어 못지않게 중요하다. 청자들의 청각에만 호소하는 음성언어만으로는 표현하고자 하는 내용을 제대로 전달할 수 없기 때문이다. 따라서 구연자는 다양한 시각적 요소에도 호소해야 한다. 시각적 표현을 사용하면 청자들의 주의를 집중시킬 수 있고, 이야기에 흥미를 더할 수 있다. 또한, 듣는 즐거움과 말하는 즐거움을 동시에 느낄 수 있다.

동작언어는 종류가 다양하고, 사회 문화적 배경에 따라 다소 차이가 있다. 그러나 일반적으로 거의 유사한 의미를 내포한다. 그러므로 언어가 다른 곳에 가서도 동작언어(body langulange)로 어느 정도 의사소통이 가능한 것이다.

일반적으로 동작언어와 제스처란 용어를 같은 뜻으로 사용하고 있으나, 이 장에서는 동작언어 안에 제스처를 포함시켰음을 말해둔다. 동작언어는 엄밀히 말하자면 제스처와 같은 맥락상에 있지만, 신체의 활용크기에 따라 구분 지을 수 있다. 즉 동작적 표현에는 몸 전체를 이용해서 표현하는 방법도 있고, 몸의 일부만 이용해서 표현하는 방법도 있다. 구연에서는 온 몸을 움직여서 표현하는 몸동작(bodily movement)은 되도록 사용하지 않고, 신체 일부만 움직여서 표현하는 제스처를 많이 사용한다.

이 장에서는 제스처(gesture), 자세, 태도, 얼굴 표정, 용모, 시선 등을 알아본다. 이를 통해 효과적인 구연이 될 수 있도록 한다.

## 2. 동작언어의 목적

동작언어의 목적을 제시하면 다음과 같다.

① 청자의 주의를 끌기 위해서이다.
② 이야기의 흥미를 돋구기 위해서이다.
③ 전달하려는 내용의 의미를 강조하기 위해서이다.
④ 불필요한 말을 생략하기 위해서이다.
⑤ 이야기의 입체감을 살리기 위해서이다.
⑥ 청자의 상상력과 창의성을 살리기 위해서이다.
⑦ 작품의 분위기를 살리기 위해서이다.

## 3. 동작언어의 종류

구연에서 필요한 자세, 용모, 제스처, 얼굴표정에 대해 살펴본다.

### (1) 자세(posture)

이는 구연자가 어떤 자세로 구연을 하느냐 하는 것이다. 즉 청자들 앞에서 어떤 자세로 서 있는가 하는 것이다. 바르고 편안한 자세는 호흡 및 발성하는데 도움이 된다. 그리고 구연자의 긴장감을 풀어주고 편안한 분위기를 만들어 준다.

① 편안하고 자연스러운 자세로 선다.

두 발을 양어깨 넓이만큼 벌리고, 어깨의 힘을 뺀 후 양팔을 자연스럽게 내린다. 그리고 발바닥 중앙에 무게중심을 두고 허리를 똑바로 펴 안정감 있게 선다.

② 상체를 약간 구부린다.

구연자는 이야기를 다정하고 편안하게 들려준다는 생각으로 자세를 취해야 한다. 그렇다고 허리를 너무 구부리면 안된다. 구부정한 자세는 좋지 않다. 혹은 고개를 삐닥하게 하거나  고개를 빳빳이 들어서도 안된다. 좋지 않는 자세로 이야기를 하다 보면 청자들은 이야기에 몰입하기보다는 구연자의 자세에 신경을 쓰게 된다.

③ 양손은 달걀을 쥔 듯한 모양을 취한다.

군대식의 차렷 자세로, 두 주먹을 꼭 쥐고 이야기를 진행시키다 보면, 분위기가 딱딱해지고 초조해진다. 동그란 손 모양을 하면 몸에 힘 들어가는 것을 막을 수 있다. 즉 구연자의 자연스러움을 연출하는데 도움이 된다.

④ 다리는 45도 각도로 벌린 후 안정된 자세를 취한다.

두 발을 일자로 모두 모은 자세는 다소 불안하게 보이기 때문에  45도 각도로 약간 다리를 브이자로 벌린 후 안정된 자세를 취하는 것이 좋다. 구연자가 편안하고 안정된 자세를 취해야 듣는 청자도 정서적 안정을 느끼기 때문이다.

### (2) 용 모(appearance)

구연에서의 용모는 얼굴의 생김새를 말하는 것이 아니다. 구연자의 단정함을 말하는 것이다. 즉 구연 상황에 맞는 옷차림과 화장 상태, 머리 손질 상태 등을 얼마나 단정하게 했느냐 하는 것이다. 단정한 옷차림과 깨끗한 용모는 청자에게 신뢰감을 준다.

만약 구연자가 화장기 없는 얼굴로, 복장은 체육복 같은 헐렁한 차림으로, 머리는 부스스한 상태로, 슬리퍼를 신고 무대에 올라갔다고 하자. 어느 누가 이런 구연자의 이야기를 듣고 싶어하겠는가. 아마 청자들은 구연자를 게으르고 지저분한 사람이라고 단정 지을 것이다. 구연자에 대한 매력이 없는데 이야기가 제대로 들어오겠는가. 구연자의 단정한 용모는 구연에 있어 첫인상이다.

구연자는 다음 사항을 고려해야 한다.

① 작품의 분위기와 옷차림이 어울리는가?
② 옷이 구겨지거나 터지지는 않았는가?
③ 지나치게 유행에 민감한 헤어스타일이 아닌가?
④ 화장이 너무 진하지 않은가, 혹은 화장을 하지 않았는가?
⑤ 옷, 신발 혹은 모자가 전체적으로 어울리는가?

### (3) 시 선(eye contact)

구연자의 시선은 구연에 있어 매우 중요하다. 눈 맞춤은 구연자와 청자 간의 신뢰감을 심어주고 서로에게 정서적 안정감을 주기 때문이다. 그러나 일부 구연자들은 청자와 눈이 마주치면 구연 내용을 모두 잊어버리는 경우가 있어서 일부러 시선을 피한다고들 한다. 이는 구연자 스스로 자신 없어 하는 것을 인정하는 꼴이 된다. 그리고 청자는 청자대로 무시당하고 있다고 생각될 것이다.

또한, 주의가 산만해질 우려가 있다. 구연이란 구연자와 청자와의 상호작용적 관계이다. 진정한 의미의 상호작용이 되려면 구연자는 청자에게 골고루 시선을 마주치도록 해야 한다.

구연자는 다음 사항을 고려해야 한다.

① 천장만 쳐다보고 있지 않은가?
② 특정인에게만 시선을 주고 있지 않은가?
③ 시선을 발밑으로 떨어뜨리고 있지 않은가?
④ 잠시 창 밖에 시선을 주고 있지 않은가?
⑤ 산만할 정도로 무대 주변에 시선을 많이 주고 있지 않은가?
⑥ 고개의 방향과 눈의 방향이 제대로 일치하는가?
⑦ 작품 내용에 따라 시선처리가 제대로 되었는가?

### (4) 제스처(gesture)

제스처(gesture)란 어떤 의미를 지닌 신체의 움직임을 말한다. 즉 몸 전체의 움직임보다는 신체의 일부분을 움직여 내용의 의미를 더해 주는 역할을 한다. 아무런 의미도 없는 움직임은 제스처라고 할 수 없다. 전달하려는 의미가 담겨 있지 않거나 혹은 구연자의 감정이나 느낌 그리고 의도 등이 담겨 있지 않는 동작은 제스처라고 볼 수 없다.

구연에서 제스처의 사용은 이야기를 더욱더 즐겁게 만들어 주며, 의미를 보다 잘 이해하도록 만들어준다.

#### 1) 제스처의 기능

구연에서 제스처는 어떤 역할을 하는지 그 기능은 다음과 같다.

① 구연자의 긴장을 해소시켜 준다.

자연스러운 제스처 사용은 구연자 자신의 정서적 불안과 근육의 긴장을 해소시켜 준다. 자신감이 없고 긴장을 많이 하는 구연자일수록 제스처를 통한 긴장해소를 유도하도록 한다.

② 구연의 내용을 보충해 주는 보조적 기능을 한다.

예를 들면, 높은 산에 올라 "야호" 하고 소리쳤어요. 라는 표현을 할 경우에 음성으로만 "야호" 하고 하기보다는 입 근처에 두 손으로 나팔모양을 만들어 "야호" 했다면, 청자는 훨씬 더 산에 오른 느낌을 받을 것이다. 이처럼 제스처는 내용 전달의 보조적 기능을 한다.

③ 청자들의 주의를 집중시켜 준다.

제스처의 사용은 산만한 주의를 모으는 역할을 하며, 청자들의 주의를 집중시키는 역할을 한다. 예를 들면, "앗!" 커다란 곰을 보고 뒤로 벌렁 나동그라졌어요. 라는 표현을 하고자 할 때 음성으로만 하는 것보다 두 눈을 크게 뜨고 깜짝 놀라는 제스처를 사용한다면 지루해했던 청자들도 구연자에게 시선을 집중할 것이다. 그리고 다음 장면을 나름대로 상상할 것이다.

④ 내용을 암시하는 기능을 한다.

간단한 제스처 하나로 한 문장의 내용을 암시한다. 예를 들어, 검지 손가락을 입술에 가져 대는 제스처는 "조용히 해라!"라는 말을 음성으로 하지 않아도 그 내용을 알 수 있다.

### 2) 효과적인 제스처 사용

구연에서 제스처 사용이 반드시 필요한 요소라 하더라도 함부로 사용해서는 안된다. 지나친 제스처 사용은 자칫 이야기의 흐름을 엉뚱한 곳으로 끌어갈 수 있다. 그리고 주의가 산만해져 전달내용을 제대로 파악하지 못하게도 한다. 따라서 구연자는 적절하고 자연스런 제스처 사용을 해야 한다.

그렇다면 효과적인 제스처를 사용하려면 어떻게 해야 할까?

① 자연스럽게 해야 한다.

과장되고 억지스런 제스처는 하지 말아야 한다. 과장스런 제스처는 내용 전달의 흐름을 막을 수 있고 정신집중을 하는데 방해가 된다.

② 내용과 맞게 해야 한다.

전달하려는 내용 설명과 동시에 해야 한다. 예를 들면, "만세!" 하는 부분에서 '만세'를 먼저 부르고, 3초 뒤에 두 손을 번쩍 들었다면 웃음거리밖에 되지 않는다.

③ 한 작품에서 보통 3회-5회 정도가 적당하다.

지나친 제스처 사용은 구연의 분위기를 흐리게 만든다. 그래서 작품의 참뜻을 놓치는 경우가 발생한다. 따라서 청자의 반응에 따라 적당하게 사용하는 것이 좋다. 그리고 반드시 필요한 부분에 사용해야 한다.

④ 명확한 제스처를 사용해야 한다.

불명확한 제스처는 청자들에게 오해를 불러일으키기 쉽다. 그렇게 되면 내용 파악이 힘들어진다.

### 3) 제스처의 실제

구연에서는 일반적으로 상반신을 주로 사용한다. 제스처는 일정하게 정해져 있는 것이 아니라, 청자들의 수준, 계절적 배경, 상황에 따른 분위기, 인물특성---등에 따라 다소 차이가 난다. 구연자와 청자사이에 자연스런 의미전달이 될 수 있도록 다양하게 연출할 수 있다.

가. 머 리

-머리를 정면으로 바로 한다: 강직하고 품행이 바름을 나타낸다.

-머리를 똑바로 든다: 결심과 의지가 있을 때, 용기, 분노가 있을 때 나타낸다.

(예) "그래, 이번 일은 꼭 내 손으로 할 거야."

-머리를 뒤로 젖힌다: 거만함과 남을 깔볼 때 나타낸다.

(예) "어라, 네가 감히 나에게 덤벼!"

-머리를 숙인다: 실망감과 비애감이 있을 때, 잘못을 용서할 때 나타낸다.

(예) "아---, 이럴 수가, 어쩌다 내가 이 꼴이 되었을까?"

"잘못했어요. 다시는----."

-머리를 흔든다: 어떤 일을 부정할 때 나타낸다.

(예) "싫어, 싫어! 시금치는 싫단 말야."

-머리를 좌우로 약간 기울 인다: 주저하거나 망설일 때 나타낸다.

(예) "과연 내가 선택을 잘 한 걸까?"

-머리를 위로 쳐 든다: 반항이나 거부를 표현 할 때 나타낸다.

(예) "흥, 마음대로 하시지! 어디 두고 보자."

-머리를 갸우뚱 거린다: 의심이나 망설임을 표현 할 때 나타낸다.

(예) "우리 엄마가 맞을까?"

-머리를 긁적 거린다: 쑥스럽거나 수줍음을 표현 할 때 나타낸다.

(예) "헤헤---뭘요. 이제 저도 다 컸는걸요."

나. 목

-목을 위아래로 끄덕 인다: 맞장구를 칠 때 즉 긍정을 표현할 때 나타낸다.

(예) "네 말이 맞다 맞아!"

"그래, 엄마 말씀이 맞아요."

-목을 좌우로 흔든다: 부정을 표현할 때 나타낸다.

(예) " 다람쥐 네 생각이 옳지 않아."

"싫어, 나 안갈래!"

-목을 한 쪽으로 기웃 한다: 무엇인가 골똘히 생각할 때, 의심을 표현할 때 나타낸다.

(예) "이번 방학 때에는 어떤 일을 할까?"

"혹시, 도깨비가 장난친 것이 아닐까?"

-목을 아래로 푹 숙인다: 잘못을 빌 때, 슬플 때, 속상하고 우울할 때 나타낸다.

(예) "엄마! 보고 싶어요. 엄마---흐흐흑----."

다. 몸 통

-몸통을 앞으로 굽힌다: 정중하고 예의바르게 인사할 때 나타낸다.

(예) "아버님, 안녕하셨는지요."

"대왕마마, 절 받으십시오."

-몸통을 뒤로 젖힌다: 오만함과 방자함을 표현할 때, 무거운 물건을 끌어당길 때 나타낸다.

(예) "으랏차라! 영차영차!"

"허허, 그 놈 참! 감히 누구 앞에서 말대답 이냐?"

-몸통을 좌우로 움직인다: 무거운 물건을 들 때 나타낸다.

(예) "휴우, 뭐가 들었길래, 이렇게 무겁담?"

라. 어 깨

-어깨를 똑바로 편다: 씩씩함과 바른 자세를 표현할 때, 당당함과 자랑스러움, 자

부심, 용기를 표현할 때 나타낸다.

(예) "하나, 둘, 하나, 둘! 나는 대한의 아들이다."

-어깨를 으쓱거린다: 자랑하거나 으시댈 때 나타낸다.

(예) "얘들아! 이것 봐라. 정말 멋지지?"

-어깨를 움츠린다: 무섭거나 두려울 때, 자신이 없거나 부끄럼을 탈 때, 잘못을 저질렀을 때 나타낸다.

(예) "호랑이 할아버지! 한 번만 살려주세요."

-어깨를 아래로 힘없이 내린다: 용기를 잃었을 때, 힘들고 지쳤을 때 나타낸다.

(예) "이제 모든 것이 다 끝이야."

-어깨를 위아래로 흔든다: 즐겁거나 기쁠 때 나타낸다.

(예) "하하하, 여기가 정말 무지개 나라구나. 랄라라 라라라!"

"후후후, 얼씨구 좋구나. 지화자 좋구나!"

### 마. 허 리

일반적으로 구연에서는 허리 아래 부분은 많이 움직이지 않는다. 무대 위에서 혹은 구연장 소에서 허리 아래의 부분을 움직이다 보면 주의가 산만해져 이야기에 집중하기가 어려워진다. 하지만, 내용에 따른 가벼운 움직임은 가능하다.

-허리를 앞으로 굽힌다: 인사를 할 때, 부탁할 때, 노인을 표현할 때 나타낸다.

(예) "아이고, 허리야! 이제 늙어서 걷기도 힘들구나."

"선생님, 잘 부탁드립니다."

-허리를 뒤로 젖힌다: 거드름을 피울 때, 힘든 일을 하고 쉴 때 나타낸다.

(예) "여봐라! 게 아무도 없느냐. 어흠!"

"휴우, 겨우 다 끝냈구나."

### 바. 팔과 손

구연에서 가장 많이 사용하는 부분이다. 하지만 지나치게 과장된 제스처는 혼란을 준다.

-팔을 앞뒤로 흔든다: 씩씩하게 걷는 모습을 표현할 때 나타낸다.

(예) 강산이는 학교를 향해 씩씩하게 걸어갔어요.

-팔을 들어 흔든다: 반가움을 표현할 때 나타낸다.

(예) "토끼야, 안녕! 그동안 잘 지냈니?"

-팔장을 낀다: 거만함이나 거절을 표현할 때, 방어를 표현할 때 나타낸다.

(예) "과연 네가 나를 이길 수 있을까?"

-양팔을 몸 앞으로 둥글게 만든다: 서로 안을 때, 크기를 표현할 때 나타낸다.

(예) "우리 복실이구나! 아이쿠, 몰라보게 컸구나. 후후---."

"배가 풍선처럼 부풀어올랐어요."

-팔을 양옆으로 벌리고 나풀거린다: 날아다니는 모습을 표현할 때 나타낸다.

(예) "와, 구름 좀 봐! 집이 개미처럼 작게 보인다. 하하하!" 토끼는 새처럼 하늘을 훨훨 날아다니고 있었어요. 마치 꿈만 같았어요.

-팔을 위아래로 올리고 내린다: 크기와 높이를 표현할 때 나타낸다.

(예) "히야, 소나무 보다 더 크구나."

"저 빌딩 좀 봐. 마치 하늘로 솟아오를 것 같아."

-두 손을 위로 든다: 기쁨과 환희를 표현할 때 나타낸다.

(예) "만세, 만세! 드디어 희망봉에 도착했구나."

"야호! 내가 일 등을 하다니!"

-손을 가볍게 흔든다: 반가울 때, 인사할 때 나타낸다.

(예) "친구들아, 안녕!" "다음에 또 만나자."

-두 주먹을 불끈 쥔다: 분노와 결심을 표현할 때 나타낸다.

(예) "두고 봐! 가만 두지 않을 테다."

"도저히 참을 수 없어! 으악!"

-손가락을 하나 둘 꼽는다: 숫자를 표현 할 때 나타낸다.

(예) "하루, 이틀, 사흘----조금만 기다리자."

"하나, 둘, 셋-----열!"

-양손을 가슴 앞으로 모은다: 기도할 때, 원하는 것을 간절히 바랄 때 나타낸다.

(예) "비나이다 비나이다. 부처님께 비나이다."

"아---제발 내 꿈이 이루어졌으면 얼마나 좋을까?"

-엄지 손가락을 세운다: 최고를 표현할 때, 우월감을 표현할 때, 기쁨을 표현할 때 나타낸다.

(예) "역시, 내 아들이 최고야!" "음, 대단한 걸!"

-검지 손가락을 세운다: 방향을 제시할 때 나타낸다.

(예) "저 쪽으로 가면 우체국이 보여요."

-검지 손가락으로 코 주위를 만진다: 거부나 거절을 표현할 때 나타낸다.

(예) "아니오. 난 당신의 부탁을 들어줄 수가 없어요."

-새끼 손가락을 세운다: 약속할 때, 나약함을 표현할 때 나타낸다.

(예) "걱정하지마, 절대로 다른 친구들에게 말하지 않을게."

"다른 형제들보다 키도 작고 몸도 멸치처럼 말랐어요."

-열 손가락 모두를 자연스럽게 움직인다: 악기를 연주할 때, 가벼운 체조를 표현할 때 나타낸다.

(예) "딩동딩동---딩동댕----불어라, 봄바람---딩동댕---."

"손가락 가족들이 하나, 둘 하나 둘, 체조를 시작했어요. 딩가딩가딩가!"

-두 손을 귀에 대고 나팔모양을 만든다: 무슨 소리를 들으려 할 때 나타낸다.

(예) "이 소리가 어디서 들리는 걸까?"

"가만가만, 아하, 다람쥐가 알밤을 먹는 소리구나."

-두 손을 입에 대고 나팔모양을 만든다: 누군가와 속삭일 때, 비밀을 표현할 때 나타낸다.

(예) "개미야, 빨리 빨리 나와. 아무도 없어." 꽃씨는 가만히 속삭였어요.

-검지 손가락을 세워 이마에 댄다: 생각에 잠길 때, 고민할 때 나타낸다.

(예) "어떻게 하면 동굴을 빠져나갈 수 있을까?"

"좋은 꾀가 없을까?"

-손가락을 붙이고 머리에 갖다 댄다: 머리가 아플 때, 괴로울 때, 고민스러울 때 나타낸다.

(예) "아아---머리가 빙글빙글 도는 구나."

"아, 이 일을 어찌하면 좋을꼬?"

-손가락으로 모양을 그린다: 인물의 특성을 묘사할 때, 크기, 모양을 표현할 때

나타낸다.

(예) "우리 아기 얼굴은 사과 같아요."

-양손으로 깍지를 낀다: 좌절을 나타낼 때, 뭔가 궁지에 몰렸을 때의 마음을 표현할 때 나타낸다.

(예) "모두들 나를 도둑으로 알고 있을 텐데----, 어떻게 하면 좋을까?"

-양손으로 뾰족탑을 만든다: 확신과 자신감을 표현할 때 나타낸다.

(예) " 그래, 이번에는 문제없어! 하하하---."

### 사. 다리와 발

허리 아래 부분에 있는 다리와 발은 구연에 많이 사용하지 않는다. 하지만, 내용에 따라 가볍게 사용할 수 있다. 그 대신 무대를 이리저리 돌아다닌다거나, 뛴다거나 하는 장면을 표현하는 것은 무리이다. 다리와 발의 제스처는 제 자리에서 가볍게 사용하는 것이 좋다.

-다리를 흔든다: 다급한 상황일 때, 마음이 불안하거나 초조할 때 나타낸다.

(예) "큰일 났구나. 이를 어쩌면 좋지?" "도---도깨비닷!"

-발을 구른다: 급한 일이 발생했을 때, 걱정스런 일이 있을 때 나타낸다.

(예) "다람쥐야! 어디 있니? 빨리 나와, 빨리!"

-다리를 앞뒤로 움직인다: 걷는 모습, 뛰는 모습을 표현할 때 나타낸다.

(예) "아기 곰은 땀을 뻘뻘 흘리면서 집으로 뛰어갔어요."

-한 쪽 다리를 절룩거린다: 부상을 당했거나 다리가 아팠을 때 혹은 지쳤을 때 나타낸다.

(예) "아---사---살려 주세요." 아기사슴은 한쪽 다리를 절룩거리며 울었어요.

-한 쪽 발을 걷어 찬다: 불평불만이 있을 때, 화가 났을 때 나타낸다.

(예) "에잇! 이게 뭐람?"

### (5) 얼굴 표정(facial expression)

구연자는 얼굴의 생김새에 관계없이 온화하고 밝은 얼굴 표정을 가지고 있어야 한다. 왜냐하면 청자에게 호감을 주어 이야기에 주의를 집중시킬 수 있기 때문이다.

그리고 구연자의 얼굴 표정에 따라 이야기의 흥미도가 달라진다. 피곤함과 지친 표정을 보이거나 짜증스러운 표정을 짓는다면 청자는 이야기에 흥미를 잃을 것이다.

또한 구연자의 느낌과 생각, 전달하려는 의도 등이 얼굴 표정에 따라 청자에게 전달된다. 따라서 구연자는 내용과 상황에 맞는 얼굴표정을 지어야 하고, 등장인물의 성격 특성에 따라, 심리적 흐름에 따라 표정을 알맞게 지어야 한다. 내용과 전혀 관계없는 얼굴표정은 청자들에게 혼란을 일으킨다.

#### 1) 얼굴 표정의 기능

얼굴에 나타난 표정은 다양하다. 기쁜 표정, 화난 표정, 슬픈 표정, 놀란 표정, 겁 많은 표정, 싫어하는 표정, 좋아하는 표정, 무시하는 표정, 귀찮아하는 표정---등 셀 수 없이 많다.

구연 중에 나타난 구연자의 얼굴 표정은 다음과 같은 기능을 가지고 있다.

① 구연자 자신의 심리상태를 알려 준다.

긴장되고 불안한 마음이 있다면 아무리 감추려 해도 구연자의 얼굴에 그대로 표정이 살아난다. 구연자의 초조한 표정은 청자들에게 곧 전해진다. 구연자의 자신감 없는 표정은 청자로 하여금 이야기의 관심을 잃게 만든다.

② 청자의 호기심을 자극한다.

무표정한 얼굴보다는 무언가 호기심 있는 얼굴표정, 어떤 이야기가 구연자의 입에서 나올까 하는 기대감을 갖게 하도록 얼굴표정에 신경 쓴다.

③ 이야기를 흥미 있고 재미있게 만든다.

구연을 하는 동안 구연자의 얼굴표정이 처음부터 끝까지 일관된다면 아무리 재미있고 신나는 이야기라 할지라도 청자의 흥미가 떨어질 수밖에 없다. 따라서 구연자는 내용과 상황에 맞는 적절한 얼굴표정을 지어 이야기의 흥미를 자아낼 수 있도록 노력한다.

④ 전달하고자 하는 내용과 의미를 더 강조해 준다.

구연자의 얼굴표정은 이야기에 대한 이해와 의미를 보다 쉽게 전달시켜 주는 역할을 한다. 얼굴표정에 따라 의미전달의 정도가 전해진다 해도 과언이 아니다. 따라서 구연자의 표정은 매우 중요하다.

⑤ 작품 속 등장인물의 심리상태를 제대로 파악한다.

구연자의 얼굴표정은 대화나 상황묘사를 음성으로 하지 않아도 청자로 하여금 추측가능하게 만든다. 또한 주인공 및 등장인물의 특성을 파악하는 데도 큰 역할을 한다. 따라서 구연자는 등장인물들의 성격을 미리 파악하여 대화를 구연할 때 적절한 얼굴표정을 짓는다면 청자는 쉽게 등장인물들에 감정 이입되어 동일시될 것이다.

⑥ 감동의 여운을 제대로 느끼게 한다.

일반적으로 구연은 단순히 음성으로 이야기를 전달해주는 것이 최고라고 생각하는 경우가 많다. 물론 내용을 정확하게 전달하는 것도 중요하지만 구연은 문학작품을 청자에게 입으로 들려주는 일이다. 이 말은 문학작품의 본래의 목적은 우리들에게 예술적이고 문학적 감흥과 감동을 자아내어 삶을 풍요롭게 하는 데에 그 뜻이 있다고 하겠다. 따라서 구연자는 자신의 얼굴표정을 꾸준히 연습하여 작품의 여운 즉 감동을 자아낼 수 있도록 노력해야 한다.

구연자는 거울을 보고 표정연습을 해야 한다. 나이가 어린 청자일수록 구연자의 얼굴 표정에 따라 웃고, 울고, 즐거워하고, 무서워하기 때문이다.

구연자는 상황에 따라 다양한 얼굴 표정을 지을 수 있어야 한다.

**2) 얼굴 표정에서 고려해야 할 사항**

구연자는 얼굴 표정에서 다음과 같은 사항을 고려해야 한다.

① 전달하고자 하는 내용과 얼굴 표정이 일치하는가?

전달하고자 하는 내용이 슬프다면, 구연자의 얼굴 표정도 슬퍼야 한다. 전달 내용이 즐거워하는 것이라면 구연자의 얼굴도 즐겁고 웃음이 있어야 한다.

② 처음부터 끝까지 무표정한 얼굴은 하고 있지 않은가?

시종일관 같은 표정이라면 지루할 것이다. 또한 이야기에 흥미도 떨어질 것이다.

③ 해설 부분에서, 굳은 표정은 하지 않았는가?

대화 부분에서만 표정을 짓는 것으로 잘못 생각하는 경우가 있다. 그러나 해설 부분에서 구연할 때에도 얼굴은 따뜻하고 밝은 표정을 유지해야 한다.

얼굴 표정은 감정의 표현이다. 따라서 작품이 지닌 향기를 제대로 전달하기 위해서는 작품 속 인물들의 성격 특성과 작품 속 분위기 등을 잘 고려해서 표정을 지어야 한다.

### 3) 감정에 따른 얼굴 표정

얼굴 표정은 일반적으로 안면 근육을 움직여 나타내는 것이다. 주로 얼굴, 눈, 눈썹, 코, 입 등을 이용한다.

-**기쁨**: 웃는 표정을 한다. 기쁨의 정도에 따라 입가에 미소를 짓거나 눈웃음을 짓는다. 혹은 이를 드러내고 활짝 웃는다.

(예) "와, 자전거다. 아빠, 정말 고맙습니다."
"하하하---정말 재미있다. 하하하!"

-**슬픔**: 두 눈을 감고 울 듯한 표정을 한다. 이것도 정도에 따라 엉엉 울기도 하고, 슬픔을 참는 모습으로 미간을 찌푸리기도 한다.

(예) "아아앙----! 내 장난감 찾아 내! 으앙앙----."
"엄마는 나빠. 왜 나만 남겨 놓고 하늘나라로 갔어? 흐흐---엄마, 보고 싶어."

-**분노**: 눈썹을 치켜 뜬다. 그리고 눈을 부릅뜨거나 코구멍을 넓게 벌린다. 그리고 입술을 앞으로 내밀고 눈살을 찌푸린다. 혹은 이를 꽉 물고 입술을 깨문다.

(예) "또, 꽃병을 깨뜨렸니? 이크!"

"여기가 어디라고 온 거냐? 어서 썩 물러가지 못할꼬? 에이, 나쁜 놈 같으니라고!"

"흥, 내가 가만있을 줄 알아? 어디 두고 보라지."

**-불안, 초조**: 두 눈을 반쯤 감은 상태에서 미간을 찡그린다. 그리고 입을 벌린 채, 약간만 내민다.

(예) "아름아! 여기가 어디니? 캄캄해서 앞이 하나도 안 보여. 귀신이라도 나오면 어떡해."

" 제발, 제발----꼴찌가 아니었으면. 아----."

**-놀람**: 두 눈을 동그랗게 뜨고 동시에 코구멍을 넓게 벌린다. 동시에 입을 약간만 벌린다.

(예) "으악! 너---너는 누구냣?"

"어머, 깜짝이야! 간이 쿵 떨어질 뻔했잖아."

**-두려움**: 눈썹을 찡그리고 약간 우는 듯한 표정을 짓는다. 입술은 반쯤 벌리거나 활짝 벌린다.

(예) "걸음아, 나 좀 살려 줘----공--공룡이 나타났어."

"호랑이님, 저를 놓아주세요. 저를 살려 주세요."

**-불평, 불만**: 코를 위로 찌푸리며 입술을 앞으로 쑥 내민다. 혹은 입술 언저리 한 쪽만 위로 치켜올린다.

(예) "엄만 나빠! 맨날 나만 혼내고 그래. 쳇!"

"이렇게 낡은 운동화를 또 신으라고? 말도 안돼! 형은 새 신발 사 줬으면서---."

**-실망**: 입을 반쯤 다문 채로 윗입술을 위로 살짝 올린다.

(예) "또 떨어졌구나. 나는 바보 인가봐."

" 에게, 반찬이 이게 뭐야?"

**-자신감, 용기**: 입술을 굳게 닫고 입 언저리를 살짝 올린다. 그리고 두 눈에 힘을 준다.

(예) "그래, 해 보는 거야. 난 할 수 있어."

"이 정도는 누워서 떡 먹기야."

**-비꼼, 비야냥**: 입술을 다문 후, 한쪽 언저리만 위로 올린다. 얼굴을 약간 비스듬히 위로 든 후, 두 눈을 아래로 내리 깔아 본다.

(예) "흥, 네가 어떻게 이걸 만드니? 말도 안돼!"

"어디 해 보시지. 얼마나 잘 하는지 보게."

**-지치고 힘듦**: 두 눈을 아래로 살짝 내려 눈 꼬리가 아래로 향하게 한다.

(예) "더---더 이상 못 가겠어."

"아----내일은 또 뭘 먹고 살아야 하나?"

**-마음속에 꿍꿍이가 있음**: 얼굴에 웃음을 지었다가 바로 웃음을 거둔다. 그리고 한 쪽 눈을 살짝 치켜뜬다.

(예) '오호, 좋아, 좋아! 내일이면 너는 내 손안에 든 쥐가 될 거야. <u>흐흐흐</u>.'

"계속 말씀하시죠. 아주 좋은 계획입니다요. 헤헤. 그 다음에 우리가 바로 ---헤헤."

**-주의, 경고**: 미소를 지었다가 갑자가 무표정한 얼굴을 한다.

(예) "지금 뭐 하는 거얏! 똑바로 들어!"

**-겸손**: 두 눈을 살짝 감고 미소 짓는다.

(예) "제가 뭘요---제가 무슨 도움이 되었다고 그러세요. 별 말씀을요."

-**호기심**: 두 눈을 크게 뜨고 입 언저리를 살짝 올린다.
(예) "어, 저게 뭘까?"
"정말 신기하게 생겼는걸."

-**짜증**: 눈썹을 찌푸린다.
(예) "이것도 음식이라고 만들었냐?"
"네 잔소리는 정말 지긋지긋해."

-**거만, 교만**: 턱을 살짝 올리고 코를 내민다.
(예) "감히 나에게 덤비다니!"
"호호호----이 세상에서 나만큼 예쁜 사람은 아마 없을 거야."

#### 4) 작품을 통한 동작언어 연습

동작언어를 연습하기 위해서는 다음과 같은 순서로 실행해 본다.

① 작품을 전체적으로 감상한다.
② 그림을 보듯이 장면을 나누어 본다.
③ 등장인물의 성격 특성을 파악해 본다.
④ 제스처가 들어 갈 부분을 체크해 본다.
⑤ 이야기에 일치하는 동작이 들어가도록 연습한다.

[연습 1]

# 가수가 되고 싶은 귀뚜라미 미미

이 은 경

동그란 달님이 은가루를 뿌리는 달밤이에요.---(온화하고 다정한 얼굴 표정)

귀뚜라미 마을에 커다란 광고문이 붙었어요.----(위와 동일)

| *귀뚜라미 노래 잔치에 초대합니다. |
|---|
| 아름답고 예쁜 소리를 찾습니다. |
| 가수가 되고 싶은 귀뚜라미들은 모두 모이세요. |
| 장소: 푸르리 언덕 때: *월 *일 *시 |

광고문을 읽은 귀뚜라미들은 가슴이 풍선처럼 부풀어 올랐어요.---(손가락으로 동그라미를 그려보는 동작, 얼굴표정은 기대감에 가득 찬 모습을 나타낸다.)

"내 소리는 은쟁반에 옥구슬이 굴러가는 소리야."---(뽐내는 모습)

"아니야. 내 소리가 최고야."---(엄지손가락을 세우며, 뽐내는 모습)

귀뚜라미들은 자기들의 자랑을 늘어놓았어요.

귀뚜라미들은 밤마다 노래연습만 했어요.---(온화하고 부드러운 표정)

"귀뚤귀뚤----귀뚜르르---귀뚤"

"아휴! 귀 아파. 정말 듣기 싫어!" ---(두 손으로 귀를 막는 동작, 짜증난 표정)

귀뚜라미 미미는 날마다 들려오는 노래 소리에 짜증이 났어요.

"맞아! 나도 노래잔치에 나가볼까? 인기 가수가 되면 얼마나 좋을까?"---(기대감에 찬 표정, 두 눈을 지그시 감고 미소 짓는 모습)

"호호호, 일등을 하면 친구들이 얼마나 날 부러워할까?"---(기대와 희망의 모습)

미미는 창가에 기대어 앉아서 가수가 되는 꿈을 꾸었어요.

"랄랄라 귀뚤귀뚤----랄랄라 귀뚤귀뚤------"----(즐거워하는 모습, 고개를 좌우로 약간씩 흔들며 동시에 허리도 약간 움직여 준다.)

미미는 예쁜 드레스를 입고 화려한 무대에 선 자신의 모습을 그려보았어요.

"생각만 해도 가슴이 두근거리는구나. 빨리 노래 연습해야지!"---(기대감, 설래는 모습)

미미는 두 장의 앞날개를 마주 세우고 서로 문질러 보았어요.

왜냐고요?--- (호기심 있는 표정을 짓는다)

귀뚜라미는 날개를 서로 문질러서 소리를 내기 때문이죠.

"하나, 두울, 셋----?"---(잠깐 쉼을 갖는다.)

"어? 왜 소리가 나오지 않는 걸까?"---(의문의 표정, 고개를 갸우뚱거리는 동작)

미미는 앞집에 사는 똘똘이를 찾아갔어요.

"똘똘아! 너처럼 아름다운 소리를 내려면 어떻게 해야 하니? 난 아무리 날개를 문질러도 소리가 나질 않아."---(고개를 약간 기웃거리며 실망스러워 하는 표정)

"하하하. 미미야! 아름다운 소리는 우리 남자들만 낼 수 있어. 노래잔치에 나갈 생각은 꿈도 꾸지 마."---(한 손을 내 저으며, 약간 비아냥거리는 표정)

똘똘이는 두 날개를 팔랑이면서 깔깔 웃었어요.

"흥! 난 꼭 아름다운 소리를 낼 거야. 두고 보라고!"---(주먹 쥐며, 약간 비꼬는 듯, 결의에 찬 표정)

미미는 똘돌이의 방문을 걷어차고 나왔어요.

"두고 봐! 꼭 아름다운 소리를 들려 줄 거야."----(두 눈에 힘을 주며 결심과 각오의 표정)

미미는 방문을 닫고 다시 날개를 비벼보았어요.

"하나, 둘, 셋----쓰으싹---쓱싹----쓰윽쓰윽 쓱싹싹-----."---(진지한 표정)

미미의 날개에서는 날개 부딪치는 소리만 들렸어요.

"미미야! 우리 귀뚜라미는 남자만 아름다운 소리를 낼 수 있어요. 이제 그만해라."

"싫어요. 두고 보세요. 꼭 일등해서 가수가 될 거예요."---(입술을 꼭 다물며 눈

에 힘을 주는 모습)

으쌰 으싸 으싸싸!---(어깨를 약간 들썩거리는 모습)

사스락 사스락 사스락!----(어깨를 약간 들썩거리는 모습)

"아파도 조금만 참자. 더 문지르면 똘똘이처럼 예쁜 소리가 나올지 몰라."---(인내하는 모습)

미미는 두 주먹을 불끈 쥐고 다시 연습을 했어요. --(두 주먹을 불끈 쥐는 모습)

미미의 갈색 날개는 점점 작아졌어요. ---(천천히, 낮은 음성, 다소 슬픈 목소리)

조금씩 조금씩 날개가 찢어졌지요.---(위와 동일)

"이크, 큰일인걸. 노래잔치가 내일인데, 지금껏 소리 한 번 내지 못했으니. 다시 한 번 거울을 보고 멋지게 연습해 보자. 하나, 둘, 셋!"----(속상하고 슬픈 표정, 손가락으로 수를 세는 모습)

거울 앞으로 간 미미는 두 눈이 휘둥그레졌어요.---(깜짝 놀라는 표정)

작고 찢어진 날개가 미미의 등에 초라하게 붙어 있지 않겠어요?---(위와 동일)

"으앙, 엄마! 엄마! 내 날개가 없어졌어요. 날개 찾아주세요. 빨리요 빨리!"---(화나고 슬픈 표정, 우는 듯 고개를 좌우로 절래 절래 흔드는 모습)

미미는 털썩 주저앉아 엉엉 울었대요. (*)

[연습 2]

## 삐쭉이 가자미

이 은 하

자, 지금부터 바닷 속 물고기들의 이야기야.--(호기심 가득한 눈으로, 상체를 앞으로 약간 기울이면서 기대하도록 한다)

어느 날, 바다 속에 사는 물고기들이 산호섬에 모두 모였단다.--(편안하고 안정된 목소리로 함)

"우리 물고기들 중에서 누가 제일 빠를까?"--(고개를 갸우뚱하며 호기심 가득한 눈으로)

장어가 말했어.

"당연히 내가 제일 빠르지."--(오른손 검지손가락을 들며 으스대는 표정)

상어가 큰소리로 말했지.

"흥, 빠르기는 내가 제일이야."--(비야냥거리며 고개를 살래살래 젓는 모습)

멸치가 콧방귀를 뀌면서 말했어.

"하하하---너 같은 꼬맹이 멸치가 제일 빠르다고? 웃긴다 웃겨!"--(두 눈을 흘리며 고개를 내 젓는 모습)

가자미가 눈을 흘기면서 말했어.

"자, 조용히 해봐. 이렇게 싸울 게 아니고 누가 빠른지 수영경주를 하자."

"좋아 좋아!"---(긍정하는 식의 고개를 끄덕이는 모습)

물고기들은 준치의 말에 모두들 박수를 쳤어.

그리고 바로, 수영 경주가 시작되었단다.

"으쌰으쌰, 으쌰쌰! 일등은 내거야."--(자신감에 찬 표정으로 어깨를 들썩이는 모습)

"영차영차, 영차차! 내가 꼭 일등 해야지."---(입술을 굳게 닫으며 두 주먹을 불끈 쥐는 모습)

물고기들은 저마다 힘을 내어 수영을 했어.--(안정적인 표정과 목소리)

"와우! 드디어 일등이 결정되었습니다. 가장 빠른 선수는 바로 '청어'입니다."

심판을 맡은 고래가 큰소리로 말했어.

친구들은 모두들 일등 한 청어에게 박수를 보냈어.--(미소를 지으며 박수치는 모습)

"칫, 보잘것없는 못난이 주제에! 일 등을 하다니! 정말 분하고 억울하다. 아이고 분하다! 분해! 내가 할 수 있었는데----."--(입을 삐죽거리면서 화가 난 모습으로 두 눈을 흘리며 분해하는 모습)

가자미는 입을 삐죽거리면서 쉬지 않고 청어를 욕했단다.--(편안한 목소리)

그런데 말이야? 정말 이상한 일이 생겼지 뭐니?--(두 눈을 동그랗게 뜨며 무슨

일이 일어난 것 같은 호기심 일으키는 표정)

가자미가 청어를 욕하면 욕할수록 입이 점점 더 비뚤어지는 거야.--(고개를 약간 갸웃거리며 이상하고 신기한 발견을 한 것 같은 표정)

"가자미야! 네 입 좀 보렴. 입이 비뚤어졌다. 하하하---."--(얼굴을 밝게 하며 환하게 웃는 모습, 통쾌하게 웃는 얼굴 표정)

옆에 있던 친구 물고기들이 모두들 가자미의 입을 보고 깔깔거렸어.--(편안하고 차분한 목소리)

가자미는 그것도 모르고 입을 삐죽거리면서 계속 욕을 했단다.(*)

제 8 장

# 동화구연의 응용과 활용

앞장에서 설명했듯이, 동화 구연에 필수적인 요소는 구연자, 청자, 그리고 이야기(내용)가 있어야 한다. 다시 말해, 동화 구연의 본질은 구연자의 음성으로 청자에게 이야기를 들려주는 것이다. 여기에 구연자의 자연스런 동작이 이야기를 도와준다.

덧붙여, 이 세 가지 요소에 구연의 효과를 높이기 위해 시청각(audio-visual) 교재를 사용하기도 한다. 특히, 구연자는 나이가 어린 청자에게 이야기를 실감나게 들려주기 위해서 눈으로 보고 귀로 들을 수 있는 재료를 사용하여 구연을 하기도 한다. 나이가 어린 유아일수록 응용물이 있을 때 작품의 이해도 빠르고 사고력, 상상력도 확장될 수 있기 때문이다.

이 장에서는 여러 가지 재료 등을 활용하여 구연하는 방법을 살펴본다. 여기에 소개되는 것은 극히 일부분에 지나지 않는다. 구연을 위해 활용할 수 있는 것은 얼마든지 개발될 수 있고 또 활용될 수 있다.

## 1. 응용, 활용되는 구연의 종류

이 장에서는 구연의 응용적 형태를 편의상 크게 다섯 가지로 구분해 본다.

첫째, 보통 동화

① 설화체 동화

② 문답체 동화

③ 동화시(童話時), 시(詩) 활용

④ 입체 동화

둘째, 그림 동화

① 낱장 그림 활용

② 텔레비전 활용

③ 그리기 활용. 묘화(描畵)식

④ 융판 활용

⑤ 슬라이드 활용

셋째, 완구 동화

① 실물을 활용

② 인형, 장난감 활용

③ 만들기, 종이접기 활용

넷째, 음악 동화

① 악기 활용

② 녹음기 활용

③ 노래 활용

다섯 째, 표현 동화 -신체표현 활용.

이 외에도 다양한 종류의 활용을 통한 구연이 이루어질 수 있다. 가정에서나 유치원에서는 폐품 등을 이용하여 이야기를 들려주어도 좋고, 거울놀이를 통한 구연도 재미있게 연출할 수 있다. 무엇보다 가장 중요한 것은 구연의 핵심은 구연자가 얼마나 이야기를 잘 전달하느냐이다. 위에서 제시한 악기나 인형이나 하는 재료가 주가 되어서 이야기가 흐지부지 되어서는 안 된다는 것이다. 이것들은 어디까지나 구연을 도와주는 보조적 역할을 하는 것이다.

### (1) 보통 동화

이는 일반적으로 구연에서 주로 쓰이는 동화이다. 즉, 전래동화, 창작동화 등 문장체로 쓰여진 동화를 말한다. 따라서 구연자와 청자 그리고 이야기할 내용만 있으면 얼마든지 가능하다. 따로 시청각 자료가 필요하지 않다. 이는 앞의 장에서 다루었던 부분이다.

#### ① 설화(說話)체 동화

이는 설명과 대화로 이루어진 동화를 말한다. 이야기를 구성하는 데는 반드시 이야기의 필연성을 부여하는 설명부분이 있어야 하고, 등장인물들의 성격특성과 사건의 암시에 따른 대화부분이 있어야 한다.

이는 구연을 위해 사용하는 일반적 동화이다. 따라서 구연자는 내용을 구어체로 바꾸고, 긴 문장은 짧고 간결하게 바꾸는 개작을 해야 한다. 그 다음에 음성과 동작을 자연스럽게 연결 지어 리듬이 있는 구연을 하면 된다.

#### ② 문답(問答)체 동화

이는 질문하고 대답하는 형식의 동화로, 이야기를 이끌어 가는 것이다. 즉, 구연자가 동화를 구연하다가 중간 중간에 청자들이 내용을 얼마나 잘 들었는지 확인하는 것이다. 이는 줄거리를 확인하는 것과 동시에 줄거리를 예측하는 기능도 한다. 보통, 나이가 어린 청자일수록 주의를 환기시키기 위해 문답체 동화를 이용하여 구연을 하는 경우가 흔히 있다.

[예문]

"아앙! 이 일을 어쩌면 좋아! 꼬꼬가 예쁜 꽃밭을 망가뜨렸어! 엄마아~"

집에 돌아 온 난이가 발을 동동 구르며 엄마를 불렀어요.

누가 예쁜 꽃밭을 망쳐 놓았나요? (**구연자의 질문**)

"꼬꼬요." (**청자의 대답**)

맞아요. 꽃밭을 망쳐 놓은 꼬꼬는 과연 어떻게 되었을까요? (**구연자의 예측 질문**)

"예끼! 이 녀석! 통통하게 살 찌워 놨더니, 어디서 힘자랑이야?! 썩 나가지 못해!"

부엌에 있던 난이 엄마가 빗자루를 들고 뛰어나왔어요. ---(중략)

아, 그렇군요. 난이 엄마한테 혼났군요. (**구연자**)

이런 식으로 이야기 속에 구연자의 질문과 청자의 대답을 함께 해서 구연을 진행시키는 방법이다. 이 과정에서 주의해야 할 점은 문답이 자연스럽게 진행되어야 한다는 것이다. 즉, 한 사람을 지정하여 강요된 답을 요구하면 안된다. 구연자는 청자들이 자신이 생각하고 상상한 것들을 마음껏 표현할 수 있도록 자유롭고 허용된 분위기를 만들어야 한다. 그 과정에서 청자는 자신이 생각했던 것이 작품의 전개와 일치했는지 혹은 그렇지 않았는지를 스스로 점검해 볼 수 있다.

③ 동화시(童話時), 동시(童詩) 활용

동화시란 형식은 시 형식이고, 내용은 동화적 요소를 지니고 있는 것을 말한다. 즉 운문적인 형식에 산문적 내용이 있으면 동화시라고 한다. 다시 말해, 시처럼 간결하고 짧은 형식에 내용은 동화처럼 줄거리의 전개가 뚜렷이 나타난 것을 말한다.

또한 구연에서 동시도 많이 활용하고 있다. 동화시와 동시 모두 운율을 가지고 있기 때문에 구연자도 청자도 리듬을 즐길 수 있다.

[예문-동화시 ①]

## 강물나라 성형외과

이 은 경

아름다운 강물나라에 시커먼 기름물이 흘러들어 왔어요.
"아이쿠! 숨 막혀!"
"이게 무슨 냄새야! 눈도 안보이고 머리도 어지러워!"
기름 물을 먹은 물고기들은 엉엉 울었어요.

아픈 물고기들은 하나, 둘 병원을 찾아왔어요.
"의사선생님! 지느러미가 이상해요."
"저는 등이 구부러졌어요. 힝힝..."
"저는 머리에 혹이 났어요. 혹을 떼어주세요."
의사선생님은 한숨을 푹푹 내쉬었어요.

"옛날처럼 맑고 푸른 강물나라를 만들 순 없을까?"
강물나라 물고기들은 곰곰이 생각했어요.
"옛날처럼 맑은 물에서 헤엄도 치고 숨바꼭질도 하고 싶어."
물고기들은 푸른 강물나라가 되기를 기다리고 기다렸어요.
강물이 맑아지면 성형외과에 가서 수술을 받지 않아도 되니까요.(*)

[예문-동화시 ②]

## 사과 같은 내 얼굴

"실처럼 가느다란 내 눈은 정말 미워!"
"돼지처럼 벌렁 벌어진 내 코는 정말 미워!"
"하마처럼 커다란 내 입은 정말 미워!"
"당나귀처럼 커다란 내 귀는 정말 미워!"
예슬이는 두 손으로 얼굴을 가렸어요.

"예슬아! 만약 네 눈이 없다면 어떻게 될까?"
"예슬아! 만약 네 코가 없다면 어떻게 될까?"
"예슬아! 만약 네 입이 없다면 어떻게 될까?"
"예슬아! 만약 네 귀가 없다면 어떻게 될까?"
거울 속의 또 다른 고은이가 슬픈 목소리로 말했어요.

"싫어, 싫어!"
예슬이는 두 손을 내저었어요.

"그것 봐. 모두 없어서는 안 될 소중한 것들이지."
거울 속의 또 다른 예슬이가 빙그레 웃으면서 말했어요.
"정말?"
참 이상한 일이죠!
밉다고 생각한 얼굴이 사과처럼 예쁘게 보이는 거예요.
'이제부터 내 얼굴을 사랑할거야.'(*)

**[예문-동시 ①]**

## 하얀 마을

이 준 연

소록소록 소르륵
누나 발자국을 따라
쑥고개 꼬불길을 넘던
그 고갯길은 새하얀 눈길

하얀 길을 따라
고개를 둘 넘으면
질화로 속에서 밤 한톨이
고소하게 익는 외갓집 마을

**[예문-동시 ②]**

## 하늘아래 첫 동네

이 준 연

나무들은 산이 좋아 산에서 나구요
꽃들도 산이 좋아 산에서 핀데요
우리들은 씩씩한 산동네 아이들

살기 좋은 우리 마을 하늘아래 첫동네

해님달님 산이 좋아 산에서 뜨구요
새들도 산이 좋아 산에서 산데요
우리들은 명랑한 산동네 아이들
아름다운 우리 마을 하늘아래 첫동네

④ 입체 동화

입체 동화란 설명보다는 대화가 주를 이루는 동화를 말한다. 대화가 많다는 것은 그 만큼 구연자의 다양한 목소리 연출이 가능해야 함을 말해준다. 입체 동화로 구연을 하기 위해서는 개작 할 때, 설명부분을 대화체로 바꾸어야 한다. 따라서 설명부분은 최대한 줄이고 대화로 사건의 흐름을 이해할 수 있도록 한다.

이해를 돕기 위해, 이준연(1985)의 "춤추는 허수아비"와 이은경의 동화 "자동차를 탄 새앙쥐"를 입체 동화로 개작하였다. 구연시간은 5분을 기준으로 개작하였다.

다음의 [예문 ①] 과 [예문 ②]를 통해 연습해 보도록 한다.

[예문 ①]

## 춤추는 허수아비

개작 이 은 하

〈인물〉 원숭이 1 : 똘똘 여자 아이
원숭이 2 : 사기꾼, 마귀 이미지 남자, 어른 같은 느낌
할아버지 도깨비 : 양반 노인, 낮고 허스키
도깨비 1 : 똘똘 남자 아이, 결정적 반항

도깨비 2 : 뚱보 남자 아이, 순진,
〈배경〉 강마을

강마을에 원숭이들이 살고 있었어요.

**원숭이 1** : (여자, 어리고 똘똘한 어린 아이) 에취 에취, 캑캑.... 강물이 썩고 더러워져서 이제는 더 못 살겠다. 캑캑... 우리도 도깨비처럼 산 속으로 들어가서 살자.

원숭이들은 산 너머에 있는 아름답고 평화로운 도깨비 마을에서 살고 싶었어요.

**원숭이 2** : (남자, 굵고 음흉, 사기꾼 어른처럼) 산 속에는 도깨비 마을이 있어. 도깨비들은 도깨비 방망이와 감투와 부채로 무장을 단단히 하고 있는 걸? 방망이와 감투와 부채를 빼앗을 수 없을까?

원숭이들은 골똘히 생각했어요.

**원숭이 1** : (똘똘, 어린 여자) 나한테 좋은 생각이 있어! 도깨비들은 노래와 춤을 좋아하잖아! 노래방 기계를 도깨비 마을로 갖고 가서 구경을 시켜준 다음에 독한 술을 먹이는 거야! 히히(음흉) 그 다음에....?!

원숭이가 그럴 듯한 생각을 말했어요.

**원숭이 2** : (남자, 사기꾼, 굵은) 좋다! 좋아, 그렇게 하자! 노래방 기계와 술을 가지고, 도깨비 마을로 가자!

다음 날, 원숭이들을 산 너머 도깨비 마을로 갔어요.
"콩닥콩닥! 쿵따라쿵따라 쿵쿵쿵!"

도깨비 마을 동구 밖에서 신바람 나는 노랫소리가 들려왔어요.

**도깨비 1** : (순진, 아이) 끼룩끼룩- 얘들아! 저게 무슨 소리냐? 어서 동구 밖으로 가보자!

도깨비들이 동구 밖으로 몰려왔어요.

**원숭이 2** : (약장수, 사기꾼처럼, 음흉하고 우렁차게) 춤과 노래를 사랑하시는 도깨비 여러분! 그 동안 안녕하셨습니까! 우리 원숭이들은 도깨비 여러분과 친구가 되고 싶어서 '신바람 노래방'을 갖고 왔습니다. 우리 모두 함께 노래 부르며 춤을 춥시다!!

**도깨비 1**: 우와! 우와! 끼룩까룩..... 신난다 신나 끼룩까룩-!!

도깨비들은 목이 터지도록 노래를 부르고 춤을 추었어요.

**할아버지 도깨비** : (양반, 노인, 허스키) 얘들아! 이것이 무슨 소리냐? 무당 푸닥거리 소리도 아니고, 농부들의 풍장소리도 아니구나!

할아버지 도깨비가 괴상망측한 소리에 깜짝 놀랐어요.

**도깨비 2** : (아이, 뚱보, 순진) 할아버지! 빨리 동구 밖으로 가서 춤을 추고 노래를 부르세요. 원숭이들이 신바람 노래방을 갖고 와서, 술이랑 초콜릿이랑 풍선껌을 공짜로 주어요!

할아버지 도깨비는 아이 도깨비의 말을 듣고, 동구 밖으로 갔어요.
술에 취해, 코끝이 빨-개진 도깨비들이(!) 팔 다리 허리가 빠지도록 정신없이 춤을 추고 있었어요!(놀란 듯이)

**할아버지 도깨비** : (고래고래) 원숭이 이놈들아! 썩 나가지 못할꼬! 우리 도깨비 마을에서 퍼뜩 나가거라!

촌장 도깨비 할아버지는 고래고래 소리를 질렀어요.

**도깨비 1** : (아이, 똘똘, 또박또박!) 촌장 할아버지! 그만 두어요! 궁깽깽- 궁깽깽-, 사물놀이는 이제 지겹고 신물이 나요! 징, 장고, 꽹과리는! 할아버지 혼자 실컷-두드리세요! (하이라이트)

아이 도깨비들이 할아버지를 떠밀었어요.

**할아버지 도깨비** : (안타깝게 소리치며) 이놈들아! 요사스런 원숭이 놈들이 너희들의 혼을 빼가려고 온 게야. 이놈들아! 정신 바싹 차려라!"

할아버지 도깨비는 목이 터지도록 소리쳤어요.
그러나 도깨비들은 할아버지의 말을 듣지 않았어요.
도깨비들은 다음 날도, 그 다음 날도, 신바람 노래방에서 춤과 노래를 부르며 보냈어요.

**원숭이 2** : (남자, 어른 같은, 사기꾼, 음흉한) 춤과 노래를 사랑하는 도깨비 여러분! 오늘은 도깨비 친구들에게 작은 신바람 노래방을 하나씩 공짜로 드리겠습니다!

도깨비들은 뜻밖의 말에 어리둥절했어요.

**원숭이 2** : (뚱보 아이, 순진) 끼룩끼룩 - 원숭이 친구들아! 신바람 노래방을 공짜로 주는 거냐?

도깨비들은 믿을 수 없다는 듯이 두 눈을 동그랗게 뜨면서 물었어요.

**원숭이 2** : (마녀, 악마처럼 음산, 낮게) 돈은 동전 한 푼도 받지 않겠소. 대신 도깨비 방망이와 감투와 부채를 가지고 오면 바꾸어 주겠소. 그리고 덤으로 초콜릿과 풍선껌과 고급술을 한 상자씩 주겠소.

**도깨비 1** : (똘똘 신나며) 낄낄낄! 우와! 우와! 원숭이 친구들이 최고다! 최고!!

춤과 노래에 미쳐 버린 도깨비들은 감투와 방망이와 부채를 원숭이에게 주고! 노래방 기계를 가져갔어요.

"쿵따라 쿵따라 쿵따따- 해피해피- 몽키몽키-"

도깨비들은 지붕이 날아가도록 노래방을 크게 켜 놓고 춤을 추었어요.

**할아버지 도깨비** : (양반, 노인, 허스키, 안타깝게) 아이고- 이 일을 어쩔거나! 우리 도깨비들이 하루아침에 춤추는 허수아비가 되었구나! 아이고 이 일을 어째-할아버지는 목을 놓아 울었어요.

**원숭이 2** : (낮고, 악마처럼) 해해해- 요술 방망이와 감투와 부채를 손에 넣었으니, 이젠 아무 것도 무서울 게 없다. 도깨비들을 몰아내고, (기뻐 크게) 우리들이 도깨비 마을에서 살자꾸나!!

원숭이들은 도깨비감투를 머리에 쓰고, 양손에 방망이와 부채를 들고 도깨비 마을로 쳐들어갔어요.

"뚝딱 뚝딱 탁탁탁!!!"

도깨비 방망이를 든 원숭이들은 도깨비들의 머리를 닥치는 대로 두들겼어요.

"끼룩 끼룩 까아- 욱, 아이고 까아욱---"

도깨비 방망이와 감투와 부채를 빼앗긴 도깨비들은 힘없는 허수아비가 되어, 도깨비 마을을 원숭이에게 내어주고 말았어요.

**할아버지 도깨비** : (울부짖으며, 노인, 힘없이) 끼룩 끼룩 까아룩-, 춤추고 노래

하는데 정신이 팔려 모든 것을 잃었구나! 조상 대대로 내려 온 보물과 귀한 땅을 모두 잃었어...아이고- 이이고-(*)

[예문 ②]

## 자동차를 탄 새앙쥐

개작: 이 은 경

〈등장인물〉

석이, 찍찍이 (새앙쥐), 엄마, 해설자.

〈배경〉 석이의 집 마당

**해설자:** 어느 날 석이는 마당에서 빨간 자동차를 끌고 다니면서 놀고 있었어요.

**석이:** 붕붕붕---빵빵빵---자동차가 나갑니다. 길을 비키세요. 다치면 큰일 나요.

**찍찍이:** (고개를 갸웃거리며) 붕붕붕---빵빵빵---저게 무슨 소릴까?

**해설자:** 새앙쥐 한 마리가 마루 밑에서 뽀르르 기어 나왔어요.

**찍찍이:** (눈을 동그랗게 뜨며) 히야! 정말 신기한걸! 참 재미있겠다! 나도 한 번 타 보았으면---.

**해설자:** 새앙쥐 찍찍이는 부러운 눈으로 석이와 빨간 자동차를 바라보면서 중얼거렸어요.

**엄마:** 석아! 엄마 가게 다녀올게. 밖에 나가지 말아라.

**석이:** 네! 맛있는 과자랑 초콜릿이랑 많이많이 사 오세요.

**해설자:** 석이는 엄마에게 손을 흔들었어요.

**석이:** 붕붕붕! 나는야! 빨간 자동차! 와---신나는 걸---.

**찍찍이:** (두 눈을 이리저리 굴리며) 사람들은 우리 쥐들을 싫어한다고 하는데 석이도 날 싫어할까? 같이 놀고 싶은데---.

찍찍이: 찍찍찍---석아! 석아! 나랑 놀자. 나도 자동차에 좀 태워 줘. 응!

석이: (놀라며) 아휴, 깜짝이야. 넌, 생쥐구나! 생쥐야! 너도 자동차에 타고 싶니?

찍찍이: 응

석이: 좋아! 좋아! 심심했는데 잘되었다. 올해가 바로 쥐해니까 내가 널 특별히 태워줄께.

찍찍이: 고마워--찍찍찍---.

해설자: 찍찍이는 빨간 자동차에 폴짝 올라탔어요. 석이는 운전대를 힘껏 잡고 마당을 뱅글뱅글 달리기 시작했어요.

찍찍이: 아이쿠, 어지러워---석아, 그래도 재밌다. 히히히---.

석이: 붕붕붕---아주 작은 자동차 빨간 자동차가 나간다. 붕붕붕---꽃향기를 날리며 힘이 솟는 빨간 자동차---. (노래를 부르며)

해설자: 언제 들어왔는지 엄마가 석이와 찍찍이를 보고 눈이 휘둥그fp졌어요.

엄마: (빗자루를 들며) 에그머니나! 세상에, 이게 뭐야! 앙! 더러운 생쥐랑 놀다니! 아휴, 지저분해! 이놈의 생쥐! 어디 맛 좀 보아라! 꽝! 여기가 어디라고 기어 나와! 앙---!.

석이: (엄마의 손을 잡으며) 엄마! 찍찍이 때리지 마세요. 올해는 쥐해란 말이에요. 내 친구라구요.

엄마: (석이의 머리에 알밤을 콕 쥐며) 이 녀석아! 전염병 옮기는 생쥐가 무슨 친구냣! 빨리 손 씻어!

찍찍이: (비틀거리며) 찍찍찍----석아! 아이쿠! 머리야! 어지러워 죽겠다---.빙글빙글 돌았더니 내 머리가 빙글빙글 도는구나! 아이쿠!

석이: (큰소리로) 찍찍아! 빨리 도망갓! 우리 엄마 화나시면 무서워---빨리 도망갓!

해설자: 석이는 빗자루를 든 엄마손을 잡아당기면서 소리를 질렀어요.

찍찍이: 석아! 어쨌든 고맙다, 고마워---. 내 몸은 이렇게 비틀거리지만 오늘은 최고로 좋은 날이야. 찍찍찍---.

석이: 찍찍아! 안녕! 나도 오늘은 잊지 않을께. 내 친구들에게도 자랑할 거야.

생쥐랑 자동차 놀이 했다구!

**찍찍이:** 안녕---.

**해설자:** 찍찍이는 석이를 자꾸자꾸 뒤돌아보면서 달아났어요. 찍찍이는 바로 오늘을 영원히 잊지 않을 거예요. 자동차를 탄 새앙쥐는 아마 쥐 나라에서는 바로 찍찍이 혼자 뿐 일 테니까요.(*)

예문에서 보았듯이, 해설부분은 대화부분에 비해 그 양이 적다. 그리고 이야기의 흐름은 등장인물들의 대화로 이끌어 가고 있다. 따라서 입체동화는 불필요한 설명은 되도록 삭제해서 해설 부분은 최소화하는데 있다. 입체성을 두드러지게 하기 위해서는 대화를 통한 등장인물의 성격파악이 우선시 되어야 한다. 더불어 목소리 연출이 다양하게 이루어져야 한다.

입체동화로 극화 활동을 수행해 보는 것도 재미있다. 즉 소그룹의 청자들이라면 청자와 구연자가 함께 어우러져서 배역을 정하고 소품을 준비하고 무대를 간단히 꾸며 극놀이를 해도 좋다. 이 과정은 청자도 함께 참여한다는 기쁨과 의사소통의 기회를 가질 수 있다는 점이 장점으로 부각되고 있다.

### (2) 그림 동화

이는 청자들에게 구연의 효과를 살리기 위해 이야기의 내용에 맞는 그림을 활용하여 이야기를 진행시키는 것이다.

주의할 점은 다음과 같다.

첫째, 동화의 내용을 그림 장면(보통, 10-15장면)으로 나눈다.

둘째, 장면의 줄거리 중에서 가장 핵심적인 부분을 찾아 그림으로 표현한다.

셋째, 줄거리의 순서에 맞게 그려야 한다.

넷째, 청자의 상상력과 창의력을 자극할 수 있게 표현해야 한다.

다섯째, 등장인물이 많은 작품은 되도록 선택하지 않는다. 이는 청자의 주의를 산만하게 만드는 요인이 되기 때문이다.

여섯째, 등장인물을 그릴 때는 특성을 살려 표현한다.

### 1) 낱장 그림 활용

전달하려는 내용에 맞는 그림을 낱장의 도화지에 그려서 구연할 때 한 장씩 뒤로 옮기면서 하는 방법이다. 이는 우리가 알고 있는 그림책과는 다소 차이가 있는 것이다. 그리고 보통, 유치원에서 사용하는 그림동화와도 차이가 있다. 유치원에서 사용하는 그림동화는 종이 뒷면에 동화의 내용이 모두 적혀 있다. 그래서 교사가 뒷면에 써 있는 글씨를 보고 낭독하면 된다. 그러나 구연에서의 낱장 그림은 뒷면에 글씨를 써넣지 않는다. 구연자는 반드시 들려 줄 이야기의 내용을 완전히 외우고 자기 것으로 소화하고 있어야 한다. 이 점이 구연과 낭독과의 차이다.

다음에서 제시한 그림동화는 10장의 낱장그림동화로 만들 수 있도록 장면을 나누어 제시하였다. 일반적으로 낱장 그림을 활용할 때에는 연령에 따라 적게는 5장에서 6장 정도로 나누고, 유치원 시기의 어린이에게는 10장에서 15장 정도의 낱장 그림을 활용하여 사용되어진다.

**[예문--낱장그림동화]**

## 아기 코끼리 푸푸

이 은 하

(1)

아프리카 숲 속에 코끼리 마을이 있었어요.

아빠 코끼리는 집을 나가서 아빠들끼리 살았어요.

“포포야! 푸푸야! 목욕하러 가자!”

엄마 코끼리는 포포와 푸푸를 데리고 물웅덩이를 찾아갔어요.

(2)

“어제는 물이 가득 차 있었는데, 오늘은 반으로 줄었구나.”

엄마 코끼리는 코로 물을 쭈-욱 쭈-욱 빨아서 아기 코끼리 푸푸에게 뿌려주었어요.

“아! 시원해! 하루종일 물 속에서 살면 얼마나 좋을까?”

(3)

“푸푸야! 이리 와. 내가 진흙 옷을 입혀줄게.”

포포 언니는 모래와 진흙을 코로 집어서 푸푸의 몸에 발라 주었어요.

푸푸는 엄마 젖을 먹고, 포포는 코로 풀을 뜯어먹고, 나뭇잎을 따먹었어요.

(4)

“비야! 오너라! 비야! 오너라!”

포포와 푸푸는 불덩어리 같은 해를 쳐다보면서 비를 기다렸어요.

“포포야! 푸푸야! 올해에도 가뭄이 들었단다. 우리도 물을 찾아가자.”

엄마 코끼리는 포포와 푸푸를 데리고 물을 찾아 먼 길을 떠났어요.

(5)

뜨거운 햇볕에 노랗게 마른 나뭇잎은 떨어지고, 초록빛 풀밭은 모래밭이 되었어요.

코끼리들은 떼를 지어 물을 찾아 서쪽으로 가고 있었어요.

푸푸네 식구들도 무리 속에 끼었어요.

(6)

“할머니! 안녕하세요!”

엄마와 포포는 친척들에게 인사를 했어요.

포를 부벼대면서 반갑게 인사를 했어요.

(7)
수많은 코끼리들은 떼를 지어 강물을 찾아서 서쪽으로 서쪽으로 걸어갔어요.
"오늘밤엔 여기서 자자."
무리를 이끄는 대장 할머니 코끼리가 말했어요.
산봉우리 위로 달이 떴어요.

(8)
"푸릉푸릉 킁킁.... 아이들은 모두 가운데로 모여라! 사자 냄새가 난다!"
아이 코끼리들은 대장 할머니가 시키는 대로 했어요.
어른 코끼리들은 아이 코끼리들을 삐잉 둘러쌌어요.

(9)
"오늘밤에는 코끼리 새끼를 잡아가자!"
사자들이 어슬렁어슬렁 다가 왔어요.
"사자들아! 가까이 오면 발로 차고 기다란 이빨로 찌를 테다!"
사자들은 겁을 먹고 도망갔어요.

(10)
"만세! 사자가 도망친다! 만세!"
코끼리들은 만세를 부르면서 물을 찾아 힘차게 걸어갔어요.
"만세! 만세! 코끼리 만세!"(*)

### 2) 텔레비전 그림 극 활용

이는 텔레비전 모양의 그림 극 틀에 낱장의 그림을 끼워 넣어서 활용하는 방법이다. 마치 텔레비전을 보는 듯한 착각을 불러일으켜, 청자들의 호기심을 자극시킨다. 그림극 틀은 두꺼운 마분지를 활용하여 만들기도 하고, 폐품(가전제품이 들어있는 빈 상자, 고장 난 TV)을 활용하여 만들기도 한다.

여기에서는 낱장의 그림들을 끼워서 활용하기도 하고, 둘둘 말려있는 종이에 그림을 그려서 그림 극 틀에 넣어 돌리면서 이용하기도 한다. 이는 유아의 흥미를 북돋워 줄 뿐 아니라, 상상력을 자극시키기도 한다.

다음의 예문에서는 7장면의 텔레비전 활용극에 필요한 원고를 제시하였다. 구연자에 따라 장면을 축소하기도 하고 더 늘리기도 하면서 다양하게 활용가능하다.

[예문--텔레비전 그림동화]

## 달님을 기다리는 요정

이 은 경

(1)

밤이 되면, 요정들은 호숫가로 나와서 별님과 놀았어요.

"하늘에 있는 별이 모두 없어졌으면 좋겠어. 난 달님이 제일 좋아."

꼬마 요정이 말했어요.

"괘씸하구나. 꼬마요정! 아무도 없는 캄캄한 곳으로 보내야겠다."

화간 난 별의 신은 꼬마 요정을 어둠 속으로 쫓아버렸어요.

"힝힝힝--. 달님! 어서 와서 저를 환하게 밝혀 주세요."

꼬마 요정은 날마다 울면서 달님을 기다렸어요.

(2)

그 소식을 들은 달님은 별의 신을 찾아갔어요.

"내가 꼬마요정을 찾아내겠어."

달님은 화가 머리끝까지 났어요.

"흥, 어림도 없을 걸."

(3)

별의 신은 구름을 불렀어요.

"구름아, 달이 꼬마 요정을 찾지 못하게 달을 가리워라."

"네에!"

구름은 달님을 가려 버렸어요.

(4)

"바람아! 구름을 멀리 보내다오. 날 사랑하는 꼬마요정을 찾을 수 있도록 도와주오."

달님은 바람에게 부탁했어요.

"휘잉휘잉---!"

바람은 구름을 멀리 보내버렸어요.

(5)

"흥, 비야비야! 달이 뜨지 못하게 쫙쫙 내려라!"

"주룩주룩 쫘악쫘악--싸아싸아!"

"으윽--도저히 안되겠구나."

달님은 눈물을 흘리면서 가버렸어요.

(6)

몇 해가 지났어요.

어느 날, 달님이 언덕 위를 올라가고 있었어요.

"앗? 꼬마요정이 나를 기다리다가 죽었구나."

달님은 엉엉 울면서 꼬마요정을 끌어안았어요.

달님은 꼬마요정을 언덕 위에 정성껏 묻어 주었어요.

(7)

"아--내가 꼬마요정에게 너무한 것 같구나. 내가 잘못했어."

그 모습을 본 별의 신도 눈물을 흘렸어요.
"꼬마요정아! 달님을 닮은 달맞이꽃으로 다시 태어 나거라."
별의 신은 꼬마요정을 예쁜 꽃으로 살아나게 했답니다.(*)

**2) 그리기 활용**

이는 구연자가 그림을 직접 그려가면서 이야기를 이끌어 가는 방법이다. 즉 칠판에 분필로 그려가면서 구연을 하기도 하고, 큰 종이 위에 크레파스나 색연필을 사용하여 구연을 하기도 한다.

이야기의 전개에 따라 구연자는 핵심 부분을 골라 그림을 그려가면서 구연한다. 예를 들면, "나비가 나폴 나폴 춤을 추어요."라고 말하면서 칠판에 나비를 그린다. 이 과정에서는 그림을 그리는 시간을 많이 잡아서는 곤란하다. 이는 자칫 청자들이 동화 구연을 듣기보다는 그림 그리기에 더 신경을 쓰게 한다.

그리고 그리기 식의 구연을 잘 하려면 구연자가 어느 정도 그림에 소질이 있어야 한다.

**[예문--그리기 활용 동화]**

## 숫자들과 함께 춤을!

이 은 경

(1)
코끼리와 여우는 숫자나라에 놀러왔어요.
"얘들아! 나는 0이야. 내 모습은 달걀처럼 생겼단다."
"안녕! 나는 1이야. 색연필처럼 생겼지."
"헤헤! 나는 2야. 난 꽥꽥 오리를 닮았어."
"친구들아! 나는 3이란다. 내 모습은 사람들 귀를 잘 보면 돼."

"아하, 그렇구나."

코끼리와 여우는 고개를 끄덕였어요.

(2)

"안녕! 나는 4야. 돛단배를 잘 보렴. 내 모습이 보일 거야."

"안녕! 나는 5란다. 열쇠를 잘 보면 내 모습을 알 수 있지."

"안녕! 친구들아! 나는 6이야. 너희들 버찌를 아니? 난 버찌처럼 생겼단다."

"안녕! 나는 7이야. 내 모습은 꼭 지팡이처럼 생겼어."

(3)

"안녕! 나는 8이야. 난 한겨울 눈사람을 닮았단다."

"안녕! 나는 9란다. 난 콩나물을 닮았어."

"안녕! 나는 10이야. 나는 젓가락 하나와 동그란 도너츠를 나란히 놓으면 돼."

"와아!"

"너무 놀라지마. 우리 수들이 모두 모이면 정말 많은 수가  된단다."

10은 빙그레 웃었어요.

(4)

"코끼리야! 여우야! 우리가 너희들을 위해 준비한 것이 있단다. 자, 뒤를 봐."

0이 큰소리로 말했어요.

코끼리와 여우는 뒤를 돌아보았어요.

룰루랄라, 룰루랄라!

흔들흔들, 흔들흔들!

0, 1, 2, 3, 4, 5, 6, 7, 8, 9, 10은 신나게 춤을 추었어요.

코끼리와 여우도 숫자들과 함께 즐겁게 춤을 추었어요.(*)

### 4) 융판 활용

융판 동화는 유치원에서 가장 많이 활용하는 방법으로, 배경과 등장인물을 그려 하나 씩 융판에 붙여 가면서 이야기를 이끌어 가는 방법이다. 이는 떼었다 붙였다 하기 때문에 유아들의 주의를 집중시킬 수 있어 효과적이다.

구연자는 이야기의 흐름에 따라 그림들을 순서대로 정리해야 한다. 구연 중에 말과 그림이 일치하지 않으면 이야기가 중단되고 주의가 산만해지며, 혼란을 일으킨다. 따라서 구연자는 장면을 나누어 이야기의 순서를 기억해 두어야 한다.

[예문--융판 활용 동화]

## 아기 참새와 눈사람

이 준 연

(1)

아기 참새 한 마리가 고목 나무 구멍 속에서 뜨개질을 하고 있었어요.

"참새야, 거기서 뭘 하니? 윙윙윙-"

찬바람 아저씨가 지나가면서 눈가루를 뿌렸어요

"추워서 스웨터를 짜고 있어요. 제발 눈가루를 뿌리지 말아요. 아이 추워!"

털스웨터를 짜던 아기 참새가 오돌오돌 떨면서 말했어요.

(2)

"네 친구들은 어디 가고 외톨이가 되었느냐?"

"아기 곰이랑 개구리랑 땅굴 속에 들어가서 겨울잠을 잔대요. 찬바람 아저씨 때문이에요. 아저씨가 멀리 가고 봄바람 언니가 찾아오면, 그때 놀러 온 대요. 치이-"

아기참새는 쓸쓸한 목소리로 말했어요.

"개구리랑 곰이랑 숨바꼭질 할 때는 정말 즐거웠는데...."
아기참새는 뜨개질을 멈추고 한숨을 내쉬었어요.

(3)
바람 아저씨가 검은 망도를 펄럭이며 나뭇가지에 터억- 걸터앉았어요.
"아기 참새야, 아저씨가 놀아 줄까?"
얼굴이 파랗고 눈이 빨간 바람 아저씨가 으스스한 목소리로 말했어요.
"아.... 아니요! 아.... 아저씨는 춥고 무서워서 싫어요!"
바람 아저씨가 가까이 다가오자 아기 참새가 벌벌 떨며 손을 내저었어요.

(4)
"내가 싫다고? 그럼 어쩌나.... 옳거니! 내가 함박눈을 뿌려 줄 테니 눈사람을 만들어서 함께 놀아라!"
찬바람 아저씨는 무릎을 탁! 쳤어요. 그리고는 하늘 꼭대기로 올라가 함박눈을 힘차게 뿌려주었어요.

(5)
"짹짹! 소나무에 하얀 눈꽃이 피었다! 신난다! 짹짹짹-"
솜덩이 같은 눈이 소복소복 쌓였어요. 아기 참새는 깡충깡충 눈밭을 뛰어다니며 눈사람을 만들었어요.
"꼬마 눈사람아! 나랑 같이 놀자!"
"그래, 그래. 함께 놀자!"
아기 참새는 추운 줄도 모르고 눈밭 위를 데굴데굴 구르며 재롱을 부렸어요.

(6)
"허허... 고놈 참.... 내가 왜 싫다는 거지? 내가 그렇게 무섭게 생겼나?"
찬바람 아저씨는 소나무 꼭대기에 앉아 얼음 거울을 들여다보면서 중얼거렸어요.(*)

### 5) 슬라이드 활용

작품의 내용에 맞는 그림을 미리 준비하여 환등기에 넣고 슬라이드 화면에 띄워 이야기를 진행시키는 방법이다. OHP를 활용한 구연은 마치 영화관에서 영화를 보는 착각을 불러일으킨다. 따라서 청자의 호기심과 흥미를 자아낸다.

이 방법을 이용할 때에는 화면에 그림이 나옴과 동시에 구연자가 음성으로 직접 들려준다.

[예문--슬라이드 활용 동화]

## 꾀동이 여우

이 은 경

(1)

숲 속 마을에 꾀동이 여우가 살았어요.
"아이구, 허리야! 아이구, 다리야!"
엄마 여우는 끙끙 신음 소리를 냈어요.
"엄마! 아랫마을에 가서 약을 지어올게요."
꾀동이는 의젓하게 말했어요.

(2)

"아가야! 약국까지는 너무 멀고 위험해.
무서운 호랑이도 숨어 있고,
깊은 강도 건너야 한단다. "
엄마는 두 손을 내저었어요.

(3)

"호랑이도 안 무섭고, 깊은 강도 문제없어요."

꾀동이는 씩씩하게 대답했어요.

"참, 이사 간 꾀순이한테 쓴 편지도 보내야겠구나."

꾀동이는 나뭇잎 편지를 들었어요.

(4)

"아휴, 더워!"

꾀동이는 구슬땀을 닦으면서 걸었어요.

"꾀동아! 다리가 위험해! 조심조심----짹짹."

아기 참새가 소나무 위에서 소리쳤어요.

(5)

출렁출렁 촬촬촬!

다리 밑, 시퍼런 강물이 노래를 불렀어요.

낡은 다리는 금방이라도 뚝! 끊어질 것 같았어요.

'다리가 뚝 끊어지면 어쩌지?'

꾀동이는 골똘히 생각했어요.

(6)

바로 그 때였어요.

다람쥐 한 마리가 뽀르르 다리 위를 지나갔어요.

'그렇게 약하지는 않구나.'

하지만 다리를 건널 수 없었어요.

다람쥐는 꾀동이보다 작고 가벼웠으니까요.

(7)

잠시 후였어요.

토끼 형제 두 마리가 깡충깡충 뛰어갔어요.
'토끼도 잘 건너는 구나.'
하지만 꾀동이는 마음을 놓을 수 없었어요.
토끼 두 마리보다 꾀동이의 몸이 더 무거울 것 같았어요.

(8)
"아이쿠, 무거워라."
이번에는 뚱뚱한 곰 아줌마가 나타났어요.
머리에 커다란 짐을 이고 뒤뚱뒤뚱 건너 가는 게 아니겠어요?
'하하! 나도 건널 수 있겠구나.'
꾀동이는 활짝 웃으면서 다리를 건넜어요.

(9)
꾀동이는 아랫마을에 도착했어요.
경찰서, 우체국, 학교, 병원-----.
마을에는 큰 건물들이 많았어요.
"엄마 약은 약국에서 짓고,
내 편지는 우체국에서 붙이자."
꾀동이는 간판을 보고 잘 찾아갔어요.

(10)
꾀동이는 약을 들고 집으로 뛰었어요.
"아, 다리 아파!"
꾀동이는 나무 그늘에 앉았어요.
"꾀동아! 호랑이 아저씨가 신기한 마술 보여준데."
노루가 손짓을 했어요.

(11)
"우와! 마술 쇼? 나도 같이 가."
꾀동이는 신바람 나서 뒤따라갔어요.
'참, 엄마가 호랑이 조심하라고 했지?
무서운 호랑이에게 잡히면 큰일인데.'
꾀동이는 걱정이 되었어요.

(12)
호랑이의 방문이 스르르 열렸어요.
"귀여운 여우야! 너도 어서 들어오렴!
신기하고 재미있는 마술을 보여주마. 어흥!"
호랑이 아저씨가 헤죽헤죽 웃으면서 말했어요.

(13)
"흥! 내가 속을 줄 알고요?
다람쥐, 토끼, 노루가 굴속으로 들어간 발자국은 있는데,
나온 발자국은 없잖아요?
싫어요. 싫어! 나 집에 갈래! 메롱!"
꾀동이는 헤헤 웃으면서 도망쳤어요.(*)

(주의) -장면마다 그림이 나올 수 있도록 13장면으로 나눈다.
-장면에 따라 중복되지 않도록 그림을 그린다.

### (3) 완구 동화

실물이 아닌 장난감이나 그 밖의 공작품을 이용하여 이야기를 진행시키는 방법이다. 이는 청자들에게 친숙함을 주는 방법으로 구연자와의 관계도 친밀하게 만들어 준다.

#### 1) 인형, 장난감 활용

이는 인형이나 그 밖의 장난감을 이용해 구연하는 방법이다.

인형은 그 종류가 다양하고 많다. 활용도에 따라 손가락 인형, 줄 인형, 막대인형, 깡통인형, 종이인형, 그림자 인형, 봉투 인형-----등 셀 수 없을 정도로 많다. 장난감 또한 그 수를 헤아릴 수 없다. 여기에서는 이런 자료를 이야기의 내용에 맞게 활용하는 것이다.

특히, 인형을 활용한 구연을 하기 위해서는 앞에서 다루었던 입체 동화 형식이 되어야 한다. 다시 말해, 내용이 설명보다는 대화가 많이 있어야 한다. 따라서 인형극을 생각하고 작품을 개작해야 한다.

등장인물의 특성을 잘 살려서 인형을 만들고, 주변의 소품 등은 작품의 분위기에 맞는 장난감을 활용한다.

[예문--인형 및 장난감 활용 동화]

## 잃어버린 장갑

등장인물: 할아버지, 여우, 곰, 토끼, 들쥐, 개구리
무대: 숲 속

해설자: 할아버지가 숲 속을 걸어가고 있었어요. 그런데 할아버지는 장갑 한 짝을 떨어뜨린 채 그대로 가 버렸어요. 그 때, 들쥐가 달려왔어요.

들쥐: 야! 커다란 장갑이 있네,. 여기서 살면 아주 따뜻하겠는걸.

해설자: 그 때 개구리가 펄쩍 뛰어왔어요.

들쥐: 누구니? 장갑 속에 사는 건?
들쥐: 나는 먹보 쥐란다. 너는 누구니?
개구리: 나는 팔짝이 개구리야. 나도 들어가도 되니?
들쥐: 좋아! 들어오렴.

해설자: 이제 장갑 속에는 들쥐와 개구리 둘이 살게 되었어요. 이번에는 토끼가 오고 있네요.

토끼: 누구니? 장갑 속에 사는 건?
들쥐: 나는 먹보 쥐야.
개구리: 나는 팔짝이 개구리란다.
들쥐, 개구리: 너는 누구니?(동시에)

**토끼**: 나는 깡총이 토끼야. 나도 들어가게 해 줘.

**들쥐, 개구리**: 그래그래. 어서 들어와

**해설자**: 이제 장갑 속에는 들쥐, 개구리, 토끼 세 마리가 살게 되었어요. 이번에는 여우가 나타났어요.

**여우**: 누구니? 장갑 속에 사는 건?

**들쥐**: 나는 먹보 쥐

**개구리**: 나는 팔짝이 개구리야.

**토끼**: 나는 깡총이 토끼야.

**들쥐, 개구리, 토끼**: 너는 누구니?

**여우**: 나는 멋쟁이 여우야. 나도 들어갈까?

**해설자**: 이제 장갑 속에는 들쥐, 개구리, 토끼, 여우 네 마리가 살게 되었어요. 이번에는 아기곰이 찾아왔어요.

**아기곰**: 누구니? 장갑 속에 사는 건?

**들쥐**: 난 먹보 쥐

**개구리**: 난 팔짝이 개구리야.

**토끼**: 난 깡총이 토끼야.

**여우**: 난 멋쟁이 여우야.

**들쥐, 개구리, 토끼, 여우**: 넌 누구니?

**아기곰**: 으응, 난 느림보 곰이야. 나도 들어가도 되겠니?

**여우**: 그래, 들어오렴. 하지만 몸을 바짝 움추려야 돼.

**해설자**: 이렇게 해서 장갑 속에는 다섯 마리의 동물이 살게 되었어요. 그런데 숲 속을 걸어가던 할아버지는 장갑 한 짝이 없어진걸 알았어요. 한참을 찾아 헤맨 할아버지는 드디어 장갑을 찾았어요. 그런데---장갑이 꿈틀거리

고 있는 게 아니겠어요?

할아버지: 아니, 이건 분명히 내 장갑인데. 꼭 살아 있는 것 같구나!

할아버지: (장갑을 살며시 열어보며) 아이쿠! 이게 뭐야? 얘들아! 이건 내 장갑이란다.

동물들: 할아버지! 따뜻한 장갑이 너무 좋아요.

할아버지: 너희들이 모두 따뜻하게 살 수 있다면 이 장갑을 너희들에게 주겠다.

동물들: 와! 할아버지 최고다! 최고! 할아버지! 고맙습니다.

해설자: 동물 친구들은 무척 기뻤어요. 추운 겨울을 따뜻한 장갑 안에서 보낼 수 있게 되었기 때문이죠.(*)

**2) 만들기, 종이 접기 활용**

이는 테이블 위에 공작품(여러 가지 재료를 이용한 다양한 종류의 공작품)이나 종이 접기 작품을 활용하여 이야기를 진행시키는 방법이다.

먼저, 등장인물들을 만들고, 그 밖에 꼭 필요한 배경과 소품 등을 간단히 만들어 사용한다. 구연자는 이야기의 진행에 따라 공작품을 하나씩 제시해 가면서 이야기를 이끌어 간다.

구연하기 쉽도록 [예문]에서는 장면을 각각 나누어 제시하였다.

[예문--만들기 및 종이접기 활용 동화]

## 달팽이 결혼식

이 은 경

(1)

숲 속에 할아버지 달팽이와 할머니 달팽이가 살고 있었어요.

"영감님! 우리 아이도 이제 나이가 들었으니, 장가를 보냅시다."

할머니 달팽이는 걱정을 했어요.

"허허, 어디 가서 신부감을 찾지?"

할아버지 달팽이도 한숨을 쉬었어요.

(2)

그 때, 나비 한 마리가 나폴나폴 날아가고 있었어요.

"나비야! 우리 아들한테 어울리는 예쁜 달팽이 신부를 찾아주렴."

할머니 달팽이는 나비에게 말했어요.

"걱정 마세요. 제가 예쁘고 착한 신부를 데리고 올게요."

나비는 활짝 웃으면서 어디론가 날아갔어요.

(3)

그 후, 며칠이 지났어요.

"할아버지, 할머니! 예쁜 신붓감을 찾았어요. 꽃동산에서 혼자 사는 달팽이 아가씨랍니다. 아주 착하고 예뻐요."

"정말 고맙구나. 빨리 결혼식 준비를 해야 겠구나."

할머니 달팽이와 할아버지 달팽이는 결혼식장을 예쁘게 꾸몄어요.

"저희도 도와드릴게요. 윙윙윙--."

벌도 날아와서 케이크에 예쁜 꽃을 달아주었어요.

(4)
"난 반짝이는 등불을 켜 줄게."
반딧불도 등불을 밝혔어요.
"결혼행진곡은 내가 할게."
빗방울이 랄랄라 노래를 불렀어요.
"얘들아, 정말 고맙구나."
할아버지 달팽이와 할머니 달팽이는 눈물을 글썽거렸어요.

(5)
"딴따따--딴따따따---결혼 축하해요!"
숲 속 마을 친구들이 모두 나와 달팽이 신랑과 신부를 축하해 주었대요.(*)

### (4) 음악 동화

이는 음악적 요소를 활용하여 구연을 하는 방법을 말한다. 즉 구연자 자신이 다룰 수 있는 악기를 이용하거나, 작품의 분위기에 어울리는 배경 음악을 녹음해 둔 것을 이용한다거나 혹은 성악을 통해 이야기를 진행시킨다. 이는 노래극 형식으로, 뮤지컬을 연상하면 이해하기 쉽다. 이는 구연자와 청자와 함께 참여할 수 있어 이야기에 흥미를 더해 준다.

#### 1) 악기 활용

청자들에게 친숙한 악기를 이용하여 구연을 하는 방법이다. 예를 들면, 피아노, 큰북, 작은 북, 케스터네츠, 탬버린, 트라이앵글, 마더구즈, 실로폰 등의 악기를 이용한다.

슬픈 장면을 이야기 할 때 슬픈 곡을 연주하거나, 기쁘고 즐거운 장면을 이야기 할 때는 경쾌하고 신나는 곡을 연주하면 이야기의 분위기를 고조시킬 수 있다.

### 2) 녹음기 활용

녹음기의 활용은 주로 효과음을 내는데 사용된다. 자동차 소리, 새 소리, 동물의 울음소리, 개구리 소리, 소나기 소리---등이나 배경 음악을 이용할 때 사용된다.

녹음기를 활용하면 구연자의 설명 부분이 줄어든다. 그리고 청자는 작품의 분위기에 더욱 빠져들 수 있다.

### 3) 노래 활용

이는 일종의 노래극 형식이다. 즉 줄거리와 관계된 노래를 부르거나, 아니면 대화에 곡을 붙여 뮤지컬이 되도록 하는 것이다. 기존에 있던 곡에 대화 부분을 노랫말로 개작하여 이용해도 된다.

[예문--음악 동화를 활용한 구연]

## 도깨비 감투

등장인물: 할아버지, 할머니, 도깨비, 쌀가게 주인

배경: 할아버지의 방안

해설자: 옛날에 갓을 만들어서 파는 갓쟁이 할아버지와 할머니가 살고 있었어요.
(적막하고 고요함을 나타내는 조용한 경음악)

할아버지: (얼굴을 찌푸리며) 아이고, 이제 갓 만드는 것도 싫구나. 싫어.

할머니: 영감! 그래도 만들어야지요. 우린 가난하잖아요.

도깨비: 낄낄낄---영감, 영감! 내가 부자로 만들어 줄까? 끼르륵낄낄---.

(노래) 이상하고 아름다운 도깨비 나라
방망이로 두드리면 무엇이 될까
금나와라 와라 뚝딱! 은나와라 와라 뚝딱!

할아버지, 할머니 :(놀라며) 아이쿠! 도, 도깨비다!

도깨비: 영감! 영감이 내 앞에서 춤 한 번 추면 내가 도깨비감투를 줄께. 심심해 죽겠거든. 낄낄---.

할아버지: 그래, 그래. 부자만 될 수 있다면 춤도 추고 노래도 부르겠소.

(노래) 도라지 도라지 백도라지
심심산천에 백도라지 한 두 뿌리만 캐어도------.(중략)
얼씨구 절씨구 지화자 좋구나!

해설자: 할아버지는 도깨비 앞에서 엉덩이를 씰룩거리며 신나게 춤까지 추었어요.

도깨비: 낄낄끼르륵---아이쿠, 내 배꼽이 빠지겠구나! 자, 옛다.

할아버지: 어? 도, 도깨비 감투다. 아이고---고맙소. 고마워!

(노래) 나는야 나는야 이제 부자가 되네
나는야 나는야 이제 부자가 되네
금은보화 가득가득 얼씨구 절씨구!
금은보화 가득가득 얼씨구 절씨구! (중략)

해설자: 할아버지는 신이 나서 또 춤을 덩실덩실 추었어요.
(밝고 경쾌한 음악)

할머니: 여보! 영감! 왠지--무서워요. 그냥 내다 버립시다.

할아버지: 넥끼, 할망구 그게 무슨 소리여! 빨리 시장으로 가서 돈이랑 고기랑 생선이랑 맛있는 음식 잔뜩 가져와야지.

해설자: 할아버지는 도깨비 감투를 쓰고 커다란 자루를 메고 시장으로 갔어요.
(빠른 음악)

할아버지: 허허허---내 모습이 안보이는구나. 날 알아보는 사람이 아무도 없으니 ---허허허, 참 재미있구나! 이제 부터 슬슬 도둑질을 해 볼까?

(노래) 신기한 도깨비 감투 나는야 투명인간
이상한 도깨비 감투 쓰고 나는야 부자된다
랄랄라 랄랄라 우와우와 신나는 하루! (중략)

해설자: 할아버지는 생선가게와 고기가게와 과일가게에 들어갔어요. 그리고 커다란 자루 속에 가득 담았어요. 그리고 집으로 돌아왔어요.

할머니: 에고, 에고, 영감 이게 무슨 짓이에요. 이제 도둑질 그만 하시구랴.
할아버지: (담배를 피우며) 할멈, 이젠 우린 부자가 되었소. 하하하---. 딱 한번만 쌀가게에 가서 돈이랑 쌀이랑 갖고 오겠소.
해설자: 할아버지의 담배 불똥이 그만 옆에 있던 도깨비 감투에 뚝 떨어지고 말았어요.
(초조하고 불안한 경음악)
할아버지: 큰일날뻔 했구나. 할멈! 빨리 꼬매 주구랴.
할머니: 알았어요.
해설자: 할머니는 빨간 헝겊으로 구멍난 도깨비감투를 꼬매주었어요.
할아버지는 할머니가 꿰매준 도깨비감투를 쓰고 쌀가게로 갔어요.
할아버지: 히야! 돈이 정말 많구나! 빨리 담아야지.
쌀가게 주인: 아이쿠! 이게 무슨 일이야! 빨간 헝겊이 내 돈을 훔쳐가네.
귀신이닷! 귀신! 날아다니는 빨간 헝겊 귀신이 내 돈을 훔쳐가요!
해설자: 할아버지는 빨간 헝겊이 눈에 보이는 것도 모른채 돈만 자루에 담았어요.

쌀가게 주인: (몽둥이를 들고) 빨간 헝겊아! 어디 몽둥이 맛 좀 보아라.

(노래) 남의 돈 훔쳐 간 빨간 헝겊아!
몽둥이 맛을 보아라! 으랏차차!
남의 돈 훔쳐 간 빨간 헝겊아!
몽둥이 맛이 어떠냐! 으랏차차! (중략)

할아버지: 아이쿠, 내 머리야! 아이쿠! 내 머리 깨져요. 아이쿠---엉엉---.

해설자: 할아버지는 쌀가게 주인이 휘두른 몽둥이에 그만 머리를 맞았어요. 할아버지는 자루를 쌀가게에 놓고 엉엉 울면서 집으로 뛰어갔어요.

할머니: 에고, 에고---영감, 내가 뭐랬소. 남의 돈을 훔치면 벌을 받는다우. 영감님! 도깨비 감투 태워버립시다. 그리고 내일부터 옛날처럼 갓이나 만들어서 팔아요.

할아버지: 아이구, 머리야. 머리야---.부자 되려다가 죽을 뻔했구나!

해설자: 할머니는 도깨비 감투를 화롯불 속에 넣어 버렸어요. 도깨비감투는 하얀 연기를 내면서 타 버렸어요.(조용하고 여운있는 음악)

노래는 구연자 혼자서 해도 되고, 청자들과 함께 불러도 좋다.

### (5) 표현 동화

표현동화는 신체표현을 활용하여 이야기를 진행시키는 방법이다. 신체 표현을 일반적으로 율동으로 말한다. 다시 말해, 율동을 통해 이야기를 전달하는 것이다. 율동은 리듬을 동반한다. 즉 이야기의 흐름이 리듬이컬 해야 하며, 구연자 자신도 리듬 있는 동작 연출을 해야 한다. 결국, 구연자는 이야기의 내용에 맞는 율동을 보여주면서 구연한다.

[예문--신체표현 활용을 통한 구연]

## 즐거운 소풍날

이 은 경

햇님이 방긋방긋!

(손가락으로 동그라미를 그린 후, 양 엄지손가락을 양 볼에 대고 나머지 손가락은 활짝 편다. 그 후, 앞뒤로 흔든다.)

봄바람이 살랑살랑!

(두 팔을 위로 올린 후, 오른 쪽 왼쪽 흔든다.)

꽃동산에 봄이 찾아왔어요.

"친구들아! 우리 소풍가자."

(양 팔을 옆으로 내린 후, 손을 잡는 시늉을 하며 걷는 모습을 흉내낸다.)

아기 토끼는 다람쥐, 사슴, 노루를 불렀어요.

(양 손을 나팔 모양으로 만든 후, 오른쪽 왼쪽 번갈아 가며 부르는 시늉을 한다.)

"야호! 신난다!"

오늘은 즐거운 소풍날!

아기 동물들은 신나게 노래를 불렀어요.

(양 팔을 옆으로 붙인 후, 오른쪽 왼쪽 번갈아 가며 흔든다.)

"히야! 노란 민들레꽃이 피었네!"

(양 손의 손가락을 끝만 모은 후, 동시에 터뜨리듯 활짝 편다.)

다람쥐의 두 눈이 반짝 빛났어요.

(양 손의 손가락을 편 후, 손가락만 별빛처럼 흔든다.)

히야, 노랑나비도 나풀나풀!

(양 손을 겨드랑이쪽만큼 든 후 열 손가락을 편 후 나풀거린다.)

히야, 하얀 나비도 나풀나풀!

(양 손을 겨드랑이쪽만큼 든 후 열 손가락을 편 후 나풀거린다.)
엉덩이를 실룩거리며,
(엉덩이를 좌우로 살랑살랑 흔든다)
콧노래를 부르며,
(오른손 왼손을 겹치면서 코에 대고 흔든다)
우리는 즐거운 소풍 가요.(*)---(중략)

율동을 활용한 구연에서는 구연자가 미리 청자들과 함께 내용에 알맞은 율동을 만들어 보는 것도 좋다. 청자는 율동에 참여했다는 것 자체만으로도 즐거움을 느낀다.

구연자는 문장 하나하나에 모두 율동을 적용시킨다는 생각은 하지 말아야 한다. 율동으로 표현하기에 어려운 것은 하지 않아도 된다.

제 9 장

# 동화 구연의 평가

현재 시행되고 있는 동화 구연 대회는 전국 어머니 동화 구연 대회, 전국 아버지 동화 구연 대회, 전국 선생님 동화 구연 대회, 전국 어린이 동화 구연 대회, 어른이 어린이에게 들려주는 동화 구연 대회 등 여러 가지가 있다. 그밖에도 문화, 종교단체에서 주최하는 많은 대회도 있고, 소규모 대회도 많이 개최되고 있다.

이 장에서는 대회에 참가하는 구연자의 준비 자세와 긴장해소 방법을 간략히 소개하고, 어떤 방식으로 동화구연이 평가되는지 그 평가기준을 알아본다. 이를 통해, 구연자는 효과적인 동화구연을 할 수 있다.

## 1. 대회 참가 전, 구연자의 준비사항

① 구연대회의 성격을 파악한다.

이는 각 대회마다 조금씩 색깔이 다르기 때문이다. 종교단체에서 개최하는 대회도 있고, 어린이날을 맞아 하는 대회도 있고, 사라져 가는 우리 옛이야기를 들려주는 대회도 있고, 외국어로 행하는 구연대회도 있기 때문이다. 따라서 구연자는 대회를 개최하는 취지와 목적을 미리 알아보고, 언제, 어디서 행하는지도 살펴보아야 한다. 그래야 내용을 선정할 때에도 적절한 선택을 할 수 있다.

② 대회에 맞는 적절한 내용을 선택한다.

일반적으로 내용에 대해서는 자유롭게 선택할 수 있다. 전래동화, 창작동화, 외국동화, 성경동화-----등 여러 가지가 있지만, 이왕이면 대회의 취지에 맞는 내용이면 더 효과적일 것이다. 예를 들면, 석가탄신일을 기리는 행사로 동화구연대회가 개최되었다고 하면, 성경동화보다는 불교 동화가 훨씬 더 효과적일 것이다.

③ 삭제, 보존, 첨가의 원리에 따라 개작을 한다.

구연자의 개성에 따라 원작의 주제를 손상시키지 않는 범위 내에서 문어체를 구어체로 바꾸는 작업을 해야 한다. 구연자 자신이 말하기 편하게 개작한다. 그리고 자연스럽게 이야기의 흐름이 전개될 수 있도록 개작해야 한다. 같은 작품이라도 개작하는 사람에 따라 작품의 분위기와 향기가 다를 수 있기 때문이다.

④ 개작한 내용을 자기 것으로 완전히 만든다.

내용을 완전히 자기 것으로 소화시키지 않고 무대에 나간다고 생각해 보라. 아마 생각만 해도 어떤 광경이 벌어질 것인지는 알 것이다. 아마 구연이라는 것이 구연자들에게 부담이 되는 이유가 바로 여기에 있다고 보아도 과언이 아닐 것이다. 작품을 완전히 외우는 것은 때로는 고행이 아닐 수 없기 때문이다.

하지만, 다음과 같은 방법으로 하면 내용을 이해하고 소화시키기 훨씬 쉬울 것이다.

-작품을 전체적으로 읽어보면서 주제를 파악해 본다.(마음속 읽기)
-인물의 특성을 생각하면서 처음부터 끝까지 다시 한 번 읽어본다.(큰소리 읽기)
-상황과 내용 전환에 따라 내용을 몇 장면으로 나누어 본다. 장면을 나눌 때는 마치 한 장의 그림을 보듯 장면이 연상되도록 해야 한다.(장면 나누기)
-나눈 장면을 머릿속에 그려가면서 큰소리로 읽어본다. (큰소리 읽기)
-큰소리로 되풀이하여 읽다가 어느 정도 작품의 흐름이 머릿속에 남으면 그 때부터 외우기에 들어간다. (원고 보지 않고 외우기)
-외울 때는 억지로 외우지 말고, 마치 구연자 자신이 탈렌트가 되어 연기한다는

생각으로 해야 한다. 이렇게 되풀이하다 보면 감정연출이 자연스럽게 나오기 때문이다. (감정을 곁들인 외우기)

-반복적으로 외우기를 되풀이한다. 어느 정도 외웠다고 생각하면 거울을 보고 동작언어를 곁들인다. 상황과 인물의 특성에 따라 개성적인 표현이 될 수 있도록 제스처와 표정에 신경을 쓴다. 이 때 과장된 제스처는 금물이다.(제스처와 표정을 곁들인 외우기)

⑤ 시간을 조절한다.

일반적으로 어른이 하는 구연 대회 시간은 5분 정도이다. 내용의 길이로 보면 200자 원고지 7-9매 정도이다. A4 용지로는 글자 10포인트로 해서 1장에서 1장 반 정도의 길이다. 구연자의 긴장정도와 호흡, 그리고 내용의 기억력 등등에 따라 약간의 차이가 발생하기는 하나, 보통 5분이 넘어서면 감점을 당한다. 따라서 구연자는 미리미리 시간을 조절하여 구연 연습을 해야 한다.

⑥ 자신에게 자기체면을 건다.

남 앞에서 이야기한다는 것은 무척 힘들고 어려운 일이다. 물론, 무대만 서면 막힘없이 이야기를 잘 하는 사람도 있지만, 그런 사람은 극히 일부분이다. 따라서 긴장되고 불안한 것은 극히 정상적이다. 하지만 불안한 상태로 구연을 한다면 듣는 사람도 무척 불안하다. 따라서 구연자는 스스로에게 자신감을 불어넣는 자기체면을 걸어야 한다. 무엇보다 가장 중요한 것은 구연자의 마음가짐이다. 즉 "할 수 있다" "그리고 참 재미있다"는 생각은 긴장을 이완시켜 주고 용기를 심어준다.

## 2. 구연자의 무대 공포 해소법

구연에 있어 가장 어려운 일은 무대에 서는 일일 것이다. 공식적인 대회가 아닐지라도, 남 앞에서 이야기를 들려주는 일은 긴장되는 일이다.

일단, 구연자가 긴장을 느끼게 되면 여러 가지 생리적 징후가 나타난다. 예를 들면, 목소리의 톤이 상승되거나, 음성이 떨린다. 그리고 말의 속도가 빨라지며, 식은 땀을 흘리거나, 얼굴이 붉어지거나 숨이 가빠진다. 어떤 경우에는 다리를 떨거나 손을 가만히 있지 못한다.

이와 같은 생리적, 신체적 반응은 구연에서 최대의 적이다. 따라서 구연자는 가장 먼저 무대 공포를 해소하는 일에 주의를 기울여야 한다. 결국, 구연의 성공 여부는 누구에게나 나타나는 긴장과 불안, 더 나아가 무대 공포증을 얼마나 잘 이완시키고 해소시키느냐에 달려 있다.

무대 공포증은 다음과 같은 준비와 연습으로 해소시킬 수 있다.

① 구연 준비를 철저히 한다.

준비를 철저히 하지 않으면 긴장과 불안은 더욱 증가되어, 자신감은 더욱 하락된다. 따라서 내용 암기에 대한 완벽한 준비와 그에 따는 제스처와 얼굴 표정의 일치를 자연스럽게 점검하는 일은 중요하다. 더구나 대회 시작 전에는 1시간 전에 장소에 도착하여 무대 분위기와 그 상황에 익숙해지도록 해야 한다.

② 심리적 안정감으로 불안을 해소한다.

긴장과 공포는 심리적 불안에서 온다. 예를 들면, '청중들은 나만 쳐다보겠지.' '혹시라도 실수하면 웃음거리가 되겠지' '외웠던 내용이 생각나지 않으면 어떡하지' 하는 마음에서 온다. 따라서 이런 불안한 마음가짐을 편안한 마음가짐으로 바꾸어야 한다. 다시 말해, '청중들은 모두 귀여운 다람쥐들이야. 내가 귀여운 다람쥐들에게 재미있는 이야기를 들려주는 거야.' '실수하면 어때? 인간은 누구나 실수하는 거야. 완벽한 인간이 이 세상에 어디 있담?' '그래, 여기는 지금 무대가 아니라 숲 속 나라 옹달샘이야. 내가 동물친구들에게 재미있는 이야기를 들려주려고 온 거야. 난 잘 할 수 있어.' 이런 식의 마음가짐으로 전환시키는 연습을 해야 한다. 따라서 스스로 '대회' '무대' '일등' 등 부담스러운 단어들을 머릿속에서 지운다. 그리고 '즐겁다' '재미있다' '논다' 등의 부담 없는 말들을 되새기는 연습을 한다.

이런 생각을 하다 보면, 어느 새 모든 것들이 만만해 보이게 된다. 청중들도 만만해 보이고, 커다란 무대도 만만해 보인다. 따라서 자신감 있고 편안하게 구연을 할 수 있게 된다.

③ 신체적 이완을 통해 긴장을 해소한다.

먼저, 심호흡을 한다. 깊게 빨아들인 숨을 아주 천천히 내 뱉는 연습을 되풀이한다. 그리고 손가락으로 머리와 얼굴을 마사지한다. 특히, 눈 주위와 입 주위를 손가락으로 꾹꾹 눌러준다. 그리고 몸에 힘을 서서히 빼는 연습을 한다. 그리고 근육이 긴장되지 않도록 가볍게 털어 주거나 주물러준다. 또한, 입이 건조해지는 것을 막기 위해 물을 마시는 것도 긴장을 이완시키는 방법이다.

대회가 있는 날에는 따뜻한 차나 물을 준비해 가서 긴장이 되고 입이 마를 때마다 마시면 다소 긴장이 이완되고 정서적 안정을 취할 수 있다.

④ 대회가 있기 전, 실연을 반복하여 해 본다.

긴장을 없애고 무대공포를 없애는 방법은 여러 가지가 있으나 무엇보다 반복된 연습과 훈련이 가장 최선의 방법일 것이다. 거울을 보며 실제 대회에 나가 구연을 한다고 생각하면서 실제 모습처럼 여러 번 반복하여 연습해 본다.

예를 들면, 무대에 직접 올라가서 마이크를 사용해 보거나 직접 구연 연습을 해 본다. 그리고 시선을 골고루 주는 연습도 해 본다. 무대에 익숙해지는 연습은 긴장과 공포를 해소시키는 일이다.

## 3. 동화 구연대회 심사 기준

구연자는 대회에 참가하기 전, 심사 기준을 살펴보아야 한다. 각 대회마다 약간씩 차이는 있지만, 일반적으로 보편화된 심사기준을 살펴본다. 이 기준에 따라 구연자는 미리 자신의 점수를 체크할 수 있다. 즉 더 보완해야 할 점과 반성해야 할 점을 미리 점검할 수 있다. 자신의 약점을 미리 알고 고쳐나가는 자세는 구연자의 바른 자세이며, 발전된 모습이다.

보통, 심사 기준은 4가지에서 6가지의 기준으로 분류한다. 예를 들면, 내용(30%), 표현력(30%), 화술(15%), 태도(15%), 시간(5%), 반응(5%)으로 구분 짓는 경우도 있고, 내용(30%), 화술(30%), 태도(20%), 반응(20%)으로 구분하여 점수를 주는 경우도 있다.

심사위원들도 3명에서 5명 정도로 두며, 때에 따라 청자의 반응을 살펴보기 위해 도우미 요원을 두어 점수에 반영하기도 한다.

대회의 특성에 따라 심사기준이 약간씩 달라지므로 본 장에서 제시하는 것은 참고로 활용하기 바란다.

다음은 각 영역별 심사 기준에 따라 고려해야 할 점을 알아본다.

### (1) 내용

① 재미있는 내용인가?

② 전달하려는 목적과 어린이에게 꿈과 희망을 심어줄 수 있는 교훈이 있는가?

③ 구어체로 개작이 이루어졌는가, 그리고 해설과 대화부분이 적절한가?

④ 이야기의 구성이 제대로 되어있는가, 처음부분, 중간부분, 마무리 부분이 적절한가?

⑤ 공포심을 유발하거나 지나치게 폭력적인 내용은 아닌가?

⑥ 비극적이거나 어른의 세계를 지나치게 비판하는 내용은 아닌가?

⑦ 어린이에게 심리적 안정감과 호기심을 만족시킬 수 있는 내용인가?
⑧ 신선하고 새로운 내용인가?
⑨ 알기 쉬운 단어와 줄거리로 되어 있는가?
⑩ 운율, 반복 등 음악적 요소가 있는가?

### (2) 화술

여기에 표현력도 함께 포함한다. 때에 따라 화술 영역과 표현력 영역을 따로 독립적으로 두는 경우도 있다.

① 등장인물의 특성에 따라 목소리 표현이 다양하게 연출되었는가?
② 청자에게 맞는 어휘구사를 바르게 했는가?
③ 발음은 정확하며, 표준어를 바르게 사용하고 있는가?
④ 청자에게 이야기의 의미와 감정이 잘 전달되었는가?
⑤ 호흡 조절과 음성의 고저장단이 자연스럽게 느껴졌는가?
⑥ 이야기의 흐름을 안정감 있게, 그리고 자연스럽게 이끌어갔는가?
⑦ 등장인물의 성격 묘사를 잘 파악하여 개성적으로 표현했는가?
⑧ 의성어, 의태어를 적절히 사용하였는가?
⑨ 해설부분과 대화부분의 구별을 정확히 하였는가?
⑩ 언어의 미감을 살려 표현했는가?

### (3) 태도

① 자연스럽고 편안한 분위기로 이야기를 이끌어 가는가?
② 청자의 주의를 끌 수 있는 힘이 있는가?
③ 온화하고 밝은 얼굴표정인가?
④ 단정한 옷차림인가?
⑤ 바른 자세인가?
⑥ 이야기의 내용과 동작이 일치하는가?
⑦ 너무 과장된 몸짓이나 표현은 없는가, 동작의 횟수가 적당한가?

⑧ 자신의 개성이 보이는 자신 있는 몸짓과 얼굴표정인가?

⑨ 시선 처리가 자연스러운가?

### (4) 반응

① 청자의 반응이 재미있어 하는가?

② 청자에게 감동과 여운을 느끼게 했는가?

③ 전체적으로 작품의 내용에 공감하는 분위기인가?

④ 구연자에 대한 청자의 반응이 신뢰로운가?

### (5) 시간

① 정해진 시간에 비해 너무 길었는가?

② 정해진 시간에 비해 너무 짧았는가?

이와 같은 심사 기준에 따라 평가가 이루어진다. 그러나 무엇보다 가장 중요한 것은 구연자, 청자, 내용이 삼위일체가 되어야 한다. 결국, 구연자는 청자에게 작품의 내용이 감동적으로 잘 전달되도록 해야 하며, 이 과정에서 구연자와 청자와 내용 간에 감동과 여운이 있는 것이다. 결국, 구연의 효과를 극대화할 수 있다.

## 4. 구연자의 구비 요건

훌륭한 구연자가 되기 위해서는 몇 가지 갖추어야 할 것들이 있다. 구연자는 전달하고자 하는 내용을 음성이라는 청각과 몸짓이라는 시각에 호소하여 표현하므로, 적절한 음성과 적절한 몸짓은 구연의 효과에 상당한 영향을 미친다.

구연자의 인격, 자세, 태도, 음성, 제스처 등에 따라 청자는 다양한 반응을 나타낸다.

따라서 구연자는 다음과 같은 기본적 요건을 갖추도록 노력해야 한다.

① 어린이를 사랑하고 이해하는 마음을 가지고 있어야 한다.
② 어린이의 발달단계와 심리적 특성을 이해하고 있어야 한다.
③ 인격적 결함이 없어야 한다.
④ 풍부하고 다양한 경험(직접, 간접 경험)을 가지고 있어야 한다.
⑤ 자신감과 용기가 있어야 한다.
⑥ 성실한 자세를 가지고 있어야 한다.

이 외에도 구연자 자신이 스스로 문학적 경험을 통해 즐거움과 행복을 느낄 수 있어야 하며 타인을 배려하고 이해하는 넓은 아량과 심성도 가지고 있어야 한다.

제10장

# 주제별 동화 구연 모음의 실례

## 1. 나와 친구: 자신에 대한 긍정적 자아감 형성 및 우정

### (1) 못생긴 내 얼굴

고은이는 아침마다 짜증이 났어요.

"눈도 코도 입도 귀도 다 못생겼어! 싫어! 싫어!"

고은이는 거울 속의 얼굴이 미웠어요.

"실처럼 가느다란 내 눈은 미워!"

"돼지처럼 벌렁 벌어진 내 코는 정말 미워!"

고은이는 한 손으로 코를 비틀었어요.

"하마처럼 커다란 내 입은 정말 미워!"

고은이는 두 손으로 입을 가렸어요.

"당나귀처럼 커다란 내 귀는 정말 미워!"

고은이는 손으로 두 귀를 막았어요.

"고은아! 고은아! 만약 네 눈이 없다면 어떻게 될까?"

거울 속의 또 다른 고은이가 슬픈 목소리로 말했어요.

고은이는 두 손으로 두 눈을 가려 보았어요.

"아--답답해!"

고은이는 얼른 가린 두 손을 치웠어요.

"고은아! 만약 네 코가 없다고 생각해 보렴?"

"코? 코가 없다면?"

고은이를 거울속의 고은이가 말한 대로 코가 없다고 생각해 보았어요.

"고은아! 만약 네 입이 없다면 어떻게 될까?"

"입이 없다고? 싫어, 싫어! 맛있는 아이스크림을 못 먹잖아."

고은이는 고개를 흔들었어요.

"그럼, 네 귀가 없다고 생각해 봐."

"귀가 없다면? 아름다운 노래 소리도 못 듣잖아. 그리고 엄마 아빠 목소리도 못 듣고. 싫어, 싫어!"

고은이는 두 손을 내저었어요.

"그것 봐. 모두 없어서는 안 될 소중한 것들이지. 난 고은이 네 얼굴이 참 예쁘단다."

거울 속의 또 다른 고은이가 빙그레 웃으면서 말했어요.

고은이는 거울을 다시 들여다보았어요.

못생겼다고 생각한 얼굴이 사과처럼 보이는 거예요.

'이제부터 내 얼굴을 사랑할거야.' (*)

### (2) 통나무집 저녁 식사

원숭이 까불이는 장난꾸러기예요.

까불이는 오늘도 장난이 치고 싶어서 몸이 근질근질 했어요.

그때, 언덕 아래에서 옹달샘 유치원의 꽃사슴 선생님이 걸어오는 게 보였어요.

'옳지! 오늘은 선생님을 골려 줘야겠다! 히히히...'

까불이는 높은 나무에 숨어 있다가 지나가는 꽃사슴 선생님의 뿔을 세게 잡아당겼어요.

"아이쿠, 아야얏!"

깜짝 놀란 선생님이 소리를 질렀어요.

까불이는 키득키득 웃으며 재빠르게 나무를 타고 도망을 쳤어요.

다음 날이었어요.

까불이네 집으로 꽃사슴 선생님으로부터 초대장이 날아왔어요.

"나를 저녁 식사에 초대한다고? 무슨 일일까? 내가 선생님 뿔을 잡아당긴 걸 알고 야단치시려는 걸까? 지난번 유치원에서 꽃병 깨뜨린 것 때문에?"

까불이는 알쏭달쏭 했어요.

어쨌든 그 날 저녁, 까불이는 선생님이 살고 있는 통나무집으로 갔어요.

그런데 이게 웬일이에요?

통나무집 안은 수십 개의 촛불들이 반짝반짝 빛을 내고 있었어요.

그 곳에는 토끼, 다람쥐, 까치.... 유치원 친구들이 모두 모여 있었어요.

더 깜짝 놀란 것은 커다란 식탁이었어요.

"닭고기, 바나나, 생크림 케익, 샐러드.... 히야, 꿀꺽!"

까불이는 입이 떡 벌어졌어요.

"까불아, 턱 빠지겠다. 어서 앉으렴."

선생님은 야단치시기는커녕, 까불이를 반갑게 맞아 주었어요.

"모두들 유치원에 입학한 게 엊그제 같은데, 벌써 졸업이구나. 그래서 선생님이 졸업하는 너희들을 위해 특별히 음식을 만들었단다. 선생님은 너희들과 함께 보낸 시간들을 영원히 간직하려고 한단다. 자, 맛있게 먹고 더욱 건강하게 자라 거라."

꽃사슴 선생님은 환하게 웃으며 동물 친구들에게 말했어요.

그때 토끼가 귀를 쫑긋거리며 선생님께 다가가 선물을 드렸어요.

토끼의 선물은 춤을 추는 선생님을 그린 그림이었어요.

친구들이 박수를 쳤어요.

그러자 다람쥐, 까치, 노루가 작은 선물 하나씩을 꺼내었어요.

'난 장난칠 생각만 하느라 선물 준비를 못 했는데, 어쩌면 좋아....'

까불이는 미안한 마음에 안절부절 못 했어요.

"까불아, 괜찮다. 이렇게 온 것만으로도 큰 선물이란다. 앞으로 더욱 씩씩하게 자라 거라. 대신 선생님 뿔을 잡아당긴다거나 친구들을 못살게 굴면 안되요. 알았니?

호호호...."

선생님은 얼굴이 빨개진 까불이의 볼에 뽀뽀를 쪽- 해주었어요.

까불이는 눈물이 날 만큼 선생님이 고마웠어요.

"선생님, 제가 노래를 불러드릴게요! 자, 박수!"

까불이는 금새 기분이 좋아져서 재주를 넘으며 춤을 추었어요.

"꽃사슴 선생님은 우리의 천사! 화가 나면 도깨비 무섭지만! 언제나 방글방글 뽀뽀 해주

네! 고마워요, 선생님 또 만나요! 꽃사슴 선생님은 우리의 천사!"

동물친구들도 어느새 어깨동무를 하고 까불이와 함께 노래를 불렀어요.

밤 깊은 숲 속 통나무집엔 촛불 잔치, 저녁 식사가 한창이었어요.(*)

### (3) 바둑이와 눈사람

바둑이는 겨울밤이 외롭고 쓸쓸해서 견딜 수 없었어요.

"아이, 춥고 외로워----."

꽁꽁 얼어붙은 하늘에 꾹꾹 박힌 별님들도 외로워 보였어요.

"나도 고양이처럼 따뜻한 방에서 살았음 얼마나 좋을까?"

바둑이는 고양이 나비가 한없이 부러웠어요.

길고 긴 겨울밤을 추위에 떨면서, 혼자 지내야 하는 바둑이는 슬펐어요.

"석이는 미워, 도둑을 지켜주는 나는 미워하고, 고양이만 예뻐한단 말야."

바둑이는 석이가 미웠어요.

겨울이 되면서부터 석이는 밖에서 노는 날보다, 방안에서 노는 날이 더 많았어요.

"나한테도 다정한 친구가 있었으면 얼마나 좋을까! 도란도란 옛날 얘기라도 하면, 겨울밤이 지루하지도 않고, 춥지도 않을 거야."

바둑이는 겨울밤에 함께 지낼 수 있는 친구를 갖고 싶었어요.

어느 날 밤이었어요.

꽃송이 같은 함박눈이 석이네 마당에 하얗게 쌓였어요.

"야아! 눈이 왔다! 엄마, 아빠! 눈사람 만들어 줘요!"

석이는 하얀 마당을 뛰어다니면서 소리쳤어요.

"석아! 잠깐 기다려라. 엄마랑 아빠랑 눈사람 만들자."

석이 어머니와 아버지는 싱글벙글 웃으면서 커다란 눈사람을 만들었어요.

"눈사람이 누굴 닮았을까?"

아버지는 어머니를 바라보면서 말했어요.

"뚱보 엄마 닮았다! 후후...."

석이가 킥킥 웃었어요.

"수염이 있으니까 당신 닮은 거예요. 배가 불쑥 튀어나온 것도...."

"아냐, 우리 눈사람은 장군 눈사람이야. 장군 눈사람."

석이는 눈사람을 빙빙 맴돌면서 말했어요.

"내 친구가 생겼네. 오늘밤엔 외롭지 않을 거야."

바둑이는 눈사람을 보고 기뻐서 어쩔 줄을 몰랐어요.

밤이 왔어요.

눈사람을 맴돌면서 마당에서 뛰어 놀던 석이도 콜콜 잠이 들었어요.

늦게 뜬 달님이 마당 가운데에 앉아 있는 눈사람과, 목만 내 놓고 개집 안에 웅크리고 앉아 있는 바둑이를 비쳐 주고 있었어요.

"눈사람아! 추우면 우리 집으로 들어와."

바둑이가 눈사람에게 가만히 속삭였어요.

"난 괜찮아. 난 차가운 겨울이 좋아. 바둑이 네가 춥겠다."

"눈사람아! 너는 하늘에서 살다 왔으니까, 하늘나라 얘기 좀 들려 줘."

"그래, 바둑이 넌 땅 얘기를 해줘."

눈사람과 바둑이는 도란도란 이야기꽃을 피웠어요.

바둑이는 눈사람과 사이좋게 이야기하는 동안, 춥지도 않고 외롭지도 않았어요.

겨울밤이 즐거웠지요.

다음 날도, 그 다음 날도, 바둑이와 눈사람은 겨울밤을 즐겁게 보냈어요.

다음 날 아침, 바둑이는 눈사람을 보고 깜짝 놀랐어요.

"눈사람아! 하룻밤 사이에 왜 그렇게 살이 빠졌니? 어디가 아파?"

"봄이 오기 때문이야."

"눈사람, 너희들은 봄이 오면 살이 빠지니?"

"그래. 봄이 오면 날씨가 따뜻해지잖아. 그래서 조금씩조금씩 녹아 없어지는 거야. 우리들은 봄이 오면 물방울이 되어 땅 속으로 스며들어 잠자는 꽃씨들의 겨울잠을 깨우기도 하고, 파란 새싹을 만들어 주기도 한단다."

바둑이는 봄이 오는 것이 즐거웠지만, 눈사람과 헤어지는 것이 싫었어요.

뚱뚱보 장군 눈사람은 점점 작아지다가 석이네 마당에서 사라져 버렸어요.

"내 친구 눈사람이 없었더라면, 나는 겨울을 더 춥게, 외롭게 지냈을 거야."

바둑이는 금실 같은 따스한 햇살을 쪼이면서도, 자꾸자꾸 마당 가운데에 앉아 있던 장군 눈사람을 그리워했어요. (*)

### (4) 뽈난 아이

훈이는 장미아파트 1호집에서, 미란이는 2호집에서 살았어요.

훈이와 미란이는 사이좋은 친구였어요.

훈이 아파하고 미란이 아빠는 고향 친구래요.

훈이 엄마하고 미란이 엄마는 꽃꽂이 학원에 함께 다니고 시장에도 같이 가요.

"미란아! 엄마가 반달곰이랑 꽃사슴 사왔다!"

미란이 엄마는 플라스틱으로 만든 인형을 미란이에게 주었어요.

"꽃사슴은 네가 갖고 반달곰은 훈이 주어라."

"싫어, 싫어! 곰이랑 사슴이랑 내 꺼야."

미란이는 밖으로 뛰어 나갔어요.

"놀이터로 가서 훈이 보고 자랑을 해야지. 호호호..."

미란이는 오른 손, 왼 손에 반달곰과 꽃사슴을 들고 놀이터로 뛰어 갔어요.

"훈아, 훈아! 반달곰이다! 훈아, 훈아! 꽃사슴이다!"

미란이는 두 손을 높이 쳐들고 흔들면서 노래를 불렀어요.

"미란아! 반달곰은 나 줘."

훈이는 뛰어와서 손을 내밀었어요.

"싫다. 싫어! 나는 간다."

미란이는 싹 돌아섰어요.

"미란아, 반달곰 주기 싫으면, 꽃사슴 주어. 미란아..."

"저리 비켜! 영미하고 소꿉놀이 할 거여."

"넌 나쁜 애야! 나는 공주인형을 너한테 주었는데, 넌 안 줄 거얏? 내가 준 공주인형 빨리 내놔!"

훈이는 숨을 식식거리면서 주먹을 내밀었어요.

"벌써 없어졌어. 한 번 준 것을 다시 달라고 하면, 머리에 뿔이 난데. 네 머리에 꽃사슴처럼 뿔이 나도 좋아?"

"그래, 좋다! 빨리 공주인형 내 놔!"

훈이는 두 팔을 쫙 벌리고 미란이 앞을 막았어요.

"엄마! 나도 곰이랑 사슴 사줘. 미란이는 나쁜 애야. 욕샘쟁이...."

"너 미란이하고 싸웠구나."

"나보고 뿔난 아이라고 놀렸어."

"친구끼리 잘 놀아야지. 주었던 것을 다시 달라고 하면 머리에 뿔이 난다는 말이 있단다."

"내 머리에 뿔이 나면 어떻게 하지? 창피해서 놀이터에도 못 가고, 모자도 쓸 수 없고..."

훈이는 이불 속에서 엄금엉금 기어 나와서 거울 앞으로 갔어요.

"으악! 괴물이다! 도깨비다!"

훈이는 거울에 비친 제 모습을 보고 소리를 질렀어요.

훈이의 머리에 손가락만한 뿔 두 개가 돋아났어요.

뿔은 자꾸자꾸 자라서 꽃사슴 뿔이 되었어요.

훈이는 이불로 뿔을 감추고 울었어요.

"훈아! 미란이가 반달곰 갖고 왔다. 빨리 나오너라!"

엄마 목소리가 아스레하게 들려왔어요.

훈이는 이불을 머리에 쓰고 벌떡 일어났어요.

"호호.... 뿔난 아이가 되었는지? 어디 보자!"

엄마는 이불을 잡아 당겼어요.

훈이는 눈을 커다랗게 뜨고 거울을 보았어요.

"미란아! 뿔이 없어졌다! 똑똑히 보아라!"

훈이는 큰 소리로 외쳤어요.(*)

### (5) 떡바위골 산토끼

봄비가 보슬보슬 내리고 있었어요.

"시이! 오늘도 또 비야, 아이 따분해."

아기 토끼 흰둥이는 바위틈에 쪼그리고 앉아서 짜증난 목소리로 투덜거렸어요.

"흰둥아! 넌 봄비가 싫으냐?"

엄마 토끼가 물었어요.

"그래, 비 오면 놀러도 못 가니까 친구들도 못 만나고 춥단 말야. 나도 마을로 내려가서 집토끼가 될까 봐. 집토끼는 얼마나 좋을까?"

"흰둥아! 너 큰일 날 소릴 하는구나. 다시 그런 말을 하면 혼날 줄 알아라!"

깜짝 놀란 엄마 토끼는 두 눈을 똥그랗게 뜨면서 말했어요.

"난 신이 싫단 말야. 산엔 먹을 것도 없고, 춥고, 무서워."

"조금만 기다려라! 봄비가 예쁜 꽃이랑 푸른 잎사귀랑 맛있는 열매랑 만들어 주려고 자꾸자꾸 오는 거란다. 조금만 참고 기다려라!"

엄마 산토끼는 보슬보슬 내리는 봄비를 쳐다보면서 말했어요.

"시이! 엄만 거짓말쟁이야. 봄비가 어떻게 꽃이랑 과일이랑 만들어?"

아기 산토끼 흰둥이는 엄마의 말을 믿을 수 없었어요.

"풀이랑 나무들은 봄비를 많이 적셔야 무럭무럭 자라서 꽃도 피우고 열매도 맺는단다."

엄마 산토끼는 몇 번을 가르쳐 주었지만 아기 산토끼는 고개를 흔들었어요.

봄이 오기 전에 태어난 아기 토끼 흰둥이는 푸른 산을 아직 한 번도 보지 못했어요.

회색빛 구름이 걷힌 파란 하늘에 금쟁반 같은 해님이 동그랗게 떴어요.

"오늘은 도토리골 마을에 가 보자. 좋은 친구들이 있을 텐데."

아기 토끼 흰둥이는 산 밑으로 내려갔어요.

"흰둥아! 너, 어디 가니?"

밤골 다람쥐가 쪼르르 달려와서 물었어요.

"도토리골 마을에 놀러 간다. 너도 같이 가."

"바보야! 너는 산토끼란 말야. 너는 집토끼가 아냐. 도토리골 마을에서 사는 건 집토끼들이야, 흰둥아! 가지마. 마을에 갔다가 강아지한테 물리면 어떻게 하려고 그래."

"난 산이 싫어. 마을에서 살 테야."

산토끼 흰둥이는 다람쥐의 말을 듣지 않고 도토리골로 가다가 걸음을 뚝, 멈추었어요.

그때, 집토끼 한 마리가 땀을 뻘뻘 흘리면서 떡바위골 쪽으로 올라오고 있었어요.

"얘! 넌 누구니? 난 산토끼 흰둥이야."

"난 집토끼야. 지금 도망쳐 나왔어. 내 이름은 흰돌이야."

산토끼 흰둥이와 집토끼 흰돌이는 마주 보고 서서 빤히 바라보았어요.

"내 옷 빛깔도 하얀데, 너도 하얀 옷을 입었구나!"

"내 이름은 흰돌인데 네 이름은 흰둥이구나! 우리들 이름 첫 글자가 똑같애, 호호호...."

산토끼 흰둥이와 집토끼 흰돌이는 깔깔 웃었어요.

"흰돌아! 우리들은 모양도 같고 빛깔도 같으니까 며칠 동안 바꿔서 살자."

"그래 그래. 정말 재미있겠다. 우리 집은 바로 저기야."

"우리 집은 떡바위골이야. 저- 기-."

집토끼는 산 위로 뛰어가고, 산토끼는 산 밑으로 내려갔어요.

"흰돌아! 임마 왜 나왔어?"

학교에서 돌아오던 수영이가 산토끼 흰둥이의 두 귀를 움켜잡고 불끈 들었어요.

"아야야, 아야야! 내 귀빠지네!"

산토끼는 귀가 아파서 울었어요.

수영이는 아기 산토끼 흰둥이를 좁다란 토끼집 속에 넣고 문을 딸깍! 잠갔어요.

토끼집 안에는 새파란 배춧잎이 놓여 있었어요.

"우- 와! 신난다! 얌얌얌...."

산토끼 흰둥이는 싱글벙글 웃으면서 배춧잎을 맛있게 먹었어요.

봄이 가고 여름이 왔어요.

도토리골 뒷산에 있는 풀과 나무들은 푸른 잎으로 푸른 옷을 입었어요.

초록빛 산기슭에는 빨강, 노랑, 하얀 꽃들이 아름답게 피었어요.

좁다란 토끼집 속에 갇혀있는 산토끼는 푸른 산을 바라볼 때마다 뛰어다니고 싶었어요.

"아이구 다리야! 아이구 허리야!"

운동을 못하니까 아픈 데도 많구나. 난 언제나 산으로 돌아갈 수 있을까? 아이구 더워라! 아, 더워-.

긴 한숨을 쉬면서 푸른 산을 바라보는 아기 산토끼 흰둥이의 두 눈에는 눈물이 가득히 고여 있었어요.

"흰둥아! 흰둥아! 어디로 갔길래 집에 못 오느냐? 흰둥아-"

흰둥이를 찾는 엄마 토끼의 울음소리가 아스라하게 들려왔어요.

"엄마! 엄마는 거짓말쟁이 아니야. 엄마야!-"

아기 산토끼 흰둥이는 오늘도 좁다란 토끼집 속에 갇혀서 울고 있대요.

"엄마야! 엄- 마- 야아!" (*)

### (6) 아기 다람쥐와 초콜릿

다람쥐 동산에 알록달록 단풍이 들기 시작했어요.

"다롬아! 빨리 나와. 언덕 밑에 아이들이 많이 놀러왔어."

살랑이는 꼬리를 흔들면서 말했어요.

"살랑아! 오늘도 초코넌가 하는거 많이 있겠지. 아이들이 초콜릿 많이 흘리고 갔으면 좋겠다. 그치?"

"호호, 초코넌이 뭐니? 초콜릿이지."

다롬이는 어제 살랑이가 준  달콤한 초콜릿 맛을 잊지 못했어요.

살랑이와 다롬이는 상수리 나무 뒤에 숨어서 소풍 온 아이들이 빨리 가기를 기다렸어요.

랄라라---랄라라----.

꿍짝꿍짝---꿍쿵짝----.

아이들은 노래도 부르고, 신나게 춤도 추었어요.

"히야, 드디어 간다!"

살랑이는 손뼉을 쳤어요.

"살랑아! 우리 시합하자. 초콜릿 열 개를 먼저 찾으면 초콜릿 한 개 그냥 주기. 어때?"

"좋아."

살랑이와 다롬이는 언덕 밑으로 뽀르르 내려갔어요.

"한 개! 찾았다."

살랑이는 초콜릿 한 개를 들고 소리쳤어요.

"두 개!"

"세 개!"

"네 개!"

"다섯 개!"

살랑이는 찾은 초콜릿을 나뭇잎 위에 올려놓았어요.

"난 아직 한 개도 못 찾았는데."

다롬이는 뽀루퉁했어요.

반짝반짝!

두 눈을 동그랗게 떠도 초콜릿은 다롬이 눈에 보이지 않았어요.

"랄라라, 여섯 개!"

"여기 또 있네, 일곱 개!

"호호---여덟 개!"

살랑이는 콧노래를 불렀어요.

"히잉-----. 몰라, 몰라----."

다롬이는 풀밭에 털썩 주저앉았어요.

"아홉개!"

"야호! 드디어 열 개 다!"

살랑이는 폴딱폴딱 재주를 넘었어요.

"다롬아! 내가 이겼지. 내가 세어 볼께. 잘 봐."

하나, 둘, 셋, 넷, 다섯, 여섯, 일곱, 여덟, 아홉, 열!

살랑이는 편편한 바위 위에 초콜릿들을 올려놓았어요.

"칫, 아니야. 내가 다시 세어 볼래."

일, 이, 삼, 사, 오, 육, 칠, 팔, 구, 십.

다롬이는 시무룩해졌어요.

"어? 저기 있다. 있어!"

갑자기 다롬이의 목소리가 커졌어요.

다롬이는 소나무 옆에 있는 커다란 콜라병을 발견했어요.

"다롬아! 저건 초콜릿이 아니야."

"맞아. 색깔이 똑같잖아!"

다롬이는 콜라병을 앞발로 톡! 찼어요.

콸콸콸-----.

"아이쿠! 이게 뭐야?"

콜라를 흠뻑 뒤집어 쓴 다롬이는 엉엉 울었어요.

"다롬아! 울지 마. 사이좋게 나눠먹자."

살랑이는 초콜릿 다섯 개를 다롬이에게 주었어요.

"고마워----."

다롬이는 초콜릿 하나를 입에 넣으면서 씽긋 웃었어요.(*)

### (7) 똘뱅이 아저씨

샘골 아이들은 잔뜩 찌푸린 하늘을 쳐다보면서 가슴을 조이고 있었어요.

"비야, 비야! 오지 마라. 니가 오면 내일 장이 또 깨진다. 우리 할매가 돼야지 새끼 팔아서 잠바랑 운동화랑 사준다고 했다. 비야, 비야! 오지 마라."

봉학이는 청승맞은 소리로 노래를 불렀어요.

"비야, 비야! 오너라! 니가 안오면 똘뱅이가 짝귀 데려간다."

바우는 짝귀를 슬금슬금 바라보면서 노래를 불렀어요.

"임마! 봉학아, 바우야! 청승 고만 떨고 솔골 할매네 집에 가서 라면 먹자."

봉학, 바우, 짝귀, 돌이는 솔골 할머니네 구멍가게로 몰려갔어요.

"솔골 할매! 라면 두 개로 네 그릇 맹그라 주어라우."

돌이는 텅 빈 가게를 기웃거리면서 말했어요.

"이 녀석아! 장날이 두 번이나 깨졌는디, 뭣이 남아 있겠느냐? 내일 장에 가서 잔뜩 사 올랑께. 내일 저녁때 오너라."

솔골 할머니는 파리를 쫒듯이 손짓을 했어요.

샘골 사람들은 십 리 길이 넘는 산고개 길을 걸어서 해리 장터에 나가, 가축과 채소와 산나물을 팔아 생활 필수품을 샀어요. 비가 와서 장이 서지 않는 날은 물건을 팔 수도 없고, 살 수도 없어서 샘골 사람들은 어려움이 많았어요.

그뿐 아니라 웬일인지 장이 서지 않는 날은 허전하고 쓸쓸했어요. 샘골 사람들은 장날 장에 가서 할 일이 없어도 장 구경을 나갔지요. 오랫동안 만날 수 없었던 사람들도 장에 가면 만날 수 있었어요.

샘골 아이들은 일요일이 낀 장날을 좋아했어요. 다른 날은 장에 가고 싶어도 학교에 가기 때문에 장 구경을 갈 수 없었어요. 내일, 4월 8일 장날은 일요일이기 때문에 샘골 아이들은 더욱 더 날씨에 신경을 쏟고 있었어요.

"내일 장에 똘뱅이 아저씨도 올까? 똘뱅이 아저씨 본 지도 오래된다."

짝귀는 장터가 있는 쪽을 바라보면서 말했어요.

"약에 감초가 빠졌으면 빠졌지, 똘뱅이 아저씨가 해리장에 안 오겠냐? 짝귀 너, 똘뱅이 아저씨네 만물 백화점 마이크 잡고 노래 부를래?"

"짝귀야! 너 참말로 똘뱅이 아저씨 따라 갈래?"

"몰라."

"짝귀, 너! 똘뱅이를 찰떡같이 믿었다가 코 깨지면 어쩔래?"

"몰라."

짝귀는 친구들이 묻는 말에 '몰라'라고 간단히 대답했어요.

봉학이네 사랑방에 모인 아이들은 똘뱅이 아저씨 이야기를 꺼냈어요. 샘골 어른들은 미니 트럭에 오만 가지 물건을 잔뜩 싣고 해리 장날마다 나타나는 땅딸보 아저씨를 장똘뱅이라고 불렀어요. 그러나 아이들은 '장' 자를 떼어버리고 똘뱅이 아저씨라고 불렀지요. 물건들을 싸게 팔고, 말재주가 좋고, 노래를 잘하는 똘뱅이 아저씨는 해리장 단골 손님 약사보다 인기가 더 좋았어요.

"짝귀야, 너 호랑나비 한 곡 뽑으면 상품으로 전자 시계 한 개쯤 받을지도 몰라.

노래 연습 많이 해라."

"--------."

돌이의 말에 짝귀는 우두커니 앉아서 두 눈만 껌벅거리고 있었어요.

'비야 오지 마라, 비야 오지 마라. 내일 하루만 참아 주라!'

짝귀는 주문을 외우듯이 마음속으로 중얼거리면서 똘뱅이 아저씨를 생각하고 있었지요.

"짝귀야! 너, 만물백화점 부사장 해 볼래? 나랑 같이 자동차 타고 다니면서 구름 따라 바람 따라 장 구경하면서 장사도 하고, 노래도 배우고----. 월급도 서운찮게 줄게. 네가 크면 자동차도 한 대 사서 만물백화점도 차려주마. 내년 봄에 나 따라가자."

짝귀는 작년 겨울 똘뱅이 아저씨가 국밥을 사 주면서 짝귀의 귀에다 입을 바싹대고 하던 말을 생각했어요.

장날 아침! 샘골 아이들의 걱정을 씻어 주듯 아침 하늘은 가을 하늘처럼 파랗게 맑았어요. 샘골의 아침은 잔치 마당처럼 웅성거리고 들떠 있었어요. 다른 날 아침보다 일찍 일어난 사람들은 장짐을 꾸리기에 바빴어요. 동구 밖 느티나무 아래에는 경운기가 탈탈탈---- 소리를 내면서 장짐을 기다리고 있었어요.

샘골 마을에 단 한 대밖에 없는 삼돌이네 경운기는 장에 갈 땐 장짐을 날라주고, 돌아올 때는 장꾼들을 태워 주었어요.

"삼돌이 아범! 우리 달걀 깨지지 않게 앞에다가 잘 실어."

용이 할머니는 라면 상자에 달걀 꾸러미를 담아서 삼돌이 아버지에게 주었어요. 다른 사람들은 팥, 깨, 콩, 채소, 나물---- 보따리를 들고 와서 경운기에 실었어요.

돌이, 바우, 짝귀---- 샘골 아이들도 신바람이 난서 경운기 뒤를 따라갔어요.

오랜만에 서는 해리장은 오전 열 시가 넘어서부터 장사꾼과 장꾼들로 가득 찼어요.

"왔소, 왔소! 싸구려가 왔소! 남자 옷, 여자 옷 할 것 없이 위, 아래 옷 한벌이 구천원이요. 옷 한 벌을 사면 덤으로 나이롱 양말 두 켤레를 공짜로 줍니다. 싸구려 왔소, 싸구려요!"

"나도 싸구려요! 운동화, 슬리퍼, 고무신이 골라 잡아 삼천원이요. 삼천원!"

"삼 년 묵은 체증도 약 한 봉이면, 쓱싹 깨끗이 내려가는 만병 소화제가 세 봉에 천 원이오!"

"백화점에서 오만원인 청바지가 오천 원이오, 오천 원!"

싸구려를 외치는 약장수와 옷장수의 외침 소리, 만물백화점 스피커에서 흘러나오는 유행가 소리, 가축 시장에서 들려오는 송아지와 돼지 새끼들의 울음소리, 자동차 소리, 경운기 소리. 장터는 떠들썩했어요. 그러나 누구 한 사람도 짜증을 내거나 얼굴을 찌푸리는 사람은 없었어요.

"할매, 할매! 돼야지 새끼 한 마리에 만 이천원이면 너무 비싸요."

"우리 돼야지는 보통 돼야지가 아니라우. 우리 돼야지가 비싸면 안팔테니 펏덕 가라우."

"할매, 할매! 두 마리 몽땅 살랑께 이 만원에 파십시오."

"아이구, 요것이 무슨 말이여? 이만 사천원 짜리를 이만원에 도라고? 나 돼야지 안팔고 키울테니, 펏덕 가요, 가!"

봉학이 할머니와 돼지를 사러 온 사람은 입이 아프도록 말씨름을 벌렸어요.

"돌아, 바우야, 우리들은 똘뱅이 아저씨네 만물 백화점에서 만나자."

"그래, 그래. 오늘은 짝귀의 호랑나비 쇼가 최골 거다. 하하하----."

봉학이의 말에 샘골 아이들은 큰 소리로 웃었어요.

장터를 한 바퀴 돌아 본 봉학이는 새로 산 잠바를 입고, 똘뱅이 아저씨 네로 갔어요.

"봉학아! 너, 짝귀 못 봤니?"

봉학이 보다 먼저 와서 기다리고 있던 아이들이 눈을 동그랗게 뜨면서 말했어요.

"못 봤어. 난 너희랑 같이 있는 줄 알았지. 혼자 어디 갔을까?"

아이들은 짝귀를 찾아 장바닥을 샅샅이 뒤져보았지만 해질 무렵까지 짝귀를 찾을 수 없었어요. 잔치 마당처럼 붐비던 장터는 돌아가는 장꾼들로 텅텅 비어 갔어요. 하루 종일 마이크를 잡고 떠들던 똘뱅이 아저씨도 벌써 해리 장터를 떠났는지 조용했어요.

"갔다 갔어. 짝귀 자식 똘뱅이 아저씨를 따라 갔어. 그 놈 눈치가 이상하더라!"

바우의 말에 아이들은 힘이 쑥 빠졌어요. 아이들은 쑥고개 언덕 위에서 장터 쪽을 바라보면서 짝귀를 불렀어요.

"짝귀야! 짝귀야!"

"나 안갔다! 안갔어! 너그들하고 놀면서 샘골에서 살란다. 헤헤----."

푸른 소나무 숲 속에 숨어 있던 짝귀가 고개를 쑥 내밀면서 대답했어요. (*)

### (8) 소가 된 게으름뱅이

옛날에, 어머니와 게으름뱅이 아들이 살고 있었어요.

"애고--애고! 이놈아, 지금이 어느 때라고 낮잠만 자느냐! 매일 밥만 먹고 잠만 자고---도대체 네가 하는 일이 뭐가 있단 말이냐? 에그, 속 터진다. 속 터져! 일하지 않고 빈둥빈둥 놀려거든 차라리 집을 나가거라!"

어머니는 게으름뱅이 아들을 꾸짖었어요.

"일하기 싫은데 어떻게 일을 해요. 나가라면 못나갈 줄 알아요!"

게으름뱅이 아들은 어머니의 잔소리가 듣기 싫었어요.

"흥, 다시는 집에 들어오나 봐라."

게으름뱅이는 투덜거리면서 집을 나왔어요.

게으름뱅이는 마을 앞 산고개를 넘어가고 있었어요.

그 때, 낯선 할아버지가 오두막집 마루에 앉아서 무언가 열심히 만들고 있었어요.

"수염이 하얀 영감님이 뭘 만들까? 어디 가까이 가서 구경이나 해 보자."

게으름뱅이는 할아버지 곁으로 가 보았어요. 할아버지는 소가죽으로 소머리 탈바가지를 만들고 있었어요.

"할아버지! 그게 뭡니까?"

"이건 소머리 탈이란다."

"정말 소랑 똑같군요. 정말 잘 만드셨군요."

"허허--그럼, 어디 한 번 써 보겠느냐?"

할아버지는 게으름뱅이 머리에 탈바가지를 씌워 주었어요.

근데, 이게 웬일입니까?

"음무---움무---!"

소머리 탈바가지를 쓴 게으름뱅이가 소가 되었지 뭐예요?

"움무 움무! 할아버지, 빨리 탈바가지를 벗겨 주세요. 난 소가 아니에요. 움무---움무---! 난 사람이라구요!"

소가 된 게으름뱅이는 눈물을 흘리면서 소리쳤어요.

"움무, 움무---히잉히잉! 빨리 벗겨 줘요! 아이구, 답답해 죽겠어요."

소가 된 게으름뱅이는 머리를 흔들었어요. 땅바닥에 머리를 박고 부벼 보아도 소용 없는 일이었어요. 소머리 탈바가지는 딱 달라붙어서 벗겨지지 않았거든요.

"이랴, 이랴! 가자 가자! 허허---소 시장으로 어서 가자."

할아버지는 소를 끌고 시장으로 가서 농부에게 팔았어요.

"무 밭에 소를 매지도 말고, 무를 먹게 해도 안 됩니다. 소가 무를 먹게 되면 사람이 될지도 모릅니다. 허허허."

할아버지는 농부에게 일러주었어요.

소가 된 게으름뱅이는 농부네 집으로 끌려갔어요.

"어서 일하러 밭에 나가자."

소가 된 게으름뱅이는 이른 아침부터 밤늦게까지 일만 했어요.

"아이고, 정말 힘들어 죽겠구나. 논갈이, 밭갈이에 무거운 짐까지 실어 나르니 정말 못살겠다. 이럴 줄 알았으면 사람이었을 때, 부지런히 일할 걸. 우리 어머니는 오늘도 혼자 땀을 뻘뻘 흘리면서 일하시겠구나. 움무---움무----."

소가 된 게으름뱅이는 밤마다 어머니를 생각하면서 눈물을 흘렸어요.

소가 된 게으름뱅이는 매일매일 힘든 일만 했어요.

"내가 다시 사람이 된다면 부지런히 일을 해야겠다."

어느 날, 소가 된 게으름뱅이는 나무그늘에서 잠시 쉬고 있었어요.

"어 저기 무밭이 있구나!"

갑자기 할아버지의 말이 떠올랐어요.

"그래, 무를 먹으면 다시 사람이 된다고 했지."

소가 된 게으름뱅이는 줄을 끊고 무밭으로 뛰어가서 무를 뽑았어요.

"우적우적----제발 사람이 되게 해 주십시오. 제발---."

소가 된 게으름뱅이는 마음속으로 중얼거리면서 무를 먹었어요.

이게 어찌된 일일까요?

"아니, 이게 어떻게 된 거야! 소가 사람이 되다니----. 그 노인 말이 맞았구나. 그냥 우스개 소린 줄 알았더니만."

농부는 깜짝 놀라 입만 떡 벌리고 있었어요.

"주인어른! 저는 사실 게으름뱅이 사람이었습니다."

게으름뱅이는 지난날의 이야기를 농부에게 들려주었어요.

"아하, 그런 일이 있었 구만. 자, 어서 집으로 돌아가거라. 네 어머니가 얼마나 기다리겠느냐."

마음씨 착한 농부는 게으름뱅이의 등을 토닥거려 주었어요.

"고맙습니다."

소머리 탈바가지를 썼던 산고개에는 오막살이집도, 할아버지도 보이지 않았어요.

"아---정말 이상하구나."

모든 것이 정말 꿈만 같았어요.

"어머니! 어머니! 저 바우가 왔어요. 어머니---."

부지런한 일꾼이 된 바우는 어머니를 부르면서 집으로 뛰어갔어요.(*)

### (9) 지리산 산돼지와 백두산 곰

어느 날, 지리산 산돼지와 백두산 곰이 만났어요.

"나는 백두산에서 온 곰이요. 올해 내 나이 백 살이오."

"나는 지리산에서 사는 산돼지요. 내 나이도 올해 백 살이오. 우리들은 동갑내기끼리니 서로 친하게 지냅시다."

지리산 산돼지가 백두산 곰에게 먼저 말했어요.

"좋습니다. 우리 잘 지내봅시다. 나는 지금 팔도강산 여행을 하고 있으니 우리 함께 여행을 합시다."

"정말 좋은 생각이오. 나는 생일이 12월 18일이오. 우리 서로의 생일을 알아서 형, 동생으로 지내지요."

"정말 좋은 말이오. 내 생일은 10월이니 내가 형님이 되겠군요."

백두산 곰이 형님이 되고, 지리산 산돼지가 동생이 되었어요. 곰과 산돼지는 팔도강산을 여행하기 시작했어요.

"산길은 좁고 험해서 불편하니 사람들이 다니는 마을길로 돌아서 다니지요. 형님!"

지리산 산돼지가 말했어요.

"그래, 그게 좋겠다. 그런데 사람들이 우리들을 보고 가만히 있을까?"

"글쎄요. 우리들이 마을의 가축을 잡아가지 않는데, 사람들이 우리를 해칠까요?"

곰과 산돼지는 걱정을 하면서 마을로 내려왔어요.

"와, 곰이다! 곰을 잡아라!"

"와, 산돼지다! 산돼지를 잡아라!"

사람들이 몽둥이를 들고 곰과 산돼지를 쫓아왔어요.

"이크, 크----큰일났군요."

"빨리 달아나자."

곰과 산돼지는 깜짝 놀라 산으로 달아났어요.

"산돼지야! 우리들도 사람으로 둔갑을 하자. 그래야 여행을 편히 할 것 같구나."

"형님 말씀이 옳습니다. 저는 총각으로 변할테니, 형님은 아저씨로 변하십시오."

백년 묵은 곰과 산돼지는 재주를 폴딱폴딱 넘었어요. 그랬더니, 정말 사람으로 변하지 않겠어요? 사람이 된 곰과 산돼지는 사람들에게 쫓기지 않고 여행을 할 수 있게 되었지요.

"형님! 저걸 보십시오. 예쁜 처녀를 동굴 앞에 앉혀 놓고 마을 사람들이 제사를 지내고 있네요. 마을에 무슨 일이 있나 봅니다."

사람이 된 곰과 산돼지는 마을의 뒷동산으로 올라갔어요.

"마을에 무슨 일이 생겼는지요?"

사람이 된 곰이 지나가는 사람에게 물었어요.

"예, 동굴속에는 백년 묵은 게가 살고 있지요. 게는 해마다 마을에서 가장 예쁜 처녀를 바치지 않으면 마을 사람들을 잡아먹는답니다. 그래서 오늘 게에게 처녀를 -----."

마을 사람의 말을 들은 산돼지는 처녀처럼 꾸미고 동굴 앞으로 갔어요.

"내가 게를 잡을 테니, 처녀는 빨리 집을 가시오."

산돼지는 처녀가 앉아 있던 바위 위에 앉아서 게가 나타나기만을 기다렸어요.

"휘잉----휘잉---헤헤끼루룩---끼룩끼룩-----."

동굴 속에서 커다란 게가 엉금엉금 기어 나오지 않겠어요? 게의 다리는 기둥 같고, 등은 커다란 바위 같았어요.

"휘익! 이놈 잘 만났다."

처녀로 꾸민 산돼지는 풀쩍 뛰어서 게의 등으로 올라갔어요.

"이놈! 요사스러운 게얏! 어서 썩 물러 가랏! 탁!"

곰이 몽둥이 같은 앞다리로 게의 집게발을 두드려서 부숴 버렸어요.

산돼지는 게의 등을 마구 짓밟았어요.

"으악---!"

곰과 산돼지의 공격에 게는 힘을 쓰지 못하고 쿵! 쓰러지고 말았어요.

"형님! 정말 대단합니다."

"아니다. 우리들이 게를 이긴 것은 너와 내가 힘을 합해서 그런 거야. 오늘처럼 보람 있는 여행은 처음이구나."

곰과 산돼지로 되돌아 온 백두산 곰과 지리산 산돼지는 도란도란 이야기꽃을 피우면서 산으로 돌아갔대요.(*)

### (10) 높이뛰기 시합

귀뚜라미와 개구리와 캥거루가 높이뛰기 시합을 했어요.

"귀뚜라미, 개구리, 캥거루는 내 말을 듣거라!"

"예, 폐하!"

"오늘 높이뛰기 시합에서 일등을 하면, 공주와 친구가 되어 궁전에서 살 수 있도록 해 줄 것이니라. 실력을 아낌없이 보이도록 해라."

임금님의 말을 귀뚜라미와 개구리와 캥거루는 가슴이 뛰었어요.

"하늘 높이 뛰어서 공주가 친구가 되어야지."

귀뚜라미가 하늘을 쳐다보면서 말했어요.

"흥, 난 산보다 더 높이 뛸 거야."

개구리는 높은 산을 바라보면서 눈에 힘을 주었어요.

"---------."

그러나 캥거루는 무슨 생각을 하는지, 우두커니 서 있기만 했어요.

"귀뚜라미와 개구리와 캥커루가 높이뛰기 시합을 한다고?"

"하하--그것 참 재미있겠구나."

"누가 공주님의 친구가 될까? 정말 기대되는걸."

온 나라 백성들은 귀뚜라미와 개구리와 캥거루의 높이뛰기 시합을 보려고 몰려왔어요.

"둥둥둥----지금부터 높이뛰기 시합을 하겠습니다. 둥둥둥!"

심판관이 북을 쳤어요. 먼저 귀뚜라미가 나왔어요.

"하나, 둘, 셋!"

귀뚜라미가 하늘을 쳐다보면서 폴짝 뛰었어요.

"휘익---!"

"어? 귀 뚜라미가 어디로 갔지?"

구경꾼들은 두 눈을 크게 뜨고 하늘을 바라보았어요.

"여러분, 귀뚜라미는 너무 높이 뛰어서 하늘로 올라가 버렸습니다. 다시는 땅으로 내려오지 못 할겁니다. 참, 안타깝군요. 자, 다음은 개구리 선수 나오시오. 둥둥둥!"

"하나, 둘, 셋!"

개구리가 힘껏 뛰었어요.

"우하하! 저것 좀 봐!"

"하하하---개구리가 임금님 머리 위에 떨어졌다! 하하하!"

개구리는 공중으로 높이 올라갔다가 그만 임금님의 머리위로 뚝 떨어지고 말았어요.

"이놈! 감히 내 머리 위에 떨어지다니! 괘씸하구나. 너는 일등을 해도 공주의 친구가 될 수 없다. 에잇!"

임금님은 화가 나서 개구리에게 소리쳤어요.

"자, 다음은 캥거루 선수 나오시오."

"하나, 둘, 셋! 둥둥둥!"

캥거루는 의젓하게 나왔어요.

"난 내 친구가 될 공주님한테로 뛰어가야지!"

캥거루는 공주 앞으로 껑충껑충 뛰어갔어요.
"어머머---호호호."
공주는 뛰어오는 캥거루를 두 팔로 안아 주었어요.
지혜로운 캥거루는 공주의 친구가 되었답니다.(*)

## 2. 계절: 계절의 변화에 대한 호기심

### (1) 봄바람 살랑이

봄나라 꽃동산에 아기 봄바람 살랑이가 살았어요.
"북쪽나라 꽃씨들은 지금도 쿨쿨.... 겨울잠을 자고 있을까?"
"오늘은 잠꾸러기 꽃씨들에게 봄소식을 전해주어야 겠다."
아기 봄바람 살랑이는 꽃향기를 싣고 북쪽나라 꽃동산으로 날아갔어요.
"새근새근 쿨쿨쿨..."
북쪽나라 꽃과 나무들은 봄이 온 줄 모르고 겨울잠을 자고 있었어요.
"봄봄봄 봄이 왔어요.
꽃씨들아 나무들아
빨리빨리 일어나서
꽃동산을 만들자."
봄바람 살랑이는 꽃향기를 뿌리면서 노래를 불렀어요.
"어머나! 벌써 봄이 왔네!"
살랑이의 노래소리에 개나리는 살며시 눈을 떴어요.
살랑이는 개나리 가지를 어루만지면서 속삭였어요.
"봄이 왔어요. 새봄이 왔어요. 노란 개나리꽃으로 꽃동산을 만들어요."
"북쪽나라는 겨울이다! 봄이 오려면 아직 멀었다! 썩- 나가거라! 휘잉- 윙윙-"
검은 외투를 펄럭거리면서 겨울바람이 소리를 질렀어요.
겨울바람은 눈가루를 뿌렸어요.

"아이 춰워, 아이 추워."

봄바람 살랑이는 벌벌 떨면서 몸을 움츠렸어요.

"깍깍깍.... 살랑아 들쥐네 집에 가서 하룻밤 자거라. 깍깍..."

소나무 가지 위에 앉아 있던 까치가 가르쳐 주었어요.

"들쥐야! 하룻밤 자고 가자. 겨울 바람한테 쫓기고 있어."

"우리 집엔 방이 하나 밖에 없다. 개구리네 집으로 가거라."

들쥐는 방문을 열어 주지 않았어요.

봄바람 살랑이는 개구리네 집으로 갔어요.

"개구리야! 하룻밤만 자고 가자."

"겨울바람한테 쫓기는 구나. 빨리 들어오너라. 어- 춥다. 쿨룩...."

개구리는 아기 봄바람을 반갑게 맞아 주었어요.

"봄바람아! 어디로 숨었느냐? 윙! 위잉- 싸르르 싹싹싹..."

심술이 난 겨울바람은 싸라기눈을 마구 뿌렸어요.

"찍찍... 콜록콜록....아이구 추워라."

"아이구 머리야! 찌이- 익...."

들쥐네 식구들은 감기에 걸려 추위에 벌벌 떨었어요.

아침 해님이 산봉우리 위로 둥실둥실 떠올랐어요.

"봄봄봄 새봄이 왔어요. 꽃씨들아, 나무들아, 봄동산 만들자."

따뜻한 봄바람과 같이 잔 개구리네 식구들은 봄노래를 부르면서 한 마리, 두 마리, 세 마리, 밖으로 뛰어나갔어요.

"개굴개굴.... 봄이 왔다! 개굴개굴...."(*)

### (2) 북쪽으로 날아간 꽃씨들

따스한 봄볕이 내리쬐는 날이었어요.

할머니는 작년에 받아두었던 꽃씨 주머니를 들고 꽃밭으로 나왔어요.

"영아, 호미 좀 갖고 오너라. 우리 영이가 좋아하는 채송화랑 맨드라미랑 분꽃이랑 봉숭아----많이많이 심자."

할머니는 꽃처럼 방긋 웃으셨어요.

언제나 봄이 되면, 영이와 할머니는 마당과 화분에 꽃씨를 심었어요.

"올해도 그냥 지나가는 구나. 언제쯤 북쪽 우리집 마당에 이렇게 내 손으로 꽃씨를 뿌릴꼬? 초가을 햇볕에 새깜새깜 익어 가는 꽃씨들을 받을 때마다 내년에는 '꼭' 하고 기도했었는데----. 어째 죽어서야 꿈을 이루려나 보구나."

할머니는 봉숭아 씨앗을 뿌리면서 눈물을 글썽거렸어요.

영이는 꽃씨를 뿌릴 때마다 북쪽에 두고 온 가족과 집 생각을 하시는 할머니가 가엾고 불쌍했어요. 해가 갈수록 할머니는 북쪽 마을을 더 생각하고 그리워했어요.

"후후----꽃씨들아. 무럭무럭 자라서 예쁜 꽃 많이많이 피우거라. 내가 어렸을 적, 우리 마을은 꽃동네였느니라. 지금도 꽃이 많을는지----."

할머니는 꽃씨 하나하나에게 이야기 한마디씩을 던졌어요.

"할머니, 걱정 마세요. 가을이 되면 바람이 남쪽에 있는 꽃씨들을 먼 북쪽 마을까지 날려 보낼 거예요."

영이는 할머니를 바라보면서 빙그레 웃었어요.

"그래, 그래. 우리 영이가 많이 컸구나. 할미를 위로해 줄 줄도 알고. 영아, 어서 심자."

할머니는 영이의 엉덩이를 토닥거려 주었어요.

'도깨비감투만 있으면 그걸 쓰고 북쪽 마을 앞마당에 꽃씨를 뿌릴 수 있을 텐데----.'

영이는 동화책 속에서 나오는 도깨비감투가 생각났어요.

도깨비감투만 있다면 할머니 소원쯤은 식은 죽 먹기일 것 같았어요.

영이는 할머니의 마음을 기쁘게 해 드리고 싶었어요.

'어떻게 하면 할머니가 받은 꽃씨를 북쪽까지 보낼 수 있을까?'

영이의 머리 속은 온통 할머니 생각과 꽃씨 생각뿐이었어요.

"아하! 바로 풍선, 풍선이에요. 할머니! 제게 좋은 생각이 있어요."

영이는 옆에 계신 할머니의 손을 덥석 잡으면서 호들갑을 떨었어요.

"에그머니나! 할미 간 떨어질 뻔했구나. 풍선이 어쨌다는 게냐?"

할머니는 한 손으로 가슴을 쓸어내리면서 영이를 바라보았어요.

"좋은 생각이 났어요. 할머니 소원대로 할머니가 받은 씨앗을 북쪽으로 보낼 수 있다고요."

"그게 참말이냐?"

"네, 풍선 속에 꽃씨를 넣고 북쪽으로 날려 보내는 거예요."

영이는 제 생각을 또박또박 말했어요.

"옳커니! 그 방법이 있었구나."

할머니는 어린아이처럼 웃었어요.

영이는 문방구로 뛰어갔어요. 그리고 빨주노초파남보 일곱 빛깔 무지개 풍선 열 개를 샀어요. 할머니와 영이는 봉숭아, 코스모스, 해바라기, 맨드라미----꽃씨들을 다섯 개씩 넣었어요. 그리고 실로 꼭꼭 동여맸어요.

"꽃씨들아! 풍선 타고 멀리 멀리 가거라. 우리들이 거기 까지는 갈 수 없으니까. 북쪽 마을로 훨훨 날아가거라. 가다가 힘들면 외딴 섬에도 가고, 산골에도 가거라. 외롭고 쓸쓸한 사람들을 위해 예쁜 꽃 많이많이 피우 거라."

할머니는 풍선을 파란 하늘로 날려 보내면서 중얼거렸어요.

"꽃씨들아! 꼭 북쪽 마을 우리 할머니가 살던 집으로 날아가라. 안녕, 안녕!"

영이는 날아가는 풍선을 바라보면서 소리쳤어요.

봄바람이 살랑살랑 불어오는 날, 꽃씨들을 태운 풍선들은 파란 북쪽하늘로 두둥실 두둥실 날아갔어요.(*)

### (3) 눈을 만드는 할아버지

하늘나라에 눈을 만드는 할아버지가 살고 있었어요.

할아버지는 하늘나라 방방곡곡을 돌아다니면서 흰구름을 모아 커다란 창고 속에 가득히 쌓아 두었어요.

눈을 만드는 할아버지의 기쁨은 겨울에 눈을 만들어서 지구촌에 뿌리는 것이었어요.

어느 해 겨울, 눈을 만드는 할아버지는 웬일인지 눈을 만들 생각을 하지 않고, 지구촌을 내려다보면서 긴 한숨만 쉬고 있었어요.

"할아버지! 어디가 아프세요?"

"아니다, 괜찮다."

"할아버지! 다른 해 같으면, 지구마을에 눈을 보냈을 텐데, 왜 올 겨울엔 눈을 만들려고 하지 않아요?"

"……"

"할아버지! 빨리 눈방아를 찧어요. 저희들은 눈방아를 찧을 준비를 끝내고, 할아버지의 명령을 기다리고 있는 거예요. 흰구름을 주세요."

"할아버지! 그래요, 절구통도 깨끗이 닦아 놓고, 절굿대도 씻어 놓았어요."

하늘나라 선녀들은 할아버지를 둘러싸고 말했어요.

눈을 만드는 할아버지는 선녀들의 말은 들은 척도 않고 슬픈 얼굴로 지구마을을 내려다보고만 있었어요.

"할아버지! 흰구름을 주세요. 눈을 만들고 싶어요"

"할아버지! 지구마을에 첫눈이 내릴 때가 지났어요. 할아버지….."

선녀들은 눈을 만드는 할아버지를 졸랐어요.

"선녀들아! 지구촌에는 눈을 기다리는 사람들이 없단다."

할아버지는 쓸쓸한 목소리로 말했어요.l

"할아버지! 그게 정말이에요?"

선녀는 할아버지의 말에 깜짝 놀랐어요.

"내 말을 믿을 수 없으면, 너희들이 지구마을에 내려가 보아라! 지구마을 사람들은 눈을 싫어한단다."

선녀들은 눈을 만드는 할아버지의 말을 믿을 수 없었어요.

"할아버지! 눈을 만들어서 지구마을에 뿌려 봐요. 저희들은 할아버지의 말을 믿을 수 없어요."

"너희들이 내 말을 믿지 않는구나. 눈을 만들어서 지구마을에 뿌려 보자."

눈을 만드는 할아버지는 구름 창고에서 흰구름을 가져 왔어요.

"함박눈을 만들까, 쿵덩쿵덩,
싸락눈을 만들까, 콩당콩당,
사뿐사뿐 내려라, 쿵덩쿵덩,
싸륵싸륵 내려라, 콩당콩당."

선녀들은 노래를 부르면서 눈방아를 찧었어요.

새하얀 눈가루가 만들어졌어요.

눈을 만드는 할아버지는 하얀 옥바가지로 눈가루를 가득히 떠서 지구마을에 뿌렸어요.

눈송이들은 하얀 나비 떼처럼 지구마을로 훨훨 날아갔어요.

선녀들은 하얀 날개옷을 입고, 눈송이를 따라서 지구마을로 날아갔어요.

"히야! 눈이다! 눈! 민아! 석아! 빨리 나오너라! 눈사람 만들자!"

우뚝 솟은 아파트마을에서 아이들이 소리를 지르면서 밖으로 뛰어나왔어요.

"인호야! 빨리 들어오지 못 해! 눈을 맞으면 안 돼! 눈을 맞으면 해롭단 말야."

"엄마! 눈 맞으면 왜 해로워요?"

"눈 속에 방사능이 들어 있어."

어머니는 뛰어나와서 인호를 끌고 들어갔어요.

거리에는 자동차의 물결이 흐르고 있었어요.

걸어 다니는 사람들은 모두들 눈을 맞지 않으려고 우산을 쓰고 있었어요.

"내일 아침에는 또 교통 전쟁이 일어나겠군. 필요 없는 눈은 왜 올까?"

운전사 아저씨들은 퉁명스럽게 말하면서 눈길을 거북이처럼 차를 몰았어요.

"눈이 오면 손님들이 안 오는데....."

장사꾼들은 눈 내리는 하늘을 원망이 가득 찬 눈빛으로 쳐다보면서 시무룩한 표정을 지었어요.

눈을 반갑게 맞아 주는 사람들이 없었어요.

"지구촌 사람들은 언제부터 눈을 싫어하게 되었을까?"

선녀들은 하늘나라로 돌아가려다가 걸음을 멈추었어요.

청소부 아저씨와 신문 배달 아이들이 한데 어울려 모닥불을 쬐고 있었어요.

모닥불 위에 올려놓은 커다란 냄비 속에서는 라면이 끓고 있었어요.

"나는 눈을 보면, 고향 생각이 나거든. 눈 오는 날, 우리 고향, 산과 들과 강은 아름다운 그림 같았어."

"아저씨! 저는 군밤을 구워 주시던 우리 할머니 생각이 나요."

"지구마을이 눈처럼 하얗게 되었으면 좋겠어."

지구마을로 내려온 선녀들은 처음으로 기쁜 소리를 들을 수 있었어요.

"할아버지! 지구마을에는 눈을 좋아하는 사람이 있어요. 눈을 만들어서 지구마을 사람들에게 잃어버린 마음의 고향을 찾아 주어야 해요. 할아버지...."

하늘로 올라간 선녀들은 눈을 만드는 할아버지에게 말했어요.

"오냐, 오냐. 내가 잘못 생각했구나."

선녀들의 말을 들은 할아버지는 다시 창고에 가서 흰구름을 한아름 안고 왔어요. (*)

### (4) 풍년 고드름

내 성은 '눈'이고요, 이름은 '송이'여요.

'눈송이' 나는 함박눈이에요.

하늘에서 내려올 때 나는 고드름이 되고 싶었어요.

"고드름이 되려면 초가지붕 위로 내려앉아야 해."

나는 산이나 들에 내려앉을까 봐 가슴이 두근거렸어요.

나는 오동나무 집 초가지붕 위에 사뿐 내려앉았어요.

나처럼 고드름이 되고 싶은 눈들은 모두들 초가지붕 위로 내려 와 소복소복 쌓였어요.

해님이 우리들을 물방울로 만들어서 지붕 아래 처마 끝으로 흘러내리게 해 주었어요.

"정신을 바짝 차리자. 데구루루 굴러 떨어지는 날에는 고드름이 못 된다. 정신을 차려야 해."

나는 동그란 물방울이 되어 조심조심 처마 끝으로 내려가고 있었어요.

낮에는 봄날처럼 따뜻하더니 밤에는 매운바람이 윙윙거렸어요.

"똥강 똥강 똥 강."

고드름이 못 되고 물방울이 되어 처마 밑 땅바닥으로 곤두박질을 하면서 떨어지던 물방울들의 울음소리도 뚝 멎었어요.

나는 떼구르르 미끄러지다가 가까스로 지푸라기를 붙잡았어요.

"야아! 고드름이 되었다!"
나는 드디어 고드름이 되었어요.
방안에는 호롱불이 켜졌어요.
삼돌이와 삼순이는 화롯불에 고구마를 구워먹고 있었어요.
들창문에 손바닥만한 유리 조각이 붙여 있어서 방안을 들여다 볼 수 있었어요.
"삼순아, 우리 수수께끼 할까? 알아맞히는 사람이 고구마 잘 익은 것 먹기다."
"그래, 그래. 문제없다. 내가 이긴다. 빨리 해."
삼돌이의 말에 삼순이는 방긋방긋 웃었어요.
"껍질 속에 수염이 들어 있는 것은?"
"호호, 옥수수다."
"놀 때는 모자 끄고, 일할 때는 모자를 벗는 것은 뭘꼬?"
"만년필이지, 뭐냐?"
수수께끼는 한참 동안 계속되어도 쉽게 끝이 안 났어요.
삼돌이와 삼순이는 척척 잘 알아 맞혔어요.
"내가 하나 내마."
옆에 계시던 할머니가 한 몫 끼었어요.
"거꾸로 자라는 것은 뭐냐?"
"...............?"
"후후, 내가 이겼다. 처마 끝에 대롱대롱 매달려서 자라는 고드름이란다."
할머니는 아이처럼 벙글벙글 웃고 있었어요.
"고드름이 길게 자라서 처마 끝에 발을 엮어주면 올해에는 풍년이 든단다."
할머니는 내 이야기를 삼돌이와 삼순이에게 들려주었어요.
나는 정말 풍년고드름이 되고 싶었어요.(*)

### (5) 엄지 공주

마법사가 마음씨 착한 아주머니에게 꽃씨 하나를 주었어요.
꽃씨는 자라서 예쁜 꽃봉오리를 맺었어요.
"참, 예쁘기도 해라!"

아주머니는 꽃봉오리에 입을 맞췄어요. 뽀로롱----뽀로롱----뽀롱뽀롱-----.

꽃봉오리가 활짝 열렸어요.

"야! 잘 잤다!"

꽃 속에서 엄지손가락만한 여자 아이가 기지개를 켰어요.

"어머! 내 엄지손가락 만하구나. 정말 귀엽기도 해라. 이제부터 넌 엄지 공주다! 엄지 공주!"

아주머니는 뛸 듯이 기뻤어요.

"랄라라---랄라라---즐거워라----라라라라----."

엄지 공주는 봄바람처럼 부드럽고 고운 목소리로 노래를 불렀어요.

어느 날 밤이었어요.

"이렇게 귀여운 아이는 처음 보는구나! 우리 아들 색시로 삼아야지."

어미 두꺼비는 자고 있는 엄지 공주를 안아다가 연못에 있는 연꽃 위에 놓았어요.

"여기가 어딜까? 난 몰라!"

잠에서 깬 엄지 공주는 울음을 터뜨렸어요.

"쯧쯧, 가엾기도 해라. 우리가 도망갈 수 있도록 도와주자."

연못에 있는 물고기들이 연꽃 줄기를 끊어 주었어요.

엄지 공주는 연꽃잎을 타고 두둥실두둥실 흘러갔어요.

"어? 이상한 아인데, 누굴까?"

풍뎅이가 엄지 공주를 데리고 나무 위로 올라갔어요.

"살려 줘! 살려 줘! 난 엄지란다."

"엄지? 넌 벌레가 아니구나!"

풍뎅이는 엄지 공주를 살려 주었어요.

겨울이 오고 하얀 눈이 펑펑 내렸어요.

"아이 추워! 배고파!"

엄지 공주는 눈 속을 헤맸어요.

"저기 들쥐네 집이 있구나!"

엄지 공주는 들쥐네 집 문을 두드렸어요.

"어서 들어와라. 가엾기도 하지."

들쥐 아주머니는 엄지 공주를 자기 집에서 살게 해 주었어요.

어느 날, 옆집에 사는 두더지가 놀러 왔어요.

"와아! 정말 예쁘다!"

두더지는 엄지 공주를 보고 두 눈이 동그래졌어요. 두더지는 날마다 놀러 왔어요.

"난 땅굴 파는데 선수예요. 헤헤----."

두더지는 엄지 공주를 데리고 자기가 파 놓은 땅굴로 갔어요.

"어머! 불쌍한 제비구나!"

거기에는 제비 한 마리가 꽁꽁 언 채로 누워 있었어요.

엄지 공주는 제비를 정성껏 돌봐 주었어요.

따뜻한 봄이 되었어요. 제비는 아주 건강해졌어요.

"엄지 공주님! 정말 고마워요."

제비는 파란 하늘로 훨훨 날아갔어요.

"엄지 공주님! 제발 저와 결혼해 주세요. 우리 함께 살아요. 네!"

두더지는 날마다 애원했어요.

"엄지야! 두더지가 불쌍하지도 않니? 두더지랑 살면 먹을 것도 많이 먹고 좋은 옷도 입을 수 있어."

들쥐 아주머니는 두더지 자랑을 늘어놓았어요.

"두더지와 땅 속에서 살면 얼마나 갑갑할까?"

그렇지만 엄지 공주는 두더지와 결혼하기로 했어요. 자기를 살려 준 들쥐 아주머니의 말씀을 듣지 않을 수 없었거든요.

"지지배배---지지배배----엄지 공주님! 밖으로 나와 보세요! 저예요!"

어디선가 제비 소리가 들려왔어요. 엄지 공주는 들쥐 아주머니 몰래 밖으로 나왔어요.

"안녕하세요! 지난번에 엄지 공주님이 살려 준 제비예요. 공주님! 왜 그리 슬퍼 보이세요?"

"내일이면 하기 싫은 결혼을 해야 한단다."

엄지 공주는 흐느끼면서 말했어요.

"엄지 공주님! 자랑 남쪽 나라로 가요. 아름다운 꽃도, 꿀도 아주 많아요."

"제비야! 빨리 데려가 줘!"

엄지 공주를 태운 제비는 남쪽 꽃 나라로 날아갔어요.

"눈부시게 아름답구나!"

엄지 공주는 꿈을 꾸고 있는 듯했어요.

"우리 꽃 나라에 오신 것을 환영합니다."

꽃 나라 왕자는 엄지 공주에게 하얀 날개를 달아 주었어요.

꽃 나라 왕자는 엄지 공주의 손을 잡고 나비처럼 훨훨 날아다녔어요.(*)

### (6) 해님과 바람의 힘겨루기

해님과 바람은 만나기만 하면 늘 싸웠어요.

"바람아, 내가 네 형님이다. 난 온 세상을 환하게 비춰 주니까."

"뭐라고? 말도 안되는 소리 하지도 마라. 나는 너보다 힘이 세잖아. 그러니까 내가 형님이야."

바람은 두 눈을 부릅뜨면서 큰소리로 말했어요.

"쓸데없는 소리 하지도 마라. 내가 더 힘이 세다. 흥!"

해님도 지지 않고 맞섰어요.

"해야, 그럼 우리 둘이 힘겨루기를 해서 이기면 형님이 되기로 하자."

바람이 먼저 말을 꺼냈어요.

"좋아, 그것 참 좋은 생각이다. 어떻게 힘을 겨루어 볼까?"

해님도 바람의 말에 손뼉을 쳤어요.

바로 그 때 어떤 젊은이가 길을 걸어가고 있었어요.

"저기 저 젊은이가 입고 있는 옷을 누구 빨리 벗기는지 내기 해 보자. 일 초라도 먼저 벗기는 쪽이 형님이 되는 거다. 자, 내가 먼저 옷을 벗겨 볼게."

바람이 자신만만하게 웃었어요.

"휘잉, 휘잉!"

바람은 젊은이에게 힘껏 바람을 불었어요.

"허허, 갑자기 웬 바람이 불지?"

젊은이는 옷이 벗겨질까봐 옷깃을 단단히 여몄어요.

"휘이잉, 휘이잉!"
바람은 더욱 세차게 불었어요.
젊은이는 그럴수록 옷깃을 두 손으로 꽉 붙잡았어요.
"도저히 내 힘으로는 옷을 벗기지 못하겠는 걸. 휴우, 힘들다."
바람은 한숨을 내쉬었어요.
"하하하, 큰소리 칠 때부터 알아보았다. 좋아. 그럼 내가 한 번 벗겨보지."
해님은 껄껄 웃으면서 젊은이의 머리위로 햇볕을 뿌렸어요.
"웬 날씨가 이렇게 왔다 갔다 하는 거야? 허허, 갑자기 더워지네."
젊은이는 웃옷을 벗으면서 이마에 난 땀을 닦았어요.
"하하하, 어떠냐? 내 실력이! 이제부터 내가 형님이다."
해님은 큰소리로 웃었어요.
"아이쿠, 형님! 그 동안 몰라보았습니다. 따뜻한 해님의 힘이 더 세군요."
바람은 해님에게 머리를 숙였어요.
결국 해님은 바람과 힘겨루기를 해서 이겼답니다.(*)

### (7) 겨울과 봄

겨울은 자기가 이 세상을 다스리고 있다고 생각했어요.
"사람들은 나를 존경하고 있어. 나는 사람들보다 힘이 강하거든. 사람들을 벌벌 떨게 할 수도 있고, 방 안에서 한 발자국도 밖으로 나오지 못하게 할 수도 있지."
겨울은 찬바람과 눈을 가진 자기가 이 세상에서 제일 훌륭하다고 생각했어요.
겨울은 한참동안 제 자랑을 늘어놓다가 봄을 비난하기 시작했어요.
"봄은 한 마디로 바람 든 풍선 같아. 사람들의 마음을 풍선처럼 만들어서 둥둥 떠다니게 하거든. 봄이 오면 사람들은 울긋불긋 새 옷을 차려입고 산으로 들로 강으로 싸돌아다니거든. 할 일 도 없으면서 먹고 마시고 춤추고 떠들고, 도대체 그게 뭐람!"
겨울은 봄을 바라보면서 눈을 흘겼어요.
"그건 바로 겨울 너 때문이야. 겨울동안 방안에서 갇혀 살게 했기 때문이지. 그리고 너무 추워서 사람들은 웅크리고만 있었기 때문이야. 추위가 물러가고 날씨가 따뜻해지니까 당연히 밖으로 나올 수밖에!"

"무슨 소리야! 봄, 네가 사람들의 마음속에 바람을 넣어 주기 때문이야."

겨울은 고개를 흔들었어요.

"봄의 말이 맞아. 겨울 네가 사람들을 너무 괴롭혔기 때문에 사람들은 자유를 찾고 평화를 찾는 거야."

옆에서 듣고 있던 겨울이 봄의 말에 찬성을 했어요.

"사람들은 나를 기다리고 있단다. 내가 가고 여름이 오고, 가을이 오고 겨울이 와도 사람들의 마음속에는 언제나 봄, 내가 남아있는 거야. 사람들이 봄을 기다리고 있는 것은 내 마음이 포근하고, 따뜻하기 때문이란다. 강하고 무서운 것으로 억누르는 것보다는 따뜻한 사랑으로 사람들의 마음을 어루만져 주는 것이 좋아."

봄의 말을 듣고 있던 겨울이 얼굴이 빨개져서 슬그머니 밖으로 나가버렸어요.(*)

### (8) 쌀자루 눈썰매

"멍멍멍! 누렁아! 눈이 온다, 눈이 와! 나랑 같이 놀자! 멍멍멍!"

"싫어. 너무 추워서 돌아다닐 기운이 없어. 심심하면 흰둥이랑 놀아라."

강아지 누렁이는 개집 속에 웅크리고 앉아서 고개를 저었어요.

"흰둥아, 어서 나와라! 나랑 달리기 시합하자! 멍멍멍!"

"싫어. 이렇게 눈이 펄펄 내리는데 다리라도 부러지면 어쩌냐? 난 잠이나 잘란다. 하아암-"

흰둥이가 하품을 하면서 졸린 눈으로 말했어요.

'춥긴 뭐가 춥다는 거야? 솜덩이 같은 눈이 멋지게 내리는데, 집안에만 틀어박혀 있다니! 그러고도 니들이 강아지냐? 잠만 쿨쿨 자는 꿀꿀이다! 꿀돼지!'

강아지 똘이는 게으른 친구들이 못 마땅했어요.

"뭐 재미난 일이 없을까?"

똘이가 마을 이곳저곳을 둘러보면서 걸어가고 있을 때였어요.

동네 아이들이 골목길 저편으로 우르르 뛰어가는 게 보였어요.

'그래! 아이들을 따라가 보자!'

똘이는 꼬리를 흔들면서 아이들을 뒤따라갔어요.

아이들과 똘이는 뒷산 언덕까지 뛰어갔어요.

"모두들, 준비 됐지?"

"그럼! 두 말 하면 잔소리지!"

덩치큰 아이의 말에 모두들 힘차게 대답했어요.

똘이는 눈이 휘둥그레졌어요. 아이들이 똑같이 가방 속에서 무언가를 막 꺼내는 거였어요.

아뿔싸! 그게 뭔 줄 아세요?

쌀 포대 자루였어요!

'저, 저걸로 뭘 하려는 거지? 저걸로 뭘 하길래 저렇게 신이 난 거야? 눈이 펑펑 내리니까 아이들 머리가 이상해 졌나봐!'

똘이는 슬금슬금 뒤로 물러났어요.

그런데 이게 웬일이에요? 아이들이 쌀 포대 자루를 엉덩이 아래에 깔고, 눈 쌓인 언덕길을 씽씽 타고 내려가는 게 아니겠어요?

"야호! 눈썰매 나가신다! 길을 비켜라! 눈이 오기를 눈 빠지게 기다렸다! 길을 비켜라!"

"우와! 우와! 눈썰매 대왕은 나다! 궁둥이가 닳도록 눈썰매를 타자!"

"우리 집 쌀자루는 임금님표 살짜루다! 일등은 문제없다! 길을 비켜라!"

아이들은 약속이나 한 것처럼 쌀자루를 타고 신나게 언덕길을 내려갔어요.

쌀자루는 신기한 요술 썰매 같았어요. 눈 깜짝할 사이에 하얀 언덕길을 미끄러져 내려갔어요. 꼭 구름 위를 나는 양탄자 같았어요.

"멍멍멍! 나도 탈래! 쌀자루 눈썰매 나도 태워 줘!"

덩달아 신이 난 똘이가 아이들 꽁무니를 따라다니면서 졸라댔어요.

"얘들아! 강아지도 타고 싶은가 봐. 태워줄까?"

"그래! 강아지도 태워주자! 그런데 기절하면 어쩌지? 무서워서 울지도 몰라! 강아지 얼굴이 어떻게 변할지 궁금하다! 크크크……."

"강아지야! 울거나 기절하면 안 된다! 나를 꼭 붙잡아! 자, 출발!"

"멍멍멍! 으흐흐 흐흐…… 히야! 재밌다! 이런 기분 처음이야! 멍멍멍!"

강아지 똘이는 아이의 품에 안겨 눈썰매를 탔어요. 너무 무섭고 아찔해서 눈을 뜰 수가 없었어요. 하지만 씽씽 달리는 기분은 정말 최고였어요.

그리고 똘이는, 아이들이 말한 것처럼 울거나 기절하지 않았어요.

대신 찔끔찔끔 오줌을 싸고 말았대요! (*)

## 3. 가족과 이웃: 가족에 대한 소중함과 이웃에 대한 사랑

### (1) 아기돼지 꿀순이가 엄마를 돕는다고?

엄마 말 안듣기로 소문난 꿀순이가 오늘 이상해졌어요.

"엄마와 아빠를 기쁘게 해 드릴 수 있는 일이 무얼까?"

무엇때문인지 꿀순이는 이런 생각을 했답니다.

"엄마! 제가 설거지 할게요. 엄마는 쉬세요."

"어머? 꿀순아! 됐다. 넌 가만히 있는게 도와주는 거란다."

엄마는 두 손을 내저었어요.

꿀순이는 엄마가 옆집에 간 사이 부엌으로 갔어요.

꿀순이는 행주에 거품을 낸 후, 그릇을 닦기 시작했어요.

"랄라라---랄라라---."

"쓱싹 쓱싹---쓰윽싹---."

"앗!"

"쨍그렁!"

꿀순이는 그만 유리그릇을 놓치고 말았어요.

"어떡하면 좋을까?"

꿀순이는 엄마에게 혼날까봐 걱정이 되었어요.

"아빠를 도와드리면 엄마가 야단칠지 않을 지도 몰라."

꿀순이는 담장에 페인트 질하는 아빠에게 갔어요.

"아빠! 제가 할 일 없어요?"

"허허---없다, 없어!"

"제가 칠할게요. 저도 할 수 있다고요!"

꿀순이는 파란 페인트 통을 힘껏 잡아당겼어요.

"앗!"

주루륵---파란물이 땅바닥으로 쏟아졌어요.

"이런! 하지 말라고 했잖아!"

아빠가 화를 냈어요.

"꿀순이 너! 유리그릇을 몽땅 깨 놨으니---. 이를 어쩌면 좋아!"

언제 왔는지, 엄마의 얼굴이 울그락 불그락 했어요.

"죄송해요. 엄마와 아빠를 기쁘게 해 드리고 싶었는데---."

꿀순이는 작은 소리로 흐느꼈어요.

"꿀순아! 미안하구나. 그런 줄도 모르고---아빠와 엄마가 네 마음을 몰랐구나."

아빠와 엄마는 꿀순이의 작은 어깨를 꼬옥 안아주었어요.(*)

### (2) 구두 병원

여러분! 구두를 고치는 곳이 어딘 줄 아셔요? 우리 아버지의 구두 병원이에요. 아버지는 잠시 구두 배달을 가셨고요, 나는 엄마가 싸주신 따뜻한 점심 도시락을 들고 왔답니다. 나는 선반에 진열된 신발들을 보면서 신발 주인을 맞춰 보았어요.

"구두코가 볼록 튀어나온 난쟁이 구두는? 복덕방 할아버지 구두!"

"배처럼 기다란 갈색 구두는? 보험 회사에 다니는 뚱보 아줌마 구두!"

"빨간색 뾰족 구두는? 화장품 가게, 왕눈이 누나 구두!"

새 구두처럼 반짝반짝 윤이 나는 구두들은 내 말을 듣고 박수를 치는 것 같았어요.

"끈이 다 떨어지고 뒤꿈치가 구겨진 흙투성이 운동화는? 새벽마다 신문을 돌리는 상철이 형 운동화다! 헤헤...."

여기저기 상처가 난 먼지투성이 신발들은 많이 걸었는지 힘이 없어 보였어요.

"어이구, 다리야.... 산동네를 몇 바퀴나 돌았더니 발이 퉁퉁 부었네...."

늘빛 교회의 대머리 목사님이 구두 병원 안으로 들어왔어요.

"무엇을 도와드릴까요?"

나는 아버지 대신 반갑게 손님을 맞았어요.

"구두 밑창이 다 떨어져서 걸을 수가 없단다. 장마가 오긴 전에 빨리 수선을 해야 할 텐데....."

대머리 목사님은 구두 밑창을 들어 보이며 말했어요.

"걱정 마세요. 우리 아버지는 우리나라에서 구두를 최고로 잘 고치니까요."

그때 마침 아버지가 뛰어오셨어요. 아버지는 점심도 들지 않고, 대머리 목사님의 구두를 고치기 시작했어요.

"툭탁 툭탁- 툭탁탁!"

아버지의 손은 마술사 같았어요. 지친 혀를 늘어뜨리고 울상을 짓는 것만 같던 낡은 구두는 금방 새 구두가 되었어요.

"어쩜! 이렇게 멀쩡하게 되다니요! 일 년은 더 신겠소! 허허허..."

눈이 똥그래진 목사님은 새 신발이 된 구두를 들고 아이처럼 좋아했어요.

"반짝반짝 빛을 내야지요! 놀러온 파리가 벌러덩 미끄러지게 구두를 닦아드리겠습니다."

구슬땀을 흘리는 아버지는 목사님 보다 더 신이 나 보였어요. 나는 덩달아 신이 나서 노래를 부르며 목사님의 어깨를 주물러 드렸지요.

"하하하! 이거 너무너무 고맙구나!"

구두 병원 안은 웃음소리로 가득 찼어요.

*　　　*

딩동댕! 학교종이 울리고, 장래 희망에 대한 글짓기 숙제 발표가 시작되었어요.

"나는 훌륭한 피아니스트가 되고 싶어요..."

피아노를 잘 치는 민지가 말하자, 아이들이 고개를 끄덕이며 박수를 쳤어요. 컴퓨터를 잘 하는 지훈이는 컴퓨터 박사가 되고 싶다고 말했어요.

"난 축구선수가 될 거야."

"난 마이클 잭슨보다 유명한 댄스 가수가 될 테야."

책상을 두드리는 아이들, 손뼉을 치면서 소리를 지르는 아이들. 정말 모두 다 피아니스트, 컴퓨터 박사, 축구 선수, 댄스 가수가 된 것 같았어요.

"나는 아픈 구두를 고쳐주는, 구두 병원 원장이 될 거에요."

점점 커지던 박수소리가 갑자기 뚝- 멈추었어요. 아이들은 입을 떡 벌리고 이상한 눈으로 나를 바라보았어요.

"구두닦이가 되고 싶대...키키키...."

누군가의 말에 모두들 키들키들 비웃기 시작했어요.

"하하하... 요새 누가 구두를 고쳐 신냐? 구두가 떨어지면 새 구두를 사면 될 게 아냐!"

"얼굴에 숯검정 칠을 하고.... 구두 닦아요! 구두! 킥킥...."

나는 기분이 좋지 않았어요.

"하하하---구두 병원 원장이라고? 정말 웃긴다."

수업이 끝나고 집으로 돌아갈 때까지 친구들은 내 이야길 떠들어대며 웃었어요. 나는 집으로 가지 않고, 터덜터덜 아버지의 구두 병원으로 갔어요. 아버지는 열심히 구두를 고치고 있었어요. 정말 아버지의 얼굴에는 검정 구두약이 묻어 있었어요. 꼭 연탄장수 같았지요. 나는 시무룩한 표정으로 아버지 곁에 앉아 있었어요.

"툭탁툭탁- 툭탁탁- 구두를 고치자. 지치고 병든 구두, 빨리빨리 오세요-"

아버지는 흥얼흥얼 노래를 부르며 분홍색 구두의 뒷굽을 갈아 끼웠어요. 나는 나팔처럼 나온 입을 씰룩거릴 뿐 아버지의 노래를 따라 부르지 않았어요. 그때였어요. 분식집 순애 누나가 왔어요. 누나는 앞치마 대신 분홍 원피스를 입고 있었어요.

"우와! 정말 예쁘다! 누나, 어디 놀러 가?"

나는 너무 반가워서 자리에서 벌떡 일어났어요.

"오늘, 누나 선보러 간다! 그래서 구두 찾으러 왔어."

누나는 얼굴을 붉히면서 말했어요.

"왼쪽 구두는 특별히 밑창이 잘 닳지 않도록, 덧대어서 튼튼히 박았으니 걱정 말아요."

누나는 어릴 때 소아마비를 앓아 한 쪽 다리를 조금씩 절었어요. 그래서 왼쪽 구두 밑이 유난히 빨리 닳곤 했어요.

"짝짝이 신발처럼 보기 흉했었는데, 정말 고마워요. 오늘 왠지 기분이 좋아, 후후.... "

누나는 벌써부터 가슴이 설레는 모양이예요. 튼튼해진 구두를 신고 조심조심 걸어가는 누나는 코스모스처럼 예뻤어요. 아버지도 그 모습이 보기 좋은지 흐뭇한 웃음을 지으며 넋을 놓고 있었어요. 나는 슬그머니 아버지 뒤로 가서 어깨를 주물러 드렸어요.

"툭탁툭탁- 툭탁탁- 구두 마술사! 병든 구두, 낡은 구두, 어서 오세요!

반짝반짝- 번드르르- 구두 병원은! 병든 구두, 아픈 마음, 모두 고쳐요!"

나는 실룩실룩 엉덩이춤을 추며 큰 소리로 노래를 불렀어요. 그리고 속으로 다짐했어요.

'구두를 고치는, 훌륭한 구두 병원 원장선생님이 될 테야!'

참새들도 내 희망을 알아들었다는 듯이 노래를 따라 불렀어요.

"짹짹짹 - 짹짹짹-" (*)

### (3) 은행나무 다리

산냇골은 비가 많이 오면 섬마을이 되었어요.

점수, 차돌이, 바우, 꽃예, 달래는 하늘만 쳐다보았어요.

한길에서 산냇골로 들어오려면 산냇물을 건너야 해요. 산냇물 속 징검다리가 큰비가 오자 물속에 잠겨버리고 말았어요.

"에이그, 장마철도 아닌데 웬 비여! 보리논에 물들면 큰일이네."

할머니는 여름 소나기처럼 쏟아지는 빗줄기를 쳐다보면서 긴 한숨을 쉬었어요.

"비야, 비야! 오너라. 징검다리야, 숨어라. 내일은 콩 볶아 먹자. 히히---호호."

꽃예와 달래는 노래를 부르면서 깔깔 웃었어요.

"에이그, 철없는 것들아. 핵교 다니기 싫으면 시집이나 가거라."

할머니는 끌끌 혀를 차면서 얼굴을 찌푸렸어요.

산냇골 사람들은 은행나뭇집 사랑방에 모였어요. 마을 어른들은 어떻게 해서든지 다리를 놓아야겠다고 생각했어요. 하지만 입으로만 다리 노래를 부를 뿐, 다리는 놓지 않았어요.

"시멘트 다리를 놓으려면 돈이 많이 들 텐데---. 일곱 집밖에 없는 마을에서 무슨 재주로 다리를 놓는담?"

"돈안들고 다리 놓을 방법을 생각해 보세. 큰일 나기 전에 다리는 꼭 놓아야 하네. 올 여름에 아이들이 물에 빠져 떠내려가기라도 하면 큰일이여."

은행나뭇집 사랑방에 모인 어른들은 좋은 생각을 찾아내지 못하고 천장만 쳐다보고 있었어요.

"할아버지, 돈 없어도 다리를 놓을 수 있어요."

밖에서 듣고 있던 바우가 큰소리로 말했어요.

"바우야, 돈 없이 어떻게 다리를 놓느냐? 방으로 들어와서 말해 보아라."

은행나뭇집 바우 할아버지는 방문을 활짝 열면서 말씀하셨어요.

"바윗돌로 돌담을 쌓은 뒤 우리집 은행나무를 베어서 올려놓으면 다리가 되잖아요. 이번 어린이날 선물로 은행나무 다리를 놓아 주세요. 할아버지----."

바우의 말에 동네 어른들은 입을 떡 벌렸어요.

"어흠---어흠!"

바우 할아버지는 헛기침만 했어요.

바우네 사립문 양쪽에는 커다란 은행나무 두 그루가 하늘을 찌를 듯이 서 있었어요.

"우리 은행나무는 150살도 더 잡수셨을 게여. 너그 증조할아버지 때부터 있었다고 하더라. 우리 마을 자랑이요, 우리 집 보물이란다. 서울에 있는 가구점 사장이 은행나무 하나에 쌀 열 가마씩 스무 가마 준다고 해도 안 팔았단다. 바우, 너 장가갈 때 장롱 만들어 주려고 아낀단다."

바우 할아버지는 바우 볼기짝을 토닥토닥 때리면서 은행나무 자랑을 했어요.

"돌담을 쌓고 그 위에다 기다란 은행나무 두 개를----?"

은행나뭇집 바우 할아버지는 입술을 들먹들먹하다가, 고개를 번쩍 들었어요.

"여보게나, 은행나무는 내가 내 놓을 테니, 돌담을 쌓는 일은 자네들이 해야 하네."

"바윗덩어리로 담을 쌓고 은행나무를 올려놓으면 훌륭한 다리가 됩니다. 고맙습니다. 어르신네----."

산냇골 어른들은 코가 방바닥에 닿도록 큰절을 했어요.

"은행나무 다리는 나하고 자네들하고 산냇골 아그들한테 주는 어린이날 선물이네. 올해 어린이날 아그들이 건너다닐 수 있도록 튼튼한 다리를 놓소."

은행나뭇집 바우 할아버지는 산냇골 청년들에게 부탁했어요.

바우는 목이 터지도록 외치면서 밖으로 뛰어나갔어요.

"차돌아, 달래야! 우리 할아버지가 어린이날 선물로 은행나무 다리를 주었다. 얘들아!" (*)

### (4) 도깨비와 산타 할아버지

깊은 산 속에 도깨비 집이 있었어요.

장다리, 뚱다리, 땅다리 도깨비 삼형제가 살았어요.

"눈이 온다! 눈이 온다! 함박눈이 펄펄펄....."

도깨비 삼형제는 노래를 불렀어요.

"눈이 많이 오면 큰일이여...."

커다란 선물 보따리를 등에 지고 산타클로스 할아버지가 까치 고개를 넘고 있었어요.

펑펑 내리는 함박눈은 까치산을 하얗게 덮었어요.

"아이쿠! 큰일 났구나! 내가 눈구덩이에 빠졌구나! 누구 없소! 날 좀 살려주어요....."

산타할아버지는 고함을 질렀어요.

"뚱달아! 땅달아! 까치고개에서 이상한 소리가 들린다. 빨리 가 보자."

장다리, 뚱다리, 땅다리 도깨비는 까치 고개로 뛰어 갔어요.

"약장수 할아버지가 눈구덩이에 빠졌다. 빨리 업고 가자! 영차!"

도깨비 삼형제는 산타클로스 할아버지를 업고 도깨비 집으로 갔어요.

"약장수 할아버지! 산삼물 잡수시고 정신 차리셔요!"

산타클로스 할아버지는 산삼 물을 마시고 눈을 떴어요.

"약장수 할아버지가 살아나셨다!"

도깨비 삼형제는 손뼉을 쳤어요.

"아이 도깨비들아, 고맙다! 나는 성탄절에 착한 아이들에게 선물을 나누어주는 산타할아버지란다."

산타 할아버지는 벌떡 일어났어요.

"할아버지! 저희들이 심부름을 할게요. 할아버지는 누워 계세요."

"오냐 오냐, 고맙다."

산타할아버지는 도깨비에게 선물 보따리를 한 개씩 주었어요.

장다리는 선물 꾸러미를 들고 밤나무골 귀동이네 집으로 갔어요.

"귀동아! 산타할아버지 선물이다....."

뚱다리는 대추나무 집으로 가고, 땅다리는 배나무 집으로 갔어요.

성탄절 아침이에요.

귀동이, 돌이, 순님이의 머리 위에 크리스마스 선물이 놓여 있었어요.(*)

### (5) 선녀들의 복숭아나무

월유산 아래에 조그만 마을이 있었어요.

"아버님! 약 드십시오."

"삼봉아! 이제부터는 내 약 걱정은 하지 말아라."

늙은 아버지는 아들을 바라보면서 말했어요.

"아버님! 무슨 말씀이십니까? 아버님의 병은 고칠 수 있습니다."

"나는 이제 틀렸다. 십 년 동안이나 약으로 살아도 이 모양이니----나 때문에 좋은 살림 모두 없애고, 이제는 오두막집 한 채만 남았구나. 이제 그만 두어라."

아버지는 한숨을 푹푹 내쉬었어요.

그러나 삼봉이는 아버지의 병을 고쳐 드려야겠다고 굳게 생각했어요.

"내일 약을 살 돈이 없구나. 어디로 가서 돈을 빌려올까?"

삼봉이는 서당 친구 병문이를 찾아가기로 했어요. 병문이는 부잣집 아들이었어요.

"병문이, 병문이 있는가?"

"아니, 자네가 여긴 웬일인가?"

"저---실은 아버님께서 병환 중이셔서 살림이 어렵다네. 그리고 약 살 돈도 없고---돈 좀 빌려주게."

"돈이라고? 이 사람아! 사람이 죽고 사는 것은 하늘의 뜻이라 했네. 자네 아버지는 돌아가실 테니, 너무 헛수고 하지 말게."

"이런 고약한 사람 같으니라고! 자네 같으면 자네 아버지가 병이 들어도, 아니,

자네가 병이 들면 그것도 하늘의 뜻이니 죽을 때까지 기다리겠는가?"

삼봉이는 뒤도 돌아보지 않고 병문이네 집을 나왔어요.

'어디로 가서 약값을 구할까?'

삼봉이는 걱정이 태산 같았어요.

삼봉이는 무거운 발걸음으로 산길을 터벅터벅 걸어가고 있었어요.

"여보시오. 젊은이!"

누군가 등 뒤에서 삼봉이를 불렀어요.

"젊은이! 무슨 걱정이 있어 걸음걸이가 그리도 힘이 없소?"

수염이 하얀 노인이 지팡이를 짚고 서서 말했어요.

"예, 저의 아버님 병환이 걱정 되어서, 그렇게 보이나 봅니다."

삼봉이는 절을 하면서 공손히 말했어요.

"무슨 병인지는 모르나, 저기 월유산 상상봉에 올라가면 선녀못이 있고, 선녀못 숲 속에는 천도복숭아가 열리는 나무가 있을 거요. 그걸 따다 아버님께 드리면 병이 나을 것이오."

백발노인은 지팡이로 월유산 높은 산봉우리를 가리켰어요.

"노인어른, 감사합니다."

삼봉이는 큰 절을 올리고 고개를 들자, 노인은 온데 간데 없이 사라져 버렸어요.

"그 노인은 누굴까? 분명히 월유산 산신령님이 틀림없어. 나를 도와주신거구나."

삼봉이는 기뻐서 어쩔 줄 몰랐어요.

다음 날 새벽, 삼봉이는 월유산으로 올라갔어요.

"영차, 영차--힘을 내자. 조금만 가면 상상봉이야. 영차, 영차!"

삼봉이는 땀을 뻘뻘 흘렸어요. 상상봉에 도착하니, 벌써 어둠이 내려앉았어요.

달님이 산봉우리 위로 곱게 떠올랐어요.

"아이, 시원해라. 얘들아! 우리 천도복숭아 따 먹으러 가자."

어디선가 아름다운 소리가 들렸어요.

삼봉이는 나무 뒤에 숨어서 소리 나는 쪽을 바라보았어요.

'히야, 선---선녀님들이구나.'

삼봉이는 두근거리는 가슴을 꾹 누르고 선녀들의 뒤를 쫒아갔어요.

" 복숭아가 일곱 개 밖에 없구나. 자, 너도 먹고--나도 먹고---정말 맛있구나. 호호호----."

선녀들은 나뭇가지에서 빨간 천도복숭아를 따서 맛있게 먹었어요.

'아, 저것이 천도복숭아구나. 근데---큰일인걸. 선녀들이 모두 따먹으면 난 어떡하지. 고함을 쳐서 선녀들을 쫒아버릴까? 아니야, 차라리 내 딱한 사정을 이야기 하고 복숭아 한 개만 달라고 사정해 보자.'

삼봉이는 굳게 결심하고 복숭아나무 쪽으로 걸어갔어요.

"어머나! 당신은 누--누구세요?"

"선녀님들! 나는 나쁜 사람이 아닙니다. 사실은 부탁이 있어서---내 부탁만 들어주면 은혜는 평생 잊지 않겠습니다. 천도복숭아 한 개만 주시면 저의 아버님 병을 낫게 할 수 있어요. 제발---."

삼봉이는 간절히 애원했어요.

"그렇군요. 좋아요. 내걸 드릴 께요."

"아니에요. 제가 먹지 않겠어요."

선녀들은 서로들 자기가 복숭아를 먹지 않겠다고 했어요.

"선녀님들! 정말 감사합니다."

삼봉이는 선녀가 준 천도복숭아를 들고 집으로 달려왔어요.

"아버님, 빨리 천도 복숭아를 드십시오."

"아니, 이 귀한 걸 어디서 구했느냐? 삼봉아, 정말 고맙구나."

다음 날 아침, 삼봉이는 두 눈이 동그래졌어요. 천도복숭아를 먹은 아버지가 자리에서 벌떡 일어나지 않겠어요?

"삼봉아! 너의 지극한 정성으로 내가 나았구나. 네 정성이 월유산 산신령님도 알았나보구나. 정말 고맙구나. 내 아들아!"

아버지는 활짝 웃으면서 삼봉이를 끌어안아 주었어요.(*)

### (6) 해님 달님

옛날, 깊은 산 속 오막살이집에 어머니와 복남이, 복순이 남매가 살고 있었어요.

"복남아! 복순아! 방문 꼭꼭 잠그고 집 잘 보아라."

"엄마, 어디 가시는데요?"

"오늘은 산 너머 잔칫집에 일하러 간단다. 돌아올 때 떡 많이 갖다 줄게. 밖에 나가지 말아라. 호랑이가 나오면 큰일 난단다."

어머니는 아이들만 남겨 두고 산을 내려갔어요.

밤이 되었어요.

어머니는 떡보따리를 머리에 이고 산 고개를 올라오고 있었어요.

"어흥! 떡 주면 안 잡아먹지."

고개 위에서 호랑이가 입을 떡 벌리고 으르렁거렸어요.

"호랑아! 이것은 우리 복남이 복순이 줄 떡이니 하나만 먹으렴."

어머니는 떡 한 개를 호랑이에게 던져 주고 첫째 고개를 넘었어요.

"냠냠냠, 맛이 최고로 좋구나. 헤헤헤. 둘째 고개로 가서 또 하나 빼앗아 먹어야지."

호랑이는 샛길을 통해 둘째 고개로 뛰어갔어요.

"떡 하나만 더 주면 안 잡아먹지."

호랑이는 이렇게 셋째, 넷째,----, 열째 고개 위에서 떡을 모두 빼앗아 먹었어요.

"떡 한 개 더 주면-----.어흥!"

"이놈아! 떡은 네가 모두 빼앗아 먹지 않았느냐? 빨리 길을 비켜라!"

어머니는 화가 나서 소리를 버럭 질렀어요.

"어흥! 뭐? 떡이 없다고? 그럼, 너라도 먹어야 겠다."

호랑이는 어머니를 꿀꺽 삼켜버렸어요.

"헤헤----복남이, 복순이라고 했겠다. 그녀석들 까지---오늘 저녁은 배가 통통하게 부르겠구나. 어흥어흥!"

호랑이는 어머니의 옷을 입고 오두막집으로 갔어요.

"얘들아! 엄마가 왔다. 어서 문 열어라."

"어? 우리 엄마 목소리가 아닌 것 같아요."

"엄마는 감기가 들었단다. 어서 문 열어!"

"엄마, 그럼 손을 내 밀어보세요."

호랑이는 앞발을 방안으로 쑥 들이밀었어요.

"우리 엄마 손엔 털이 없어요. 이건 호랑이 발 같아요."

"맞아, 맞아. 우리 엄마 손이 아니야."

복남이와 복순이는 고개를 내저었어요.

"아니야. 손이 시려워서 털가죽 장갑을 끼었단다."

"빨리 도망가자. 분명히 호랑이야."

복남이는 복순이를 데리고 뒷문으로 달아났어요. 그리고 우물 옆에 서 있는 느티나무 위로 올라갔어요.

"어흥, 어흥!"

호랑이는 방문을 부수고, 방안으로 뛰어 들어갔어요.

"이것들이 어디로 갔을까?"

호랑이는 뒷문으로 나와 우물 속을 들여다보았어요.

우물 속에 복남이와 복순이의 그림자가 희미하게 비쳤어요.

'으하하----우물 속에 있구나.'

"이것들을 두레박으로 건질까? 바가지로 건질까?"

호랑이는 우물 속을 들어다보면서 중얼거렸어요.

"호호호----호랑이는 바보야."

느티나무 위에서 보고 있던 복순이가 깔깔 웃었어요.

"아니, 어디서 나는 소리야? 얘들아! 너희들 어떻게 나무 위로 올라갔느냐?"

호랑이는 고개를 쳐들고 소리쳤어요.

"발바닥에 참기름 바르고 올라왔지."

복남이가 말했어요.

호랑이는 발바닥에 참기름을 바르고 나무 위로 올라갔어요.

"아이쿠, 미끄러워. 으악, 쿵! 아이쿠, 엉덩이야!"

호랑이는 발바닥이 미끄러워 그만 땅바닥으로 쿵 떨어졌어요.

"이 바보 호랑이야! 도끼로 콕콕 찍고 올라오면 되잖아."

복순이가 말했어요.

호랑이는 도끼로 느티나무 등걸을 찍으면서 나무 위로 올라갔어요.

"어--몰라, 몰라! 이를 어쩌면 좋아!"

"하느님! 호랑이가 올라오고 있어요. 제발 살려 주세요."

복남이와 복순이는 기도를 했어요.

"스르륵 스르륵!"

이게 웬일일까요? 하늘에서 튼튼한 동아줄이 내려왔어요.

복남이와 복순이는 동아줄을 잡고 하늘로 올라갔어요.

"하느님, 저에게도 동아줄을 내려 주세요. 제발---어흥."

하느님은 호랑이에게도 동아줄을 내려 주었어요.

'으하하---이 녀석들 두고 보자.'

호랑이는 동아줄을 잡고 하늘로 올라갔어요.

"툭!"

그런데 갑자기 동아줄이 뚝 끊어지지 않겠어요?

"살려 줘! 어흥!"

호랑이는 비명을 지르면서 땅에 떨어졌어요.

"복남이는 해님이 되어 낮을 환하게 밝히고, 복순이는 달님이 되어 밤을 환하게 밝히거라."

하느님의 목소리가 들려왔어요.

그 후, 복남이와 복순이는 해님과 달님이 되어 하늘나라에서 살게 되었대요.(*)

### (7) 눈 먼 아이와 흰둥이

버들고개 초가집에 아버지, 어머니 그리고 눈 먼 아들 귀동이가 살고 있었어요.

"쯧쯧, 하느님도 무심하시지. 하나 밖에 없는 아들이 앞을 못 보다니---."

아버지와 어머니는 귀동이를 보면서 한숨을 지었어요.

"귀동아! 외갓집에서 예쁜 강아지 한 마리를 얻어 왔단다. 강아지랑 놀아라."

어머니는 예쁜 강아지를 귀동이 품에 안겨주었어요.

"엄마, 강아지가 무슨 색깔이에요?"

"하얀 털옷을 입었단다."

"그럼, 강아지 이름은 '흰둥이' 라고 해야겠어요."

귀동이는 하루 종일 흰둥이와 함께 지냈어요.

귀동이는 흰둥이를 동생처럼 귀여워했어요. 흰둥이도 귀동이 곁을 떠나지 않았지요.

그런데, 귀동이가 아홉 살 되던 해에 무서운 병이 온 마을을 휩쓸었어요.

"아이쿠, 머리야! 아이쿠, 배야!"

전염병에 걸린 아버지와 어머니는 밤새도록 괴로워했어요.

"아버지, 어머니! 돌아가시면 안돼요. 저 혼자 어떻게 살아요. 아버지, 어머니---흑흑---."

귀동이는 앓아누운 아버지와 어머니를 보면서 울었어요.

"아이고---이를 어쩌면 좋을꼬? 앞 못 보는 우리 귀동이를 두고 어떻게 세상을 떠난단 말인가? 이 일을 어찌할꼬?"

이미 죽음을 짐작한 아버지와 어머니는 흐느꼈어요.

"흰둥아, 흰둥아! 앞 못 보는 우리 귀동이를 잘 부탁한다. 귀동이를 남겨두고 세상을 떠나려니 눈을 못감을 것 같구나. 부디 잘 보살펴다오. 흰둥아."

아버지는 흰둥이를 어루만지면서 울먹였어요.

"그래---흰둥아! 우리 귀동이한테는 너 밖에 없구나. 부디---잘 부탁한다."

어머니도 목 메인 소리로 흐느꼈어요.

마침내, 아버지와 어머니는 전염병으로 세상을 떠나고 말았어요.

"아버지! 어머니! 으흐흑----. 그냥 가시면  전 어떡해요. 아버지, 어머니---."

귀동이는 방바닥을 치면서 목 놓아 울었어요.

흰둥이도 방안에 쭈그리고 앉아서 슬피 울었어요.

"내가 살면 뭐하겠어. 밥도 혼자 해 먹을 수도 없고, 밖에 나가서 먹을 것을 구해 올 수도 없는걸. 나 혼자서 내가 어떻게 산단 말이야."

귀동이는 하루 종일 집안에서 슬피 울었어요.

가끔 마을아주머니들이 음식을 갖다 주었어요. 하지만, 굶을 때가 많았어요.

"이 일을 어떻게 하면 좋을까? 이대로 두면 귀동이가 굶어 죽을 지도 몰라. 끄응끄응---."

흰둥이는 꼬리를 흔들면서 귀동이 곁으로 다가갔어요.

"멍멍멍---귀동아! 힘을 내서 나하고  밖에 나가자. 뭘 좀 먹어야지. 귀동아. 내

꼬리를 잡아. 응?"

흰둥이는 귀동이의 손에 제 꼬리를 대었어요.

"꼬리를 잡으라고 하는 거구나."

귀동이는 흰둥이의 꼬리를 잡았어요.

흰둥이의 꼬리를 잡은 귀동이는 밖으로 나갔어요.

"에그---가엾기도 해라. 쯧쯧."

마을 사람들은 개 꼬리를 잡고 따라가는 귀동이를 보고 혀를 끌끌 찼어요.

"귀동아! 이리 와서 밥 먹고 가거라."

마을 사람들은 귀동이와 흰둥이에게 음식을 나누워 주었어요.

눈이 펑펑 내리는 겨울이 되었어요.

귀동이와 흰둥이는 마을에서 저녁밥을 얻어먹고 초가집으로 돌아오고 있었어요.

"멍멍! 귀동아, 조심조심 따라 와라."

그 때였어요. 귀동이는 그만 발을 헛딛어 언덕 아래로 굴러 떨어지고 말았어요. 그 바람에 잡았던 흰둥이의 꼬리도 놓쳐 버렸어요.

"멍멍--귀동아! 귀동아!"

"사람 살려! 사람 살려! 흰둥아, 흰둥아! 너 어디 있니?"

차가운 눈 더미에 파묻힌 귀동이는 허우적거리면서 소리쳤어요.

그러나 귀동이가 아무리 외쳐도 사람 발자국 소리는 들리지 않았어요.

"귀동아! 조금만 기다려라. 내가 사람을 데리고 올게."

흰둥이는 마을로 뛰어가 감나무 집 아주머니네 방문 앞에서 큰소리로 짖어댔어요.

"멍멍멍! 우리 귀동이를 살려주세요. 우리 귀동이가 눈 속에 빠졌어요."

"아니, 이게 무슨 소리야? 흰둥이 아니냐? 그런데 귀동이는 어디다 두고 너 혼자 왔느냐?"

아주머니는 두리번거리면서 말했어요.

"멍멍멍, 아주머니 저를 따라 오세요. 빨리요. 빨리!"

흰둥이는 감나무 집 아주머니의 치맛자락을 입으로 물고 잡아끌었어요.

"여보, 귀동이한테 무슨 일이 생겼나 봐요. 빨리 나와 봐요. 흰둥이가 내 치맛자락을 물고 잡아당기잖아요."

감나무집 아주머니와 아저씨는 흰둥이를 따라 버들고개로 갔어요.

"아니 이게 웬일이냐? 귀동이가 눈에 파묻혀 있었구나. 여보! 빨리 내 등에 귀동이를 업혀요. 어서!"

아주머니는 아저씨의 등에 귀동이를 업혔어요.

아주머니와 아저씨는 눈보라 속을 뛰어서 따뜻한 아랫목에 귀동이를 눕혔어요.

"흰둥아----흰둥아---!"

정신을 차린 귀동이는 흰둥이를 불렀어요.

"멍멍---귀동아. 나 여기 있어. 내가 얼마나 놀랬는데, 난 항상 내 곁에 있단다. 귀동아."

방문 앞에서 흰둥이가 끙끙대며 짖어댔어요.

앞 못 보는 귀동이를 살려준 흰둥이의 거룩한 이야기는 마을 사람들의 가슴을 뜨겁게 해주었어요.(*)

## (8) 백조 왕자

"정말 보기 싫구나! 열한 명의 왕자들과 엘리사 공주를 어떻게 하면 이 왕궁에서 쫓아 낼 수 있을까?"

새 왕비는 곰곰이 생각했어요.

"옳거니! 바로 이거야!"

새 왕비는 임금님에게 달려갔어요.

"임금님! 지금 엘리사 공주는 전염병에 걸렸어요. 같이 살다가 우리들도 모두 병에 걸리고 말 거예요. 그리고 열한 명의 왕자들도 어찌나 말을 안 듣는지------정말 마음 편하게 살 수가 없어요."

새 왕비는 임금님에게 거짓말을 했어요.

"엘리사 공주는 시골에 가서 살다가 열다섯 살이 되거든 오너라."

임금님은 공주를 왕궁에서 쫓아냈어요.

"호호호---아주 고소하구나! 이번엔 왕자들을 백조로 만들어서 내 보내야지."

새 왕비는 왕자들에게 요술을 걸었어요.

왕자들은 열한 마리의 백조가 되어 멀리멀리 날아갔어요.

엘리사는 숲 속에서 혼자 살았어요. 그리고 열다섯 살이 도자 다시 왕궁으로 찾아왔어요.

"엘리사! 병은 다 나았느냐?"

임금님은 반갑게 맞아 주었어요.

"흥! 살아 돌아오다니! 두고 보자."

새 왕비는 눈을 부릅떴어요.

"샬리발리샬리발리----엘리사의 얼굴을 마귀할멈으로 만들어 놓아라!"

얼굴이 흉측 해진 엘리사는 다시 왕궁에서 쫓겨났어요.

왕궁 문을 나가자 엘리사의 얼굴이 원래대로 예뻐졌어요.

"오빠! 오빠들! 어디 있어요?"

엘리사는 울면서 숲 속을 헤매었어요.

"아가씨! 왜 울고 있소?"

낯선 할머니가 물었어요.

"열한 명의 왕자들을 찾고 있어요."

"왕자들은 못 보고 왕관을 쓴 백조 열한 마리는 바닷가에서 봤는데----."

엘리사는 바닷가로 뛰어갔어요. 백조 열한 마리가 훨훨 날아왔어요.

날이 어두워지자 백조들은 왕자로 변했어요.

"오빠! 오빠!"

"엘리사! 그 동안 어디 있었니?"

왕자들과 엘리사는 너무 기뻐 서로 안고 기쁨의 눈물을 흘렸어요.

"우리들은 새 왕비의 요술에 걸려서 낮에는 백조가 되고 밤에만 사람이 된단다."

엘리사는 오빠들의 요술을 풀어 주고 싶었어요.

"하나님! 제발 우리 오빠들을 요술에서 풀어 주세요."

엘리사는 날마다 기도했어요.

"엘리사야! 오빠들에게 쐐기풀 옷을 입히면 요술이 풀릴 거야.. 그 대신 옷을 모두 만들때 까지 절대로 말을 하면 안된다."

꿈속에서 천사가 가르쳐 주었어요.

엘리사는 독과 가시가 있는 쐐기풀을 뜯어서 옷을 만들기 시작했어요.

어느 날 먼 나라 임금님이 사냥을 나왔다가 엘리사를 보았어요.

"오! 당신은 정말 아름다군요. 나랑 결혼해 주지 않겠소? 가엾게도 말을 못하는 벙어리 아가씨군요."

임금님은 엘리사를 데리고 대궐로 갔어요. 엘리사는 날마다 쐐기풀 옷을 만들었어요.

'일곱 벌밖에 못 만들었는데 쐐기풀이 다 떨어졌네!'

엘리사는 공동묘지로 달려가서 쐐기풀을 뜯어 왔어요. 이 모습을 임금님의 신하가 보았어요.

"당신은 마녀가 틀림없어! 당신은 마녀야! 나쁜 마녀!"

신하의 이야기를 들은 임금님이 소리쳤어요.

'아니에요. 전 마녀가 아니에요!'

엘리사는 마음속으로만 소리쳤어요.

"저 여자를 감옥에 가두고 죽여라!"

임금님은 명령을 내렸어요.

'어서 빨리 오빠들의 옷을 만들어야 해! 이제 조금만----조금만 하면 되는데, 오빠들! 조금만 기다려요.'

엘리사는 감옥 안에서도 열심히 옷을 만들었어요.

"저 마녀를 죽여라!"

드디어 엘리사의 사형 날이 되었어요. 구경꾼들이 구름처럼 몰려왔어요.

엘리사는 사형장으로 가는 중에도 옷을 만들었어요.

'안돼! 안돼! 이제 마지막 옷이야. 조금만 더 짜면 되는데------.'

바로 그 때, 열한 마리 백조들이 날아왔어요.

"오빠들! 이제 다 되었어요."

엘리사는 쐐기풀 옷을 백조들에게 던졌어요.

쐐기풀 옷을 입은 백조들은 멋진 왕자들로 변했어요.

"엘리사! 정말 고맙구나!"

왕자들은 엘리사를 끌어안았어요.

그 동안의 이야기를 모두 들은 임금님은 엘리사 공주와 왕자들을 위해 큰 잔치를

열어 주었어요.(*)

## 4. 건강한 몸과 마음: 위생 및 용기, 지혜, 모험

### (1) 채소 밭 꼬마 당근

“아가야! 어서 일어나라! 해님이 하늘 위에 둥실 떠올랐다.”

채소밭에서 엄마 당근이 꼬마 당근을 깨웠어요.

“싫어요. 더 잘 거예요. 아이 졸려~”

꼬마 당근은 하품을 하며 늦잠을 잤어요.

“당근들아! 많이 먹고 쑥쑥 자라라! 건강하게 잘 자라서 잘생긴 당근이 되어라!”

주인아줌마가 채소밭에 비료를 뿌리면서 말했어요.

“와! 즐거운 간식 시간이다! 맛있는 간식 먹고 건강하게 자라자!”

당근들은 아줌마가 주는 비료를 맛있게 먹었어요.

”아가야! 너도 빨리 일어나서 간식을 먹어라.“

“싫어. 난 맛이 하나도 없는 걸?”

꼬마 당근은 고개를 돌렸어요.

“하나! 둘! 하나! 둘! 체조를 하자! 으쌰! 으쌰! 힘차게 자라자!“

당근들은 해님이 뿌려주는 고운 햇살을 받아먹으며 열심히 운동을 했어요.

“아가야! 너도 다른 아이들처럼 운동 좀 해라! 그렇게 움직이지 않으면 키가 자라지 않아!”

엄마 당근은 걱정스러운 목소리로 아가 당근을 타일렀어요.

“칫. 난 운동보다 잠자는 게 더 좋은 걸? 체조 안 해도 내 키는 잘 자라니까 걱정 마세요.”

꼬마 당근은 아무렇지도 않게 대답했어요.

“애들아! 이번에는 즐거운 노래를 부르자!”

"그래! 고운 목소리로 돌림 노래를 부르자!"

체조를 마친 당근 아이들이 어깨동무를 하고 노래를 불렀어요.

"시끄럿!! 누가 이렇게 떠들어? 돼지처럼 꿀꿀꿀- 노래를 하려거든 딴 데 가서 해!!"

꼬마 당근이 화난 얼굴을 하고 버럭 소리를 질렀어요. 합창을 하던 당근 아이들이 입을 다물었어요.

"너무 해. 저렇게 못된 아이는 처음이야."

"정말 그래. 매일 늦잠만 자고 게으른데다, 언제나 퉁명스러워...."

당근 아이들은 입을 삐죽거리면서 꼬마 당근의 흉을 보았어요.

얼마 후, 채소 밭 당근들은 키가 쑥쑥 자랐어요.

"허허허... 이번 농사도 풍년이구먼! 큼직한데다, 곧고 잘 자라서 모두 일등 당근이 되었어."

주인아저씨와 아줌마가 당근을 뽑으면서 기분 좋게 웃었어요.

"잘생긴 당근들은 서울 백화점으로 보내고, 울퉁불퉁 작고 못생긴 당근들은 우리가 먹읍시다. 벌레 먹고 썩은 불량 당근은 마구간에 있는 당나귀 밥이 될 테니 한쪽에 잘 담으시오!"

주인아저씨가 당근을 뽑는 사람들에게 큰 소리로 말했어요.

"에게? 이놈은 작고 못생긴데다, 숭숭 벌레들이 파먹어서 속이 새까맣잖아? 안됐구나, 너는 당나귀 밥이다!"

주인아줌마가 쑥 뽑은 당근은 바로, 게으르고 못된 꼬마 당근이었어요.

"싫어, 싫어! 나도 서울 백화점으로 갈래! 아줌마! 아줌마! 당나귀 밥은 싫어요!"

꼬마 당근은 울면서 소리쳤어요. 하지만 아줌마에게는 꼬마 당근의 목소리가 들리지 않았어요.(*)

### (2) 파리왕국 모기대왕

동수네 집 앞마당은 작은 숲처럼 울창했어요.

"매앰- 매앰- 신나는 여름이다! 우리들의 계절이 돌아왔다! 매앰-"

"매미 님들 어서 오세요! 즐거운 노래를 매일매일 들려주세요!"

나무 그늘 아래에서 달팽이가 반갑게 인사를 했어요.

"싱싱하고 맛있는 나무 잎들이 이렇게 많다니! 이곳은 천국이야, 천국!"

메뚜기 삼 형제도 나뭇잎 위로 껑충껑충 뛰어 오르며 소리쳤어요.

"여름 식구들이 다 모였네! 작년에 불렀던 여름 노래를 다함께 불러요!"

여치 자매도 큰 소리로 말했어요.

"쿵짝 쿵짝 매앰- 매앰- 여름이 왔네- 여름은 우리 세상, 신나는 세상---"

꽃나무들과 여름 곤충들은 입을 모아 합창을 했어요.

그때였어요.

유치원에 다니는 돼지코 동수가 대문을 발로 뻥! 차고 마당으로 들어왔어요.

"에이 더워! 아이스크림도 콜라도 소용없잖아! 엄마아- 수박 줘요! 엄마아-"

동수는 들고 있던 아이스크림과 콜라 캔을 마당으로 휙- 던져버렸어요.

"으악! 이게 뭐야! 아이고, 캑캑캑-"

아이스크림과 콜라 폭탄을 맞은 달팽이와 메뚜기가 얼굴을 찡그렸어요.

"역시 여름엔 수박이 최고야, 최고!"

동수는 손도 안 씻고 수박 반통을 먹어치웠어요.

"수박 껍질이랑 과자봉지랑 치우고 놀아라! 엄마가 시장에 다녀올 때까지 깨끗이 치워!"

엄마는 시장바구니를 들고 잔소리를 늘어놓았어요.

"치우면 될 것 아니에요!"

동수는 엄마 눈치를 보며 쓰레기를 모았어요.

엄마가 대문을 빠져나가자 동수는 기다렸다는 듯이 쓰레기를 마당에 휙- 던졌어요.

며칠이 지났어요.

"킁킁- 이게 무슨 냄새야! 누가 방귀를 뀌었어?"

"매앰- 킁- 매앰- 킁- 아이고 코가 썩는 것 같다! 노래를 못 하겠어, 매앰-"

꽃나무들과 매미가 코를 막고 두리번거렸어요.

그때 봉숭아꽃이 울면서 소리쳤어요.

"아잉 난 몰라! 이상한 벌레들이 내 몸을 기어 다녀. 아이 징그러워!"

달팽이, 여치, 메뚜기, 매미.... 앞마당에 사는 곤충들이 봉숭아꽃이 모여 있는 곳으로 가 보았어요.

"으악!!"

그곳에는 조그맣고 하얀 애벌레들이 꿈틀거리고 있었어요. 파리의 애벌레들이었어요.

"우리는 여름을 가장 좋아하는 파리님이시다! 우린 쓰레기만 있으면 얼마든지 생겨나지! 헤헤헤- 누구를 먼저 괴롭혀 줄까?"

더럽고 무서운 파리 떼가 봉숭아 꽃 주위를 맴돌면서 놀렸어요.

"동수가 버린 쓰레기 때문에 아름다운 마당이 쓰레기 창고가 되었어. 파리 떼가 우글우글, 모기떼가 드글드글... 신나는 여름을 모두 망쳐놓았어. 히잉.... 난 몰라"

봉숭아꽃들이 흐느껴 울었어요.

달팽이도 메뚜기도 파리 떼가 괴롭히는 바람에 집으로 도망을 갔어요.

"킬킬킬.... 나는 모기 대왕이다! 우리들은 돼지코 동수한테 가봐야겠네! 통통하게 살찐 동수 녀석에게 따끔한 주사를 놔줘야겠어! 목욕도 하지 않는 동수의 피는 얼마나 맛있을까!! 킬킬킬..."

모기들이 동수에게로 날아갔어요. 동수는 그런 줄도 모르고 배를 홀랑 까고 낮잠을 자고 있었어요.

"자! 공격! 위-잉-"

모기떼가 동수의 팔과 다리, 배에 주사 바늘 같은 침을 놓았어요.

"앗 따가워! 앗 따가워!"

동수는 자신의 얼굴과 배를 철썩철썩 때렸어요.

"애앵! 애앵! 돼지코 동수의 입에 초콜릿이 묻어 있다! 손에도 수박 단물이 묻어 있다! 공격!"

파리 떼들도 음식 냄새를 맡고 빠르게 날아왔어요.

"히잉- 왜 이렇게 날 괴롭히는 거야---엄마아---"

동수는 두 볼이 빨개지도록 제 손으로 얼굴을 철썩! 철썩! 때렸어요.

파리와 모기 때문에 단잠을 잘 수가 없었어요.

"아앙- 난 몰라- 엄마아---!!! "
이리저리 몸을 뒤척이던 동수는 마침내 울음보를 터뜨렸어요.
"엄마아- 나 좀 살려 주세요- 아앙-----" (*)

### (3) 까마귀 아저씨

"철호야! 목욕물 받아 놓았다! 빨리 오너라!"
"......."
"요녀석이 어디로 숨었을까?"
엄마는 고양이처럼 살금살금 걸어 다니면서 철호를 찾았어요.
물을 호랑이만큼 무서워하는 철호는 세수 할 때도 콧등에다 물을 찍어 발랐어요.
철호는 목욕탕에서 들려오는 수돗물 소리를 듣고 살짝 밖으로 달아났어요.
"헤헤.... 엄마가 나 목욕시키려고 목욕물을 받는구나! 엄마! 안녕히 계셔요. 헤헤헤..."
"까악- 까르르 까악-"
새까만 까마귀 한 마리가 철호 머리 위로 맴돌면서 지저귀었어요.
"까악 까르르.... 까르르 아저씨! 안녕하세요? 저를 따라오세요."
"까마귀도 말을 할  줄 아네."
철호는 고개를 갸우뚱거리면서 까마귀를 따라 갔어요.
철호는 열 두 고개를 넘어서 까막산 골짜기로 들어갔어요.
까막산은 산불이 지나간 자리 같았어요.
나무, 풀, 바위, 돌멩이..... 모두 검은 빛깔이었어요.
"까마귀야! 산이 왜 까맣지?"
"까막산이니니까 까만 거야. 까악까악..."
"그래 그래, 너희들도 까막산을 닮아서 까마귀가 되었구나."
산골짜기에는 검은 물이 졸졸... 소리를 내면서 흘러갔어요.
"오신다 오신다. 우리 아저씨 오신다. 까악까악.... 깍깍깍......"
까마귀들이 노래를 부르면서 떼를 지어 날아 왔어요.
까마귀들은 제 깃털을 한 개씩 뽑아서 철호의 머리와 얼굴과 등과 가슴에 꽂아주었어요.

"아저씨! 골짜기 냇물로 들어 가셔서 아홉 번 목욕을 하십시오."

머리가 훌렁 벗겨진 늙은 까마귀가 큰절을 하면서 말했어요

"까마귀 놈들이 나를 진짜 까마귀로 만들려고 하는구나."

철호는 겁이 덜컥 났어요.

"나는 사람이다! 훠이- 훠이- 나는 박철호다! 너희들 까마귀 아저씨가 아니다! 훠이- 훠이-"

철호는 큰 소리로 외쳤어요.

까마귀 떼들은 뾰족한 부리로 철호를 콕콕콕 쪼았어요.

주사를 맞을 때처럼 아팠어요.

철호는 까마귀 떼들한테 쫓기다가 골짜기 검은 물속으로 빠졌어요.

"깟깟- 깟- 까하! 우리 아저씨가 진짜 까마귀가 되었다. 깟깟..... 하하...."

까마귀 떼들은 춤을 추면서 웃었어요.

"얘들아! 날개를 달아드려라!"

늙은 까마귀가 말했어요.

"아저씨! 날개를 받으십시오!"

까마귀 떼들은 제 깃털을 한 개씩 뽑아서 철호의 머리와 가슴과 등에 꽂아 주었어요.

"푸드득.... 푸득 푸득.... 포르르...."

철호는 몸이 풍선처럼 가벼워지면서 푸드득.... 날았어요.

까마귀가 된 철호는 검은 까막산을 날아다녔어요.

"엄마 엄마! 나 목욕할게. 엄마! 나 세수도 하고 신발도 씻을게요!"

"꾸룩꾸룩.... 구구구.... 철아! 나를 따라오너라."

하얀 산비둘기가 날아 와서 말했어요.

"우리 엄마 목소리다. 엄마야...."

까마귀가 된 철호는 산비둘기들과 함께 파란 하늘로 날아갔어요.

철호는 아빠가 지은 그림동화 '까마귀 아저씨'를 읽고 있었어요.(*)

### (4) 아기꽃게의 모험

"아----심심해! 재미있는 일이 없을까?"

모래밭 모래 굴 속에 사는 아기꽃게는 온 몸을 뒤틀면서 하품을 했어요.

"아가야! 잠깐 나갔다 올 테니, 집 잘 보고 있어라."

엄마꽃게는 굴 문을 열면서 말했어요.

"싫어, 싫어! 나도 따라 갈래요."

"안돼요. 큰일 나요, 큰일! 밖에는 위험한 것들이 아주 많단다. 너는 너무 어리거든."

엄마는 두 눈을 동그랗게 뜨면서 커다란 집게발을 내저었어요.

아기꽃게는 밖으로 나가는 엄마의 뒷모습을 바라보면서 얼굴을 찌푸렸어요.

"휴우, 정말 답답해! 밖에는 뭐가 있을까? 헤헤, 엄마도 없는데---몰래 놀다 오자."

아기꽃게는 킥킥 웃으며 굴 문을 살짝 열었어요.

"히야!"

아기꽃게는 두 눈이 왕방울 만해졌어요. 처음 엄마와 함께 파도타기를 했을 때처럼 가슴이 두근거렸어요.

"와아---신난다! 영차--영차!"

아기꽃게는 하얀 모래밭 위로 기어 나왔어요.

아기꽃게는 모래굴을 뒤로 하고 옆으로 옆으로 기어갔어요.

"아가야! 아가야! 가지 마라---어서 이리 와!"

그 때, 멀리서 엄마의 목소리가 들리지 않겠어요?

"앗, 크 큰일 났다. 붙잡히기 전에 빨리 도망가자."

아기꽃게는 뒤뚱뒤뚱 따라오는 엄마를 보고 집게발에 힘을 주었어요. 엄마꽃게도 있는 힘을 다해 아기꽃게를 뒤쫓아 갔어요.

"엄마에게 붙잡히면 큰일이야! 빨리 도망가자."

아기꽃게는 두리번거리다가 커다란 모래산 뒤로 살짝 숨었어요.

"어? 우리 아가가 어디로 간 걸까? 이를 어쩌면 좋아----."

엄마꽃게는 발을 동동 구르면서 오던 길로 다시 되돌아갔어요.

"휴우---이제 신나게 놀자."

아기꽃게는 집게발을 흔들면서 활짝 웃었어요.

"와우! 이 모래산은 정말 크다! 저 위로 올라가면 바닷가 모래밭이 모두 보일 거야."

아기꽃게는 뚱뚱이 아저씨가 모래찜질을 하고 있는 배 위로 올라가기 시작했어요. 아저씨는 커다란 모자를 얼굴에 덮고 쿨쿨 낮잠을 자고 있었어요.

"영차---영차!"

아기꽃게는 땀을 뻘뻘 흘리면서 모래 산을 올라갔어요.

"야호! 이제 다 보인다! 와!"

아기꽃게는 아저씨의 배 위에 올라가서 큰소리로 소리쳤어요.

"헤헤, 여기에서 미끄럼 타면 정말 재미있겠는걸."

아기꽃게는 시간 가는 줄도 모르고 모래 산에서 신나게 미끄럼을 탔어요.

"아이쿠, 머리야!"

아기꽃게는 무엇인가에 걸려서 나동그라지고 말았어요.

"이게 뭐야? 정말 신기하게 생겼는걸."

아기꽃게는 뚱뚱이 아저씨의 커다란 발을 보고 깜짝 놀랐어요. 아기꽃게는 집게발로 아저씨의 발바닥을 간지럽혀 보기도 하고 꼬집어보기도 했어요.

"아앗, 누구야?"

갑자기 커다란 소리와 함께 모래 산이 와르르 무너져 내리는 게 아니겠어요?

"아이쿠, 엄마야!"

아기꽃게는 눈앞이 캄캄해졌어요.

"크--큰일났다, 괴---괴물이닷!"

아기꽃게는 언젠가 엄마가 들여 주었던 괴물이야기가 생각났어요.

"하나, 둘, 하나, 둘----영차, 영차!"

아기꽃게는 있는 힘을 다해 도망치기 시작했어요.

"허허허---바로 요놈이었구나!"

뚱뚱이 아저씨는 도망치는 아기꽃게를 번쩍 집어 들었어요.

"사---살려주세요! 괴물님!"

아기꽃게는 울먹이면서 집게발로 싹싹 빌었어요.

"하하하---요놈, 참 귀엽게도 생겼구나!"

"괴물님, 괴물님! 살려 주세요. 우리 엄마한테 보내주세요. 네, 괴물님!"

아기꽃게는 싹싹 빌면서 애원했어요.

"아가야! 아가야!"

그 때, 엄마꽃게의 목소리가 파도소리에 실려 들려왔어요.

"앗, 엄마, 엄마! 여기 있어요."

아기꽃게는 엄마를 보자 눈물이 왈칵 쏟아졌어요.

"아이고---우리 아가----엄마가 얼마나 찾아다녔는지 아니?"

두 눈이 퉁퉁 부운 엄마꽃게는 뚱뚱이 아저씨 앞으로 기어갔어요.

"아저씨! 우리 아기 좀 살려 주세요. 귀여운 우리 아가를 놓아 주세요."

엄마꽃게는 집게발로 아기꽃게를 가리키면서 소리쳤어요.

"허허---요놈은 제법 큰데----오호라! 새끼꽃게를 찾으러 온 어미게로구나."

아저씨는 엄마꽃게와 아기꽃게를 번갈아 바라보면서 껄껄 웃었어요.

"자, 아기게야! 이제부터 엄마랑 꼭 같이 다녀라. 녀석!"

아저씨는 벙긋 웃으면서 아기꽃게를 엄마꽃게 옆으로 내려놓았어요.

"아저씨, 고맙습니다."

"괴물님, 고맙습니다."

엄마꽃게와 아기꽃게는 뚱뚱이 아저씨에게 집게발을 들어 인사를 했어요.

"오늘은 정말 큰일 날 뻔했구나. 저 분은 괴물이 아니라 사람이란다. 저 아저씨는 커다란 몸만큼이나 마음도 넓구나."

엄마꽃게는 물속으로 들어가는 뚱뚱이 아저씨의 뒷모습을 바라보면서 말했어요.

"아가야, 이제부터 엄마 말 안 들으면 가만두지 않을 테다!"

엄마꽃게는 두 눈을 부릅떴어요.

"자, 어서 집으로 가자. 지금도 엄마 가슴이 뛰고 있어. 너 때문에 엄마가 빨리 늙겠구나. 휴우---빨리 쉬어야 겠어."

엄마는 숨을 길게 내쉬면서 걸음을 재촉했어요.

'헤헤---난 너무 신나고 재미있었는걸. 엄마 몰래 언제 또 나갈까? 킥킥---아마, 내가 요만큼 더 커진걸 아무도 모를 거야.'

수평선으로 넘어가는 해님이 아기꽃게를 바라보며 빙그레 웃었어요.(*)

### (5) 아기 코끼리 푸푸

아프리카 숲 속에 코끼리 마을이 있었어요.

아기 코끼리 푸푸네 집에는 엄마 코끼리와

언니 코끼리 포포, 세 식구가 살았어요.

아빠 코끼리는 집을 나가서 아빠들끼리 살았어요.

"포포야! 푸푸야! 목욕하러 가자!"

엄마 코끼리는 포포와 푸푸를 데리고 물웅덩이를 찾아갔어요.

"어제는 물이 가득 차 있었는데, 오늘은 반으로 줄었구나."

엄마 코끼리는 코로 물을 쭈-욱 쭈-욱 빨아서 아기 코끼리 푸푸에게 뿌려주었어요.

"아! 시원해! 하루 종일 물속에서 살면 얼마나 좋을까?"

"푸푸야! 이리 와. 내가 진흙 옷을 입혀줄게."

포포 언니는 모래와 진흙을 코로 집어서 푸푸의 몸에 발라 주었어요.

푸푸는 엄마 젖을 먹고, 포포는 코로 풀을 뜯어먹고, 나뭇잎을 따먹었어요.

"비야! 오너라! 비야! 오너라!"

포포와 푸푸는 불덩어리 같은 해를 쳐다보면서 비를 기다렸어요.

"포포야! 푸푸야! 올해에도 가뭄이 들었단다. 우리도 물을 찾아가자."

엄마 코끼리는 포포와 푸푸를 데리고 물을 찾아 먼 길을 떠났어요.

뜨거운 햇볕에 노랗게 마른 나뭇잎은 떨어지고, 초록빛 풀밭은 모래밭이 되었어요.

코끼리들은 떼를 지어 물을 찾아 서쪽으로 가고 있었어요.

푸푸네 식구들도 무리 속에 끼었어요.

"할머니! 안녕하세요!"

엄마와 포포는 친척들에게 인사를 했어요.

포를 부벼 대면서 반갑게 인사를 했어요.

100마리가 넘는 코끼리들은 떼를 지어 강물을 찾아서 서쪽으로 걸어갔어요.

"오늘밤엔 여기서 자자."

무리를 이끄는 대장 할머니 코끼리가 말했어요.

산봉우리 위로 달이 떴어요.

"푸릉푸릉 쿵쿵.... 아이들은 모두 가운데로 모여라! 사자 냄새가 난다!"

아이 코끼리들은 대장 할머니가 시키는 대로 했어요.

어른 코끼리들은 아이 코끼리들을 삐잉 둘러쌌어요.

"사자 놈들! 가까이 오면 발로 차고, 기다란 앞 이빨로 찌를 테다!"

"오늘밤에는 코끼리 새끼를 잡아가자!"

사자들이 어슬렁어슬렁 다가 왔어요.

"사자들아! 가까이 오면 발로 차고 기다란 이빨로 찌를 테다!"

사자들은 겁을 먹고 도망갔어요.

"만세! 사자가 도망친다! 만세!"

코끼리들은 만세를 부르면서 물을 찾아 힘차게 걸어갔어요.

"만세! 만세! 코끼리 만세!"(*)

### (6) 바보 돌쇠와 처녀 도깨비

옛날 깊고 깊은 두메산골에 바보 돌쇠가 살고 있었어요.

'바깥세상에는 재미있는 일이랑, 신기한 것들이 많다던데----.'

돌쇠는 세상구경을 하고 싶었어요.

"아버지! 어머니! 세상 구경 좀 하고 올게요."

돌쇠는 아버지, 어머니께 큰 절을 하고 길을 떠났어요.

'어디로 갈까?'

돌쇠는 사방을 휘이 둘러보았어요.

"옳지, 저 새를 따라가 보자."

돌쇠는 포르르 날아가는 새를 따라가기로 했어요.

"어, 어디로 갔을까?"

돌쇠는 그만 새를 놓치고 말았어요.

날이 점점 어두워졌어요.

"후두둑---후두둑---."

갑자기 검은 구름이 몰려오더니, 굵은 빗방울이 쏟아졌어요.

"이거 큰일인걸. 어떻게 하지?"

돌쇠는 굵은 비를 맞으며 산속으로  달렸어요.

"야, 불빛이다."

돌쇠는 빨간 불빛을 보고 뛰어갔어요.

초가집 앞까지 단숨에 달려왔지요.

낡은 초가집은 텅 비어 있었어요.

"헤헤, 여기서 자고 가야겠다."

돌쇠는 방으로 들어갔어요.

"히야, 이게 다 뭐야! 산신령님이 나 먹으라고 차려 놓고 갔나보구나. 어서 먹자, 먹어."

방안에는 맛있는 떡이랑 과일, 고기가 가득 차려져 있었어요.

"아, 배부르구나."

돌쇠는 통통한 배를 어루만졌어요.

"헤헤---배가 부르니 슬슬 졸음이 오는구나."

돌쇠는 잠이 들었어요.

"끼루룩 끼룩끼룩----누구냐?"

빨간 한복을 입은 처녀 도깨비가 돌쇠의 엉덩이를 발로 걷어찼어요.

"야앗! 아이쿠, 내 엉덩이야!"

돌쇠는 깜짝 놀라 잠에서 깼지요.

"히히, 총각이구나. 포동포동 아주 귀엽게 생겼구나."

처녀도깨비는 검은 털이 숭숭 난 기다란 손가락으로 돌쇠의 목덜미를 잡았어요.

"으악---사--살려주세요. 예쁜 아가씨 도깨비님! 제발 살려 주세요."

돌쇠는 두 손이 닳도록 싹싹 빌었어요.

"히히히---정말 내가 예쁘냐? 총각아! 그럼 오늘부터 나랑 살자. 응?"

처녀 도깨비는 기분이 좋아서 돌쇠의 목을 놓아 주었어요.

돌쇠는 처녀 도깨비와 함께 살기로 했어요.

*　　　　　　　　*

어느 덧, 일 년이 지났어요.

"도깨비야! 우리 아버지랑 어머니랑 보고 싶어. 집에 가게 해 줘. 응?"

돌쇠는 처녀 도깨비의 치맛자락을 붙잡고 애원했어요.

"그래, 그 동안 내 친구가 되어 주어서 정말 고마웠어. 내가 선물로 신기한 말을 한 마리 줄 테니 끌고 가라."

처녀 도깨비는 마굿간에서 조랑말 한 마리를 끌고 왔어요.

"돌쇠야! 이 말은 금똥을 싸는 말이란다. 엉덩이를 세 번 때리고 '금똥 싸라!' 하면 금덩이가 나온단다. 자, 봐!"

처녀 도깨비는 조랑말의 엉덩이를 손바닥으로 세 번 때렸어요.

그러자, 조랑말 궁둥이에서 황금덩이가 쏟아져 나오지 뭐예요?

"와, 진짜 황금이네!"

돌쇠는 반짝반짝 빛나는 금덩이를 보고 입이 떡 벌어졌어요.

"고맙다 고마워."

돌쇠는 조랑말을 끌고 집을 향해 길을 떠났어요.

날이 어두워 하룻밤을 주막집에서 자게 되었어요.

"아저씨! 이 말 엉덩이를 세 번 때리면서 '금똥 싸라' 하지 마세요."

돌쇠는 헤헤 웃으면서 말했어요.

'참, 이상도 하지? 누가 물어 봤나?'

주인은 돌쇠가 잠든 사이 그대로 해 보았어요.

"아니, 이게 뭐야? 황금이구나! 황금!"

주막집 털보는 두 눈이 휘둥그fp졌어요. 털보는 슬그머니 욕심이 났지요.

다음 날, 돌쇠는 털보가 바꿔치기 한 것도 모르고, 가짜 조랑말을 끌고 집으로 갔어요.

"아버지, 어머니! 금똥 싸는 말을 가져 왔어요."

"에그, 쯧쯧! 세상 구경을 하고 오더니 이젠 완전히 이상해 졌구나."

"정말이에요. 잘 보세요. 조랑말아, '금똥 싸라!'"

돌쇠는 조랑말의 엉덩이를 세 번 때렸어요.

"히잉---히잉----. 푸드득---푸드득---."

조랑말은 푸득푸득 물똥만 쌌어요.

화가 난 돌쇠는 조랑말의 엉덩이를 발로 걷어찼어요.

"히잉---히이잉----."

돌쇠는 식식거리면서 처녀 도깨비 집으로 달려갔어요.

"넌 거짓말쟁이야!"

"히히---돌쇠야! 이번엔 방망이를 줄게. '때려라!'하면 마구 때리는 방망이란다. 그리고 '멈춰라!' 하면 멈출테니 주막집 털보에게는 '때려라!' 하지 말라고 말해라."

처녀 도깨비는 돌쇠에게 요술방망이를 주었어요.

돌쇠는 다시 털보네 주막집으로 갔어요.

"아저씨! 이 방망이에게 '때려라!' 하지 마세요."

돌쇠는 처녀 도깨비가 시키는 대로 했지요.

"음, 이 방망이도 요술을 부릴 거야. 방망이야, 때려라 때려!"

털보는 낄낄 웃으면서 말했어요.

"톡탁! 톡탁!"

"아이고, 머리야! 아이고 다리야! 나 좀 살려 줘요."

"도련님! 죽을죄를 지었습니다. 제발 살려 주십시오. 금똥 싸는 말을 돌려 드릴 테니, 이 방망이 좀 멈추게 해 주십시오."

털보는 무릎을 꿇고 빌었어요.

"음---이번 한 번은 용서한다. 다시는 나쁜 짓 하지 마시오."

돌쇠는 어른처럼 의젓하게 말했어요.

"방망이야! 멈추어라."

방망이가 마당으로 툭 떨어졌어요.

"헤헤---이건 나쁜 사람을 혼내주는 방망이구나. 이제 아버지 어머니도 내 말을 믿으실 거야."

돌쇠는 금똥 싸는 말을 타고, 요술방망이를 가지고 집으로 갔어요.

나무 뒤에서 처녀 도깨비가 끼룩끼룩 웃고 있었대요.(*)

## (7) 할머니와 호랑이

심술쟁이 호랑이가 살고 있었어요.

"어흥, 오늘도 할멈네 채소밭에 가서 무를 뽑아 먹어야 겠다. 시원한 무맛을 잊을 수 없거든. 헤헤헤---."

호랑이는 날마다 무밭에 가서 무를 뽑아 먹었어요.

"도저히 참을 수 없구나. 심술쟁이 호랑이를 오늘은 꼭 잡아야 겠다."

할머니는 무밭을 돌아보면서 중얼거렸어요.

바로 그 때였어요.

"할멈, 할멈! 무 하나만 주소."

호랑이는 실실 웃으면서 말했어요.

"호랑이님! 이 무는 별로 맛이 없어요. 혹시 무보다 더 맛있는 팥죽을 먹어 보았수?"

"뭐, 팥죽이라고? 아직 못 먹어 보았어. 할멈이 팥죽을 갖다 주면 먹지. 헤헤."

"그럼, 오늘 저녁에 우리 집으로 오시오. 내가 팥죽을 쑤어 놓을 테니."

할머니는 호랑이에게 친절하게 말했어요.

"하하--좋아. 좋아. 역시 할멈이 최고야."

호랑이는 큰소리로 웃었어요.

'잘 되었구나. 오늘밤에는 팥죽도 먹고, 할멈도 잡아먹어야겠다. 으하하하.'

호랑이는 마음속으로 쿡쿡 웃었어요.

"할멈, 오늘밤에 꼭 갈 테니 팥죽을 맛있게 쑤어 놓아."

호랑이는 군침을 꿀꺽 삼켰어요.

"그래요. 꼭 와야 해요."

'호랑이를 어떻게 잡을까? 좋은 꾀가 떠오르지 않는구나.'

집으로 돌아 온 할머니는 집안을 이리저리 둘러보았어요.

"할머니! 걱정 마세요. 호랑이는 저희들이 잡아 드릴게요."

달걀, 바늘, 절구통, 멍석, 지게가 말했어요.

"고맙구나. 고마워. 너희들이 나를 도와주는 구나."

"할머니는 불을 끄고 방에 계시다가, 호랑이가 오면 이렇게 말하세요."

달걀이 할머니 귀에다 소근 거렸어요. 할머니는 고개만 끄덕였어요.

밤이 되자, 호랑이가 어슬렁어슬렁 할머니네 집으로 왔어요.

"할멈, 맛있는 팥죽 쑤었는가?"

"호서방! 어서 오게. 방에 호롱불이 꺼졌으니 아궁이 속에서 숯불 하나만 갖다 주게."

"그런 어렵지 않지."

호랑이는 부엌으로 가서 아궁이에 고개를 들이밀고, 후우 하고 불었어요.

그 순간, 제 속에 묻어 두었던 달걀이 터지면서 재가 호랑이 눈을 들어갔어요.

"아이고, 눈이야!"

호랑이는 물 항아리로 가서 눈을 씻었어요. 그리고 행주로 눈을 닦았어요.

"아야 아얏, 아이고 내 눈이야! 앞이 안 보여! 어흥!"

행주 속에 숨어 있던 바늘이 호랑이의 눈을 꾹꾹 찔렀어요.

호랑이는 눈을 감고 마당으로 뛰어갔어요.

"딱---데구르르르----,"

절구통이 데굴데굴 굴러와서 호랑이를 멍석 위로 넘어뜨렸어요.

"아이쿠, 나 죽는다. 죽어! 호랑이 살려 줘!!"

호랑이는 비명을 질렀어요.

"호랑이 이놈아! 꼼짝 마라!"

마당에 깔려 있던 멍석이 호랑이를 둘둘 말았어요.

"호랑아, 호랑아! 나하고 강으로 놀러 가자."

사립문 뒤에 숨어있던 지게가 달려와서 호랑이가 들어있는 멍석을 번쩍 들어올렸어요.

"지게야, 이놈아! 캄캄한 밤에 강으로 놀러 가다니---말도 안 되는 소리구나. 어서 내려놓아라. 어서! 나는 안 갈란다."

호랑이가 울음 섞인 목소리로 말했어요.

"심술쟁이 호랑아! 잔소리 말고 나랑 가자."

지게는 호랑이를 지고 강으로 갔어요.

"호랑아! 오늘밤부터 너는 강물 속에서 물고기랑 같이 살아라."

지게는 호랑이를 강물에 내던졌어요.

"풍덩!"

강물 속에 빠진 호랑이는 밖으로 나올 수 없었어요.

호랑이가 없어진 뒤, 할머니는 무를 기르면서 오래오래 살았대요.(*)

### (8) 용감한 이숨보쉬

엄지손가락 한 마디만한 아이가 태어났어요.

"어머, 이렇게 작은 아이가 태어나다니!"

"이렇게 작은 아이는 정말 처음 보았어. 농사일을 시킬 수도 없으니 어떻게 할까?"

농사를 짓는 엄마와 아빠는 태어난 아이를 위해 한숨을 지었어요. 그리고 '이숨보쉬' 라는 이름을 지어 주었어요.

"이숨보쉬야! 이리 오너라!"

어느 날, 할아버지가 이숨보쉬를 불렀어요.

"할아버지! 무슨 일이세요?"

"이숨보쉬야! 너 큰 도시로 가 용감한 무사가 되고 싶지 않느냐?"

"할아버지, 용감한 무사가 뭐예요?"

"나쁜 사람들과 싸워 이기는 사람이란다. 아주 용기 있고 훌륭한 사람이지."

"네, 저도 용감한 사람이 될 수 있어요. 할아버지, 절 큰 도시로 보내 주세요. 네!"

이숨보쉬는 또랑또랑한 목소리로 말했어요.

"허허---그래라, 그래."

할아버지는 나무로 만든 잔을 하나 내 주었어요.

"이숨보쉬야! 이 잔을 타고 강을 건너가거라."

"이숨보쉬야! 벼이삭을 줄 테니, 이것으로 노를 저어 가거라."

아버지는 벼이삭을 이숨보쉬에게 주었어요.

"이숨보쉬야! 이건 위험할 때 창으로 써라."

어머니는 이숨보쉬에게 바늘을 하나 주었어요.

"할아버지, 아버지, 어머니! 안녕히 계세요. 이숨보쉬는 용감한 무사가 되어 다시 돌아오겠습니다. 그 때까지."

"오냐 오냐. 꼭 용감한 사람이 되거라."

이숨보쉬는 강물에 잔을 띄웠어요. 그리고 아버지가 주신 벼이삭으로 노를 저었지요.

이숨보쉬는 큰 도시로 갔어요.

"으응, 사람들은 모두 어디로 간 걸까? 왜 아무도 없을까? 큰 도시가 텅텅 비었구나."

이숨보쉬는 주위를 둘러보면서 고개를 갸우뚱거렸어요.

"짹짹짹---이숨보쉬야! 이 도시에 커다란 괴물이 나타났단다. 괴물이 얼마나 무시무시한지 도시 사람들을 잡아먹어. 그래서 사람들은 무서워서 모두 떠난 거야. 너도 빨리 도망 가."

참새는 사람들이 떠난 이유를 말해주었어요.

"참새야! 그 못된 괴물이 어디 있니?"

"저기 공원에서 늘어지게 낮잠을 자고 있단다. 너도 당하지 말고 어서 떠나."

"싫어. 난 용감한 무사가 될 거란다. 걱정 마."

이숨보쉬는 참새가 가르쳐 준 공원으로 뛰어갔어요.

"드르릉---드르렁----쿨쿨----."

산더미 만한 괴물이 낮잠을 자고 있었어요.

"이놈, 괴물아! 어서 일어나지 못하겠느냐? 나 이숨보쉬가 왔다. 어서 덤벼라."

"으허험! 웬 개미만한 녀석이 까부는 거야? 난 지금 졸려 죽겠단다. 어서 비키지 못햇! 에잇!"

괴물은 조그만 이숨보쉬를 손톱으로 꾹 누르려고 했어요.

"에잇! 내 창을 받아랏!"

이숨보쉬는 이리 저리 피하면서 바늘로 괴물을 꾹꾹 찔렀어요.

"아얏! 이이고, 코야! 아이고 다리야!"

커다란 괴물은 작은 이숨보쉬를 잡을 수 없었어요.

"쿵! 으악! 괴---괴물 살려!"

마침내, 괴물은 작은 이숨보쉬 앞에 쿵! 쓰러졌어요.

" 엄지손가락 만한 이숨보쉬가 큰 괴물을 이겼다! 이숨보쉬는 정말 대단한 사람이다! 용감한 무사다 무사!"

언제 왔는지, 사람들이 이숨보쉬를 둘러싸고 큰소리로 말했어요.

"하하하---나는 작은 사람이 아니다. 큰 괴물을 이겼으니 내가 큰 사람이다! 하하하."

용감한 무사가 된 이숨보쉬는 쓰러진 괴물을 바라보면서 흐뭇하게 웃었어요.(*)

## 5. 질서, 양보, 화해: 차례 지키기와 남을 배려하고 용서하는 마음

### (1) 숲 속 나라 동물들

숲 속 나라에 쥐, 소, 호랑이, 토끼, 용, 뱀, 말, 양, 원숭이, 닭, 개, 돼지 열두 마리 동물이 살았어요.

열두 마리 동물들은 제 차례를 기다렸다가, 임금이 되어서 숲 속 나라를 다스렸어요.

"빨리 임금님이 되고 싶은데...."

원숭이 카카는 빨리 임금님이 되고 싶었어요.

원숭이는 골똘히 생각하다가 꾀돌이 토끼를 찾아갔어요.

"토끼야! 빨리 임금님이 되려면 어떻게 해야 하니?"

"양 다음에 네 차례야. 일 년만 기다려. 좋은 방법이 있어. 호호..."

토끼는 두 귀를 쫑긋거리면서 원숭이 귀에다 입을 바짝 대고 소곤거렸어요.

"응응, 그래그래. 킥킥킥..."

"올해도 3일 밖에 남지 않았어."

조랑말 임금님은 달력을 바라보면서 중얼거렸어요.

원숭이는 12월 31일 날 새벽에 반달곰을 찾아갔어요.

"반달곰 어른! 새해 선물 받으세요."

원숭이는 꿀단지를 곰에게 주었어요.

"헤헤헤.... 고맙다. 잘 먹겠다."

"곰 어른! 제 부탁 하나만 들어 주십시오. 조랑말이 왕관을 가지고 양한테 갈 때..."

원숭이는 곰에게 소곤거렸어요.

원숭이와 곰은 대궐로 가는 길로 갔어요.

곰은 커다란 나무 위에 숨었어요.

원숭이는 나무 위로 올라가서 조랑말이 지나가기를 기다렸어요.

"곰 어른! 조랑말이 왕관을 갖고 와요. 조랑말이 지나 갈 때 나무를 힘껏 밀어요!"

"그래. 걱정 말고 기다려라."

"우두둑 꽝!"

커다란 소나무가 조랑말 위로 쓰러졌어요.

조랑말은 깜짝 놀라 들고 있던 왕관을 내버리고 도망쳤어요.

"왕관은 내 꺼다! 내가 숲 속 나라 임금님이다! 끽끽..... 깩깩...."

원숭이는 왕관을 쓰고 떠들면서 기뻐했어요.

"원숭이를 잡아라! 왕관을 빼앗아간 원숭이를 꽁꽁 묶어라!"

열 두 마리 동물들이 몰려 왔어요.

"차례를 기다리지 않고 왕관을 빼앗은 놈은 벌을 받아라! 어-흥-"

호랑이는 발톱으로 원숭이 볼기짝을 벅벅 긁었어요.

"아이쿠! 볼기짝이야!"

원숭이의 빨간 볼기짝은 벌을 받은 호랑이의 발톱자국이래요.(*)

### (2) 풀벌레들의 음악회에 가 보아요

"찌르륵---찌르륵---얘들아! 빨리 모여라! 달님이 숨기 전에 빨리 음악회를 시작하자."

풀벌레들은 떡 바위 앞에 모두 모였어요.

"오늘은 제 1회 가을 음악회입니다. 연습한 곡을 멋지게 연주합시다."

지휘자인 왕귀뚜라미가 지휘봉을 휘두르면서 말했어요.

풀벌레들의 신나는 음악회가 시작되었어요.

"찐짜찐짜----찐짜짝---찐짝!"

베짱이는 바이얼린을 켰어요.

"딩동댕---딩동댕 딩동댕!"

여치는 피아노를 멋지게 쳤어요.

방울벌레는 찰찰이를 흔들고, 철써기는 나팔을 불었어요.

"난 재미없는 심벌즈를 치라고! 꽝꽝 소리만 컸지, 재미없어."

메뚜기는 맨 처음과 끝에만 심벌즈를 치는 것에 심술이 났어요.

"꽝꽝꽝! 꽝꽝꽝!"

메뚜기는 벌떡 일어나서 심벌즈를 힘껏 쳤어요.

모두들 깜짝 놀랐어요.

"누가 아름다운 음악을 망쳐놓는 거야?"

"메뚜기야! 네 차례에 심벌즈를 쳐야지, 이게 뭐야?"

모두들 메뚜기를 쏘아보았어요.

"자, 다시 시작합시다."

풀벌레들은 다시 아름다운 음악에 빠져들었어요.

메뚜기는 머리를 벅벅 긁으면서 짜증을 냈어요.

"꽝꽝꽝! 꽝꽝꽝!"

"나---심벌즈 치기 싫어. 바이올린 켜고 싶어!"

메뚜기는 입이 뽀루퉁해서 말했어요.

"좋아! 그럼 바이올린으로 바꿔 줄 테니까 잘 해야 돼."

왕귀뚜라미는 베짱이의 바이올린과 바꾸어 주었어요.

음악회는 다시 시작되었어요.

"찐짜 찐짜----찐찐짠짠----!"

신이 난 메뚜기는 제 멋대로 연주하기 시작했어요.

모두들 화가 나서 집으로 돌아가 버렸어요.

메뚜기는 풀벌레들을 뒤쫓아 갔지만, 아무도 메뚜기를 뒤돌아보지 않았어요.

"쳇, 다 가라지 뭐. 히힝히힝---.."

메뚜기는 아무도 없는 달밤에 외롭게 바이올린을 켰어요.(*)

### (3) 코끼리는 어디가 좋을까

숲 속 나라 사자 임금님은 코끼리를 좋아했어요.

사자 임금님은 그림자처럼 코끼리를 데리고 다녔어요.

"쳇, 덩치만 커다란 코끼리가 어디가 예뻐서 데리고 다닌담?"

"글세 말이야. 코끼리는 예쁜 데도 하나도 없는데 말야. 정말 모르겠어."

"사자 임금님은 코끼리의 어디가 좋을까? 난 아무리 봐도 모르겠어. 징그럽게 긴 코, 기둥 같은 다리, 바위 같은 몸뚱이---. 귀엽고 예쁜 데라곤 하나도 없는데 말야."

"맞아, 맞아. 사자 임금님의 눈을 정말 이상해."

동물들은 한 자리에 모이기만 하면 코끼리의 흉을 보았어요.

동물들은 모두 사자 임금님의 귀여움을 받고 싶었거든요.

"캥캥! 코끼리가 나처럼 탐스러운 꼬리가 있다면, 사자 임금님이 코끼리를 예뻐해도 이해가 될 거야."

여우가 꼬리를 살랑살랑 흔들면서 뽐냈어요.

"흥, 나만큼 튼튼하고 날카로운 발톱이 있으면 나와 봐! 코끼리한테는 이런 발톱도 없는데, 왜 사자 임금님은 코끼리를 사랑하실까?"

곰은 앞발을 들어보면서 고개를 갸웃거렸어요.

"정말, 나처럼 멋진 뿔도 없는 코끼리를 왜 좋아하실까? 아무리 생각해도 코끼리를 예뻐 하는 것이 믿어지지가 않아. 사자 임금님은 정말 나빠!"

황소는 제 뿔 자랑을 하면서 퉁명스럽게 쏘아댔어요.

"여러분! 내 말을 들어 보시오."

그 때, 당나귀가 귀를 쫑긋 세우면서 앞으로 나왔어요.

"사자 임금님이 코끼리를 사랑하는 것은 코끼리의 귀 때문이라오. 사자 임금님은 내 귀를 닮은 코끼리의 귀를 사랑하는 거라오. 틀림없어요."

"허허, 모르시는 말씀! 사자 임금님은 뚱뚱하고 크고 듬직한 동물을 좋아해요. 내 몸도 코끼리 정도는 안되지만---혹시 사자임금님이 나를 사랑할 질 몰라요."

뚱뚱보 하마가 엉덩이를 흔들면서 말했어요.

"흥! 모두들 코끼리를 욕하는 줄 알았더니, 제 자랑만 늘어놓는구나. 그러니까, 너희들은 사자 임금님의 귀여움을 받지 못하는 거라구! 킁!"

이리는 콧방귀를 뀌면서 친구들을 비웃고 달아났어요.(*)

### (4) 사랑의 눈물

장사꾼이 장사를 끝내고 집으로 돌아가고 있었어요.

"우루르, 꽝! 휘잉, 위히잉!"

"이런, 웬 비바람이 이렇게 불까? 이거 큰일인 걸."

장사꾼은 비바람을 피해 이리저리 헤매다가 그만 길을 잃어버리고 말았어요.

"여기가 어디일까? 저기 산 끝에 외딴 성이 있구나. 그곳으로 가 보자."

장사꾼은 외딴 성으로 달려갔어요.

성은 텅 비어있었어요. 장사꾼은 이 방 저 방을 기웃거리다가 식당으로 들어갔어요.

"누가 이렇게 맛있는 음식을 차려 놓았을까? 정말 맛있겠는 걸."

장사꾼은 음식을 보고 군침을 꿀꺽 삼켰어요.

"에이, 모르겠다. 배고프니 일단 먹고 보자. 냠냠냠!"

장사꾼은 음식을 모두 먹어치웠어요.

"잘 먹었구나. 아, 졸음이 솔솔 오는 구나."

장사꾼은 하품을 하다가 잠이 들었어요.

다음 날 아침, 장사꾼은 성 안의 정원을 구경하였어요.

"정말 아름답군. 우리 딸한테 꺾어다 주면 얼마나 좋아할까?"

장사꾼은 아름다운 장미를 똑 꺾었어요.

"이놈! 왜 남의 꽃을 꺾느냐? 나는 너를 친절하게 대접했는데, 그 은혜를 모르고 내 꽃을 꺾는단 말이냣!"

갑자기 어디선가 커다란 목소리가 들렸어요.

"으악, 사람 살려!"

얼굴은 동물이고 몸뚱이는 사람같이 생긴 괴물이 나타나서 고함을 지르는 것이 아니겠어요?

"아이고, 살려 주십시오. 주인이 없는 꽃인 줄 알고...잘못했습니다."

장사꾼은 벌벌 떨면서 싹싹 빌었어요.

"용서할 수 없다. 네가 고향으로 가서 처음 만나는 것을 나에게 보내라! 내 말을 듣지 않으면 죽을 줄 알아랏!"

"네네. 그렇게 하겠습니다."

장사꾼은 괴물에게 단단히 약속을 하고 풀려났어요.

"하하, 내가 맨 처음에 만나는 것은 동네 강아지겠지, 뭐."

장사꾼은 후후 웃으면서 고향 마을로 들어갔어요.

"아버지! 어서 오세요!"

장사꾼의 예쁜 딸이 아버지를 보고 뛰어오는 것이 아니겠어요?

"아이쿠, 큰일 났구나. 이 일을 어떻게 하면 좋을꼬?"

장사꾼은 딸을 끌어안고 울면서 지난 일을 이야기했어요.

"아버지! 걱정 마세요. 제가 괴물한테 가겠어요. 아버지를 죽게 할 수는 없어요. 그리고 약속을 하면 꼭 지켜야 해요."

장사꾼의 딸은 괴물이 있는 외딴 성으로 갔어요.

처음에는 괴물이 무서워서 옆에도 가지 못했어요.

"너무 무서워하지 말아라. 난 나쁜 괴물이 아니야."

괴물은 장사꾼의 딸에게 무척 친절했어요.

"아름다운 아가씨와 결혼 할 수 있다면 얼마나 행복할까? 괴물인 내가 어떻게 천사처럼 아름다운 아가씨와 결혼을 한단 말인가?"

장사꾼의 딸을 사랑한 괴물은 자리에 누워서 괴로워했어요.

"물이라도 조금 먹어요. 이러다가 죽겠어요."

장사꾼의 딸은 괴물이 불쌍해서 간호를 해 주었어요.

"조금만 먹어요. 그래야 기운 나서 일어나지요. 어서! 흐흐흐!"

장사꾼 딸의 눈물이 괴물의 얼굴 위로 뚝 떨어졌어요.

"오, 나의 사랑하는 천사여! 당신이 흘린 사랑의 눈물방울이 요술에 걸린 나를 깨어나게 해 주었어요!"

괴물은 사람이 되어 말을 하면서 자리에서 벌떡 일어났어요.

"앗, 이럴 수가!"

장사꾼의 딸은 너무 기뻐서 사람이 된 괴물을 꼭 끌어안았어요.(*)

### (5) 어부와 물귀신

어부가 그물을 걷어 올리고 있었어요.

"영차, 영차! 고기가 꽤 많이 걸린 모양이군. 정말 무거운 걸."

어부는 땀을 뻘뻘 흘리면서 그물을 배 위로 끌어올렸어요.

"에개, 이게 뭐람? 고기는 없고 웬 항아리람?"

그물 속에는 녹슨 항아리만 덩그러니 걸려 있었어요.

"이게 무슨 항아리일까? 혹시 항아리 속에 보물이라도 가득 들어있는 게 아닐까? 어디 한 번 열어보자."

어부는 떨리는 손으로 항아리 뚜껑을 열었어요.

" 펑! 피유!"

항아리 뚜껑을 열자마자 하얀 연기가 구름처럼 쏟아져 나왔어요.

"히히히, 헤헤헤! 나는 물귀신이다! 휴우, 이제야 살겠구나. 너를 항아리 속에 가두겠다."

연기가 사라지고 물귀신이 나타났어요.

"이놈! 물귀신아! 내가 너를 살려주었는데, 어찌 너는 나를 항아리 속에 가두려고 하느냐?"

어부는 물귀신을 노려보면서 소리쳤어요.

"나는 염라대왕의 벌을 받아 항아리 속에서 감옥살이를 했다. 백 년 동안에 나를 구해주는 사람이 있으면 그 사람을 이 세상에서 제일가는 부자로 만들어주겠다고 생각하면서 기다렸는데, 백 년이 지나도 나를 구해 주는 사람이 없었다. 그래서 난

화가 났고, 이번에는 백년 안에 나를 살려주는 사람이 있으면 항아리 속에 가두겠다고 단단히 벼르고 있었는데, 마침 네 놈이 걸려들었구나. 으하하하!"

물귀신은 입이 찢어지게 웃었어요.

"밖에 나오니 이렇게 좋은 걸. 으하하하!"

물귀신은 덩실덩실 춤까지 추며 웃었어요.

"으하하하!"

어부도 물귀신에 지지 않고 큰소리로 웃었어요.

"곧 죽을 놈이 뭐가 그리 좋아서 웃느냐?"

"너 같이 덩치 큰 놈이 어떻게 항아리 속으로 들어가고 나오느냐? 난 아무리 생각해도 믿을 수가 없구나. 네가 지금까지 한 말은 모두가 거짓말이다. 그렇지? 으하하하! 그런 거짓말 절대 하지 말아라."

어부는 배꼽이 빠지도록 웃었어요.

"거짓말 아니다. 항아리 속으로 들어가는 것은 누워서 떡 먹기다. 자, 보아라!"

물귀신은 연기가 되어 작은 항아리 속으로 쏘옥 들어갔어요.

바로 그 때, 어부가 재빠르게 항아리 뚜껑을 닫아버렸어요.

"으하하, 이놈 물귀신아! 살려준 은혜는 잊어버리고 날 헤치려고 하다니! 어디 강물 속에서 백 년을 열 번이나 살아라."

"어부님, 어부님! 한 번 만 살려주십시오. 으흐흐흐! 항아리 속은 정말 싫어요!"

물귀신은 항아리 속에서 슬프게 울었어요.

"퐁덩!"

"난 그만 간다!"

어부는 항아리를 깊은 강물 속으로 던져버리고 집으로 돌아갔대요. (*)

### (6) 개와 여우와 원숭이

어느 날, 개가 길을 걸어가다가 먹음직스런 고깃덩이를 보았어요.

"오늘은 정말 재수가 최고로 좋은 날이구나. 하하하!"

개는 군침을 삼키면서 고깃덩이를 입으로 물었어요.

"멍멍아! 그건 내 거야!"

나무 뒤에서 여우가 소리를 지르면서 뛰어왔어요.

"캥캥아!~ 너 지금 무슨 소리를 하는 거니?"

"사실 그 고깃덩이는 아까 내가 잃어버린 거야. 난 지금 그 고깃덩이를 찾으려고 막 뛰어다닌 거라고!"

고기를 먹고 싶은 여우는 엉뚱한 거짓말을 했어요.

"거짓말 하지 마! 고기는 내가 먼저 발견했으니까 내 꺼야!"

"아니야, 내 거야! 이리 내 놔."

개와 여우는 고깃덩이를 놓고 서로 으르렁 거렸어요.

바로 그 때, 원숭이가 실실 웃으면서 나타났어요.

"창피하게 그까짓 고깃덩이 한 개로 싸움을 하냐? 똑같이 나누어 먹으면 되잖아. 내가 공평하게 나누어 줄 테니까 서로 싸우지 말아라."

원숭이는 의젓하게 말했어요.

"알았어. 그럼 네가 똑같이 나누어 주라."

"좋아. 잘 보아라. 지금 똑같이 나누고 있지?"

원숭이는 똑같이 나누는 척 하면서 여우의 몫을 더 많이 잘랐어요.

"여우 것이 더 많잖아. 조금 잘라 내."

개가 소리쳤어요.

"알았어. 그럼 이만큼 잘라내면 똑같지?"

원숭이는 잘라낸 고깃덩이를 제 입속으로 쏙 넣었어요.

"이번에는 개 몫이 더 많잖아."

여우가 얼굴을 찡그리면서 말했어요.

"정말 그렇구나. 그럼 이 만큼 잘라내면 똑같을까? 헤헤."

원숭이는 떼어 낸 고깃덩이를 냉큼 입속으로 넣으면서 말했어요.

"이게 뭐야? 이번엔 내 몫이 더 작잖아."

개가 쏘아댔어요.

"좋아, 그럼 이번엔 이 만큼 더 떼어내자."

원숭이는 또 떼어낸 고깃덩이를 꿀꺽 삼켰어요.

"칫, 이번엔 내 것이 더 작잖아."

여우도 퉁명스럽게 말했어요.

"그렇다면...이렇게 또 떼어내서. 꿀꺽"

원숭이는 흐뭇하게 웃으면서 잘라낸 고깃덩이를 계속 먹어치웠어요.

"이게 뭐야? 고깃덩이가 모두 어디로 간 거야? 으앙으앙!"

개와 여우는 없어진 고깃덩이를 생각하면서 울었어요.

"개야, 여우야! 정말 고맙구나. 오늘은 너희들 덕분에 내 배가 빵빵하구나."

원숭이는 깔깔 웃으면서 달아나버렸어요.(*)

### (7) 난쟁이가 준 돈 주머니

나무꾼 부부에게는 아들 둘이 있었어요.

"우리 큰 아들은 영리하고 똑똑해서 이다음에 크면 훌륭한 사람이 될 것이야. 아암, 그렇지. 어찌 그리도 예쁜지. 후후후."

나무꾼 부부는 큰아들을 더 사랑하고 귀여워했어요.

"에이크! 넌 어째 그 모양이냐? 어쩌다가 내가 저런 못난이 아들을 낳았을까? 저 녀석은 곰보다 더 미련해서 큰일이야! 에그 쯧쯧."

"그러게 말이오. 지 형 반만이라도 닮았으면 좋으련만."

나무꾼 부부는 작은 아들을 바라보면서 한숨을 지었어요.

"큰애야! 오늘 도시락은 고기하고 포도 쥬스다. 갖고 가거라."

큰아들이 나무를 하러 갈 때, 어머니는 맛있는 고기와 포도 쥬스를 싸 주었어요.

"헤헤, 빨리 점심 먹어야 겠다. 고기 냄새가 솔솔 나서 더 이상 못 참겠다."

큰아들은 나무를 하다 말고 도시락을 꺼냈어요.

"정말 맛있구나. 냠냠냠."

그 때, 수풀 속에서 수염이 하얀 난쟁이가 나타났어요.

"배가 고프니, 맛있는 고기 좀 나누어 주어요. 달콤한 포도 쥬스도 먹고 싶어요."

난쟁이는 배를 움켜잡으면서 작은 소리로 말했어요.

"저리 비켜! 너를 주면 내 몫이 적어진단 말이야. 너 줄 고기도 포도 주스도 없다."

큰아들은 두 손을 내저었어요.

난쟁이는 고개를 떨구며 숲 속으로 들어갔어요.

"영차, 영차!"

점심을 다 먹은 큰아들은 도끼로 열심히 나무를 찍었어요.

"앗, 아이쿠!"

큰아들은 그만 나무를 찍다가 다리를 다치고 말았어요.

"우리 큰아들이 다치다니! 이를 어쩌면 좋을꼬? 오늘부터 작은 애 네가 나무를 해 오너라."

나무꾼 부부는 작은 아들에게 물과 빵을 주면서 쏘아댔어요.

점심때가 되자, 작은 아들은 물과 빵을 꺼냈어요.

"배가 고프니, 빵 좀 나누어 주세요."

지난 번 나타났던 난쟁이 노인이 빵을 가리켰어요.

"예, 이쪽으로 앉으세요. 배가 많이 고프시죠. 여기요."

작은 아들은 빵과 물을 나누어 주었어요.

"진짜 똑똑하고 영리한 아들은 작은 아들이야."

난쟁이 노인은 중얼거렸어요.

"자, 받아요. 언제든지 돈이 필요한 때, 돈이 나오는 주머니라오."

난쟁이 노인은 돈이 나오는 신기한 주머니를 주고 어디론가 사라졌어요.(*)

## 6. 우리나라와 다른 나라: 나라사랑하는 마음과 공동체의식 고조

### (1) 떡국 한 그릇

오늘은 설날!

어른들께 세배하고 세뱃돈을 받는 신나는 설날이에요!

오랜만에 모인 가족들은 이야기꽃을 피웠지만 나는 세뱃돈 생각만 했어요.

"엄마, 빨리 세배해요, 세배!"

나는 엄마 치맛자락을 잡고 졸졸 따라다녔지요.

"세배는 조상님들께 차례를 지낸 다음에 하는 거야. 자꾸 강아지처럼 따라다닐래? 한 살 더 먹었으면 형처럼 의젓해져야지!"

엄마가 내게 꾸지람을 했어요.

나는 기분이 좋지 않았지만 얌전히 있기로 했어요.

우리 가족은 조상님들께 차례를 지냈어요.

드디어 세배를 하게 되었어요.

"할아버지! 새해 복 많이 받으세요!!"

나는 절을 하며 우렁차게 말했어요.

그런데 이게 웬일입니까?

할아버지는 나를 끌어안고 엉덩이를 토닥거려주실 뿐 세뱃돈을 주지 않은 것이었어요!

"할아버지! 세뱃돈 주세요!"

"한돌아, 설날은 새해가 시작되는 날로 어른들께 세배를 드리고, 새 마음으로 열심히 살겠다고 다짐하는 날이란다. 떡국도 먹고 가족끼리 모여 윷놀이도 하면서 재미있게 보내는 명절이지. 세배해서 돈 버는 날이 아니란다."

할아버지는 수염을 만지면서 차근차근히 말했어요.

"세뱃돈이 받고 싶으면 너도 빨리 나이를 먹어라."

나는 나이를 빨리 먹고 싶었어요.

'옳지! 설날에 떡국을 먹으면 나이 한 살을 더 먹는다고 했었지?'

나는 볼이 터지도록 떡국을 먹었어요. 배가 수박통보다 더 커졌어요.

"아이구, 배야! 엄마! 배 아파요..... 히잉..."

뱃속에서 부글부글 소리가 나더니 갑자기 배가 찢어질듯이 아팠어요.

"무슨 떡국을 그렇게 많이 먹니? 그만 먹어라, 큰일 나겠다."

"싫어, 싫어. 떡국 세 그릇 먹고 세 살 더 먹을 거야! 히잉..."

나는 배를 움켜잡고 데굴데굴 구르며 소리쳤어요.

"나이는 한 해에 한 살씩만 먹는 거야. 허허..."

언제 나타났는지 형이 뒷짐을 지고 할아버지 흉내를 내면서 말했어요.

나는 형을 때려주고 싶었지만 설사가 나오는 바람에 화장실로 뛰어갔어요.(*)

### (2) 연등에 빈 소원

"뗑그렁---뗑그렁----."

산 너머 선운사에서 새벽 종소리가 들려왔어요.

"숙아! 오늘이 며칠인지 달력 좀 보아라."

할머니는 옆에서 자고 있는 숙이를 흔들어 깨웠어요.

"아---졸려. 할머니, 나 더 잘래요. 오늘은 일찍 안 일어나도 돼요. 오늘 학교 가는 날 아니에요."

숙이는 이불을 끌어당기면서 코맹맹이 소리로 말했어요.

"숙아. 눈이 침침해서 숫자도 안 보이는구나. 오늘이 며칠인지 달력 좀 보아라. 어젯밤 꿈속에 부처님께서 우리 집에 오셨단다."

숙이는 할머니의 말씀에 자리에서 벌떡 일어났어요.

"할머니, 부처님이 정말 우리 집에 오셨어요?"

숙이는 두 눈을 비비면서 말했어요.

"할머니, 할머니! 꿈속에 부처님이 오신 걸 보니, 할머니 병 고쳐 주시려나 봐요. 그렇죠? 이제 할머니 일어나실 수 있어요."

숙이는 기뻐서 어쩔 줄을 몰랐어요.

숙이 할머니는 몇 달 전부터 앓고 계셨거든요.

숙이는 할머니의 간호를 하면서도 할머니가 세상을 떠나 실까봐 걱정이 되었어요.

"숙아. 절에 가서 연등을 켜야 할 텐데----. 어떡하면 좋으냐? 한 해도 거르지 않고 했었는데. 올해는 누가 우리 식구 등불을 켜 주냐? 할미는 일어나 앉을 수도 없으니---절까지 갈 수도 없고---."

할머니는 슬픈 목소리로 말씀하셨어요.

"할머니! 걱정 마세요. 오빠랑 나랑 할머니 대신 등불을 켤게요."

숙이는 할머니의 손을 꼭 잡으면서 말했어요.

"녀석, 말이라도 고맙구나. 할미가 빨리 나아야 할 텐데-----. 너희들이 할미 때문에 고생이구나."

할머니는 숙이의 등을 가만히 어루만지면서 말씀하셨어요.

숙이는 건넌방으로 갔어요.

"오빠, 오빠! 빨리 일어나!"

숙이는 쿨쿨 자고 있는 오빠를 깨웠어요.

"왜 그래? 오늘은 늦잠 좀 자자."

오빠는 하품을 길게 했어요.

"오빠, 우리가 할머니 생각을 못 했어. 오늘이 부처님 오신 날이잖아. 그런데 할머니가 절에 못 가시니까 얼마나 마음이 아프시겠어. 한 번도 거르지 않고 가셨던 일인데. 좋은 방법이 없을까?"

숙이와 오빠는 말없이 서로의 얼굴만 빤히 바라보았어요.

"맞다. 맞아. 우리 집에서 연등을 켜 놓으면 할머니가 절에 가지 않아도 되잖아. 연등이 걸려 있으면 부처님이 우리 집에 꼭 오실 거야. 빨리 만들어서 불 켜고, 할머니 병 빨리 낫게 해 달라고 부처님께 빌자. 연등에 촛불 켜 놓고 소원을 빌면 부처님이 모두 들어주신대."

오빠는 의젓하게 말했어요.

"와아. 그러면 되겠다."

숙이는 오빠를 바라보면서 좋아했어요.

숙이와 오빠는 연등 만들 준비를 했어요.

"쓱싹---쓱싹----뚝딱---뚝딱----."

숙이와 오빠의 이마 위에 땀방울이 맺혔어요.

"와, 드디어 다 만들었다!"

오빠는 손뼉을 치면서 활짝 웃었어요.

"오빤 머리만 좋은 줄 알았더니, 연등 만드는 솜씨도 정말 대단한 걸. 선운사에 걸어 놓은 연등과 똑같아. 이제 촛불만 켜면 된다."

숙이도 다 만들어진 연등을 바라보면서 웃었어요.

숙이와 오빠는 연등을 마당가에 있는 빨랫줄에 매달았어요.

"부처님, 부처님! 우리 할머니 병 빨리 고쳐 주세요. 그래야 내년에는 절에 갈 수 있잖아요. 부처님, 우리 할머니 오래오래 사시게 도와주세요."

숙이와 오빠는 연등을 바라보면서 간절한 목소리로 부처님께 빌었어요.(*)

### (3) 동전의 여행

동전 하나가 이 손에서 저 손으로 옮겨 다니고 있었어요.
"우리나라에는 이제 구경할 곳이 없구나. 나도 미국으로 갔으면 좋겠다."
동전은 외국 여행을 하고 싶었어요.
어느 날, 동전은 드디어 꿈이 이루어졌어요.
마침 외국에서 온 장사꾼의 가죽 지갑 속으로 들어갔어요.
"난 프랑스에서 왔다."
"난 스페인에서 왔어."
"난 이탈리아에서 왔는걸."
동전들은 지갑 속에서 외국에서 보았던 재미있는 이야기들을 했어요.
"정말 신기하고 재미있구나. 이렇게 외국에 나오니까 정말 좋아."
동전은 장사꾼을 따라 외국 여행을 하는 것이 꿈만 같았어요.
"어머, 이건 우리나라 돈이 아니잖아. 어느 나라 돈일까? 여기서는 쓸모없는 동전인걸."
미국에 있는 가게 아주머니가 동전을 바라보며 고개를 갸웃거렸어요.
"내가 쓸모없는 동전이라고? 우리나라에 가면 내가 얼마나 대우를 받는데."
동전은 갑자기 슬퍼졌어요.
"내가 왜 못 쓰는 동전이 되었을까?"
동전은 왜 자기가 못 쓰는 돈이 되었는지 알 수 없었어요.
동전은 그 후로도 많은 나라를 구경했어요.
하지만 그 때마다 동전은 사람들에게 푸대접을 받았어요.
"이건 우리나라 돈이 아니에요. 이런 동전은 필요 없어요."
독일 사람들도 이탈리아 사람들도 모두 고개를 내저었어요.
"필요 없는 동전은 버리는 것이 낫겠어. 땡그랑!"
마침내, 동전은 낯선 외국의 길바닥에 버려졌어요.
"아아....살려주세요. 나를 버리지 마세요."
동전은 소리쳤지만 장사꾼은 뒤도 돌아보지 않고 가버렸어요.

동전은 지나가는 사람들의 발길에 짓밟혀 흙투성이가 되었어요.

"어머나, 이건 우리나라 돈이잖아. 어떻게 길바닥에 떨어져 있지?"

낯익은 말소리가 들렸어요.

"한국 사람이구나. 한국사람!"

동전은 기뻤어요.

한국에서 공부하러 온 학생은 동전을 주웠어요. 그리고 깨끗이 닦았어요.

"아, 이 동전을 보니까 고향 생각이 나는 구나. 부모님 생각, 친구들 생각, 아름다운 산과 바다가 그립구나."

학생은 동전을 보물처럼 간직하면서 고향생각을 하고 있었어요.(*)

### (4) 중국 황제와 나이팅게일

"중국에는 아름다운 것들이 정말 많이 있군요. 그러나 그 가운데서 가장 아름다운 것은 황제 폐하의 정원에 있는 아름다운 새 '나이팅게일'입니다. 나이팅게일의 고운 노랫소리는 정말 최고입니다. 최고!"

중국 대궐을 찾아온 많은 외국 사람들은 입에 침이 마르도록 나이팅게일을 칭찬했어요.

중국 황제도 나이팅게일을 무척 사랑했어요.

"나이팅게일아! 나는 너의 노래를 듣는 것이 즐겁고 행복하단다. 내 곁에 살면서 오래오래 노래를 불러다오."

"황제님! 저도 황제님의 사랑을 받으면서 노래를 부르는 것이 행복합니다. 그리고 제 삶의 보람입니다."

나이팅게일도 황제를 무척 좋아했지요.

어느 날, 황제는 보석으로 만든 나이팅게일을 선물로 받았어요.

"오, 정말 신기하구나. 노랫소리도 진짜 나이팅게일과 똑같이 아름답도다."

황제는 사람의 손으로 만든 가짜 나이팅게일을 보고 감탄했어요.

"모조품이지만 진짜 나이팅게일보다 더 편리합니다. 태엽을 감아주면 언제든 노래를 들을 수 있습니다. 그리고 달아 날 염려도 없습니다."

황제와 신하들은 가짜 나이팅게일을 더 좋아했어요.

"하하하, 언제든 태엽을 감으면 노래를 들을 수 있으니, 진짜 나이팅게일보다 더 좋구나."

"황제님은 정말 너무 하세요. 가짜 노래 소리가 뭐가 좋다고 나를 찬밥 취급 하시다니, 정말 속상해요."

황제의 사랑을 받지 못하게 된 나이팅게일은 대궐에서 쫓겨났어요.

세월이 지나자, 황제와 신하들은 진짜 나이팅게일을 잊어버리게 되었어요.

"짤깍! 찰카닥!"

어느 날, 보석으로 만든 나이팅게일의 뱃속에서 이상한소리가 들렸어요.

"빨리 노래를 들려다오. 아무리 태엽을 감아도 왜 노래가 안 나오느냐?"

황제는 화가 났어요.

"고장이 났나 봅니다."

신하들도 어쩔 줄 모르면서 황제의 눈치만 슬슬 보았어요.

"정원에서 살던 진짜 나이팅게일은 어디로 갔을까? 살아있는 나이팅게일의 고운 노랫소리를 듣고 싶구나."

황제는 나이팅게일을 그리워하다 그만 병이 들었어요.

"나이팅게일이, 내가 잘못했구나. 어서 돌아오렴."

황제는 날마다 창문 옆에 누워서 나이팅게일을 기다렸어요.

"삐롱삐롱, 삐로로롱...."

어느 날, 정원에서 아름다운 노랫소리가 들려왔어요.

"앗, 나이팅게일아! 드디어 네가 돌아왔구나."

"황제님, 산 넘고 바다 건너 저를 좋아해주는 사람들에게 갔다 왔어요. 제 노래를 듣고 행복하고 즐거워한다면 저는 어디든 날아갈 거예요. 황제님, 옛날처럼 아름다운 노래를 들려 드릴 테니, 아프지 마시고 어서 일어나세요."

나이팅게일은 밤마다 찾아와서 황제를 위해 노래를 불렀어요.

"삐로로롱, 삐롱삐로롱...!"(*)

### (5) 검은 수탉과 빨간 수탉

"닭들이 어디로 갔을까? 닭고기 먹은 지가 꽤 됐는 걸."

사나운 독수리가 두 눈을 동그랗게 뜨고 이 곳 저 곳을 기웃거렸어요.

"요즘엔 닭들도 꾀가 많아서 잘들 피해 다니거든. 요놈의 닭들이 어디로 숨었을까?"

독수리는 닭들을 찾아 다녔어요.

그 때, 농장 한 구석에서 검은 수탉과 빨간 수탉이 서로 싸우고 있었어요.

"농장 주인은 바로 나야. 내가 이곳에서 가장 나이가 많으니까 내가 주인이다."

검은 수탉이 눈을 부릅떴어요.

"흥, 무슨 소리! 내 깃털이 안 보이니? 이곳에서 내 깃털이 가장 아름다우니까, 당연히 농장 주인은 나야. 빨리 다른 곳으로 이사 가!"

빨간 수탉은 깃털을 쓰다듬으면서 톡 쏘아댔어요.

"뭐라고? 이곳은 내 땅이야! 네가 이곳에서 떠나거라."

"어림없는 소리? 이곳에 내가 먼저 왔으니까 이 농장은 내 땅이야. 검은 색만 봐도 싫다. 빨리 다른 곳으로 떠나라. 꼬꼬댁 꼬꼬!"

검은 수탉과 빨간 수탉은 서로 싸우기 시작했어요.

"콕콕콕! 아얏, 아얏!"

"콕콕톡! 으악, 으악!"

검은 수탉과 빨간 수탉은 피투성이가 될 때까지 쉬지 않고 싸웠어요.

"아이쿠, 내 목이야! 검은 수탉 살려요! 아이쿠, 꼬꼬댁!"

검은 수탉은 빨간 수탉의 부리에 찍혀 그만 쓰러지고 말았어요.

"어서 썩 나가거라! 여긴 내 꺼야. 내 꺼라고!"

빨간 수탉은 쓰러져 있는 검은 수탉의 뒷다리를 다시 부리로 콕콕 찍었어요.

"으악, 저 빨간 수탉의 날카로운 부리를 당해 낼 수 없구나. 좋아. 오늘은 이만 가겠다. 어디 다음에 두고 보자."

검은 수탉은 절룩거리면서 농장을 나갔어요.

"야오, 드디어 검은 수탉을 농장에서 쫓아냈구나! 만세, 만세! 꼬끼오!"

빨간 수탉은 날개 짓을 하면서 소리를 질렀어요.

"하하하, 바로 이곳에 닭이 살고 있었구나. 후후후! 이제야 찾았구나."

독수리가 빨간 수탉의 소리를 듣고 재빠르게 농장으로 날아왔어요.

"어디 내 발톱 맛 좀 보아라! 캭!"

독수리는 빨간 수탉을 보자마자 날카로운 발톱으로 공격했어요.

"아이고, 내 정신 좀 봐. 독수리 녀석이 우리를 노리고 있다는 것을 깜박 잊었구나."

빨간 수탉은 후회했지만, 이미 때는 늦었지요.(*)

### (6) 키다리 아저씨의 정원

키다리 아저씨의 집에는 넓은 정원이 있었어요.

피부색과 생김새가 다른 아이들이 언제나 정원으로 놀러왔어요.

"아휴, 정말 시끄러워 죽겠구나. 얘들아, 다시는 우리 집 정원에서 놀지 말아라. 너희들이 떠드니까 머리가 아프구나."

키다리 아저씨는 정원에서 뛰어노는 아이들을 향해 소리를 쳤어요.

"아저씨, 우리들은 여기가 좋아요."

"여기서 놀게 해 주세요. 네?"

아이들이 애원을 해도 키다리 아저씨는 두 손을 내저었어요.

"안되겠어. 내 정원을 이 마을 저 마을에서 온 아이들의 놀이터로 만들 수는 없다. 아이들이 못 들어오도록 담을 높게 쌓아버릴 거야."

키다리 아저씨는 담장을 높게 쌓았어요.

그 뒤로 아이들은 담장 밖에서 놀았어요.

"휴유, 이제 살 것 같구나. 역시 아이들이 없으니까 조용하구나."

키다리 아저씨는 기분이 좋았어요.

겨울이 가고 봄이 왔어요.

담장 밖에서는 푸른 잎이 돋아나고 아름다운 꽃도 피었어요.

아이들의 웃음소리와 새들의 아름다운 소리도 들렸어요.

"하하하...삐로롱 삐로롱!"

겨울잠을 자고 있던 키다리 아저씨는 아이들의 웃음소리에 깜짝 놀라 잠을 깼어요.

"아이들이 담장을 타고 넘어왔나?"

키다리 아저씨는 창밖으로 정원을 바라보았어요.

"봄인데, 아직도 우리 집 정원에는 하얀 눈이 쌓여있다니!"

키다리 아저씨는 대문 밖으로 나가 보았어요.

"다른 곳엔 모두 봄이 와 있는데 왜 우리 집 정원에만 겨울일까?"

키다리 아저씨는 고개만 갸우뚱거렸어요.

"키다리 아저씨네 집은 아직도 겨울이래요."

"우리들을 못 들어오게 해서 그래."

"맞아, 맞아. 새들이랑 우리들이 정원에 들어가서 놀면 봄이 올 텐데."

생김새가 서로 다른 아이들은 서로 손에 손을 잡고 빙빙 돌면서 신나게 놀고 있었어요.

"그래그래, 너희들이 말이 맞구나. 얘들아, 내가 잘못했다. 어서 들어와라."

키다리 아저씨는 아이들의 말에 고개를 끄덕였어요.

"와우, 아저씨! 최고예요! 우리가 빨리 봄이 오도록 할게요."

"하하하, 짹짹, 삐롱, 삐로로롱!"

아이들이 우르르 키다리 아저씨네 정원으로 들어왔어요.

새들도 날아왔어요.

"아저씨, 이것 보세요. 아저씨네 정원에도 이제 봄이 왔어요."

아이들은 펄쩍펄쩍 뛰면서 좋아했어요.

키다리 아저씨도 신나게 노는 아이들을 보면서 흐뭇하게 웃었어요.(*)

### (7) 사람이 된 곰 아가씨

"환웅은 듣거라, 땅으로 내려가서 새 나라를 세우도록 하라."

어느 날, 하느님은 아들 환웅에게 명령을 내렸어요.

환웅은 3천명의 신하들과 함께 백두산 근처에 내려와서 나라를 세웠어요.

사람들은 환웅이 세운 나라에서 평화롭게 살았어요.

"아, 나도 사람이 되면 얼마나 좋을까?"

'나도 사람이 되고 싶어. 사람이 되어서 농사도 짓고 고기도 잡고 싶어. 어떻게 하면 사람이 될 수 있을까?"

곰과 호랑이는 사람이 되고 싶었어요.

그래서 환웅을 찾아갔어요.

"환웅님, 저희들은 사람이 되고 싶습니다. 저희들을 사람으로 되게 해 주세요."

"환웅님, 저는 사람이 되어서 아기도 낳고 바느질도 하고 싶습니다. 제발 사람으로 만들어 주세요."

호랑이와 곰은 간절하게 애원했어요.

"사람이 되려면 끈기가 있고 굳은 결심이 있어야 하느니라. 사람이 되는 길은 쉬운 일이 아니다. 고통이 따를 터인데, 그래도 참을 수 있겠는가?"

"네네, 사람만 될 수 있다면 뭐든 다 하겠습니다."

환웅은 곰과 호랑이에게 매운 마늘 20조각과 쑥 한 줌을 주었어요.

"자, 이 쑥과 마늘만 먹으면서 석 달 열흘 동안 동굴 속에서 하느님께 기도를 드리면 사람이 되느니라. 백일이 될 때까지 굴 밖으로 나와서는 절대 아니 된다."

"네, 알겠습니다."

호랑이와 곰은 그 날부터 어두운 동굴 속에서 백일기도를 시작했어요.

"아이고, 배고프고 답답해서 견딜 수 없구나. 어흥, 어흐흥! 나는 더 이상 못 참겠어."

호랑이는 3일이 되자, 동굴 밖으로 뛰어나가려고 했어요.

"안돼, 호랑이야! 참아야 해. 참아야 사람이 될 수 있다고 했잖아."

곰은 호랑이를 말렸어요.

"싫어, 쑥과 마늘만 먹으면서 어떻게 백 일을 견디냐? 난 도저히 못하겠어. 난 그냥 맛있는 고기 먹으면서 호랑이로 살겠어."

호랑이는 결국 동굴을 나가고 말았어요.

하지만 곰은 끝까지 참고 견디어냈어요.

"하느님, 제발 사람이 되게 해 주세요. 제발..."

드디어 백 일이 되었어요. 정말 신기한 일이 벌어지고 말았어요.

곰의 두시다리 둘은 발과 다리가 되고, 앞다리 둘은 손과 팔이 되는 것이었어요.

곰의 몸뚱이는 차츰 사람으로 변해갔고요.

“이럴 수가? 드디어 내가 사람이 되었어. 내 소원이 이루어졌구나. 하느님, 정말 감사합니다.”

사람으로 변한 곰은 기뻐서 어쩔 줄 몰랐어요.

“오, 너의 굳은 결심과 의지로 결국 사람이 되었구나. 정말 아름다운 아가씨가 되었도다.”

아름다운 아가씨로 변한 곰을 본 환웅은 부드럽게 웃었어요.

그 후, 환웅은 곰 아가씨를 아내로 맞이했어요. 왕비가 된 웅녀는 아들을 낳았어요.

사람들은 그 아들을 ‘단군왕검’이라고 불렀어요.

그 후, 단군왕검은 ‘조선’을 세웠대요.(*)

## 7. 지구와 환경: 동, 식물 보호 및 환경오염의 심각성 고민

### (1) 아기곰 반달이

금쟁반 같은 동그란 해님이 금잔디 밭에 금실 같은 햇살을 뿌렸어요.

노랗게 마른 잔디밭에 파릇파릇 새 잎이 돋아났어요. 다람쥐, 토끼, 노루, 꽃사슴----숲 속나라 산동네 친구들이 잔디밭으로 나왔어요.

“얘들아! 반달이는 아직도 쿨쿨 겨울잠을 자고 있나 봐.”

“반달이는 봄이 온 줄도 모르나 봐. 반달이를 깨우러가자.”

산동네 친구들은 곰바윗골을 바라보면서 아기곰 반달이를 그리워했어요.

반달이는 작년 가을 나뭇잎이 찬바람에 우수수 떨어지던 날, 곰바윗골 땅굴 속으로 겨울잠을 자러 갔어요.

“반달아! 나오너라! 봄이 왔다.”

“-------.”

“잠꾸러기 반달아! 빨리 눈을 떠라! 봄이 왔어. 봄이!”

다람쥐와 토끼와 노루와 꽃사슴은 반달이의 겨울잠을 깨우려고 큰소리로 외쳤어요.

"다람쥐야! 토끼야! 노루야! 꽃사슴아! 그 동안 많이 컸구나! 우리 반달이는 너희들한테 간다고 왕솔 나무 잔디밭으로 갔단다."

반달이 어머니가 반갑게 맞아 주었어요.

"반달이를 아직 못 봤어요. 반달이는 어디로 갔을까요?"

반달이 친구들은 걱정이 되었어요.

"우리 반달이는 어디로 갔단 말이냐? 요즈음엔 못된 사냥꾼들이 우글거린다는데----."

반달이 어머니는 울음 섞인 목소리로 말했어요.

반달곰을 사냥할 수 없는데도 사냥꾼들은 법을 지키지 않았어요. 반달이가 돌아오지 않자, 반달이 어머니와 반달이 친구들은 가슴이 바싹바싹 탔어요.

"반달아! 반달아!"

반달이 어머니와 친구들은 반달이를 부르면서 솔봉산을 헤매었어요.

"우리 반달이는 겨울잠을 깨기가 바쁘게 너희들이 보고 싶다고 눈을 비비면서 집을 나갔단다. 아이고, 이를 어쩌면 좋으냐?"

반달이 어머니는 눈물을 흘렸어요.

해가 지고 솔봉산 산봉우리 위에는 은쟁반 같은 달님이 고개를 내밀었어요.

"우웅---우웅---우우----."

바람 소리 속에서 이상한 울음소리가 들려왔어요.

"애들아! 귀를 세워 봐! 바람 소리를 들어 봐. 울음소리가 들리는 것 같아. 귀를 활짝 열고 들어 봐. 어서!"

노루가 귀를 쫑긋거리며 솔골 마을을 바라보았어요.

"꾸----우---꾸----우----."

반달이의 울음소리는 솔골 할머니네 외딴집 헛간에서 들려왔어요.

"저건 반달이의 울음소리야. 사냥꾼한테 붙잡혔어!"

"내일 새벽에 사냥꾼이 반달이를 잡아가려고 헛간에 가두어 놓았어. 내가 가서 보고 올게. 너희들은 여기서 기다려. 사냥꾼한테 들키면 사냥꾼이 총을 쏠 거야."

다람쥐가 헛간으로 달려갔어요.

이게 어찌된 일일까요?

꽁꽁 묶인 반달이가 나무 더미 속에 묻혀서 울고 있지 않겠어요?

"반달아! 반달아! 어쩌다가 사냥꾼한테 붙들렸니?"

"너희들이 보고 싶어서 왕솔 나무 잔디밭으로 가다가 함정에 빠졌어. 다람쥐야! 살려 줘!"

반달이는 눈물을 흘렸어요.

"알았어, 조금만 기다려."

"얘들아! 큰일 났어. 반달이가 사냥꾼한테 붙잡혀서 꽁꽁 묶여 있어. 빨리 산지기 할아버지한테 알리자."

"내가 갔다 올게."

달리기를 잘하는 노루와 꽃사슴이 참나무골에 있는 산지기 할아버지네 집으로 뛰어갔어요.

"꾸욱꾸욱 캥----캥---, 할아버지! 반달이를 살려 주세요. 할아버지----."

산지기 할아버지는 노루와 꽃사슴의 울음소리를 듣고 자리에서 벌떡 일어났어요.

"밤중에 산짐승이 울면 무슨 일이 생기는데----."

할아버지는 노루와 꽃사슴의 울음소리를 따라 솔골 할머니네 집으로 갔어요.

"꾸욱꾸욱----살려 주세요!"

반달곰 반달이의 울음소리를 들은 산지기 할아버지는 고함을 질렀어요.

"못된 사냥꾼 놈들아! 어서 썩 나오너라! 반달곰을 잡아가려면 나를 잡아가거라!"

산지기 할아버지의 고함소리가 솔봉산을 쩌렁쩌렁 울렸어요.

할아버지의 고함소리에 놀란 사냥꾼들은 뒷문으로 도망을 쳤어요.(*)

### (2) 은행섬에 온 갈매기들

푸른 바다 위에 은행잎처럼 생긴 아름다운 섬이 있었어요.

"이제 다 왔다. 겨울나기는 은행섬이 최고야."

"여보! 덕이의 목소리가 들리는 것 같소. 우리 빨리 갑시다."

아빠갈매기, 엄마 갈매기, 아기 갈매기는 힘껏 날개 짓을 했어요.

"와, 갈매기다! 갈매기가 왔다."

덕이는 날아오는 갈매기들을 바라보면서 깡충깡충 뛰었어요.
은행섬에 온 갈매기들은 바위 골짜기에 알 낳을 준비를 했어요.
덕이는 마른 숲을 주어다가 보금자리를 만들어 주었어요.
어느 날 밤이에요
뿌웅---뿌웅----!
기차처럼 생긴 배 한 척이 바다 가운데에 멈춰 있지 않겠어요?
"기름배에 구멍이 난 걸까? 기름이 새어 나오면 큰일인데----."
마을 사람들은 발만 동동 구르고 있었어요.
다음 날 아침이에요.
검은 기름이 점점 은행섬으로 다가오고 있었어요.
"갈매기들아! 기름 물을 먹으면 안돼!"
덕이는 갈매기들을 향해 소리쳤어요.
그 때, 갈매기 한 마리가 모래밭으로 툭! 떨어졌어요.
"갈매기야! 죽으면 안돼!"
덕이는 갈매기의 입 속에 맑은 물을 자꾸자꾸 넣어주었어요.
기름물을 먹은 갈매기는 신음소리만 낼 뿐, 눈을 뜨지 못했어요.
덕이는 기다란 장대를 들고 바닷가로 뛰어갔어요.
갈매기들은 모래밭으로 밀려 온 죽은 물고기를 먹으려고 했어요.
"안돼! 갈매기들아! 먹으면 안돼! 저리 가란 말얏!"
덕이는 장대로 갈매기들을 쫓았어요.
"끼룩끼룩---덕아! 안녕----."
갈매기들은 끼룩끼룩 소리를 내면서 멀리멀리 날아가 버렸어요.
덕이는 모래밭에 털썩 주저앉아서 소리 내여 울었어요.
"갈매기들아! 깨끗한 바다가 되면 그 때 꼭 와라!"
덕이는 푸른 바다를 바라보면서 큰소리로 말했어요.
"끼룩끼룩---"
멀리서 갈매기들의 소리가 들려오는 것만 같았어요.(*)

### (3) 나무를 심는 토끼들

숲 속 나라 토끼 마을에 벌거숭이 동산이 있었어요.

해마다 봄이 되어도 벌거숭이 동산에는 풀 한 포기, 나무 한 그루 자라지 않았어요.

"벌거숭이 동산에 푸른 옷을 입혀 줄 수 없을까?"

토끼들은 보기 흉한 벌거숭이 동산을 푸른 동산으로 만들고 싶었어요.

흰둥이, 쑥돌이, 검둥이 토끼는 식목일에 학교 뒷산으로 놀러갔어요.

"초등학교 학생들이 산에 나무를 심는다! 어떻게 나무를 심는지 지켜보자."

토끼들은 소나무 숲 속에 숨어서 학생들이 나무를 어떻게 심는지 자세히 살펴보았어요. 흰둥이, 쑥돌이, 검둥이는 토끼마을로 돌아왔어요.

"우리들도 아이들처럼 벌거숭이 동산에 나무를 심고 씨앗을 뿌리자."

"그래, 그래. 좋아. 좋아----."

토끼들은 깡충깡충 뛰면서 좋아했어요.

"우리들은 삽이랑 괭이가 없는데 어떻게 땅을 파지?"

"아기나무도 없고, 씨앗도 없는데----. 어떻게 해?"

토끼들은 머리를 맞대고 걱정을 늘어놓았어요.

"있다. 있어! 나한테 좋은 꾀가 있어! 알밤, 도토리, 호두, 밤, 감 씨를 심으면 된다. 도토리에서 싹이 나와서 자라면 도토리나무가 된다. 솔 씨를 심으면 소나무가 되고---."

"우와! 꾀돌이 흰둥이 생각이 최고다, 최고!"

"우리들은 앞발, 뒷발로 땅을 파니까, 괭이나 삽이 없어도 나무를 심을 수 있어."

"빨리 빨리 열매랑 씨앗을 모으면 벌거숭이 동산을 푸르게 만들 수 있어."

토끼들은 열매나 씨앗을 주으려고 산속으로 돌아다녔어요.

검둥이 토끼는 도토리 골로 가서 도토리를 줍고, 흰둥이는 밤골로 가서 알밤을 주웠어요. 쑥돌이는 솔밭으로 가서 솔방울을 주워 왔어요. 다른 토끼들도 풀씨랑 꽃씨를 모았어요.

"둥둥둥-----토끼들은 벌거숭이 동산으로 나오시오! 오늘 밤에 벌거숭이 동산에 나무를 심으려고 합니다. 둥둥둥----."

검둥이는 북을 치면서 외쳤어요.

동산 위에 금쟁반 같은 달님이 떠올랐어요.

토끼들은 모두 벌거숭이 동산으로 나와서 알밤을 심고, 풀씨와 꽃씨를 뿌렸어요.

보슬보슬 봄비가 몇 차례 내렸어요. 씨앗들이 초록 눈을 뜨기 시작했어요.

"얘들아! 도토리, 밤나무, 소나무----새싹들이 파릇파릇 나온다. 나와!"

토끼들은 좋아서 덩실덩실 춤을 추었어요.(*)

### (4) 인어공주의 노랫소리

불덩이 같은 해님이 이글이글 타는 여름날이에요.

민성이네 가족은 바닷가로 피서를 왔어요.

'정말로 이렇게 새파란 바닷물 속에 인어공주가 살고 있을까?'

튜브를 타고 물놀이하던 민성이는 그림책에서 보았던 인어공주가 떠올랐어요.

'천사처럼 예쁜 인어공주가 지금도 살아 살아있을 거야!'

민성이는 아름다운 인어공주를 꼭 한 번 만나보고 싶었어요.

"우르릉 쾅! 우르릉 쾅!"

그때였어요! 시커먼 구름들이 몰려들었어요. 성난 사람처럼 비바람이 몰아쳤어요.

"으악! 사람 살려! 엄마! 엄마! 살려 주어요!"

무서운 비바람이 민성이를 태운 튜브를 끌고 멀리멀리 사라졌어요.

"아아- 여기가 어디지? 아이구 머리야, 내 머리 깨진다---"

파도에 휩쓸려 온 민성이가 정신을 차리고 주위를 둘러보았어요.

"에그머니나!!"

코가 휙 삐뚤어진 해마 형제들이 보였어요.

말발굽처럼 허리가 굽은 물고기들도 지친 얼굴로 헤엄쳐 갔어요.

불가사리는 발 하나를 잃은 채 잠을 자고 있었어요.

"여긴 지옥인가 봐! 혹시 내가 죽은 게 아닐까? 아이, 어쩌면 좋아!"

민성이는 겁이 났어요.

그때 커다란 바다거북이 한 마리가 민성이에게 다가왔어요.

새까만 머리에는 주먹만한 혹들이 불룩불룩 돋아 있고, 얼굴은 상처 투성이었어요.

거북이의 머리는 만화책에서나 볼 수 있는 괴물 같았어요.

"제발-- 오지 마! 난 아무 잘못도 하지 않았단 말이야! 괴물들아! 날 좀 살려줘!"

민성이는 소리쳤어요.

"아무도 널 해치지 않아. 그런 눈으로 보지 말아다오. 괴물이라니..... 우리도 처음부터 이렇게 생겨나지는 않았단다."

바다거북이가 힘없는 목소리로 말했어요.

"그럼 왜 그렇게 흉한 모습을 하고 있어요? 큰 잘못을 짓고 벌을 받은 게 아닌가요?"

민성이는 바다거북이의 혹을 보고 고개를 돌렸어요.

"다 사람들 때문이야. 너희들이 버린 쓰레기 때문에 이렇게 바다 마을은 쓰레기장이 되었지. 불가사리는 병 조각에 발을 베었고, 석유 기름을 먹은 물고기들은 허리가 굽었어. 더러운 냄새와 병균들이 득실거리게 되었지. 해마들도 나도 모두 병에 걸리고 말았단다. 그래서 이렇게 된 거야. 우리도 예전엔 건강하고 아름다웠단다. 제발... 그런 눈으로 보지 말아다오. 흑흑...."

바다 거북이는 울먹이며 머리를 수그렸어요.

"그럼.... 인어공주는요? 인어공주도 병에 걸렸나요? 네?"

민성이는 급한 목소리로 물었어요.

"인어 공주는..... 몸만 아픈 게 아니라 마음까지 병들어 버렸단다. 너무 슬픈 나머지 집안에서 꼼짝도 하지 않아."

"만나게 해주세요! 공주님이 그런 슬픈 병에 걸리다니! 안돼요!"

민성이는 가슴이 아팠어요. 아름다운 인어 공주가 괴물처럼 흉하게 변해버리다니! 있을 수 없는 일이었어요. 가슴이 무너질 것 같았어요.

"제가 위로해 드릴 거예요! 그럼 나을지도 몰라요! 만나게 도와주세요!"

민성이가 울면서 조르자 바다 거북이는 민성이를 인어 공주가 사는 곳에 데려다주었어요.

"인어 공주님!"

민성이는 차마 눈을 뜨고 볼 수 없었어요!

인어 공주님은 코에 반창코를 붙이고 있었어요.

얼굴에도 팔에도 상처 투성이었어요.

예쁜 미소는 사라지고 슬픔만 가득한 얼굴이었어요.

"힘을 내요! 제발 슬픈 얼굴을 짓지 말아요! 제가 공주님을 얼마나 사랑하는데요!"

민성이는 인어 공주의 무릎에 얼굴을 묻고 울음을 쏟았어요.

"고맙구나! 너희들이 나를 잊지 않았다면, 아직도 나를 사랑한다면..... 바다 마을을 구해주렴. 조금만 관심을 가져주면.... 그러면 언젠가 병이 나을지도 몰라...."

인어 공주는 민성이의 머리를 쓰다듬었어요. 인어공주의 눈에서 눈물이 철철 흘렀어요.

"민성아, 어서 가렴! 가서 사람들에게 전해주겠니? 아직도 나는 민성이 같은 아이들을 사랑한다고! 울지 말아라, 아가야--- 루루루--- 아가야---"

인어공주는 힘을 내어 노래를 부르기 시작했어요.

지옥처럼 어두운 바다 마을에 인어공주의 노래가 울려 퍼졌어요.

바다 동물들도 천천히 노래를 따라 불렀어요.

"루루루--- 인어 공주님은 바다를 사랑해요--- 루루루--- 아름다운 바다---"

가느다란 햇빛이 바다 마을을 비추었어요.

민성이는 인어 공주의 따스한 손길을 받으면서 스르륵 잠이 들었어요.

"호루룩! 호루룩! 아이가 살아났다! 구급차를 불러요!!"

응급대원이 소리치자 사람들이 우르르 몰려들었어요.

모래밭에 쓰러져있던 민성이가 가만히 눈을 떴어요.

그렇지만 울부짖는 엄마의 목소리도 호루라기 소리도 들리지 않았어요.

"루루루--- 아름다운 바다를 사랑해요---"

인어 공주의 슬픈 노랫소리만 민성이의 귓가에 맴돌았어요.(*)

### (5) 아기별과 산토끼

하늘나라 별마을에 아기별이 살고 있었어요.

"아이 심심해! 같이 놀 친구가 있었으면 얼마나 좋을까?"

아기별은 친구를 찾아 밤마다 반짝반짝 금빛 날개를 펄럭이면서 나들이를 했어요.

"야호, 찾았다. 찾았어! 산토끼들이다! 산토끼들이 뭘 하고 놀까? 정말 재미있겠는걸."

아기별은 곰바위 동산에서 덩실덩실 춤을 추고 있는 산토끼들이 부러웠어요.

아기별은 곰바위 소나무 가지 위에 사뿐히 내려앉았어요.

"산토끼들아, 안녕! 나랑 같이 놀자."

아기별은 빙그레 웃으면서 말했어요.

"그래그래, 아기별아! 같이 놀자. 우리들이 노래 할께 너는 금빛 날개를 팔랑이면서 춤을 추렴."

산토끼들은 깡충깡충 뛰면서 노래를 불렀어요.

아기별은 날이 새는 줄도 모르고 밤새도록 산토끼들과 놀았어요.

아기별은 날마다 곰바위 동산으로 내려가 산토끼들과 재미있게 놀았어요.

그러던 어느 날이었어요.

"이상하다? 산토끼들이 왜 안 나왔을까? 나랑 노는 게 싫어진 걸까? 힝힝----모두들 어디로 간 거야?"

아기별은 여름동안 여행 다녀 온 것을 후회했어요.

아기별은 밤마다 땅을 내려다보면서 산토끼들을 찾았어요.

그러나 희뿌연 연기만 자욱할 뿐, 산토끼들의 모습은 보이지 않았어요.

"안되겠어. 오늘은 곰 바위 동산으로 내려가서 기다려 보는 거야."

아기별은 곰 바위로 훨훨 날아갔어요.

"콜록콜록----애취! 아이쿠, 숨 막혀----."

아기별은 기침을 하면서 주위를 두리번거렸어요.

"어? 언제 저렇게 큰 건물이 생겼을까? 도대체 뭐 하는 곳일까?"

아기별은 곰 바위 동산 근처에 있는 커다란 건물을 보고 깜짝 놀랐어요.

건물의 굴뚝에서는 뿌연 연기가 폭포처럼 쿨쿨 쏟아지고 있었어요.

"아앙---눈도 아프고 머리도 아파."

아기별은 얼굴을 찡그리면서 소나무 가지 위에 걸터앉았어요.

"부엉 부엉! 아기별아, 정말 오래간만이구나. 내가 널 얼마나 기다렸는줄 아니?"

아기별 옆에 부엉이가 날아와 앉았어요.

"부엉아! 산토끼들 못 봤니? 아무리 찾아도 없어. 다들 어디로 간 걸까? 나하고 노는 게 싫어졌나봐."

아기별은 시무룩하게 말했어요.

"그게 아니야. 네가 없는 동안 사람들이 이 근처에 정유공장을 세웠단다. 이 근처만 오면 기름 냄새 때문에 목도 아프고 머리도 아파. 아침부터 밤까지 검은 연기가 나와서 살수가 없어. 그래서 산토끼들이 모두 다른 곳으로 이사를 갔단다. 참, 내가 깜박 잊었구나. 산토끼들이 네게 주라고 나에게 맡긴 거야. 자!"

부엉이는 아기별에게 나뭇잎 편지 한 장을 건네주고 멀리 날아갔어요. 아기별은 나뭇잎 편지를 읽었어요.

〈아기별아! 우리들은 맑은 공기를 찾아 이사를 간단다. 너는 하늘에 있으니까, 우리들을 금방 찾을 수 있을 거야. 다시 만날 때까지, 안녕!〉

아기별은 나뭇잎 편지를 가슴에 품고 하늘로 올라갔어요.

아기별은 매일 밤마다 산토끼들을 찾아 해맸어요.

그러나 산토끼들은 어디에도 보이지 않았어요.

"휴우, 좀 쉬었다 가자."

도시로 나온 아기별은 멈춰 있는 자동차 트렁크 위에 가만히 내려앉았어요.

바로 그 때였어요.

"부릉---부릉!"

갑자기 커다란 소리와 함께 자동차 뒤에서 검은 연기가 콸콸 쏟아지기 시작했어요.

"아이쿠, 앞이 하나도 안보여. 힝힝----."

아기별은 눈물이 펑펑 쏟아졌어요.

"이곳에도 산토끼들은 없겠구나."

아기별은 힘없이 하늘로 올라갔어요.

아기별은 다음 날도 그 다음 날도 산토끼들을 찾아 다녔어요.

한참을 돌아다닌 아기별은 나무와 꽃들이 많은 어느 집 지붕 위에 살짝 내려앉았어요.

그 때, 현관문이 드르륵 열렸어요.

아주머니는 상자 안에 있는 물건들을 와르르 쏟았어요.

물건들은 빈 봉지와 헌 옷, 쓰레기들이었어요.

아주머니는 주위를 두리번거리다가 조심스럽게 불을 붙였어요.

"으악, 불! 불이닷!"

아기별은 소스라치게 놀랐어요.

헌 옷에 붙은 불꽃은 파득파득 소리를 내면서 활활 타오르기 시작했어요.

연기가 밤하늘로 퍼졌어요.

마당에 있는 초록 나뭇잎과 꽃들이 콜록콜록 기침을 했어요.

"꽥꽥---이크!"

아기별은 목과 눈이 아파 견딜 수 없었어요.

아기별은 비틀거리면서 하늘로 날아갔어요.

"산토끼들아! 너희들은 어디에 있는 거니?"

아기별은 한숨을 푹푹 쉬면서 회색빛 땅을 내려다보았어요.

아기별은 산토끼들과 즐겁게 놀던 때를 밤하늘에 그려보면서 쓴웃음을 지었어요.

"언제쯤 산토끼들과 다시 만나 즐겁게 놀 수 있을까? 산토끼들아! 너희들 어디 있니?"

오늘도 아기별은 금빛 날개를 팔랑이면서 산토끼들을 찾아 헤매고 있대요.(*)

### (6) 달래산 두더지

달래산 땅 속, 작은 마을에 두더지, 뱀, 들쥐, 지렁이가 사이좋게 살고 있었어요.

그러던 어느 날이었어요.

드르륵 꽝! 드르륵 꽝!

이상한 소리가 땅 속 마을에 울려 퍼졌어요.

"아휴, 시끄러워! 좀 더 겨울잠을 자려고 했는데----. 시끄럽고 숨이 막혀서 잠을 잘 수가 없구나."

두더지는 얼굴을 찌푸리면서 투덜거렸어요.

이상한 소리는 날이 갈수록 더 커졌어요.

"두더지야! 크, 큰일 났어. 뱀 네 집이 무너졌어. 뱀이 흙더미에 깔려서 꼼짝도 못해!"

들쥐가 허겁지겁 달려왔어요.

두더지와 들쥐는 뱀의 집으로 뛰어갔어요.

"아이고, 아이고-----나 죽네! 얘들아! 나 좀 살려 줘-----!"

뱀은 머리만 내민 채, 흙더미 속에서 울부짖었어요.

"조금만 기다려."

"우리가 도와줄게."

두더지와 들쥐는 흙더미를 치웠어요.

"휴우, 살았다! 향긋한 봄 내음도 못 맡고 흙더미 속에 파묻히는 줄 알았어. 그런데 말야. 정말 이상해. 달래 산에 이런 일이 없었는데 요즘은 땅이 자꾸만 가라앉고 눌려서 숨도 제대로 못 쉬겠어. 무슨 일이 생긴 게 아닐까?"

뱀은 흔들거리는 천장을 보면서 걱정스럽게 말했어요.

"혹시 땅 위에 폭탄이라도 떨어진 게 아닐까? 땅 속에서 이상한 냄새도 나고, 흙 속에 있던 물도 점점 말라 버리고 있어. 정말 무서워 죽겠어."

들쥐는 몸을 바르르 떨었어요.

"얘들아! 내가 알아보고 올게."

두더지는 용기를 내어 말했어요. 두더지는 땅위로 나가는 문을 열었어요. 그 순간, 굴 문이 와르르 무너져 버리는 게 아니겠어요?

"아이쿠! 머리야!"

두더지는 머리를 움켜쥐었어요.

"영차, 영차!"

두더지는 다른 쪽 굴을 팠어요.

그러나 이번에도 흙더미가 내려앉아 나갈 수가 없었어요.

두더지는 겨우 구멍을 뚫고 밖을 내다보았어요.

"휴우, 이제야 살겠구나!"

두더지는 숨을 크게 내쉬고 조심스럽게 땅 위로 올라갔어요.

"까악! 괴----괴물이닷!"

두더지는 땅을 파헤치는 커다란 기계들을 보고 뒤로 벌렁 넘어졌어요.

두더지는 소나무 뒤로 재빠르게 숨었어요.

이 쪽 저 쪽에서 땅 파는 기계들이 로봇처럼 움직였어요.

드르륵 꽝! 드르륵 꽝!

바위가 무너지고 나무들이 쓰러졌어요.

두더지는 어리둥절했어요.

그 때, 사람들의 목소리가 들렸어요.

"황사장님! 일이 척척 잘 되고 있습니다. 다른 때보다 봄이 일찍 찾아와서 일하기에 아주 좋습니다."

"허허----이 산을 우리나라 최고의 골프장으로 만드는 것이 내 꿈이오. 땅에는 금잔디를 깔고, 산허리를 잘라 도로도 만들고, 최고급 오락시설도 만들고-----그럼, 관광객들이 밀물처럼 밀려오겠지. 하하하-----."

황사장은 통통한 배를 만지면서 큰소리로 웃었어요.

"아---네네! 곧 돈방석에 앉으실 겁니다요. 헤헤."

노란모자를 쓴 남자는 황사장의 뒤를 따라가면서 덩달아 웃었어요.

"어떻게 이런 일이-----?"

두더지는 땅바닥에 털썩 주저앉고 말았어요.

"두더지야! 사람들한테 들키면 어쩌려고 나왔니?"

지나가던 다람쥐가 두더지를 보고 깜짝 놀랐어요.

"두더지야! 너도 빨리 이사 가렴. 달래산이 엉망이 되었어. 벌써 많은 친구들이 이사를 갔단다. 나도 지금 머루 산으로 이사 가는 중이란다."

다람쥐는 속삭이듯 말하고 상수리나무 뒤로 사라졌어요.

"참, 내 정신 좀 봐! 친구들에게 이 소식을 빨리 알려 줘야지."

두더지는 정신이 번쩍 들었어요.

"어? 내가 어디로 나왔지? 굴 문이 어디 있었지? 이거 큰일 났는걸."

두더지는 두 눈을 동그랗게 뜨고 주위를 두리번거렸어요. 그러나 아무리 찾아도 뚫고 나왔던 구멍은 보이지 않았어요. 이곳저곳에 파헤쳐진 흙더미만 쌓여 있었지요. 두더지는 앞이 캄캄했어요.

"집으로 가는 길을 잃어버리다니----.이를 어쩌면 좋아."

두더지는 식은땀이 났어요.

"친구들아! 뱀아! 들쥐야! 지렁아! 어디 있니?"

두더지는 땅에 엎드려서 큰소리로 친구들을 불렀어요.

"얘들아! 빨리 떠나라! 여기 있다가는 모두 죽는다. 죽어!"

두더지는 땅에 입을 바싹대고 소리쳤어요.

커다란 기계들은 편편한 쇠손바닥으로 파헤친 흙더미를 꾹꾹 눌렀어요.

"뱀아, 들쥐야, 지렁아! 빨리 도망 가! 빨리!"

두더지는 음을 삼키면서 친구들의 이름을 불렀어요.

그러나 천둥 같은 기계소리만 들릴 뿐, 친구들의 목소리는 들리지 않았어요.

"헤헤-----저기 웬 떡인가? 두더지로군. 저 놈을 잡아서 팔아야 겠다. 얼마나 받을까?"

두더지를 발견한 사람은 두더지 목에 밧줄을 걸었어요.

"아앗!"

순간, 두더지는 정신이 아찔했어요.

"으흐흐흐-----"

몸부림치며 밧줄에서 벗어나려고 안간힘을 썼어요.

"으윽----빨리 도망가자."

겨우 밧줄에서 빠져 나온 두더지는 정신없이 도망쳤어요.

한참을 달린 두더지는 다리에 힘이 쭉 빠졌어요.

어느 덧, 달래산에 어둠이 가만가만 내려앉고 있었어요.

두더지는 수풀 속에 털썩 주저앉았어요.

"들쥐야! 뱀아! 지렁아! 너희들 어디 있니? 친구들아! 어디 있어? 너희들 빨리 도망가라, 빨리 도망가! 그림처럼 아름답던 달래산은 이제 죽음의 산이 되어버렸어. 친구들아!"

두더지는 희미하게 뜬 별님을 바라보면서 나지막이 말했어요.

두더지는 보금자리였던 달래산에서 친구들과 재미있게 살았던 때를 생각했어요.

별빛에 비친 두더지의 눈물방울이 어둠 속에서 반짝거리고 있었어요.(*)

### (7) 강과 산을 만든 거인

"어머나, 이걸 어쩌면 좋아! 아바마마, 어마마마! 내 반지를 찾아 주세요!"

하늘나라 공주님이 어느 날, 금반지를 땅 나라로 떨어뜨렸어요.

"공주야, 땅으로 떨어진 반지를 어떻게 찾겠느냐? 하늘나라에서 땅까지는 너무 멀단다. 그리고 땅은 진흙으로 되어 있어서 반지가 떨어지면 진흙 속에 묻혀 버릴 텐데, 무슨 재주로 반지를 찾겠느냐? 다른 금반지를 줄 테니, 그걸 끼어라."

임금님은 공주를 달랬어요.

"싫어요. 싫어요! 내 금반지를 찾아주세요. 어엉, 어엉! 나는 다른 금반지는 열 개, 백 개, 천 개 있어도 싫단 말이에요!"

공주는 땅으로 떨어진 금반지를 찾아내라고 한 달 동안이나 울었어요.

"공주의 울음소리 때문에 하늘나라가 온통 시끄러워서 못 살겠구나. 이 일을 어쩌면 좋을꼬?"

임금님이 걱정을 하고 있을 때, 거인이 찾아왔어요.

"제가 공주님의 금반지를 찾으러 땅으로 내려가겠습니다."

"정말 네가 찾을 수 있단 말이냐? 좋아, 그럼 어서 내려가도록 하라."

임금님은 기뻤어요.

거인은 기다란 사닥다리를 놓고 땅으로 내려갔어요.

땅은 발이 푹푹 빠지는 진흙투성이였어요.

"공주님의 반지가 어디에 묻혔을까?"

거인은 손으로 진흙바닥을 파서 쌓아놓기도 하고, 깊게 파기도 했어요.

그리고 손으로 진흙을 주무르면서 편편하게 만들기도 했어요.

거인은 며칠 동안 금반지를 찾았어요.

"도대체 어디로 간 걸까? 아무리 찾아도 눈에 보이지 않으니, 이를 어쩌지?"

거인은 한숨을 푹푹 내쉬었어요.

"더 찾아보자. 아름다운 공주님이 우는 모습은 정말 싫어. 으쌰, 으쌰!"

거인은 땀을 뻘뻘 흘리면서 금반지를 찾기 시작했어요.

"앗, 찾았다! 찾았어! 드디어 공주님의 금반지를 찾았어!"

거인은 좋아서 펄쩍펄쩍 뛰었어요.

"빨리 공주님께 갖다 드리자. 영차, 영차!"

거인은 사닥다리를 타고 하늘나라로 올라갔어요.

그 후, 땅 나라에 비가 오고, 눈이 오고, 바람이 불었어요.

거인이 쌓아올린 진흙더미는 산이 되고, 깊게 파 놓은 곳은 강이 되었어요.

그리고 골짜기도 되었고, 손으로 편편하게 만든 곳은 들판이 되었어요.

산과 강과 바다와 들과 골짜기가 만들어지면서 땅 나라에는 풀과 꽃과 나무가 자라게 되었대요.(*)

## 8. 기타

### (1) 소금이 나오는 맷돌

마을에 이상한 소문이 돌았어요.

"글쎄, 우리 고을 사또님 집에는 이상한 맷돌이 있다고 해요."

"어떤 맷돌이길래, 만나는 사람마다 소곤소곤 야단들이오?"

"정말 신기한 맷돌이래요. 돈 나오라 하면 맷돌이 달달달 돌아가면서 돈을 쏟아 놓고, 쌀 나와라 하면 쌀이 쏟아져 나온대요. 뭐든지 나오라고만 하면 맷돌이 뱅글뱅글 돌아가면서 쏟아낸다고 해요."

마을 사람들은 사또가 가지고 있는 신기한 맷돌을 보고 싶었어요.

"여봐라! 맷돌을 도둑맞지 않도록 단단히 문을 잠그어라."

사또는 신기한 맷돌을 도둑맞을 까봐 문을 꼭꼭 잠그도록 했어요.

이상한 맷돌 이야기는 점점 더 소문이 퍼졌어요.

"사또가 갖고 있는 맷돌만 훔쳐 낸다면, 우리들은 도둑질 않고도 큰 벼락부자가 될 걸세."

"에라, 이사람아! 맷돌을 훔쳐 내는 건 도둑질이 아닌가? 하하하----."

"도둑질을 한 번만 하면 된단 말일세. 오늘 밤에 사또의 맷돌을 훔치러 가세, 요번 한 번으로 도둑질을 끝내세. 이번 일만 성공하면 우리들도 도둑놈 소리 안 듣고, 잘 살 수 있어."

어느 날 밤, 산 도둑들은 사또의 맷돌을 훔치려고 마을로 내려왔어요.

도둑들은 사또네 나무 자리에 불을 질렀어요.

"불, 불이야! 불이야!"

사또네 식구들과 포졸들은 깜짝 놀랐어요. 모두들 불을 끄려고 정신이 없었어요.

"으하하하하-----우리는 이 기회에 살짝 맷돌을 훔치자."

"그래 그래---.헤헤헤----."

도둑들은 사또와 포졸들이 불을 끄러 간 사이에 맷돌을 훔쳐냈어요.

"야하! 우리들도 이제는 부자가 된다!"

"자자, 빨리 달아나자. 육지에 있다가는 포졸들한테 붙잡힐 테니, 멀리멀리 배를 타고 바다로 달아나세. 하하하!"

도둑들은 좋아서 입이 귀밑까지 찢어지게 웃었어요.

"바다로 가서 뭘 어떻게 하지?"

"섬에 가서 사세. 섬에 가서 숨어 살면 사또가 어떻게 우리를 붙잡겠나? 자, 빨리 가세."

도둑들은 이상한 맷돌을 들고 배를 탔어요. 배가 넓고 넓은 바다 한 가운데 쯤 왔을 때에요.

"이보게, 정말 맷돌에서 뭐가 나오는지 한 번 돌려 보세."

"좋아 좋아. 요즘 소금 값이 비싸니까, 소금을 나오게 하면 어떨까?"

"그래 그게 좋겠군. 소금이 나오면 배에다 가득 싣고 가서 팔면 큰 부자가 될 걸세."

도둑들은 박수를 쳤어요.

"맷돌아! 맷돌아! 소금을 만들어 보아라. 얏!"

"돌돌돌----돌돌돌----달달달----달달달-----."

맷돌이 빙글빙글 돌아가기 시작했어요. 맷돌은 금방 하얀 소금을 쏟아냈어요.

"우하하하----소금이 정말로 나왔구나. 나왔어!"

도둑들은 기뻐서 어쩔 줄을 몰랐어요. 맷돌은 뱅글뱅글 돌아가고, 소금은 자꾸자꾸 쏟아져 나왔어요.

"앗, 큰일 났다! 소금이 너무 많이 나와서 배가 한 쪽으로 기울어지고 있어. 그만 맷돌을 멈추도록 하자."

"근데, 어떻게 해야 하는 거지?"

"자---내가 한 번 해볼게. 맷돌아, 맷돌아! 그만 멈추어라."

그러나 맷돌은 멈추지 않았어요.

"안돼, 그만 나오란 말야!"

"제발 멈추어라. 맷돌아!"

도둑들이 아무리 소리를 지르고 맷돌을 붙잡아도 소용없었어요. 맷돌은 자꾸자꾸 돌아가고 소금은 계속 쏟아져 나왔어요.

"으악! 사---사람 살려!"

마침내, 배가 뒤집혀지고 말았어요.

도둑들과 맷돌은 모두 바닷 속 깊이깊이 빠졌어요.

"돌돌돌---달달달----."

맷돌은 쉬지 않고 돌면서 소금을 자꾸자꾸 만들어냈어요.

맷돌에서 나온 소금은 바닷물에 녹았어요.

몇 천만 년을 두고 맷돌은 빙글빙글 돌면서 소금을 만들었어요.

그래서 바닷물은 소금물이 되어 지금도 짜대요.(*)

### (2) 호랑이와 곶감

산과 들에 눈이 하얗게 내렸어요.

"어허! 춥고, 배고프고---정말 떨리는구나. 오늘밤에는 뭘 먹을까? 산 밑에는 먹을 것이 있을지 몰라."

굶주린 호랑이는 어슬렁어슬렁 마을로 내려왔어요.

"으앙---으앙! 힝힝!"

호롱불이 켜진 초가집 방안에서 아이가 울고 있었어요.

"갑동아! 갑동아! 제발 울지 마라. 갑동아."

어머니는 진땀을 빼면서 갑동이를 달래고 있었어요.

호랑이는 방문 앞에 쭈그리고 앉아 있었어요.

"옳지! 아이를 잡아가야지."

호랑이는 군침을 삼키면서 기회를 노리고 있었어요.

"으앙---으앙----으앙!"

아이는 더 큰소리로 울었어요.

"갑동아! 너는 어쩌자고 밤만 되면 우느냐? 네가 울면 호랑이가 와서 널 잡아간단다. 어서 울음 뚝, 그쳐라. 어서!"

"호랑이? 올 테면 오라고 해! 하나도 안 무서워. 내가 발로 뻥 차버리면 되잖아. 으앙 으앙!"

호랑이는 제 이야기가 나오자 귀를 쫑긋 세웠어요.

'허허, 그 놈 참 대단한 놈이구나. 나를 발로 차겠다고? 건방진 놈 같으니라고!'

호랑이는 이맛살을 찌푸렸어요.

"갑동아! 곶감 하나 줄게. 울지 마라. 응, 갑동아!"

"-------."

어머니의 말에 갑동이는 울음을 뚝 그쳤어요.

'히야, 곶감이란 놈이 뭔데 그럴까? 허허, 나도 무서워하지 않는 녀석이 울음을 뚝 그칠까? 곶감이란 놈은 정말 대단한 가 보다. 곶감이 오기 전에 빨리 숨어야겠다.'

호랑이는 사방을 두리번거리다가 외양간으로 숨었어요.

바로 그 때, 외양간 대들보 위에는 소도둑이 숨어 있었어요.

'옳지, 이제 암소가 들어오는구나. 암소를 타고 달아나자.'

소도둑은 호랑일 등 위로 뛰어내렸어요.

'아이쿠, 내가 곶감한테 걸렸구나. 이놈의 곶감이 나를 잡아먹으려고 내 등에 찰싹 붙었구나. 아이고---이를 어쩌나? 이놈을 떼어 버려야 하는데----.으랏차---빨리

도망가자.'

깜짝 놀란 호랑이는 산으로 달려갔어요.

캄캄한 외양간에서 밖으로 나온 도둑은 간이 콩알만 해졌어요.

'이크, 이럴 수가? 이건 호랑이잖아? 나는 호랑이 등에 업혀서 산으로 가고 있구나. 날이 밝으면 호랑이의 밥이 되겠지. 어떻게 하면 호랑이 몰래 호랑이 등에서 도망칠 수 있을까?'

소도둑은 달려가는 호랑이의 등에서 떨어지지 않으려고 호랑이의 등을 꾹 움켜잡았어요.

'하느님! 한 번만 용서해 주십시오. 다시는 도둑질 않겠습니다. 하느님, 목숨만 살려 주십시오.'

소도둑은 정신을 바짝 차리면서 하느님에게 빌었어요.

'아이쿠, 곶감아! 이놈아, 이젠 제발 내 등에서 떨어져라! 제발----.'

호랑이는 호랑이대로 등허리에 달라붙은 곶감을 떼어버리지 못해서 몸부림을 쳤어요.

'아, 날이 밝아 오는구나. 빨리 호랑이 등에서 달아나야겠다.'

소도둑은 나무가 우거진 길을 가다가 두 손으로 나뭇가지를 붙잡았어요.

그 바람에 호랑이는 앞으로 쑥 빠져 나갔어요.

"휴우, 이제야 내 등에서 떨어졌구나. 아, 이제 살았다. 살았어. 곶감이 또 따라올지 모르니 빨리 달아나자."

호랑이는 산속으로 달아났어요.

소도둑은 이마에 맺힌 땀방울을 닦으면서 긴 한숨을 내쉬었어요.

다음 날, 호랑이는 토끼를 만났어요.

"토끼야! 너는 이 세상에서 제일 무서운 게 뭐냐?"

"호랑이 아저씨지요."

"이 놈아! 틀렸다. 이 세상에서 가장 무서운 놈은 곶감이란다. 곶감!"

호랑이는 어젯밤에 있었던 이야기를 토끼에게 들려주었대요.(*)

### (3) 쌀이 나오는 바위

용마산 용바위 아래, 용바윗골 할머니가 살고 있었어요.

할머니는 굶기를 밥 먹듯이 했어요.

"아이고, 부처님께 비옵니다. 죄 많은 사람들을 용서해 주시고 단비를 내려 주시옵소서. 부처님께서 우리들을 불쌍히 여기시고 구원해 주소서."

용바윗골 할머니는 부처님께 빌고 또 빌었어요.

어느 날 아침, 할머니는 기도를 드리다가 방바닥에 쓰러지고 말았어요.

"노인은 들을 지어다!"

방안 가득히 은은하게 울려 퍼지는 인자한 소리에 할머니는 살며시 눈을 떴어요.

"노인의 정성이 지극하여 부처님께서 나를 보내셨소. 나는 노인을 구하려고 온 관음보살이오."

하얀 호로병을 든 관음보살님이 빙그레 웃고 있었어요.

"정---정말입니까? 관음보살님께서 여기까지 와 주시다니, 정말 감사드립니다."

할머니는 무릎을 꿇고 절을 했어요.

"내 말을 똑똑히 들으시오. 내가 쌀 세 톨을 줄 테니, 그것을 용 바위 아래에다 심으시오. 그러면 그 후로는 아침, 점심, 저녁 쌀 걱정은 하지 않아도 될 것이오."

"관음보살님! 정말입니까?"

할머니는 큰 소리로 관음보살을 부르다가 정신이 번쩍 들었어요.

"아니, 정말 쌀 세 톨이 내 손에 놓여 있구나."

"옳커니! 이건 보통 일이 아니구나. 관음보살님의 말씀대로 해야겠구나."

할머니는 쌀 세 톨을 용 바위 아래 풀밭에다 심었어요.

할머니는 점심때가 되어 용 바위 아래로 가 보았어요.

이게 웬일입니까?

용 바위 아래에 하얀 쌀 한 됫박이 놓여있지 않겠어요?

"아이고----부처님의 은혜 평생을 두고 잊지 않겠습니다."

할머니는 큰절을 했어요.

그 후, 할머니는 용 바위 아래로 가서 쌀을 갖다가 밥을 지어 먹었어요.

"후후---정말 배부르구나. 이제 쌀 걱정하지 않아도 되는구나."

몇 달이 지났어요. 할머니는 이제 게으름뱅이가 되어 낮잠만 잤어요.

정성스럽게 믿던 부처님도 모른 척 했고요.

"에그머니나! 내가 왜 진작 이런 생각을 못했을꼬?"

어느 날, 할머니는 손뼉을 탁 쳤어요.

"하루에 세 되씩 용바위 아래에 가서 쌀을 가져 올 게 아니라 열두 번씩 가서 가져오자. 쌀을 자꾸자꾸 갖다가 모아 두면 난 부자가 될게 아니야."

할머니는 부자가 되고 싶었어요.

할머니는 다음날도 그 다음날도 쌀을 열 두 번씩 가져와서 모아두었어요.

마을은 또 다시 가뭄이 들었어요. 굶는 사람들이 늘어갔어요.

"할머님! 쌀 한 말만 꾸어 주세요. 내년 농사를 지어서 곱으로 갚겠어요."

"에잉, 쯔쯧! 누가 그 소리를 믿는담? 내년에도 흉년이 들면 내가 꾸어준 아까운 쌀을 누구한테 받누? 당신들 꾸어 줄 쌀은 우리 집에 없으니 어서 가시오. 어서 가!"

할머니는 팔을 내저으면서 고개를 흔들었어요.

"할머니, 너무 하십니다. 쌀가마니로 성을 쌓고 살면서 이럴 수가 있소?"

"흥, 쓸데없는 소리 말고 어서 썩 나가요. 에잉!"

할머니는 배고픈 사람들에게 쌀 한 톨도 나누어주지 않았어요.

"후후---오늘도 쌀을 가져와야겠구나."

할머니는 쌀 망태를 들고 용 바위 아래로 갔어요.

"아니, 이게 어찌된 일인가? 도둑떼 같은 놈들이 찾아와서 귀찮게 굴더니 쌀이 안 나오는구나. 이런 부정이 탄 게야."

할머니는 한숨을 푹푹 내쉬었어요. 바로 그 때였어요.

"휘잉---휘잉----휘잉----."

회오리바람이 불어와서 용 바위 밑에 있는 쌀가마니들을 하늘 높이 날려 버리지 않겠어요?

"아이고---내 쌀! 아이고---내 쌀!"

할머니는 울부짖으며 몸부림을 쳤어요.

"앗!"

뒤로 벌렁 넘어진 할머니는 산 아래로 데굴데굴 굴러갔어요. 데굴데굴 굴러가던 할머니는 어느새 조약돌이 되어 산 밑에 있는 강 속으로 풍덩 빠지고 말았대요.(*)

### (4) 쥐구멍으로 들어 간 족제비

족제비 한 마리가 살고 있었어요.

족제비는 먹을 것이 없어서 굶기를 밥 먹듯이 했어요.

"아이고, 배고파----."

족제비의 몸은 야위어서 날씬해졌어요. 배는 등에 찰싹 붙고, 허리는 길게 늘어져 있었어요.

어느 날, 족제비는 먹을 것을 찾아다니다가 곡식이 있는 창고를 발견했어요.

"옳지! 이 창고 속에만 들어가면 한평생 굶지 않고 살겠구나! 어--어떻게 들어갈까?"

족제비는 창고를 빙빙 돌면서 생각했어요.

"아하, 저---쥐구멍으로 들어가면 되겠구나."

족제비는 쥐구멍을 발견했어요. 족제비는 몸집이 가늘었기 때문에 쥐구멍으로 들어갈 수 있었어요.

"히야! 평생 동안 먹고도 남을 만큼 먹을 것이 많구나."

족제비는 좋아서 어쩔 줄을 몰랐어요.

"이렇게 좋은 곳이 있었는데 굶었다니! 이제 이곳은 내 세상이다. 하하하."

족제비는 먹고 자면서 편안하게 지냈어요.

"냠냠냠---정말 배부르구나."

족제비의 뼈만 남은 몸은 살이 포동포동 쪘어요.

"히히---먹고 자고, 자고 먹고---너무너무 좋구나. 왜 진작 이런 곳을 발견하지 못했을까?"

족제비는 살찐 뚱뚱보가 되었어요.

"덜컹덜컹----짤가닥!"

그때, 창고 주인이 곡식 가마니를 꺼내려고 창고 문을 열었어요.

"아이쿠, 큰일 났다. 빨리 달아나야 겠어. 창고 안에 있다가 사람들에게 잡히면 큰일 난다."

족제비는 제가 들어왔던 쥐구멍으로 빠져 나가려고 했어요. 그러나 뚱보가 된 족제비는 도저히 쥐구멍으로 빠져 나갈 수가 없었지요.

"히잉---쥐구멍이 왜 좁아졌을까? 들어올 때는 넓었었는데----?"

족제비는 밖으로 나가지 못하고, 창고 구석에 숨었어요.

"휴유, 겨우 살아났구나. 다음에 주인이 또 올 텐데----. 그땐 어떻게 빠져 나갈까?"

족제비는 다시 쥐구멍으로 머리를 넣어보았어요.

"이크----왜 안 들어갈까? 왜 갑자기 구멍이 작아진 걸까?"

족제비는 고개를 갸우뚱거렸어요.

"헤헤----바보 족제비야! 쥐구멍이 좁아진 게 아니라 네가 뚱뚱이가 되어서 그래. 쥐구멍으로 빠져 나가려면 옛날처럼 굶어서 살을 빼어야 할 걸. 하하하."

그 때, 쥐구멍 속에서 눈을 빼곰이 내밀고 생쥐가 말했어요.

"뭐라고? 먹을 것을 이렇게 쌓아두고 굶긴 왜 굶니? 말도 안 되는 소리 말아라."

족제비는 화를 버럭 냈어요.

"사람들한테 잡히지 않으려면 넌 굶어야 해. 내 말 잘 들어라. 찍찍찍!"

생쥐는 족제비를 놀리고 달아나 버렸대요. (*)

### (5) 푸른 새와 늑대

"나도 호수 속의 푸른 물처럼 푸른 새가 되었으면..."

잿빛 깃털을 가진 새는 푸른 호수를 바라보면서 꿈같은 생각을 했어요.

"푸른 물을 마시고, 푸른 물을 바라보고, 푸른 물로 목욕을 하면, 어쩌면 나도 푸른 새가 될지 몰라."

잿빛 새는 푸른 새가 되려고 호숫가에서 살았어요.

잿빛 새는 날마다 날마다 푸른 물로 목욕을 했어요.

"어머나! 내 잿빛 깃털이 모두 빠져 버렸네!"

벌거숭이가 된 잿빛 새는 그만 깜짝 놀랐어요.

"히잉, 난 어떡하면 좋아!"

벌거숭이가 된 잿빛 새는 흐느꼈어요.

벌거숭이 잿빛 새가 걱정을 하고 있을 때, 신기한 일이 벌어졌어요.

글쎄, 몸에서 푸른 깃털이 뾰족뾰족 나오기 시작하는 거예요.

"피롱피롱! 드디어 내가 푸른 새가 되었다. 피롱피롱!"

잿빛 새는 마침내 푸른 새가 되었어요.

푸른 새는 너무너무 행복하고 즐거웠어요.

"푸른 새야! 푸른 새야! 너는 어떻게 해서 푸른 새가 되었니? 나도 너처럼 푸른 빛깔의 늑대가 되고 싶어. 나에게도 가르쳐 줘."

잿빛 늑대는 푸른 새에게 졸랐어요.

"호숫가에 살면서 매일 푸른 물을 마시고 푸른 물로 목욕하고...."

푸른 새는 늑대에게 친절하게 가르쳐주었어요. 늑대는 푸른 새가 가르쳐 준대로 했어요.

"히야, 나도 푸른 빛깔의 늑대가 되었구나! 정말 멋진데!"

늑대는 신바람이 나서 춤을 추었어요.

"내가 여기 이렇게 있을 때가 아니지. 이렇게 멋진 푸른 옷을 입었는데, 다른 늑대들에게 빨리 자랑해야지. 아마 푸른 옷을 입은 나를 모두 존경하고 부러워할 거야. 빨리 숲으로 가자."

늑대는 바람처럼 달리기 시작했어요.

"아이쿠, 쿵! 아얏!"

늑대는 급한 마음에 달려가다가 그만 고목나무에 머리를 부딪치고 말았어요.

"텅! 으악!"

늑대는 잿빛 진흙바닥으로 나동그라졌어요. 잿빛 진흙이 늑대의 몸뚱이에 묻었어요.

"몰라, 몰라! 난 몰라! 어떡하면 좋아? 흐흐흥...흐흐흐!"

푸른 빛깔이었던 늑대는 다시 옛날처럼 잿빛 늑대가 되었대요(*)

### (6) 젊어지는 샘물

깊은 산골에 할머니와 할아버지가 살고 있었어요.

바로 뒷집에는 욕심쟁이 할아버지도 살았고요.

어느 날, 할아버지는 산 속으로 나무를 하러 갔어요.

"밤이 깊었는데, 왜 돌아오지 않을까? 무서운 호랑이라도 만난 건 아닐까?"

할머니는 걱정이 되어 뒷집 욕심쟁이 할아버지를 찾아갔어요.

"영감님, 우리 집 영감님이 아직 산에서 돌아오지 않았어요. 나 혼자서는 무섭고, 나랑 함께 우리 영감 좀 찾으러 갑시다. 네!"

"에잉, 이런 캄캄한 밤중에 어디, 산에를 가자는 말이오? 말도 안되는 소리를 하고 있구만요. 호랑이라도 만나면 우리 모두 호랑이 밥이 될 텐데..."

욕심쟁이 할아버지는 고개를 세차게 내저었어요.

할머니는 어쩔 수 없이 혼자 등불을 들고 산 속으로 들어갔어요.

"영감님! 영감님! 어디 계세요! 저 왔어요."

할머니는 소리쳤어요.

"할멈, 나 여기 있소."

"아니, 웬 젊은이 목소리인가? 우리 영감님 목소리가 아닌데."

할머니는 들려오는 젊은이 목소리에 사방을 두리번거렸어요.

"할멈, 나라니까!"

웬 젊은 총각이 나뭇짐을 지고 걸어오는 것이 아니겠어요.?

"에그머니나! 젊은 총각이 장난이 심하구려. 우리 영감 못 보았소?"

"여보, 나요. 나! 나라니까."

"..........."

젊은 총각의 말에 할머니는 귀신에 홀린 듯 했어요.

"어디 가까이 얼굴이나 좀 봅시다."

할머니는 등불을 젊은이의 얼굴에 가져갔어요.

"아이쿠, 이게 웬 일이오? 젊었을 때 영감 얼굴이 맞긴 맞네요."

할머니는 깜짝 놀랐어요.

"할멈, 내가 이상한 샘물을 먹고 이렇게 젊어졌지. 할멈도 나랑 같이 가서 신기한 샘물을 마시자고."

"도대체 무슨 소리를 하건 건지. 지금 꿈을 꾸고 있는 건 아닌지..."

"어서 집에 갑시다. 내가 자세한 이야기를 들려 줄 테니."

총각이 된 할아버지는 할머니와 함께 집으로 돌아왔어요.

"나무를 하다가 목이 말라서 샘물을 찾는데, 예쁜 새 한 마리가 날아와 맑은 옹달샘을 가르쳐 주지 않겠소? 그 샘물을 먹었더니, 이렇게 되었소."

"참말이오?"

"그렇다니까. 당신도 날이 밝으면 함께 갑시다."

다음날 아침, 할머니는 할아버지를 따라서 옹달샘으로 갔어요.

"영감, 나 어때요? 정말 젊어졌어요?"

"하하하, 할멈! 완전 아가씨가 되었구만. 너무 아름다운 아가씨가 되었어."

"정말이에요? 호호호."

할아버지와 할머니는 덩실덩실 춤을 추었어요.

그 소식을 들은 뒷집 욕심쟁이 할아버지가 찾아왔어요.

"여보게, 그 샘물이 어디 있는지 나 좀 가르쳐 주게. 나도 젊어지고 싶어."

"큰 소나무 밑, 바위 아래, 옹달샘이 있다네. 그 물을 마시면..."

할아버지는 친절하게 가르쳐주었어요.

"알았네. 빨리 달려가서 그 물을 먹고 오겠네. 흐흐 생각만 해도 좋은걸."

욕심쟁이 할아버지는 휘파람을 불면서 어린아이처럼 쏜살같이 뛰어갔어요.

"올 때가 되었는데 왜 아직 안 올까?"

"그러게 말이에요. 우리가 찾으러 갑시다."

젊어진 할아버지와 할머니는 옹달샘으로 달려갔어요.

"으앙으앙....응애응애!"

옹달샘 가에서 웬 어린아이가 울고 있었어요. 욕심쟁이 할아버지 옷 속에서 말이지요.

"어머나, 뒷집 영감이 아기가 되었네요. 샘물을 너무 많이 먹었나 봐요."

"그러게 말이오. 우리가 데려다 키웁시다. 하하하."

젊어진 할아버지와 할머니는 아기가 된 욕심쟁이 할아버지를 안고 집으로 왔어요.(*)

### (7) 참새와 파리

참새가 파리를 잡아먹으려고 쫓아다녔어요.

"참새야! 내가 무슨 죄를 지었다고 나를 잡아먹으려는 거니?"

"하하하, 너는 죄를 지었어도 아주 많이 지었단다. 그걸 모른단 말이냐?"

참새는 파리에게 호통을 쳤어요.

"나는 죄 지은 일이 없다."

"파리야! 네 죄를 내가 말해 줄 테니, 똑똑히 들어라."

참새는 두 눈을 지그시 감으면서 입술에 힘을 주었어요.

"첫째, 너는 똥을 싸도 심술을 부린단 말이야. 검은 곳에서 하얀 똥을. 하얀 곳에서는 검은 똥을 싸고, 둘째! 음식을 차려 놓으면 주인이 먹기도 전에 네 놈이 냉큼 와서 먹고, 셋째! 앵앵 소리를 지르면서 더러운 발로 어른들의 머리와 얼굴을 밟고 다니는 놈이 무슨 딴 소리냐? 너는 죄를 많이 지었다. 아직도 그걸 모르겠느냐?"

"흥, 무슨 소리! 너도 죄를 많이 지었어. 내가 참새 너의 죄를 말할 테니 똑똑히 들어라."

파리도 지지 않고 맞섰어요.

"첫째, 너는 농부들이 땀을 흘려서 지어 놓은 곡식을 익기도 전에 까먹고, 둘째, 아무데나 찍찍 똥을 싸고, 셋째, 큰소리로 아침마다 짹짹거리면서 잠을 깨우고, 죄 없는 벌레들을 잡아먹잖아. 이래도 네가 죄가 없니? 참새 넌 나보다 더 큰 죄를 지었어."

"아니야! 파리 네가 더 나빠!"

참새와 파리는 목이 터져라하고 싸웠어요.

"그럼 누가 더 죄를 많이 지었는지 까치 재판관에게 물어보자."

"좋아"

참새와 파리는 까치 재판관을 찾아갔어요.

"재판관님, 누가 더 많이 죄를 지었습니까? 참새가 더 나쁘지요?"

"아니에요. 저보다 파리가 더 많이 죄를 지었어요."

까치 재판관은 한동안 파리와 참새를 바라보았어요.

"어흠, 참새가 죄를 더 많이 지었느니라. 참새는 몸뚱이가 파리보다 백배나 더 크도다. 먹을 것도 파리보다 많이 먹고, 똥도 파리보다 더 많이 싸고, 소리도 파리보다 더 크니까 참새는 벌로 종아리 백 대를 맞아야겠다."

"뭐라고요?"

"어서, 종아리 대라!"

까치 재판관은 회초리로 참새의 종아리를 때렸어요.

"아앗, 짹짹짹! 흐흐흐!"

참새는 다리가 아파서 깡충깡충 뛰었어요.

지금도 참새들은 종아리가 아픈지 깡충깡충 뛰면서 걸어 다니지요.

"이놈, 파리야! 너도 죄가 있으니 종아리 열 대를 맞아야겠다."

까치는 파리에게 회초리를 번쩍 들었어요.

"재판관님! 살려 주세요. 저는 종아리 열 대를 맞으면 죽습니다. 한 번 만 봐 주세요."

파리는 앞발이 닳도록 싹싹 빌었어요.

파리는 지금도 회초리가 무서운지 앞다리가 닳도록 싹싹 비벼 댄대요.(*)

# 참고문헌

강정규 외 (1999). 『아동문학창작론』. 서울: 학연사.
김동리 (1962). 아동문학이란 무엇인가? 『아동문학』 제1집. 서울: 배영사.
김원기 (1998). 『동화구연 발표교실』. 서울: 꿈동산.
김세희, 현은자 (1995). 『어린이 세계와 그림 이야기책』. 서울: 양서원.
김행자 (1977). 『아동발달론』. 서울: 수학사.
대한기독교총회 (1974). 『한국기독교 교육사』. 서울: 대한기독교총회.
석용원 (1980). 『아동문학개설』. 서울: 예문관.
______(1982). 『동화구연의 이론과 실제』. 서울: 백록 출판사.
______(1989). 『아동문학원론』. 서울: 학연사.
______(1998). 『유아동화의 구연교육』. 서울: 학연사.
엄기원 (1992). 『동화구연교실』. 서울: 지경사.
윤옥자 (1997). 『표준발음지도』. 서울: 육일문화사.
이규원 (2000). 『동화구연의 이론과 실제』. 서울: 유아문화사.
이기숙 (1982). 『유아교육과정』. 서울: 교문사.
이동렬 (2003). 『동화창작의 실제』. 서울: 자료원.
이상금 (1979). 『아동문학』, 어린이교육 제 2집, 한국어린이교육협회(편), 서울: 이화여자대학 교 출판부.
이상금, 장영희. (1986). 『유아문학론』. 서울: 교문사.
이성은 (1995). 『총체적 언어 교육: 교실 적용의 이론과 실제』. 서울: 창지사.
이영호, 이준연, 김종상, 권태문. (2000). 『지혜동화』. 서울: 한국복지재단.
이원수 (1970). 동화의 판타지와 리얼리티, 『한국아동문학』 제 1집. 한국아동문학가협회.
이은경 (1996). 『우리나라 옛이야기』. 서울: 한국안데르센.
______(1997). 『꿈이 있는 그림동화』. 서울: 금성출판사.
______(1997). 『파란상자 분홍편지』. 서울: 여명미디어.
______(1998). 『베이브엔젤스』. 서울: 삼성당
______(2000). 『비고츠키 수학동화』. 서울: 한국 비고츠키.
이재철 (1976). 『아동문학개론』. 서울: 문운당.
______(1978). 『한국현대아동문학사』. 서울: 일지사.
______(1983). 『아동문학 개론』. 서울: 서문당.
______(1987). 『아동문학개론』. 서울: 문운당.
이준연 (1978). 『마음의 꽃다발』. 서울: 한국일보사.
______(1986). 『다람쥐 전래동화』. 서울: 홍신문화사.
______(1991). 『꽃신을 찾는 어머니』. 서울: 오늘출판사.

______(1992). 『이야기 365일』. 서울: 한국프뢰벨 주식회사.
______(1992). 『호랑이 꼬리에 지은 절』. 서울: 대원사.
______(1993). 『무지개를 만드는 천사』. 서울: 윤성출판사.
______(1998). 『나무를 심는 토끼들』. 서울: 한국프뢰벨 주식회사.
______(2001). 『비고츠키 과학동화』. 서울: 한국비고츠키.
______(2001). 『풍년 고드름』. 서울: 문원출판사.
이차숙. 노명완. (1994). 『유아언어교육론』. 서울: 동문사.
엄기원 (1997). 『동화구연 교실』. 서울: 지경사.
임영환. 김규철, 김종윤, 이기윤, 정재민, 박형우 (2000). 『화법의 이론과 실제』. 서울: 집문당.
장영주 (1998). 『구연동화의 이론과 실제』. 서울: 한국교육평가원.
______(2000). 『구연 방법론』. 서울: 교육과학사.
장혜순 (1997). 『아동문학론』. 서울: 창지사.
______(1980). "유아기의 아동문학교육에 관한 연구", 이대 대학원 석사학위 논문.
조남숙 (1970). "아동문학이 가지는 교육적 기능에 관한 연구", 이대교육대학원 석사학위 논문.
조대현 외(1999). 『아동문학창작론』. 서울: 학연사.
최운식, 김기창 (1998). 『전래동화 교육론』. 서울: 집문당.
하청호, 심후섭 (1994). 『아동문학』, 서울: 정민사.
홍성화 (1986). 『동화심리학』. 서울: 교육과학사.

Adams, G. (1993). Halfway to the future: Children's Literature abstracts, *Bookbird*, 31, pp15-20.
Applebee, Arthur N. (1978). *The Child's Concept of Story*. The University of Chicago.
Arbuthnot, M. H. & Suttherland, Z. (1972). *Children and books*. Illinois: Scott, Foresman and Company.
Betty, L. Broman (1978). *The Early Years in Childhood Education*. Rand McNally College Pub.
Carlson, Ruth Kearney (1970). *Literature for Children: Enrichment Ideas* Dubuque, Iowa: Wm. C. Brown Company.
Chambers, A.(1991). *The Reading environment*. Stroud: The Tjimble Press.
____________(1996). *Making readers, Telling a tale*. 25th IBBY Congress 자료
Colum, Padraic (1968). *Story Telling New and old. New York: Macmillan.*
Coody, B. (1983). *Using literature with young children*. (3rd ed.). Dubuque, lowa: WM. C. Brown Company Publishers.
Croft, D. J. & Hess, R. D. (1985). *An activity handbook for teachers of young children* (4th ed.). Boston : Houghton Mifflin Company.
Dannemiller, J, L. & Stephens, B. R. (1988). A Critical test of infant pattern preference models. *Child development*, 59, pp210-222.
Davis, Brian, ed. (1974). *Imagination Express*. Buffalo: D. O. K. Publishers.
Davidson, J. I. (1996). *Emergent literacy and dramatic play in early education*. NY: Delmar

pub. 179-222.

Engel, S., (1995). *The Stories Children Tell*(Making Sence of the Narrative of Childhood), W. H. Freeman and Company.

Fisher, C. J. & Terry, C. A. (1982). *Children's Language and the Language Arts*(2nd ED.), N. Y.: McGraw-Hill.

Glazer, J. I. (1986). *Literature for young children.* (2nd ed.). Charles E. Merrill Publishing Company.

Gontarski, M. (1994). *visual Literacy as it relater to picture book use by selected fifth rade Students uppubleshed doctoral dissertation*, the florida State University, Tallahassee, FL.

Headley, N. (1965). *The Kindergarten: It's place in the program of Education.* New York: The Center for Applied Research in Education, Inc.

Hillmsn, J. (1995). *Discovering Children's Literature Englewood Cliffs.* N J. : Prentice Hall.

Huck, C. S. (1983). *In What's a Good Book?* Weston, CT: Weston Woods.

John Warren Stewig (1982). *Teaching Language Arts in Early Childhood*, Holt inehart Winston.

Knowles, M. R. (1998). *Young Children and Picture Books*: Literature from in Fancy to six. Washington D. C. : NAETC

Manshall, M. R. (1988). *An introduction to the world of Children's books*(2nd ed.). Brockfield VT: Cower.

McCarthy, M. A. & Houston. J. P. (1980). *Fundamentals of Early Childhood Education.* Massachusetts: Withrop Publishers, Inc.

Norton, D. E. (1991). *Through the eyes of a child: An introduction to children's literature.* NY : Macmillan & Co.

Omlinson, C. M. & Lynch-Brown, C. (1996). *Essentials of Children's Literature*, Boston: Allyn and Bacon.

Peterson, R, & Eeds, M. (1990). *Grand conversations: Literature groups in action.* NY : Scsolastic.

Raines, S. & Canady, R. J. (1990). *The whole language kindergarten.* NY : Teacher college Columbia University.

Raines, S. & Isbell, R. (1994). *Stories: Children's literature in early education.* Delmar Publishers, Inc.

Rebecca, J. Lukens (1982). *A Critical Handbook of Children's Literature*, Miami University.

Rose, K. (1982). *Teaching Language Arts to Children.* Harcourt Brace Jovanovich, Inc.

Rosner, Stanley and Lawrence E. Abt, des. (1970). *The Creative Experience.* New York: Grossman Pub.

Routman, R. (1988). Transition: *From literature to literacy.* A Division of Reed Publishing, Inc.

Russell, D. L., (1994). *Literature for Children: A Short Introduction.* N.Y.: Longman.

Salinge, T. (1988). *Language arto and literacy for young children.* Ohio : Merrill Publishing Company.

Soundy, C. S. (1996). Nurturing literacy with infants and toddlers in group setting. *Childhood Education,* 73(3), pp. 149-153.

Stewig, J. W. (1980). *Children and literature.* Chicago : Rand McNally College Publishing Company.

Sroufe, L. A. (1979). Socioemotional development. J. D. Osofsky(Ed.). *Handbook of infant development,* 48. pp. 731-746.

Sutherland, Z. & Arbuthnot, M. H.(1991). *Children and books.* (8th, ed.). N. Y.: Harper Collins Publishers., pp. 53-74, 130-158.

Tddd, V. E. & Helen H. (1966). The years before School: *Guiding preschool children.* New York: The Macmillan Company.

Tomlinson, C. M. & Lynch-Brown, C. (1996). *Essentials children's Literature,* Boston: Allyn and Bacon.

Vukelich, C. (1990). Where's the paper?: Literacy during dramatic play. *Childhood Education,* Summer, pp. 205-210.

Williamson, P. M. (1981). Literature goals and activities for young children. *Young Children,* The Journal of the national association for education of young children, pp. 24-36.

# 찾아보기

**[저자 약력]**

국민대학교 교육학 석사(유아교육 전공)
국민대학교 철학 박사(교육심리학 전공)
현, 전북과학대학 유아교육과 교수 · 동화작가

〈수상〉
〈아동문예문학상〉〈MBC창작동화상〉

〈저서〉
이론서: 〈유아문학교육〉〈유아문제행동 지도〉〈유아를 위한 교과교재연구 및 지도〉
〈내 아이 망치는 지름길〉〈부모가 자녀에게 하지 말아야 할 34가지〉
창작동화집: 〈뿌리를 찾는 눈동자〉〈파란상자 분홍편지〉〈별을 찾는 아이〉
〈꽃돼지와 땅꼬마〉〈날개달린 달팽이를 보았니?〉 등
유아그림동화전집: 〈유아용 베이브엔젤스 시리즈 전 60권〉
〈영아용 베베봉봉 시리즈 전 36권〉, 〈영아용 잼재미시리즈 전 36권〉
〈유아용 프리티베이비 시리즈 전 70권〉 외 다수.

동화구연의 이론과 실제

2008년 2월 10일 초판인쇄
2008년 2월 15일 초판발행

저 자 이 은 경
발행인 유 성 렬
발행처 **청목출판사**
서울특별시 영등포구 신길동 233-96
전화 (02) 849-6157(代) · 2820
FAX (02) 849-0817
등록 제318-1994-000090호

파본은 바꾸어 드립니다. 값 18,000원

http : //www.chongmok.co.kr



ISBN 978-89-5565-230-7